ÜBER MOTIVISCH UNKLARE DELIKTE

EIN BEITRAG ZUR STRAFRECHTSREFORM

VON

WOLFGANG DE BOOR

DR. MED., PROFESSOR FÜR PSYCHIATRIE UND NEUROLOGIE
AN DER UNIVERSITÄT KÖLN

MIT EINER STELLUNGNAHME VON

DR. JUR. P. KLEIN

OBERSTAATSANWALT IN KÖLN

SPRINGER-VERLAG
BERLIN · GÖTTINGEN · HEIDELBERG
1959

ISBN 978-3-540-02369-2 ISBN 978-3-642-88546-4 (eBook)
DOI 10.1007/978-3-642-88546-4

Gesamtherstellung Konrad Triltsch, Graphischer Großbetrieb, Würzburg.

Herrn Professor WERNER SCHEID gewidmet

Vorwort

Der vor Gericht als Sachverständiger wirkende Psychiater berät Richter und Staatsanwalt nicht in peripheren juristischen Fragen, sondern — wie es mein verehrter Lehrer, Professor Kurt Schneider, in seiner grundlegenden Schrift „Die Beurteilung der Zurechnungsfähigkeit" formulierte — im „Zentrum des Rechtes". Dieses Zentrum des Strafrechtes ist die Frage der Schuld. An allen Bemühungen um die Neugestaltung des Strafrechtes nehmen wir somit lebhaften Anteil, da die Psychiatrie Wesentliches zu sagen hat, wenn es um den Nachweis der Schuldunfähigkeit aus biologischen Gründen geht.

Die vorliegende Studie soll einen Beitrag zur Strafrechtsreform bringen. Sie basiert auf dem forensischen Material der Kölner Universitäts-Nervenklinik aus den Jahren 1950 bis 1958.

Meinem verehrtem Chef, Herrn Professor Werner Scheid, möchte ich auch an dieser Stelle aufrichtig danken für die mir seit Beginn unserer gemeinsamen Arbeit großzügig gegebene Möglichkeit, die forensischen Gutachten der Klinik für Forschung und Lehre zu benutzen.[1]

In harmonischer Zusammenarbeit mit der Kölner Staatsanwaltschaft konnten wir die sich uns stellenden Forschungsaufgaben, aber auch die Frage der Gestaltung des akademischen Unterrichtes in außerordentlich glücklicher Weise lösen. Den Mitarbeitern der Kölner Behörde, vor allem den Herren Oberstaatsanwälten Dr. Schwellenbach und Dr. Klein, schulden wir Dank für die uns immer wieder gewährte Unterstützung.

Wir werden eine knappe Auswahl von Lebensgeschichten straffälliger Menschen bringen, um dem Leser die Kritik unserer Thesen durch die Kenntnis der für unsere Meinungsbildung wichtigen Fälle zu erleichtern. Das Kriterium bei der Auswahl der Kasuistik war die *Schwierigkeit* der Fälle, d. h. die Fülle der in ihnen verborgenen, oft schlüssig nicht zu beantwortenden Einzelfragen. Gerade bei „motivisch unklaren Delikten" vermutet der Jurist häufig psychische Störungen beim Täter und zieht den Psychiater, gegebenenfalls auch den forensisch tätigen Psychologen zu Rate. Für uns bieten diese Fälle die immer wieder willkommene Möglichkeit, die Richtigkeit und Zuverlässigkeit der forensischen Methoden zu überprüfen. Im Prinzip läßt sich zwar fast an jeder Straftat die gesamte forensische Problematik entwickeln. Besonders geartete Einzelfälle wecken jedoch das oft wenig ansprechbare allgemeine Problembewußtsein und zwingen, Möglichkeiten und Grenzen des eigenen Tuns erneut kritisch zu überprüfen.

Die bloße Mitteilung unseres Materials genügt nicht, um dem Leser Klarheit über die Positionen zu verschaffen, auf denen die in dieser Studie getroffenen Schlußfolgerungen beruhen. Wir haben uns an zwei Grundtatsachen orientiert, die trotz mancher Verschiedenheit in der Interpretation als Fakten von niemand ernsthaft bestritten werden:

I. Es gibt „crimina" und „kriminelle" Menschen.
(Empirische Grundlage der Strafrechtswissenschaft.)

II. Es gibt psychisch abnorme Menschen.
(Empirische Grundlage der Psychiatrie.)

---

[1] Herrn Kollegen Odenbach danke ich für die wertvolle Hilfe bei den Korrekturen.

Zwischen beiden Grundfakten gibt es *Relationen*; sie sind Gegenstand der forensischen Psychiatrie. Die Aufgabe dieser Wissenschaft ist aber weder mit der Deskription der Tatbestände zu I und II noch mit der Darstellung der ‚Relationen' erschöpft. Denn diese Wissenschaft verlangt, wie jede über reine Morphologie hinausgehende Wissenschaft vom Menschen, der Empirie zu- oder übergeordnete, wertende Gesichtspunkte. Forensische Psychiatrie ist somit keine *reine* Seinswissenschaft. Für *uns* ist der dominierende – wertbezogene – Orientierungsbegriff die *Schuldfähigkeit* des Menschen. Bei der Konzeption dieses bedeutungsschweren und in der aktuellen Strafrechtsreform in das Zentrum der Reform gerückten Begriffes ging man wohl von der zwar wissenschaftlich nicht beweisbaren, aber doch weitgehend akzeptierten *Annahme* aus, daß die Menschen generell in der Lage sind, sich in einer gegebenen Situation – frei – für ‚Gut' oder ‚Böse', für ‚Erlaubtes' oder ‚Verbotenes' entscheiden zu können. Was mit ‚Gut' und ‚Böse' gemeint ist, ergibt sich aus den Normen des Sittengesetzes, der Kreis des Erlaubten wird durch die Bestimmungen des Strafgesetzbuches eingeengt. Aus der Prämisse der freien Entscheidungsmöglichkeit (der „Willensfreiheit") wird die Schuldfähigkeit abgeleitet. Diese Position ist mit wissenschaftlichen Argumenten nicht zwingend zu begründen, sie ist in der inneren Überzeugung verwurzelt. Andere Autoren – vor allem pragmatisch-materialistisch orientierte Strafrechtstheoretiker – haben andere Standpunkte, die letzten Endes ihren Ursprung wiederum in einer nicht beweisbaren, des Beweises aber auch nicht bedürfenden *Überzeugung* finden.

Mit dieser Studie geben wir einen bescheidenen, auch in der Zitierung der Literatur knappen Beitrag zu einem zeitlosen Problem, das schon Generationen bewegt hat und die Menschen faszinieren wird, solange Zeit und Kraft zum „Nachdenken" bleiben. Verständlich und somit verzeihbar sollte es sein, wenn eine solche Arbeit an entscheidenden Stellen „Bekenntnischarakter" hat und auf „Bekenntniswahrheiten" (im Sinne von JASPERS) ruht.

Denn ohne eine in der eigenen Überzeugung ruhende Grundkonzeption kommt man in der forensischen Psychiatrie nicht aus, es sei denn, man beschränkt sich auf die kommentarlose Mitteilung der am Täter festgestellten psychopathologischen Merkmale bzw. der *Diagnose* ohne jede Interpretierung. Diese sinnarme Selbstbeschränkung wird vom Juristen meist nicht einmal gewünscht. Während der 10. Arbeitstagung der Großen Strafrechtskommission (1956) führte der im Oktober 1958 verstorbene Kammergerichtspräsident SKOTT aus: „Bei der Feststellung des psychologischen Merkmales (sc. der *Wertung* des medizinischen Befundes) darf der Sachverständige den Richter nicht ganz allein lassen, da biologische und psychologische Momente nicht ganz zu trennen sind."

Ein strikter Verzicht auf wertfreie Feststellungen am Menschen ist *nur* für den Bereich des Körperlichen und der sich im Körper abspielenden physiologischen oder auch pathologischen Prozesse möglich. Pathophysiologische, das Leben beeinträchtigende oder gefährdende Prozesse werden im Oberbegriff der *Krankheit* zusammengefaßt. Ein ästhetisches Urteil über „Körperliches" enthält bereits wertbezogene Urteilskriterien, wenn etwa eine Gestalt als ‚anmutig' bezeichnet wird oder ein Gesicht als ‚schön'. Wertfrei sind etwa Feststellungen folgender Art: Die Zahl der roten Blutkörperchen bei X. beträgt 4,8 Mill pro mm^3; die Leber von Y. wiegt 3500 g; die Augenfarbe bei Z. ist braun. Sobald „Seelisches" Gegenstand einer Aussage wird, fügen sich wertende oder wertbezogene Gesichtspunkte in die Beurteilung ein. Die wissenschaftliche Terminologie bei den kriminalpolitisch so wichtigen abnormen Persönlichkeiten (den „Psychopathen") ist mannigfach von Wertakzenten durchsetzt. Auf die unüberwindbaren Schwierigkeiten, eine wertfreie, deskriptive Terminologie für die abnormen Persönlichkeiten zu schaffen, hat besonders MEZGER immer wieder aufmerksam gemacht. Auch nach unserer Auffassung sind die Grenzen der quantitativen (wertfreien) Betrachtungsweise erreicht, sobald „Seelisches“ zum Gegenstand der Aussage oder Beurteilung wird. Das Seelenleben ist seinem Wesen nach mit quantitativen Methoden nicht zu erfassen, eine Aussage über Qualitatives ist hier ohne Wertbezug unmöglich.

Das Phänomen „Schuld“ ist unserer Kultur seit Jahrtausenden als Erlebnisinhalt und als Begriff vertraut. Schuld ist wohl ein menschliches Urphänomen, unbeschadet aller wechselnden, dem Zeitgeist unterworfenen Varianten in der Interpretation, die entscheidend von der Einstellung zum empirisch und wissenschaftlich unlösbaren Problem der Willensfreiheit geprägt wird.

In der Anerkennung der dem Menschen immanenten Möglichkeit, „schuldig“ zu werden, in seiner für uns *nur* durch psychische *Krankheit* aufhebbaren Schuldfähigkeit sehen *wir* ein recht tragfähiges Fundament, um die uns auferlegte Verantwortung – die Hilfeleistung bei der Entscheidung über das Schicksal eines ‚schuldig‘ gewordenen Menschen – angesichts der auch dem Sachverständigen letzten Endes verhüllten Wahrheit mit ruhigem Gewissen tragen zu können.

Köln, am 15. November 1958.

W. de Boor

Inhaltsverzeichnis

I. Allgemeiner Teil

Einführung in die Problemlage

Das „Handeln" eines Menschen darf als der wohl unmißverständlichste Ausdruck seiner Persönlichkeit, seines Charakters angesehen werden. Die Kenntnis von den Handlungen, den Taten eines Menschen wird somit zum souveränen Auskunftsmittel über sein Wesen. Das Überschauen längerer Zeiträume einer Biographie ist mithin eine Erkenntnisquelle ersten Ranges für die Beurteilung einer Persönlichkeit. Außerordentlich schwer ist es dagegen, einen Menschen mit Hilfe wissenschaftlicher Untersuchungsmethoden auch nur einigermaßen „richtig" zu erfassen, ganz abgesehen von unserer Vermutung, daß sich gerade bei der forensischen Begutachtung die Kenntnis der biographischen Details mehr oder minder ‚unbewußt' der wissenschaftlichen Beurteilung des konkret Gegebenen zugesellt. Die Taten und Unterlassungen, die kritische Analyse des Werdeganges einer Person vermitteln die wertvollsten Kriterien für die Beurteilung des betreffenden Menschen. GOETHE schrieb in seiner Einleitung zur Farbenlehre: „Eigentlich unternehmen wir umsonst, das Wesen eines Dinges auszudrücken. Wirkungen werden wir gewahr, und eine vollständige Geschichte dieser Wirkungen umfaßte wohl allenfalls das Wesen dieses Dinges. Vergebens bemühen wir uns, den Charakter eines Menschen zu schildern; man stelle dagegen seine Handlungen, seine Taten zusammen und ein Bild des Charakters wird uns entgegentreten."

Die Intelligenz und manche ihrer Vorbedingungen (die Aufmerksamkeit, die Reaktionsgeschwindigkeit, die Merkfähigkeit u. a. m.) können wir allerdings mit psychometrischen Methoden hinreichend exakt bestimmen.

Ungeachtet der beträchtlichen methodischen Schwierigkeiten soll sich der Strafrichter in jeder Verhandlung ein Bild von der Persönlichkeit des Delinquenten machen, dessen Taten er wertend zu beurteilen hat. Bei Menschen, deren psychologische Beurteilung dem Juristen besonders schwer fällt, d. h. bei Menschen, deren Verhalten etwa während einer Verhandlung auffällt – aber auch die Mitteilung des medizinischen Teiles der Vorgeschichte, die Biographie oder das Delikt selbst können ‚auffallend' wirken – bedient sich der Richter oft des sachkundigen Urteils des medizinischen oder psychologischen Sachverständigen. Ziel dieser Befragung des Sachverständigen ist immer der Wunsch des Juristen, zu erfahren, ob ein Täter ‚normal' oder ‚abnorm', präziser ausgedrückt ‚psychisch gesund' oder ‚psychisch krank' ist und ob weiterhin seine Motive den üblichen, allseits zur Genüge bekannten, also ‚normalen' Motivationszusammenhängen entsprechen oder ob sie gleichsam ein ‚Symptom' pathologischer Vorgänge sind.

Die Beantwortung dieser Fragen gewinnt für die Entscheidung des Strafrichters zunehmend an Bedeutung. Denn im kommenden Strafrecht steht an zentraler Stelle der Begriff der Schuld. Strafe setzt Schuld voraus. Ohne Schuldfähigkeit darf keine Bestrafung erfolgen oder anders ausgedrückt: wer schuld*un*fähig ist, kann nur ohne Schuld handeln und bleibt somit ohne Strafe. Schuld ist nach der jetzt herrschenden Auffassung weitgehend identisch mit ‚Vorwerfbarkeit'. Mit dieser auch im „Entwurf des Allgemeinen Teils eines Strafgesetzbuchs" enthaltenen Formulierung wird eine stillschweigende Übereinkunft über die Willensfreiheit zur unabdingbaren Grundlage fast aller vor Gericht vollzogener Entscheidungen. Vorwerfbar kann menschliches Handeln nur sein, wenn die Frage nach der Willensfreiheit bejaht wird. Auch wir teilen in unserer Grundposition diese Auffassung, wenn wir sagen: generell kann der Mensch „frei" entscheiden. Auf dieser Grundannahme basiert unser gesamtes staatliches und soziales Gefüge. Ununterbrochen werden Willenserklärungen abgegeben und Handlungen vollzogen, die von allen anerkannt werden, solange nicht durch besondere Verfahren der Nachweis erbracht wird, daß der handelnde Mensch *nicht* in der Lage war, eine freie Entscheidung zu vollziehen.

Über die Willensfreiheit und die in diesem Terminus verborgene philosophische und metaphysische Problematik wollen wir an dieser Stelle keine Ausführungen machen, da wir der geistigen Auseinandersetzung im Ringen um die hier verborgene Wahrheit nichts eigenes hinzufügen könnten. Wir wollen jedoch in dieser Studie von der Annahme der Willensfreiheit als einer gegebenen Grundtatsache ausgehen. Wenn diese Grundannahme auch empirisch und logisch nicht beweisbar ist, so gewinnt sie doch durch die tausendfache tägliche Erfahrung ein hohes Maß an Evidenz. Der Beweis, daß der Mensch *nicht* frei handelt, ist schließlich auch nicht zu führen.

Die Auffassung vom Menschen als einem mit Vernunft und Gewissen begabten Wesen, das zwischen Gut und Böse (den Fundamenten des Sittengesetzes) unterscheiden und somit auch die Verantwortung für das eigene Handeln tragen kann, ist so sehr Grundsubstanz unseres Bildes vom Menschen, daß man diese Vorstellung geradezu als einen besonderen Wesenszug menschlichen Denkens betrachten kann, so wie etwa das Kausalbedürfnis zu den apriorischen Kategorien des Denkens gerechnet wird.

Unser gesamtes öffentliches und letztlich auch unser privates Leben ist auf der uns selbstverständlich gewordenen, historisch bewährten und durch naturwissenschaftliche Methoden unantastbaren *Übereinkunft* begründet, daß jeder psychisch gesunde erwachsene Mensch für seine Handlungen zur Verantwortung gezogen werden kann und muß. Nahezu jede Tätigkeit ist, wenn sie nicht in sich sinnlos oder sinnwidrig ist, mit Verantwortung verbunden. Begeht ein in der Verantwortung stehender Mensch – und sei es der auf der untersten sozialen Stufe stehende Hilfsarbeiter – vorsätzlich oder fahrlässig Handlungen, die mit Gesetz, Sitte, Konvention oder persönlicher Verpflichtung unvereinbar sind, so wird er zur Rechenschaft gezogen. Die Verantwortlichkeit des Einzelnen im Umkreis der ihm obliegenden und seinen Fähigkeiten entsprechenden Pflichten ist das Fundament unserer Gesellschaftsordnung. Diese uns allen selbstverständliche Grundposition kann nur theoretisch in Zweifel gezogen werden. Diese Position wird allerdings auch von *nur* naturwissenschaftlich orientierten Kriminologen und manchen Strafrechtstheoretikern bezweifelt, die immer wieder, vor dem Faktum des oft sogar ganz unverständlichen, motivisch unklaren Verbrechens zu fragen beginnen, ob der Täter wirklich „frei" in seiner Entscheidung war, d. h. ob er auch hätte anders handeln können als er tatsächlich gehandelt hat. Je uneinfühlbarer, je monströser ein Delikt ist, um so stärker müssen diese Zweifel werden, und es drängt sich zumindest der Gedanke auf: ein Mensch, der so etwas tat, kann doch nicht ‚normal' sein!

Die von uns angenommene Willensfreiheit und das nur durch sie begründbare Prinzip der strafrechtlichen Verantwortlichkeit erfährt allerdings mannigfache Modifikationen. So verliert der Mensch an Freiheit gegenüber den imperativen Ansprüchen seiner *vitalen* Funktionen. Die Vitalfunktionen sind zwar von der Psyche her generell überformbar und individuell entsprechend mehr oder minder gelungen überformt. Einigen somatischen Abläufen gegenüber ist der Mensch aber – allen Überformungsbemühungen zum Trotz – nahezu hilflos ausgeliefert. Wir nennen in erster Linie die Atmung, das Schlafbedürfnis, den Hunger und Durst sowie den Defäkations- bzw. Miktionszwang. Dann folgen das Bewegungsbedürfnis und die sexuellen

Regungen. Wohl die geringste Bindung an leibliche Abläufe hat das Macht-Besitz- und Geltungsstreben, wenn auch hier ein organischer Kern unübersehbar ist, wie Untersuchungen gezeigt haben, die wir gemeinsam mit SCHMÖLDERS und ANDREAE in Seminaren über ökonomische Verhaltensforschung zum Thema „Psyche und Eigentum" in den Jahren 1953–1956 vorgenommen haben.

Die Forderungen der Vitalfunktionen lassen dem Menschen nur einen mehr oder minder eng begrenzten Spielraum. Das Maß an Freiheit nimmt von der ersten Gruppe zur letzten Gruppe ständig zu. Freiheit gegenüber den Atmungsansprüchen besteht nur für kurze Augenblicke. Freiheit zu Besitz- und Geltungsstreben kann das Thema einer jahrelangen, wechselvollen Auseinandersetzung bilden, bis der Kampf der personalen (ethischen) und apersonalen (triebhaften) Strebungen entschieden ist.

Bei einigen Delikten, die der Stillung leiblicher Ansprüche dienen, räumt der Gesetzgeber von sich aus dem Täter Schutz- und Entschuldigungsmöglichkeiten ein. Auch die in historischen Zeiten stets gewürdigte Sonderstellung der Affekte gehört hierhin. Je stärker aber die psychische Überformbarkeit eines organismischen Bedürfnisses ist, desto mehr wird auch die Beherrschung des betreffenden leiblichen Anspruches verlangt. Das gilt besonders für die sexuellen Triebregungen. Hier wird nahezu übereinstimmend der Grundsatz vertreten, daß vom psychisch intakten Menschen die Beherrschung aller gesetzwidrigen sexuellen Triebansprüche zu fordern ist. Ein gewisser „Einbruch" in diese grundsätzliche Auffassung vollzieht sich jedoch zur Zeit bei der strafrechtlichen Würdigung bestimmter Formen homosexuellen Verhaltens. Manche Bundesgerichtshofsentscheidungen [1] lassen die – menschlich durchaus verständliche – Tendenz erkennen, homosexuelle Handlungen entsprechend veranlagter Menschen auf dem Umweg über die Bestimmungen des § 51 StGB ohne Strafe zu belassen. Eine gesetzliche Regelung wäre hier – vielleicht – angebrachter als der Versuch, im konkreten Fall durch psychologische Konstruktionen zur Straffreiheit zu gelangen.

Eine exakt zwar nicht zu begrenzende Unfreiheit oder Freiheitsminderung gegenüber gewissen Ansprüchen des Leibes wird also weitgehend anerkannt und strafrechtlich entsprechend gewürdigt. Es bedarf daher nur selten eines Sachverständigen, um derartige Umstände als strafmildernde Determinanten für das konkrete Verhalten zu ermitteln.

Das legitime Arbeitsfeld des medizinischen Sachverständigen beginnt vielmehr bei der Erarbeitung und Bewertung seelischer Eigentümlichkeiten, die in einem Verfahren den Prozeßbeteiligten als „abnorm" aufgefallen sind.

Zur Einführung in die Systematik des seelisch Abnormen kann auf die Ordnung verwiesen werden, die KURT SCHNEIDER, auf Arbeiten von KRAEPELIN, EUGEN BLEULER, BONHOEFFER, ERNST KRETSCHMER und anderen Autoren aufbauend, in die Vielheit der Erscheinungen gebracht hat. Eine kurze Darstellung der Entwicklung der psychiatrischen Formenlehre in Deutschland seit KAHLBAUM (1863) haben wir 1954 gegeben.

Psychisch Abnormes kann grundsätzlich in *zwei* Ordnungskategorien untergebracht werden. Wir unterscheiden nach KURT SCHNEIDER:

I. Seelisch Abnormes als Variation des normalen Seelenlebens,
II. Seelisch Abnormes als Folge von Krankheit.

In die erste Gruppe gehören die psychopathischen Persönlichkeiten, die abnormen Erlebnisreaktionen und die nicht krankheitsbedingten Varianten der Verstandes-

---

[1] BGH-Entscheidung 1 StR 546/55 vom 10. 1. 1956; 1 StR 529/55 vom 28. 2. 1956; 5 StR 57/56 vom 4. 4. 1956 und 4 StR 230/56 vom 5. 7. 1956. Auf die Problematik wird im Kapitel „forensische Beurteilung der Triebdelikte" näher eingegangen werden. Die noch unveröffentlichten BGH-Entscheidungen sind zitiert nach UNDEUTSCH. (Lit. s. S. 151)

begabung. Zu den abnormen Erlebnisreaktionen als psychologisch einfühlbare, wenn auch ungewöhnlich ausgestattete Antworten auf *ein* traumatisierendes Erlebnis kommen noch die sogenannten „erlebnisreaktiven Entwicklungen". Man versteht hierunter Persönlichkeitshaltungen, die auf Grund der abnormen Verarbeitung häufiger seelischer Traumata auftreten. Auf diese Sonderform abnormen seelischen Verhaltens, die im wesentlichen dem entspricht, was andere Schulen als „Neurosen" bezeichnen, hat Kurt Schneider in einem Vortrag in Bonn 1958 nachdrücklich hingewiesen.

In der zweiten Gruppe finden alle krankheitsbedingten psychischen Funktionsstörungen ihren systematischen Ort. Es tritt jedoch — entsprechend dem heutigen Stand der psychiatrischen Wissenschaft — noch folgende Unterscheidung hinzu: je nachdem, ob der Krankheitsprozeß, der die seelischen Störungen bedingt, mit den uns zur Verfügung stehenden Methoden *faßbar* ist oder nicht (beziehungsweise *noch* nicht) gliedern wir in zwei Gruppen:

II a: Die körperlich begründbaren psychischen Störungen.

II b: Die sogenannten endogenen Psychosen.

In die Gruppe II a gehören alle Gehirnerkrankungen (Tumoren, Entzündungen, Ernährungsstörungen des Gehirns usw.), aber auch alle extracerebralen Krankheiten, die das Gehirn in Mitleidenschaft ziehen und so zu psychischen Störungen führen (z. B. Erkrankungen der Drüsen mit innerer Sekretion, innere Vergiftungen, manche Mangelkrankheiten, chronischer Sauerstoffmangel des Gehirns).

Wesentlich häufiger und forensisch bedeutungsvoller sind die in der Rubrik II b angeführten endogenen Psychosen. Mit dem Adjektiv „endogen" ist allerdings nur gesagt, daß wir bis heute die körperlichen Ursachen dieser Krankheiten, der Schizophrenie und der Zyklothymie (früher manisch-depressives Irresein genannt) *noch nicht* kennen. Die Annahme körperlicher Funktionsstörungen als Grundlage („causa") des psychischen Prozesses ist vorerst noch ein Postulat, das allerdings klinisch, d. h. durch die allgemeine ärztliche Erfahrung mit diesen Kranken wohl begründet ist. Als Argumente für die Annahme von körperlichen Grundkrankheiten (den „Somatosen") auch bei diesen Psychosen werden meist angeführt: Die Bindung der Krankheit an biologische Krisenzeiten (Pubertät, Klimakterium, Wochenbett), das Auftreten von Erscheinungen, die aus dem normalen Seelenleben unbekannt sind, die gute Ansprechbarkeit auf körperliche Behandlungsmethoden und die auch für fast alle physischen Krankheiten charakteristische Durchbrechung der psychologischen Sinngesetzlichkeit. Von manchen, mehr psychologisch orientierten Schulen wird allerdings gerade das Kriterium der unterbrochenen Sinngesetzlichkeit verneint und der psychische Prozeß geradezu als Ausdruck einer lebensgeschichtlich doch sinnerfüllten Entwicklung betrachtet. Diese diametralen Gegensätze in der Auffassung psychischer Krankheit zeigen, wie weit die Psychiatrie von einer allgemein verbindlichen Interpretation der Phänomene entfernt ist. Immerhin hat die Lehre vom Krankheitspostulat bei den endogenen Psychosen so weitgehend Anerkennung gefunden, daß die diesbezüglichen Formulierungen in dem Entwurf zur Strafrechtsreform von *dieser* Lehre ausgehen. Die immer wieder möglichen Beobachtungen von dem raschen Verfall jugendlicher Menschen, die innerhalb weniger Tage trotz aller therapeutischen Bemühungen etwa einer katatonen Schizophrenie erliegen, sprechen unserer Auffassung nach eindeutig für die Richtigkeit dieser These, da es schlechterdings unvorstellbar ist, daß ein Mensch innerhalb kurzer Zeit aus „psychologischen" Gründen stirbt.

Immerhin ermöglicht der Stand der psychiatrischen Systematik dem Sachverständigen, jede feststellbare psychische Abnormität an einem bestimmten, vergleichbaren und diskutierbaren Ort in dem oben skizzierten System unterzubringen, womit eine Ausgangsposition in der forensischen Bewertung der gefundenen Abnormität gewonnen wird. Denn als Prinzip gilt für uns der Satz, daß nur bei den in der Gruppe II angeführten seelischen Abnormitäten [1] strafrechtliche Konsequenzen zwingend gegeben sind, während die in der Gruppe I angeführten *Normvarianten* grundsätzlich nicht die Möglichkeit zur Exkulpierung bieten sollten.

Mit den Verfahrensweisen, aber auch mit den Schwierigkeiten, die sich aus dieser Grundthese ergeben, setzen wir uns in den folgenden Kapiteln im einzelnen auseinander.

Literatur

Entwurf des Allgemeinen Teils eines Strafgesetzbuches. Bonn 1958.
DE BOOR, W.: Psychiatrische Systematik. Berlin-Göttingen-Heidelberg 1954.
SCHNEIDER, KURT: Klinische Psychopathologie. 4. erw. Auflage. Stuttgart 1955.
– Die Beurteilung der Zurechnungsfähigkeit. 3. Auflage. Stuttgart 1956.
– „Der Psychopath" in heutiger Sicht. Fortschr. Neur. 26,1 (1958).
– Vortrag in der Psychiatrischen Univ.-Klinik Bonn vom 21. Mai 1958.

Historische Vorbemerkungen

Mit Beginn der vertieften, wissenschaftlich fundierten Bemühungen um Psychologie und Psychopathologie des Rechtsbrechers ist es den gemeinsamen Bemühungen von Juristen und Ärzten in einem Jahrhunderte umspannenden geistigen Prozeß gelungen, verbindliche und im Prinzip fast allgemein anerkannte Regeln für die strafrechtliche Behandlung psychisch kranker Delinquenten aufzustellen. Diese Bestrebungen haben nach 1871, im Anschluß an die dem Sinn nach identischen Zielsetzungen der früheren Partikular-Gesetzbücher, ihren Niederschlag in den verschiedenen Fassungen des § 51 StGB gefunden, der in seinen Formulierungen und in den Reformvorschlägen wiederholt dem Stand der Wissenschaft angepaßt wurde. Seine Grundsubstanz „psychisch kranke Menschen können nicht wie gesunde Menschen zur Verantwortung gezogen werden" ist ungeachtet aller formalen Wandlungen in der überschaubaren Rechtsgeschichte unversehrt beibehalten worden. Einen gedrängten Überblick über diese Entwicklung gibt die Studie von BREHM. Ausführlich informiert der Handbuchbeitrag von v. LILIENTHAL.

Dagegen sind die fast 100 Jahre währenden und noch immer an Kontroversen reichen Diskussionen zwischen Richtern und Ärzten über die Methoden und begrifflichen Grundlagen der Beurteilung der Zurechnungsfähigkeit bei den *Grenzfällen* zwischen psychischer Krankheit und psychischer Gesundheit noch immer einer allen Forderungen genügenden Lösung fern. Das hier liegende Problem ist vor allem mit einer fundamentalen Schwierigkeit belastet: es sollte und soll erzwungen werden, methodisch und terminologisch besonders schwer zu fassende empirische Tatbestände (die „psychischen Grenzzustände") festen formalen Normen so sinnvoll zuzuordnen, wie es für die Kerngruppe des § 51 (für die Geisteskranken) überzeugend gelungen war.

Angesichts der unüberschaubaren Fülle seelischer Erscheinungsformen und der jeder Systematisierung spottenden Mannigfaltigkeit abnormer psychischer Phänomene erscheint dieser Anspruch nahezu unerfüllbar. Das Problem der *verminderten Zurechnungsfähigkeit* ist deswegen viel komplizierter als das nur nach zwei Dimensionen (der „biologischen" und der „psychologischen") orientierte Problem der Schuldunfähigkeit [2] im Sinne des § 51 Absatz I, weil hier noch ein zusätzlicher „me-

[1] Die psychische Abnormität ist hier Folge von *Krankheit*.

[2] Der Terminus „Schuldunfähigkeit" wird in dieser Studie synonym mit dem Begriff der aufgehobenen strafrechtlichen Verantwortlichkeit benutzt.

trischer" Begriff hinzukommt: die „Verminderung" der psychischen Funktionen muß „erheblich" sein, um strafrechtlich relevant zu werden. Die Synopsis dreier ziemlich heterogener Denkgebilde (Soma, Psyche und Metron) zu *einer* präzisen Schlußfolgerung mit schwerwiegenden praktischen Konsequenzen stellt eine staunenswerte intellektuelle Leistung dar, die das Gesetz von Richtern und Sachverständigen unentwegt verlangt.

Denn welcher medizinische Sachverständige kann logisch verbindlich und über alle Zweifel erhaben feststellen, ob bei einem Menschen in einer, nicht einmal aktuell gegebenen und nie rekonstruierbaren, von der Norm abweichenden psychischen Verfassung die Einsichtsfähigkeit oder die Fähigkeit, danach zu handeln, *erheblich* vermindert war? Von den Juristen wird allerdings immer wieder betont, daß diese Denkarbeit – die Übertragung des „Biologischen" auf das „Normative" – nicht Aufgabe des medizinischen Sachverständigen sei, sondern dem Richter obliege. Unabweisbar wird dann aber für den kritischen Wissenschaftler – sei er Jurist, sei er Mediziner – die Frage: welche Kriterien benutzt denn dann der Richter, um diese Entscheidungen zu treffen? Es ist eine immer wieder mit Bedauern vorgetragene Feststellung, daß die Ausbildung der Juristen gerade auf dem Gebiet der forensischen Psychiatrie und Psychologie völlig im eigenen Ermessen des Studenten liegt. Eine gründliche methodische Schulung mit entsprechendem Anschauungsunterricht ist im Studienplan nicht vorgesehen. Trotzdem sollen später vom Strafrichter schwierigste Entscheidungen der genannten Art vollzogen werden: denn die Feststellung von Schuld ist in jedem Einzelfall mit einer Stellungnahme zur Frage der Schuldfähigkeit unlösbar verbunden.

Der seiner Verantwortung bewußte und seine Grenzen kennende Jurist wird bei allen Zweifelsfällen, welche beim Umgang mit Delinquenten, die ihm wegen ihres Wesens oder auch durch das Delikt selbst „auffallen", die Hilfe des psychiatrischen Sachverständigen in Anspruch nehmen. Der Psychiater kann dann gegebenenfalls psychopathologische Phänomene erarbeiten, deren summarische, gleichsam vorwissenschaftliche Kenntnis allerdings seit undenklichen Zeiten gegeben ist. Seit Jahrtausenden sind Ärzten und Laien die Zustände der Melancholie, der Manie, der Verrücktheit und der Verstandesschwäche bekannt. Aber erst die wissenschaftliche Psychiatrie der letzten 150 Jahre hat die spezielle Symptomenlehre und die verschiedenen klinischen Wertigkeiten in den Formen der psychischen Erkrankungen erarbeitet und die Grundlagen für die Entscheidung „psychisch krank oder gesund" verbreitert und vertieft.

Man hat sich aus guten, wissenschaftlich überzeugenden und menschlich befriedigenden Gründen im Prinzip geeinigt, bei Vorliegen recht scharf umrissener psychopathologischer Tatbestände (im zur Zeit noch gültigen Gesetz als „krankhafte Störung der Geistestätigkeit", „Geistesschwäche" oder als „Bewußtseinsstörung" bezeichnet) nicht von Schuld zu sprechen und von Strafe abzusehen. Grundlage für diese *Konvention* zwischen Vertretern verschiedener Wissenschaften, deren unterschiedliche Denkweise erst kürzlich von BOHNE in einem Beitrag „Verständigung zwischen naturwissenschaftlichen Sachverständigen und Juristen" erläutert wurde, ist folgende, empirisch wohlbegründete Auffassung der wissenschaftlichen Psychiatrie: Die psychische Erkrankung (die „Psychose") stört oder zerstört das Seelenleben des Kranken tief und nachhaltig, wenn auch in einer oft schwer durchschaubaren Weise. Die Sinngesetzlichkeit des Lebens ist unterbrochen. Die normale Bestimmbarkeit durch normale Motive, eine dem Juristen geläufige, auf ASCHAFFENBURG zurückgehende umschreibende Formulierung des hier Gemeinten, ist generell aufgehoben, ein „biologisch bedingter *Mangel* der Motivierbarkeit durch objektiv-sinnvolle („vernünftige") Werthaltungen ethisch-rechtlicher Art" liegt vor (SEELIG). Jedem Besucher einer Heil- und Pflegeanstalt wird diese Grundtatsache von der Störbarkeit oder

der *Zerstörung* des Seelenlebens durch Krankheitsprozesse angesichts dieser gerade den medizinischen Laien zutiefst bewegenden Realität zur unumstößlichen Gewißheit. Diese *Fakten* sind auch durch „anthropologisch" orientierte Spekulationen über die Entstehungsbedingungen der psychischen Krankheiten oder durch tiefenpsychologische Deutungen nicht zu ändern. Manche Autoren gehen sogar so weit, den Begriff der Krankheit hier zu negieren und lediglich von veränderten Daseinsformen zu sprechen. Daß solche irreführenden Umschreibungen der Fakten besonders die forensisch-psychiatrischen Fragestellungen komplizieren, ist einleuchtend. Lägen derartigen Erwägungen therapeutische Konsequenzen, also neue Heilungsmöglichkeiten zugrunde, so müßte die Heilungsquote seit Einführung dieser Methoden in faßbarer Weise zugenommen haben. Das ist mit Sicherheit nicht der Fall. Die Spekulation über die Genese der Psychosen hat keine neuen (therapeutischen) Möglichkeiten geschaffen, während den Wert der somatischen, auf den körperlichen Krankheitsprozeß gerichteten Therapie ernsthaft wohl niemand bestreiten wird.

Die realistische wissenschaftliche Psychiatrie muß sich mit der Tatsache oft unheilbarer psychischer Erkrankungen abfinden. Sie muß auch eingestehen, daß sie die Entstehungsbedingungen der überwiegenden Mehrzahl aller psychischen Erkrankungen *nicht* kennt. Ähnliches gilt für den intellektuellen Tiefstand (d. h. die in den Anlagen ruhenden oder erworbenen Intelligenzmängel) und für die somatogenen (d. h. durch pathologische Vorgänge im Körper hervorgerufenen) Bewußtseinsstörungen. Diese Krankheiten greifen ebenso hart, unverständlich und psychologisch unauflösbar („sinnlos") zerstörend in das Seelenleben und damit in das Schicksal des Patienten ein, wie die körperlichen Funktionen durch organische Krankheiten behindert, modifiziert und schließlich zerstört werden können.

Für die psychischen Erkrankungen gelten bezüglich der zwischenmenschlichen Beziehungen ähnliche Regeln wie für den körperlich kranken Menschen: so wie man von einem Patienten mit einem organischen Herzleiden körperliche Leistungen nicht verlangen *kann* und man an ihn nicht das Ansinnen richten *kann*, seine körperliche Schwäche zu überwinden, ebenso wie man von einem Menschen mit gestörter Insulinbildung nicht fordern *kann*, die Kohlenhydrate im Organismus in der üblichen Weise zu verarbeiten, so *kann* man von einem psychisch Kranken nicht verlangen, daß der Ablauf der psychischen Funktionen (z. B. die „Willensbildung", die „Einsichtsfähigkeit", das Entwickeln von „Hemmungen" gegenüber aggressiven Trieben) den aus der Normalpsychologie bekannten Regeln folgt. Man kann „Normverhalten" weder erwarten, noch erzwingen, wenn die biologischen Voraussetzungen für dieses Verhalten gestört oder überhaupt nicht gegeben sind. Von allen anderen Menschen mit ungestörten biologischen Voraussetzungen für den Ablauf der psychischen Funktionen kann und muß man ein den Sollens-Normen entsprechendes Verhalten verlangen. Diese These ist Grundlage und Ausgangsposition unserer ganzen Schrift.

Die mit den Erfahrungen beider Wissenschaften wohl begründete generelle Konvention sagt, daß bei bestimmten, vom Gesetzgeber scharf umrissenen, biologisch begründbaren psychopathologischen Tatbeständen, deren Feststellung alleinige Aufgabe des psychiatrischen Sachverständigen ist, die Schuldfähigkeit aufgehoben ist oder sein soll. Das ist eine klare, gut überschaubare Operation, bei der es — wissenschaftlich gesehen — keine „dunklen" Stellen gibt, wenn man die Generalprämisse „Geisteskrankheit schließt persönliche Schuld aus" als richtig anerkennt.

Die Schwierigkeiten setzen bei der medizinischen Erfassung und Beurteilung sowie bei der richterlichen Bewertung der *psychischen Grenzzustände* ein. Mit diesen Fragen befassen wir uns vorzugsweise in der vorliegenden Abhandlung. Ein kurzer historischer Überblick soll in die Problemstellung einführen.

Die Gesetzbücher der deutschen Staaten enthielten vor 1851 — mit Ausnahme des

Preußischen Strafgesetzbuches [1] – besondere Bestimmungen über die verminderte Zurechnungsfähigkeit:

Der Artikel 94 des Criminal-Gesetzbuches für das Königreich Hannover vom 1. November 1840 lautet:

„Hingegen *mindert* sich die Strafbarkeit vorzüglich, wenn der Verbrecher ... aus natürlicher Schwäche des Verstandes oder aus einem die Zurechnung nicht ganz aufhebenden Gemütsgebrechen, den vollen Umfang der Gefährlichkeit und die Größe der Strafwürdigkeit seiner Handlungen nicht eingesehen hat."

Der Artikel 93 des Bayrischen Strafgesetzbuches von 1813 führt aus:

„Hingegen mindert sich die Strafbarkeit vornehmlich, wenn der Verbrecher wegen Mangels an Unterricht, oder aus natürlicher Schwäche des Verstandes den vollen Umfang der Gefährlichkeit und die Größe der Unerlaubtheit oder Strafwürdigkeit dieser Handlung nicht eingesehen hat ..."

Identisch in der Formulierung ist der Artikel 100 des Strafgesetzbuches für Oldenburg.

Das Strafgesetzbuch für Sachsen-Altenburg (1841) enthält im Artikel 64 folgende Bestimmung:

„Wird ein mit Todesstrafe bedrohtes Verbrechen von Personen begangen, bei welchen sich zwar kein völliger Mangel des Vernunftgebrauches, jedoch ein so hoher Grad von Blödsinn oder Verstandesschwäche zeigt, daß die gesetzliche Strafe im Mißverhältnis mit der Verschuldung stehen würde, so ist statt Todesstrafe auf lebenslängliche Zuchthausstrafe zu erkennen ..."

Die Milderung wegen persönlicher psychischer Mängel erfolgte also nur bei bestimmten Verbrechen.

Das Strafgesetzbuch für Württemberg (1839) behandelt die Zurechnung bei aufgehobenem oder beschränktem Vernunftgebrauch (Art. 97 und 98).

„Wird eine gesetzwidrige Handlung von Personen begangen, bei welchen zwar der Vernunftgebrauch nicht völlig aufgehoben ist, jedoch ein so hoher Grad von Blödsinn oder Verstandesschwäche sich zeigt, daß die gesetzliche Strafe auch in ihrem geringsten Maße im Mißverhältnis zu der Verschuldung stehen würde, so haben die Gerichte die Strafe unter diesem Maße festzusetzen ..."

Im Criminalgesetzbuch für Braunschweig (1840) heißt es im § 60:

„Gegen Verbrecher unter 21 Jahren sowie gegen Personen, bei welchen durch verhinderten Vernunftgebrauch, unverschuldete Verdunklung des Bewußtseins, Blödsinn oder Taubstummheit die Zurechnungsfähigkeit zwar nicht aufgehoben, aber doch *erheblich vermindert* ist, soll auf eine mildere Strafe ... erkannt werden."

Das „Allgemeine Criminal-Gesetzbuch" für das Königreich Hannover (1840) kennt nur die Aufhebung der Zurechnungsfähigkeit (Art. 82 und 83).

Auch der erste Entwurf für das Strafgesetzbuch des Norddeutschen Bundes (1869) enthält im § 47 ähnlich lautende Bestimmungen:

„Befand sich der Täter zur Zeit der Tat in einem Zustand, welcher die freie Willensbestimmung zwar nicht völlig ausschloß, aber dieselbe beeinträchtigte, so ist auf eine Strafe zu erkennen, welche nach den über die Bestrafung des Versuches aufgestellten Grundsätzen abzumessen ist."

Der Entwurf nannte also nicht die besonderen (pathologischen) Umstände, die zu diesem Zustand führen, ihn bedingen. Erst der Antrag der Berliner Medizinisch-Psychologischen Gesellschaft empfahl, die spezielle Störung nachzuweisen, die die Psyche so verändert, daß die freie Willensbestimmung ausgeschlossen wird. Dem

[1] Das „Preußische Allgemeine Landrecht" (1794) kannte dagegen eine Bestimmung, die dem Sinn des heutigen § 51 Abs. II entsprach. In Teil II, Titel 20, § 18 heißt es: „Alles, was das Vermögen eines Menschen, mit Freiheit und Überlegung zu handeln vermehrt oder *vermindert*, vermehrt oder *vermindert* auch den Grad der Strafbarkeit." (Hervorhebung vom Autor.)

Antrag lag eine entsprechende Formulierung des französischen Strafgesetzbuches zugrunde.

Die wissenschaftlichen Gremien haben sich damals sehr für die Einführung der verminderten Zurechnungsfähigkeit eingesetzt. So lautete ein Gutachten der königlichen wissenschaftlichen Deputation für das Medizinalwesen vom 24. März 1869:

„Zurechnungsfähigkeit und Unzurechnungsfähigkeit dürfen nicht als spezifisch verschiedene Qualitäten einander gegenübergestellt werden. Geistige Krankheit und geistige Gesundheit gehen in unmerklichen Abstufungen ineinander über. Es muß daher einer Reihe von Geisteszuständen Rechnung getragen werden, die den Menschen nicht völlig unfrei erscheinen lassen..."

Die Berliner Medizinisch-Psychologische Gesellschaft hatte damals Eingaben an das Justizministerium gerichtet, in denen es u. a. heißt:

„Es ist nun aber unleugbar, daß es Zustände gibt, welche als ‚Geistesstörung', ‚krankhafte Störung der Seelenvorgänge' usw. im engeren Sinn *nicht* betrachtet werden können, die aber das normale Vonstattengehen der Seelenvorgänge dennoch beschränken. Diese Zustände kommen teils unter normalen Umständen vor (z. B. in Affekten), teils unter dem Einfluß sehr verschiedenartiger, pathologischer Bedingungen (Heredität, Epilepsie, Alkoholismus). Die Wissenschaft kann keine bestimmten Charaktere angeben, wodurch diese Zustände sich einerseits von den Geistesstörungen in engerem Sinne, andererseits von den unter normalen Verhältnissen auftretenden Beeinträchtigungen der Seelenvorgänge scharf abgrenzen lassen und kann auch eine solche Grenze naturgemäß nie gefunden werden. Wir halten es aber, um möglichst gerechte Urteile im Strafverfahren zu erzielen, für wünschenswert, daß in dem Strafgesetzbuch dieser Zustände noch besonders gedacht und eine Bestimmung in Betreff der Individuen getroffen werde, welche eine strafrechtliche Handlung unter Einflüssen oder in Zuständen begingen, die das normale Vonstattengehen der Seelenvorgänge beschränkten."

WESTPHAL führte in der Einleitung zur Diskussion über die Reformbestrebungen 1869 sinngemäß aus: Alle Schwierigkeiten werden fortfallen, wenn man den Begriff der *Krankheit* in die gesetzlichen Bestimmungen einführt und nichtmedizinische Begriffe wie die „freie Willensbestimmung" vermeidet. Mit Krankheit im Sinne des geplanten Gesetzes sollte nur Geisteskrankheit und Geistesstörung gemeint sein.

Die oft von Juristen gehegte Furcht vor der Ausdehnung des Begriffes „Geisteskrankheit" auf zu viele Rechtsbrecher sei durch die forensische Praxis widerlegt. Auch die methodisch-diagnostischen Schwankungen, denen der Terminus „Geisteskrankheit" unterliegt, seien praktisch nicht bedeutungsvoll.

Die Tendenz der Juristen, mit einem oder mehreren Einzelkriterien den Begriff der Strafbarkeit (sc. der „Schuldfähigkeit") festzulegen, müsse mißlingen, da diese Einzelkriterien oft auch bei Geisteskranken erfüllt sein können. Hierbei wurde etwa an das im „Allgemeinen Landrecht" benutzte Kriterium der „Fähigkeit, die Folgen einer Handlung zu überlegen" oder an die Einsichtsfähigkeit in das Unrechtmäßige einer Handlung und an andere psychische Partialfunktionen gedacht. Auch die klinische Psychopathologie hat viele Jahrzehnte gebraucht, bis man allgemein anerkannte, daß es nahezu ausgeschlossen ist, auf Grund *einer* methodisch hinlänglich exakt faßbaren seelischen Einzelstörung eine psychische Erkrankung, also eine *Störung des Ganzen* zu erschließen. Um so weniger kann beim Vorliegen seelischer Störungen aus der Intaktheit *einer* Partialfunktion, mag sie auch juristisch noch so bedeutungsvoll erscheinen, ein Schluß auf ein so kompliziertes, d. h. eine Vielheit mannigfaltiger Funktionen bergendes seelisches Phänomen wie die Schuldfähigkeit gezogen werden.

Die Gefahr einer der Rechtsprechung unzuträglichen Überdehnung sei im Falle der Einführung des Begriffes der verminderten Zurechnungsfähigkeit durchaus gegeben, da „zweifelhafte Grenzzustände" sehr häufig seien; noch häufiger aber würden sie von fachlich nicht ausreichend vorgebildeten Ärzten diagnostiziert.

Der gesetzlich vorgesehene Maßbegriff „erheblich" wurde als ungeeignet für die Bewertung psychischer Befunde allgemein verworfen. Die Einführung von einigen, der Subjektivität besonders unterliegenden Begriffen wie „erheblich" oder „auffällig" in den Text des Entwurfes wurde gerade von den juristischen Mitgliedern der Kommission beanstandet und für den Juristen als „unannehmbar" bezeichnet.

Mit der Dominanz des Begriffes der psychischen Krankheit würde allerdings dem medizinischen Sachverständigen „zu viel eingeräumt", d. h. sein Anteil an der faktischen Entscheidung des Falles würde zu Ungunsten der Juristen erhöht. Dieser von LAZARUS gemachte Einwand scheint uns auch heute noch sehr beachtlich zu sein. In der von uns vorgeschlagenen Fassung des § 51 [1] würde mit der Feststellung der psychischen Krankheit der Schluß auf Schuldlosigkeit für den Juristen zwingend vorgeschrieben sein. In der bisherigen Fassung des § 51 und in dem neuen amtlichen Entwurf ist diese Feststellung nur eine, wenn auch fast unabdingbare *Voraussetzung.* Die wesentliche Konsequenz, nämlich die Interpretation der psychologischen Auswirkungen der vom Mediziner festgestellten Krankheit (d.h. die Feststellung der Einsichts*un*fähigkeit oder der Unfähigkeit, gemäß dieser Einsicht zu handeln) hat sich der Jurist vorbehalten.

Man muß sich bei solchen Erwägungen allerdings immer wieder fragen, was mit dem geplanten Gesetz erreicht werden soll: will man schuldunfähige Menschen vor Strafe bewahren, oder geht es zunächst um das Prestige eines Standes und erst dann um den Kern der Sache? Ähnliche, sachfremde Überlegungen hatte 1869 die Regierung zu den Vorschlägen der Sachverständigenkommission angestellt, wenn sie fand, der Vorschlag verlege „die Entscheidung der Frage über die Zurechnungsfähigkeit eines Menschen so überwiegend in das medizinische Gebiet und mache damit die richterliche Beurteilung im einzelnen Falle so sehr von der Vorentscheidung der medizinischen Sachverständigen abhängig, daß dadurch das Ermessen des Richters in zu erheblichem Grade eingeengt und letzterer in eine Stellung zurückgedrängt wird, in welcher er sich darauf angewiesen sieht, einfach ein Vollstrecker des vorangegangenen medizinischen Ausspruches zu werden". (Zitiert nach v. LILIENTHAL.) Die hier erkennbaren Motive scheinen die heute immer noch vorhandene Abneigung zum Verzicht auf die „psychologische" Methode zu begründen, obwohl der Richter in der Praxis doch fast immer dem Sachverständigen folgt (keineswegs nur aus einer Art „Revisionsgrundphobie") und der Sachverständige den „psychologischen" Anteil des § 51 gar nicht beantworten kann, so daß sich der Richter letzten Endes doch auch der biologischen Methode anschließt. „In der Praxis herrscht die biologische Methode." So hat es E. SEELIG in der Festschrift für MEZGER unmißverständlich formuliert.

In allen Formulierungen kehrt in den damaligen Beratungen die Grundthese wieder: Der Arzt kann nur über Krankheiten gefragt werden und darüber urteilen, ob „Krankheit" oder „Gesundheit" vorliegt. Die sich aus der Feststellung „psychisch krank" ergebenden psychologischen Folgen kann er im konkreten Fall allgemein verbindlich nicht überschauen. Dem allgemein anerkannten Erfahrungssatz „Geisteskranke handeln nicht wie Geistesgesunde" muß und kann aber auch bei der Entscheidung des Einzelfalles gefolgt werden, ohne vorherige Erörterung der forensisch-psychologischen Konsequenzen. Dieser Standpunkt wurde nachdrücklich in jüngster Zeit von KURT SCHNEIDER vertreten. Er schrieb: „Diese letzten Fragen nach der Fähigkeit der Einsicht und der Fähigkeit, nach dieser Einsicht zu handeln, sind nun tatsächlich *unbeantwortbar,* vor allem die zweite."

Weniger beachtlich war nach der Auffassung der damaligen Kommission die Wahl der diagnostischen Bezeichnungen, die dem Wandel des wissenschaftlichen Fortschrittes unterworfen sei. Entscheidend bleibe die Fundierung des § 51 auf dem medizinischen Begriff der *Krankheit.*

---

[1] Siehe Seite 190.

Von der Strafrechtskommission wurde schließlich der die verminderte Zurechnungsfähigkeit betreffende Passus gestrichen. Die Streichung wurde durch das Reichstagsgesetz vom 28. März 1870 gebilligt. Die Ablehnung des von der psychiatrischen Wissenschaft damals geforderten Begriffes der verminderten Zurechnungsfähigkeit wurde mit den bereits im Gesetz vorgesehenen Möglichkeiten der Strafmilderung begründet. Man sah es für unzweckmäßig an, „mit dieser doch immer zweifelhaften Bestimmung vorzugehen". Das praktische Bedürfnis, den psychischen Grenzzuständen gerecht zu werden, wurde keineswegs verneint. Doch erschienen die gesetzlich vorgesehenen Milderungen ausreichend genug. ASCHAFFENBURG hat dazu kritisch bemerkt, daß bei 177 von 239 im Strafgesetzbuch angeführten Verbrechen und Vergehen die Möglichkeit mildernder Umstände gesetzlich *nicht* vorgesehen ist. Gerade bei vielen schweren Verbrechen (Notzucht mit nachfolgendem Tod, Brandstiftung, Mord) trügen die Täter häufig abnorme seelische Züge, ohne geisteskrank zu sein. Ferner bemängelte ASCHAFFENBURG, daß bei diesen Grenzfällen nur der Richter entscheide, ob mildernde Umstände vorliegen oder nicht. Eine Milderung sei zudem oft ganz unangebracht und andere Maßnahmen, die nur in Verbindung mit dem medizinischen Sachverständigen entwickelt werden könnten, seien bei diesen Fällen erforderlich.

Das Gespräch über die verminderte Zurechnungsfähigkeit kam erst 15 Jahre später durch zwei Aufsätze des Psychiaters SCHÄFER wieder in Gang (1885).

Er hatte eine 34jährige Frau zu begutachten, die gemeinsam mit ihrem Mann einen Raubüberfall begangen hatte. Die Frau litt an epileptischen Anfällen mit episodischen Verstimmungszuständen und einer leichten organischen Wesensänderung. Drei psychiatrisch nicht besonders vorgebildete Ärzte hatten sie für „voll verantwortlich" erklärt, ein Psychiater hatte Unzurechnungsfähigkeit zur Zeit der Tat angenommen, obwohl sich die Frau bei der Tat ganz situationsgerecht benommen hatte. SCHÄFER subsumierte den Fall unter „jene große Gruppe von psychischen Schwächezuständen, welche auf dem mittleren Gebiete zwischen der ausgemachten Psychose und der geistigen Gesundheit liegen". Diese Fälle bedürften einer besonderen gesetzlichen Regelung im Sinne einer Bestimmung über die verminderte Zurechnungsfähigkeit.

Von der offiziellen deutschen Psychiatrie wurde dieser Auffassung scharf widersprochen. E. MENDEL führte aus, daß die Zurechnungsfähigkeit ein strafrechtlicher Begriff sei, über den der Arzt nichts aussagen könne. Auch die Frage, ob der „freie Wille" durch eine Psychose verändert würde, könne der Arzt nicht beantworten. Gewisse Milderungsgründe bei nicht geisteskranken Personen müsse der Arzt dem Richter *„in anderer Form"* nahebringen.

Auch die weiteren Kontroversen haben ihren Schwerpunkt in dem Streit, ob der ärztliche Sachverständige dem Richter etwas sagen könne und solle über die forensische Relevanz der von ihm erhobenen psychopathologischen Befunde oder ob es dem Richter ganz überlassen bleiben müsse, welche Schlüsse er aus den ihm vom Arzt mitgeteilten Befunden bzw. der Diagnose zieht. KURT SCHNEIDER hat sich zu dieser Frage einmal folgendermaßen geäußert: „Im Grunde kann man dem Gericht nur die Diagnose nennen [1]." Das genügt auch völlig, wenn *Übereinkunft* besteht, daß bei bestimmten psychopathologischen Tatbeständen resp. den sich auf sie gründenden Diagnosen exkulpiert wird. Es genügt nur dann nicht, wenn der Jurist in jedem Einzelfall prüfen will, ob der ihm mitgeteilte psychiatrische Tatbestand auch die den Richter interessierenden psychischen Partialfunktionen entscheidend trifft. Die Diskussion konzentrierte sich ferner auf die Fragestellung, die die wissenschaftliche Psychiatrie auch heute unentwegt beschäftigt: Gilt bezüglich der Psychosen das

[1] Persönliche Mitteilung.

Alles- oder Nichtsgesetz oder besteht die Möglichkeit fließender Übergänge zwischen seelischer Krankheit und seelischer Gesundheit?

Jolly setzte 1887 diese Frage auf die Tagesordnung der Versammlung deutscher Irrenärzte in Frankfurt. Er sprach sich gegen eine generelle Lösung (Psychose = Schuldunfähigkeit) aus und formulierte seine Bedenken folgendermaßen:

„Würde nämlich die einfache Feststellung von krankhafter Störung der Geistestätigkeit schon die notwendige Folge haben, daß die Strafbarkeit einer in diesem Zustand begangenen Handlung aufgehoben wäre, so würde schließlich jeder beliebige Grad von geistiger Abnormität genügen, um eine verdiente Strafe abzuhalten. Dagegen würde sich aber das allgemeine menschliche Gefühl unbedingt und mit Recht auflehnen. Es muß also noch etwas anderes festgestellt werden und durch das ärztliche Gutachten für den Richter ersichtlich gemacht werden, das ist eine *gewisse Erheblichkeit, ein gewisser Grad von Krankheit.*"

Jolly bestritt die Antithese des „Entweder-Oder" im Bereich psychischen Krankseins. Der psychisch gesunde Mensch habe nur den „relativ größeren Spielraum, innerhalb dessen er sich bewegen kann". Der Umfang dieses Spielraums würde durch die Krankheit mehr und mehr eingeengt.

Auch die Bedenken, ein etwaiger „§ 51 Absatz II" könne im Falle diagnostischer Unsicherheit als *Verlegenheitslösung* benutzt werden, teilte Jolly nicht.

Die allgemein im Gesetz enthaltenen Bestimmungen über die Milderung der Strafen genügten nicht; diese Bestimmungen seien auch nicht im Hinblick auf die mögliche besondere psychische Verfassung eines Täters, sondern aus juristischen Gründen erlassen worden. Praktische Bedürfnisse verlangten aber eine besondere Bestimmung über die Strafmilderung bei Tätern, die psychische Auffälligkeiten zeigten, ohne „geisteskrank" zu sein. Von den Richtern in den süddeutschen Staaten sei der Fortfall der Bestimmungen über die verminderte Zurechnungsfähigkeit nach 1871 als Rückschritt empfunden worden, der die Sicherheit der Rechtsprechung vermindert habe.

In der lebhaften Diskussion wurde auf andere Forderungen an den Arzt hingewiesen, wo es ebenfalls nicht genüge, zu attestieren, daß der Betreffende „krank" sei, sondern es müsse die Auswirkung auf die *Funktion* erörtert werden. (So bei der Beantwortung der Frage nach der Haftfähigkeit, der Erwerbsfähigkeit usw.) Man kann zu diesem Einwand sagen: Je schwieriger die Funktion geartet ist, um so schwieriger ist die Frage nach der Relation zwischen Krankheit und Störbarkeit der Funktion zu beantworten. Die Eigenschaft, „schuldig" zu werden, ist unserer Auffassung nach für die besondere Stellung des Menschen im Ganzen der belebten Natur geradezu konstitutiv. Für die von uns – in Übereinstimmung mit dem neuen Entwurf zum Strafgesetzbuch – angenommene Schuldfähigkeit des Menschen, der nicht nur Naturwesen ist, ist die Relation zwischen Krankheit und Störbarkeit dieser Funktion (der „Schuldfähigkeit") empirisch-kasuistisch – d. h. durch Erwägungen am Einzelfall – *unlösbar*. Es kann nur den praktischen Belangen dienende generelle Übereinkünfte geben.

Die Jahressitzung des Vereines deutscher Irrenärzte in Bonn (1888) war in erster Linie dem Problem der verminderten Zurechnungsfähigkeit gewidmet. Die Reformansprüche mancher Psychiater seien nach Ansicht der Juristen – so führte E. Mendel aus – weitgehend unbegründet, da die im Gesetz vorgesehenen Milderungsmöglichkeiten genügten, um auch der besonderen Persönlichkeitsartung eines psychisch abartigen Täters Rechnung zu tragen. Allgemein bestünde sowieso die Auffassung, die Bestimmungen des Strafgesetzbuches seien „zu milde". Wichtiger als die Auseinandersetzungen um die schwer präzisierbaren Grenzzustände sei ein Gesetz über die *Strafvollstreckung*. Bei leicht abartigen Tätern sei eine Milderung und Humanisierung des Strafvollzuges erforderlich. Mendels Schlußthese lautete: „Scharfe Grenzen zwischen geistiger Gesundheit und Geisteskrankheit bestehen nicht. Das bestehende Strafgesetz hat auf diejenigen Täter einer strafbaren Handlung, welche sich auf diesem Grenzgebiet befinden, billig Rücksicht zu nehmen." Eine Neufassung der Gesetze sei jedoch nicht erforderlich, selbst wenn „Lücken" bestünden.

Der Korreferent GRASHEY erhob Bedenken gegen eine Unterteilung der psychischen Abnormitäten in solche „erheblichen Grades" und „nicht erheblichen Grades". Das „Auskunftsmittel der verminderten Zurechnungsfähigkeit schließt bei jeder Anwendung den Fehler in sich, entweder einen Zurechnungsfähigen zu leicht zu bestrafen oder einen Unzurechnungsfähigen zu verurteilen". SANDER führte ironisch aus, daß sich die Sachverständigen in den Fällen, wo sie den geistigen Zustand nicht recht erkennen oder dem Richter nicht recht klarlegen könnten, nach einer verminderten Zurechnungsfähigkeit *sehnten*. Diese Sehnsucht, bei schwierigen Fällen einer klaren Entscheidung auszuweichen, ist auch heute noch unverkennbar; sie findet sich *allerdings nicht nur bei den als Sachverständige tätigen Ärzten.*

Die Diskussionsbemerkungen zeigen, wie schwer es war und ist, bei der formalen Lösung der Schwierigkeiten Übereinstimmung zu erzielen. Liest man die Diskussionen zum gleichen Thema anläßlich der Sitzungen der Großen Strafrechtskommission (1956), so erkennt man, daß sich nur das Vokabular etwas geändert hat. Die schwierige Substanz ist geblieben.

In der Sitzung vom 21. Mai 1898 wurde von der forensisch-psychiatrischen Vereinigung in Dresden folgender Antrag formuliert: „Hat sich der Täter zur Zeit der Begehung einer Tat in einem Zustand befunden, in dem seine Willensbestimmung zwar nicht ausgeschlossen, aber erheblich beschränkt war, so sind gegen ihn die Strafvorschriften in § 57 Absatz 1, Ziffer 1—4 anzuwenden." Dieser Vorschlag zielt auf die Einführung der verminderten Zurechnungsfähigkeit in gesetzlich zwingend vorgeschriebener Form ab. Auch die formale Möglichkeit der Anstaltsunterbringung *neben* der Strafe für den Kreis dieser Personen wurde erörtert.

WOLLENBERG wies 1899 in Halle darauf hin, daß man überwiegend darauf verzichtet habe, den Begriff der Zurechnungsfähigkeit positiv durch bestimmte psychologische Kriterien zu bestimmen. Positive Merkmale seien etwa in der „Vollzugsmöglichkeit des intellektuellen Aktes" gegeben, also in der Urteilskraft und Einsichtsfähigkeit. Auch der seit 1871 im deutschen Strafgesetzbuch verwandte Begriff der Willensfreiheit stelle den Versuch zu einer positiven Bestimmung der Zurechnungsfähigkeit dar. Er nannte dann die psychisch abnormen Zustände, die im allgemeinen zur Unzurechnungsfähigkeit führen. In der Diskussion kritisierte ZIEHEN die generelle Annahme von Schuldunfähigkeit bei endogenen Psychosen. Besonders könnten „besonnene" Wahnkranke auf manchen Gebieten durchaus zurechnungsfähig sein. Die Paranoia sei lediglich eine „Komplikation" wie eine Tuberkulose. Diese Auffassung wurde allseits abgelehnt. Die Erringung der Straffreiheit für *alle* Geisteskranken dürfe durch nichts gefährdet werden. Bemerkenswert sind die Ausführungen von WOLLENBERG zur Frage der „Erblichkeitsverhältnisse" in einer Sippe und Zurechnungsfähigkeit. Es besage garnichts, wenn in einer Sippe Träger von Psychosen vorgekommen seien. Seine langen Bemerkungen zum Thema „Hysterie" zeigen, wie sich die Einstellung im Laufe der Generationen wandelt. Für uns stellt die „Hysterie" kein forensisches Problem mehr dar. WOLLENBERG warnte vor der Einführung einer Bestimmung im Sinne unseres heutigen § 51 Absatz II. Schwache, unsichere und psychiatrisch „unreife" Sachverständige würden sich dieser Bestimmung mit Vorliebe bedienen. Auch die Fragen der praktischen Konsequenzen einer Strafmilderung seien zu bedenken. Wie solle der Strafvollzug gestaltet werden? Die Zwischenzustände zwischen geistiger Gesundheit und Krankheit bedürfen in erster Linie *qualitativ* anderer Maßnahmen, nicht jedoch einer generell anderen Betrachtung der strafrechtlichen Verantwortlichkeit solcher Menschen.

Die Aufnahme seiner Ausführungen war recht unterschiedlich: Es erhoben sich Beifall, Bedenken und Widersprüche.

Auf dem Deutschen Juristentag in Innsbruck (1904) führte CRAMER u. a. aus:

„Wenn nun dieser Zustand der geistigen Minderwertigkeit für die Strafgesetzgebung brauchbar sein soll, so ist es natürlich notwendig, daß er auch seine *Grenzen* hat ... Denn die geminderte Zurechnungsfähigkeit können wir nicht abgrenzen, das ist ein kautschukartiger Begriff und ich mache mich verbindlich, wenn der Ausdruck ‚geminderte Zurechnungsfähigkeit' in das Strafgesetzbuch kommt, einen jeden Menschen für gemindert zurechnungsfähig zu erklären."

Es gab Heiterkeit bei den Worten des Redners: „Das wird nicht schwer sein." Und wie viel leichter ist es heute, mit Hilfe tiefenpsychologischer Dynamismen nachzuweisen, daß ein Täter gar nicht anders als „so" handeln konnte auf Grund der bei ihm vorhandenen und mit Hilfe der Methoden der Analyse nachweisbaren Aggressionstriebe.

CRAMER fuhr dann fort:

„Aber wenn wir den medizinischen Begriff haben, den Begriff ‚geistige Minderwertigkeit', dann können wir die Grenzen ziehen. – Ich will gerne zugeben, wir stehen heute erst am Anfang der genauen klinischen Festlegung der Grenzzustände; aber wir haben doch schon so viel Kenntnis davon bekommen, daß wir sagen dürfen, wir können diese Grenzzustände klinisch abgrenzen nach der geistigen Gesundheit hin."

CRAMER empfahl, den Grenzzustand in folgender Weise nach beiden Seiten hin zu fixieren:

„Man schließt zunächst die volle psychische Gesundheit aus und schließt dann den Zustand aus, der Unzurechnungsfähigkeit im Sinne des gültigen § 51 bedingt." Für die Behandlung der geistig minderwertigen Täter im Strafvollzug empfahl er möglichst individualisierende Maßnahmen.

Bei der gleichen Gelegenheit nahm KRAEPELIN zur Frage der geminderten Zurechnungsfähigkeit Stellung. In seinem Vortrag ging er von dem Faktum aus, daß es zwischen geistiger Gesundheit und Krankheit keine festen, sondern nur „schwimmende" Grenzen gebe. KRAEPELIN setzte sich für die Schaffung eines besonderen Paragraphen ein, der dem Schutz der vermindert Zurechnungsfähigen dienen sollte. Zu dem Kreis der hierhin gehörenden Persönlichkeiten rechnete er die „unübersehbare Zahl der leichteren angeborenen Krankheitszustände", aber auch die ersten Stadien der beginnenden und die letzten Stadien der abklingenden Psychosen. Der § 51 in der bisherigen Form sei „zu eng". Ohne eine gesetzliche Fixierung könne man zwar den mannigfachen Abstufungen der strafrechtlichen Verantwortlichkeit in besonderem Maße gerecht werden, die Willkür des Richterspruches würde aber gefördert. KRAEPELIN empfahl für den Fall der Einführung eines entsprechenden Paragraphen eine Änderung in der Art des *Strafvollzuges*. Der verschiedenartigen Psyche der Täter müsse in sinnvoller Weise Rechnung getragen werden, ein Gesichtspunkt, der im Deutschen Strafrecht ganz neuartig sei. Kriminalpädagogische Methoden seien beim Vollzug der Strafe notwendig. KRAEPELIN bezeichnet die Unterscheidung zwischen Gefängnis und Zuchthaus als „völlig nutzlos".

Die Durchsicht der stenographischen Berichte des 27. Deutschen Juristentages in Innsbruck zeigt unmißverständlich, daß man sich generell über Folgendes im Klaren war: es gibt psychische Zustände beim Täter, die eine *geminderte* Schuld bedingen. Es ist aber schwierig, diese Zustände in *einem Begriff* (eben dem Begriff der geminderten Zurechnungsfähigkeit) unterzubringen. Die generelle Ansicht der Juristen formulierte KLEINFELLER in seinem Einleitungsreferat folgendermaßen: „Der Mensch ist entweder zurechnungsfähig oder nicht zurechnungsfähig."

1905 wurde in Hamburg das gleiche Thema bei den Verhandlungen der Internationalen Kriminalwissenschaftlichen Vereinigung diskutiert. Es ergab sich, daß fast alle Länder eine entsprechende gesetzliche Bestimmung erstrebten. Dänemark, das als bisher einziges Land eine gesetzliche Regelung kannte, plädierte als einziger Staat für die Abschaffung dieser Bestimmungen. In der Diskussion zeigte sich jedoch, daß die schlechten Erfahrungen mit der Strafmilderung bei psychisch Minderwertigen auf den gesetzlichen Zwang zur Milderung der Strafe in solchen Fällen zurückzuführen seien. Nach der allgemeinen Auffassung könne eine gesetzliche Regelung nur dann sinnvoll sein, wenn die Strafe *nur fakultativ* gemildert werden könne (TORP).

1908 erschienen die vergleichenden Untersuchungen von W. KAHL. Als Fazit seiner Untersuchungen über die Handhabung der Rechtspflege bei verminderter Zurechnungsfähigkeit faßte KAHL folgendes zusammen:

„Als vermindert zurechnungsfähig im Sinn des Strafrechtes ist eine Person dann anzusehen, wenn sie bei Begehung der strafbaren Handlung in einem nicht bloß vorübergehenden krankhaften Zustand sich befunden hat, welcher das Verständnis für die Strafwürdigkeit ihrer Handlung oder ihre Widerstandskraft gegen strafbares Handeln verminderte." Auch KAHL spricht sich gegen eine obligatorische Milderung der Strafe in solchen Fällen aus. Vermindert Zurechnungsfähige gehörten in den allgemeinen Strafvollzug, nur bei besonderen Fällen seien „räumlich getrennte und einer besonderen Hausordnung unterstellte Abteilungen innerhalb der Strafanstalt" erforderlich.

ASCHAFFENBURG hat sich besonders mit dem hier liegenden Problem befaßt. Es sei schwer, eine adäquate strafrechtliche Behandlung der Täter zu erreichen, die das große Reservoir der psychischen Grenzzustände bilden. Die überwiegende Mehrzahl aller Schwerverbrecher gehöre zur Gruppe der vermindert Zurechnungsfähigen. Somit sei zwar die subjektive Schuld des Täters vermindert, die objektive *Gefährdung* sei jedoch vermehrt. Eine generelle Strafmilderung sei somit eine ganz ungeeignete Maßnahme. Der Akzent müsse auf der besonderen Behandlung dieser Täter liegen. Jeder Verzicht auf Strafe sei abzulehnen. Diesen Standpunkt vertrat ASCHAFFENBURG auch besonders gegenüber EUGEN BLEULER, der auf Strafe bei verminderter Zurechnungsfähigkeit ganz verzichten wollte. In seinem Beitrag „Die Stellung der modernen Rechtswissenschaft zur verminderten Zurechnungsfähigkeit" wies ASCHAFFENBURG auf den Wechsel in der Einstellung bei v. FEUERBACH hin. FEUERBACH war ernster Gegner der verminderten Zurechnungsfähigkeit. Als er aber später Präsident eines Gerichtshofes wurde und eine „praxisnähere" Einstellung bekam, gab er die theoretische Einstellung auf und hinterließ einen Entwurf eines Bayrischen Strafgesetzbuches *mit* einer Bestimmung über die geminderte Zurechnungsfähigkeit. Die Gegnerschaft gegen eine derartige Bestimmung sei nach 1871 immer mehr und mehr geschwunden. ASCHAFFENBURG bejahte bei den vermindert Zurechnungsfähigen grundsätzlich die strafrechtliche Verantwortlichkeit. Es seien lediglich andere Maßstäbe bei diesem Personenkreis erforderlich. Seine grundsätzliche Stellungnahme zu allen Fragen der Strafrechtsreform kam in folgenden Formulierungen zum Ausdruck:

„Gegen die Wiedereinführung des unglücklichen Ausdruckes der freien Willensbestimmung müssen wir, wie es auch vielfach seitens der Juristen geschehen ist, aufs entschiedenste Front machen. Das Erfordernis des Richters geht dahin, zu erfahren, wie weit die geistige Störung das Handeln des Kranken beeinflußt, um daraus seine Schlußfolgerungen auf die Verantwortlichkeit des Rechtsbrechers ziehen zu können ... Der Wortlaut des Unzurechnungsfähigkeitsparagraphen muß diesem Erfordernis entsprechen. Ich möchte daher vorschlagen ... den § 63 so zu fassen:

Nicht strafbar ist, wer sich zur Zeit der Handlung in einem Zustand von Geistesstörung, Geistesschwäche oder Bewußtseinsstörung befunden hat, durch den er nicht die Fähigkeit besaß, das Unrecht seiner Tat einzusehen oder dieser Einsicht gemäß zu handeln." ASCHAFFENBURG schließt mit den Worten: „Diese Fassung scheint mir einwandfrei; der Arzt hat es mit klaren, nicht mißzuverstehenden Ausdrücken zu tun."

WILMANNS faßt die Ergebnisse seiner historischen Studien zur Vorgeschichte des § 51 Absatz II in folgender Weise zusammen:

„Das Ergebnis der jahrzehntelangen Diskussionen zwischen Juristen und Medizinern war, daß die Bedenken der Juristen gegen die Einführung des Begriffes in das Gesetz erheblich, die der Mediziner fast ganz zurücktraten. Die Mehrzahl der Juristen und Mediziner einigte sich auf folgende Anschauungen und Forderungen:

Wie geistige Gesundheit und Krankheit in unmerklichen Abstufungen ineinander übergehen, lassen sich auch die Unzurechnungsfähigkeit begründenden Seelenzustände nicht scharf von denjenigen trennen, welche dem reifen, geistig gesunden Menschen eigen sind. Zwischen dem Geisteszustande, bei dem die Zurechnungsfähigkeit außer Zweifel steht und demjenigen, bei dem sie völlig aufgehoben ist, liegt vielmehr ein breites Zwischengebiet. Personen, die mit diesen, zwischen völliger geistiger Gesundheit und ausgesprochener Krankheit liegenden psychischen Mängeln behaftet sind, haben zum Teil nicht das volle Verständnis für die Strafbarkeit ihrer Handlungen, zum Teil nicht die volle Fähigkeit, den verbrecherischen Antrieben die nötigen Hemmungen entgegenzusetzen, zum Teil geht ihnen beides ab. Sie sind zwar zurechnungsfähig, ihre Schuld ist jedoch, mit der eines Vollwertigen gemessen, geringer; sie sind Zurechnungsfähige mit geminderter Schuld, vermindert Zurechnungsfähige.

Im geltenden Recht finden diese geistig Minderwertigen keine ausdrückliche Berücksichtigung, es kennt nicht den Begriff einer geminderten Zurechnungsfähigkeit. Der Richter vermag ihrer geminderten Schuld nur durch Annahme mildernder Umstände gerecht zu werden. Das geschieht schon gegenwärtig, soweit der Richter in der Lage ist, den geistigen Mangel des Rechtsbrechers zu erkennen. Auch der ärztliche Sachverständige pflegt bei der Begutachtung von ‚Grenzzuständen' unter dem Gesichtspunkte des § 51 StGB ausdrücklich auf das Vorliegen geminderter Zurechnungsfähigkeit hinzuweisen, ohne befürchten zu müssen, daß der Richter ihm eine Überschreitung seiner Rechte vorwirft. KAHL ist sogar der Ansicht, daß die Berücksichtigung der geistigen Minderwertigkeit im unbegrenzten Raume mildernder Umstände, auch mit dem Namen geminderter Zurechnungsfähigkeit, schon jetzt nicht nur Parteienrecht, sondern Richterpflicht sei. Obschon also das Gesetz eine verminderte Zurechnungsfähigkeit nicht ausdrücklich berücksichtigt, praktisch wird sie vom Strafrichter anerkannt und im Strafmaß in Rechnung gezogen. Der Richter straft den gemindert Zurechnungsfähigen kürzer, wie er einen Rechtsbrecher straft, der in drückender Not, im hochgradigen Affekt, im Rausche gehandelt hat, der zu der Tat von einem andern verführt wurde, sein Verbrechen bereut oder den angerichteten Schaden wieder gutzumachen sucht."

Er schließt seine Ausführungen mit folgenden Worten:

„Da die zwischen Gesundheit und Krankheit Stehenden weniger schuldhaft handeln als die geistig rüstigen Rechtsbrecher, so hätte man sie künftig milder, d. h. in der Hauptsache *kürzer* zu strafen. Da es sich jedoch um pathologische Persönlichkeiten handelt, müßte die Strafe vor allem *anders* geartet sein und sich der Besonderheit ihres Seelenlebens anpassen, mit anderen Worten *ärztliche* und *erzieherische Maßregeln* hätten bei der Strafe im Vordergrund zu stehen ..."

Zur Information führen wir noch die verschiedenen Reformentwürfe an, die in den Jahren 1909 bis 1925 eingebracht wurden.

Vorentwurf 1909

„Nicht strafbar ist, wer zur Zeit der Handlung geisteskrank, blödsinnig oder bewußtlos war, so daß dadurch seine freie Willensbestimmung ausgeschlossen wurde.

War die freie Willensbestimmung durch einen der vorbezeichneten Zustände zwar nicht ausgeschlossen, jedoch in hohem Grade vermindert, so finden hinsichtlich der Bestrafung die Vorschriften über den Versuch Anwendung. Zustände selbstverschuldeter Trunkenheit sind hiervon ausgenommen.

Freiheitsstrafen sind an den unter Abs. 2 Verurteilten unter Berücksichtigung ihres Geisteszustandes und, soweit dieser es erfordert, in besonderen, für sie ausschließlich bestimmten Anstalten oder Abteilungen zu vollstrecken."

Gegenentwurf 1911

„Eine Handlung ist straflos, wenn der Täter zur Zeit der Handlung wegen Bewußtseinsstörung oder krankhafter Störung der Geistestätigkeit nicht die Fähigkeit besaß, die Strafbarkeit seiner Tat einzusehen oder dieser Einsicht gemäß zu handeln.

War diese Fähigkeit zur Zeit der Handlung durch einen der vorbezeichneten Zustände zwar nicht ausgeschlossen, aber in erheblichem Grad herabgesetzt, so kann die Strafe nach den Vorschriften über den Versuch gemildert werden; an Stelle der Todes- oder lebenslänglichen Zuchthausstrafe tritt stets Zuchthaus nicht unter drei Jahren. Selbstverschuldete Trunkenheit schließt die Anwendung eines milderen Strafgesetzes aus.

Freiheitsstrafen gegen die nach Absatz 2 Verurteilten sind unter Berücksichtigung ihres Geisteszustandes und, soweit dieser es erfordert, in besonderen, für sie ausschließlich bestimmten Anstalten oder Abteilungen zu vollstrecken."

Kommissionsentwurf 1913

„Nicht *schuldhaft* handelt, wer zur Zeit der Tat wegen Bewußtseinsstörung, wegen krankhafter Störung der Geistestätigkeit oder wegen Geistesschwäche unfähig ist, das Ungesetzliche der Tat einzusehen oder seinen Willen dieser Einsicht gemäß zu bestimmen.

War die Fähigkeit zur Zeit der Tat aus einem dieser Gründe nur in hohem Grad vermindert, so ist die Strafe nach § 115 zu mildern. Dies gilt nicht, wenn die Bewußtseinsstörung auf selbstverschuldeter Trunkenheit beruhte."

Entwurf 1919

§ 18. „Nicht zurechnungsfähig ist, wer zur Zeit der Tat wegen Bewußtseinsstörung, wegen krankhafter Störung der Geistestätigkeit oder wegen Geistesschwäche unfähig ist, das Ungesetzliche der Tat einzusehen oder seinen Willen dieser Einsicht gemäß zu bestimmen.

War die Fähigkeit zur Zeit der Tat aus einem dieser Gründe nur in hohem Maß vermindert, so ist die Strafe zu mildern. Dies gilt nicht bei Bewußtseinsstörungen, die auf selbstverschuldeter Trunkenheit beruhen."

§ 52. Bei der Vollstreckung von Freiheitsstrafen gegen vermindert Zurechnungsfähige ist deren Geisteszustand zu berücksichtigen. Wenn dieser es erfordert, sind die Gefangenen in besonderen Anstalten oder Abteilungen unterzubringen; Zuchthausgefangene sind von anderen Gefangenen, soweit möglich, getrennt zu halten."

Entwurf 1925

§ 17. „Nicht zurechnungsfähig ist, wer zur Zeit der Tat wegen Bewußtseinsstörung, wegen krankhafter Störung der Geistestätigkeit oder wegen Geistesschwäche unfähig ist, das Unerlaubte der Tat einzusehen oder dieser Einsicht gemäß zu handeln.

War die Fähigkeit zur Zeit der Tat aus einem dieser Gründe in hohem Grade vermindert, so ist die Strafe zu mildern. Dies gilt nicht bei Bewußtseinsstörungen, die auf selbstverschuldeter Trunkenheit beruhen. – "

Die seit 1871 gültige Fassung des § 51 StGB

„Eine strafbare Handlung ist nicht vorhanden, wenn der Täter zur Zeit der Begehung der Handlung sich in einem Zustande von Bewußtlosigkeit oder krankhafter Störung der Geistestätigkeit befand, durch welchen seine freie Willensbestimmung ausgeschlossen war", die sich trotz vieler Einwände über 60 Jahre in der *Praxis* gut bewährt hatte, wurde dann durch das Gesetz vom 24. 11. 1933 geändert. Der am 1. Januar 1934 in Kraft getretene § 51 lautet nun folgendermaßen:

„Eine strafbare Handlung ist nicht vorhanden, wenn der Täter zur Zeit der Tat wegen Bewußtseinsstörung, wegen krankhafter Störung der Geistestätigkeit oder wegen Geistesschwäche unfähig ist, das Unerlaubte der Tat einzusehen oder nach dieser Einsicht zu handeln.

War die Fähigkeit, das Unerlaubte der Tat einzusehen oder nach dieser Einsicht zu handeln, zur Zeit der Tat aus einem dieser Gründe erheblich vermindert, so kann die Strafe nach den Vorschriften über die Bestrafung des Versuches gemildert werden."

Auch nach der Einführung dieses Paragraphen ist die Diskussion über die Zweckmäßigkeit dieser gesetzlichen Bestimmung nicht abgerissen. Das Unbefriedigende bezüglich des Absatzes II wird jetzt wieder mehr von psychiatrischer Seite empfunden, während nach Ansicht der Juristen gerade mit dieser Bestimmung praktisch gut gearbeitet werden kann. Wir werden uns im Schlußkapitel mit den Bedenken gegen die Bestimmung des § 51 Abs. II nochmals befassen.

Literatur

ASCHAFFENBURG, G.: Die Stellung der modernen Rechtswissenschaft zur verminderten Zurechnungsfähigkeit. Allg. Z. Psychiatr. *65*, 514 (1908).
– Bemerkungen zum Vorentwurf des Strafgesetzbuches. Herausgegeben von der Justizkommission des Deutschen Vereins für Psychiatrie. Jena 1910.
– Die verminderte Zurechnungsfähigkeit. In: HOCHE: Handbuch der gerichtlichen Psychiatrie. 3. Auflage. Berlin 1934.
BOHNE, G.: Verständigung zwischen naturwissenschaftlichen Sachverständigen und Juristen. In: PONSOLD: Lehrbuch der gerichtlichen Medizin. 2. Auflage. Stuttgart 1957.
BREHM, A.: Der Begriff der Zurechnungsfähigkeit und seine geschichtliche Entwicklung. Psychiatr. neurol. Wochenschrift *1941*, 251.
CRAMER, A.: Die strafrechtliche Behandlung der geistig minderwertigen Personen. Verh. 27. Dtsch. Juristentag. 4. Bd. S. 408. Berlin 1905.
JOLLY, F.: Über geminderte Zurechnungsfähigkeit. Allg. Z. Psychiatr. *44*, 461 (1888).
KAHL, W.: Vergleichende Darstellung des Deutschen und Ausländischen Strafrechtes. Allg. Teil. I. Band. Berlin 1908.
KLEINFELLER: Verhandlungen des 27. Deutschen Juristentages. Berlin 1905.
KRAEPELIN, E.: Zur Frage der geminderten Zurechnungsfähigkeit. Verh. 27. Dtsch. Juristentag. Berlin 1905.
LILIENTHAL, K. v.: Zurechnungsfähigkeit. In: Vergleichende Darstellung des Deutschen und Ausländischen Strafrechts. Bd. V. – Berlin 1908.
MENDEL, E.: Der ärztliche Sachverständige und der Ausschluß der freien Willensbestimmung des § 51 StGB. Vierteljahresschrift f. gerichtl. Medizin. N. F. *44*, 108 (1886).
– Über geminderte Zurechnungsfähigkeit. Allg. Z. Psychiatr. *45*, 524 (1889). (Mit Korreferat Grashey und Diskussionsbeitrag Sander.)
SEELIG, E.: Zum Problem der Neufassung des § 51. In: Festschrift für Edmund Mezger. München–Berlin 1954.
Sitzungsberichte der Berliner Medizinisch-Psychologischen Gesellschaft. Arch. Psychiatr. *2*, 229, 243 u. 515 (1870).
SCHÄFER, FR.: Der Gerichtsarzt und die freie Willensbestimmung. Viertelj.schrift f. gerichtl. Medizin. N. F. *42*, 57 u. 271 (1885); *45*, 19 (1886) u. *47*, 83 (1887).
SCHNEIDER, KURT: Die Beurteilung der Zurechnungsfähigkeit. 3. erw. Auflage. Stuttgart 1956.
STENGLEIN, M.: Sammlung der deutschen Strafgesetzbücher. München 1858.
TORP: Diskussionsbemerkung zum Vortrag von v. Liszt: Die Behandlung der vermindert Zurechnungsfähigen. 10. Internat. Versammlung der Internat. Krim. Vereinigung. Hamburg 1905. Mitteilungen: *13*, 489 (1906).
WESTPHAL, C.: In: Sitzungsberichte der Berliner Med. Psycholog. Gesellschaft. Arch. Psychiatr. *2*, 229 u. 515 (1870).
WILMANNS, K.: Die sogenannte verminderte Zurechnungsfähigkeit als zentrales Problem der Entwürfe zu einem Deutschen Strafgesetzbuch. Berlin 1927.
WOLLENBERG, R.: Die Grenzen der strafrechtlichen Zurechnungsfähigkeit bei psychischen Krankheitszuständen. Allg. Z. Psychiatr. *56*, 615 (1899).
ZIEHEN, TH.: Zitiert nach: R. WOLLENBERG. Allg. Z. Psychiatr. *56*, 617 (1899).
– Neuere Arbeiten über pathologische Unzurechnungsfähigkeit. Mschr. Psychiatr. *5*, 52 u. 459 (1899).

Die aktuelle Situation

Die augenblickliche Situation der forensischen Psychiatrie ist eng mit den Entwicklungstendenzen verknüpft, die sich in den Reformbestrebungen der Großen Strafrechtskommission erkennen lassen. Die Ergebnisse der in der Kommission geleisteten Arbeit wurden 1958 in dem „Entwurf des Allgemeinen Teiles eines Strafgesetzbuches" veröffentlicht.

Die für den medizinischen Sachverständigen entscheidenden Abschnitte des Entwurfes sind in den §§ 23 und 24, sowie in den einleitenden Bemerkungen zu diesen Paragraphen enthalten.

Grundlage für alle Einzeldarlegungen ist der in § 2 des Allgemeinen Teiles fixierte Grundsatz: „*Keine Strafe ohne Schuld.*" Für die strafrechtliche Praxis ergibt sich aus diesem Grundsatz: „Wer ohne Schuld handelt, wird nicht bestraft."

Der Begriff der „Schuld" wirft zwingend die vielschichtige Frage nach der „Schuldfähigkeit" des Menschen auf. Somit mußte ein weiterer Grundsatz eingefügt werden: „Keine Schuld ohne Schuldfähigkeit". Und das letzte, praktisch aber bedeutsamste und für den medizinischen Sachverständigen wichtigste Glied in dieser Kette von Grundsätzen lautet: „Keine Strafe ohne Schuldfähigkeit."

Im „Entwurf" wird — wahrscheinlich auf Grund der Bedenken der naturwissenschaftlichen Sachverständigen — eingeräumt, daß die Frage nach der Schuldfähigkeit des Täters als „wissenschaftlich letzten Endes unbeantwortbar" anzusehen ist. Somit mußte auf die positive Feststellung der Schuldfähigkeit verzichtet werden. Man ging lediglich von der vernünftigen Erwägung aus, daß ein normal entwickelter Mensch schuldfähig handelt. Aufgabe des Gesetzgebers sei es dann nur noch, die Voraussetzungen zu bestimmen, unter denen von diesem Grundsatz abgewichen werden darf. Die biologischen und psychologischen Voraussetzungen, bei denen nach dem heutigen Stand des Wissens von dem Grundsatz der generellen Schuldfähigkeit der Menschen abgewichen werden darf, werden dann in den §§ 23 und 24 behandelt.

Zuvor befaßte sich die Kommission mit der Regelung der Strafmündigkeit, einem Problem, dessen Behandlung auch für unsere Fragestellung bedeutsam ist. An der 14-Jahresgrenze wurde festgehalten, da diese Grenze den heutigen jugendpsychologischen Einsichten entspräche. Schuldunfähigkeit wird also bei Kindern unter 14 Jahren angenommen. Hier wird eine jener *generellen* Regelungen vorgenommen, wie sie uns auch für die künftige Lösung anderer forensischer Probleme als formal nahezu ideale Lösung vorschwebt, obwohl die wissenschaftliche Entwicklung zur Zeit nicht in dieser Richtung zu gehen scheint: die generelle, gesetzlich zwingend und diskussionslos vorgeschriebene Exkulpierung aller psychisch kranken Täter, *ohne* Erörterung der Frage, ob die sogenannten psychologischen Merkmale der Schuldunfähigkeit gegeben sind oder nicht. Zur Klärung der Frage der Schuldunfähigkeit der Kinder wird die „biologische" Methode benutzt, d. h. die Feststellung eines biologischen Faktums, nämlich des Alters des Täters genügt, um alle Erörterungen über vorhandene oder fehlende Schuldfähigkeit auszuschließen. Natürlich gibt es immer wieder Kinder unter 14 Jahren, die nach ihrer psychischen Reife durchaus den psychologischen Kriterien der „Schuldfähigkeit" genügen, also „Einsichtsvermögen" und „Hemmungen" bereits besitzen. Diese jedem Pädagogen geläufigen Erfahrungen zeigen, daß man durchaus geteilter Meinung sein kann über Möglichkeit und Notwendigkeit einer starren Festlegung der Strafmündigkeit mit Beginn des 14. Lebensjahres. Wäre die psychologische Methode zuverlässig und operabel, so könnte berechtigterweise die Forderung nach individueller Fallanalyse erhoben werden. Um hier aber endloses und, mangels echter Einsichtsmöglichkeiten, auch fruchtloses Psychologisieren am Einzelfall zu vermeiden, hat der Gesetzgeber bisher die generelle Lösung gewählt, die auch nach dem „Entwurf" beibehalten werden soll.

Wesentlich schwieriger liegen die Aufgaben für den Gesetzgeber bei der Bewertung anderer biologischer Umstände für den Ausschluß der Schuldfähigkeit, die alsdann in den §§ 23 und 24 des „Entwurfes" behandelt werden.

Der § 23 lautet:

Schuldunfähigkeit wegen seelischer Störungen:

„Ohne Schuld handelt, wer zur Zeit der Tat wegen einer krankhaften oder einer auf schwerer, angeborener oder erworbener Abartigkeit beruhenden seelischen Störung oder wegen einer vorübergehenden Bewußtseinsstörung unfähig ist, das Unrecht der Tat einzusehen oder nach dieser Einsicht zu handeln."

Dieser Vorschlag zur Neufassung de § 51 StGB Abs. I de lege lata wird nun folgendermaßen kommentiert:

„Die Schuldunfähigkeit der Menschen über 18 Jahren und der Jugendlichen, soweit für deren Schuldfähigkeit andere Gründe als ihre rein entwicklungsbedingte geistige oder sittliche Unreife in Betracht kommen, wird auch künftig im Strafgesetzbuch geregelt. Der Entwurf legt hierfür in Übereinstimmung mit dem geltenden Recht und allen deutschen Entwürfen seit 1909 die sog. biologisch-psychologische (gemischte) Methode zugrunde. Nach ihr sind

Ausschluß oder Verminderung der Schuldfähigkeit nur dann anzunehmen, wenn bei dem Täter gewisse, im Gesetz genannte „biologische" Zustände bestehen und wenn sich diese Zustände außerdem in bestimmter Weise auf einen Tatentschluß auswirken. Diese Methode empfiehlt sich nach der überwiegenden Auffassung der Sachverständigen auch vom heutigen Stande der wissenschaftlichen Erkenntnis aus. Die zu § 51 StGB hervorgetretenen Mängel und Unklarheiten haben ihren Grund nicht in dieser Methode, sondern in der Art der Beschreibung der „biologischen" Merkmale. Hier muß die Reform einsetzen. Die Methode als solche hat sich in der Praxis bewährt. Sie hat gegenüber einer sog. biologischen Methode, wie sie z. B. dem Artikel 64 des französischen Code Pénal zugrunde liegt, den Vorzug, daß sie der Erkenntnis von der Relativität der Schuldunfähigkeit Rechnung trägt, wonach diese nicht absolut (abstrakt), sondern relativ (konkret) zu verstehen ist, nämlich für den Zeitpunkt der Tat und im Hinblick auf diese bestimmte Tat. Derselbe Mensch kann zu bestimmten Zeiten für bestimmte Taten schuldfähig sein, zu anderen Zeiten oder für andere Taten aber nicht. Demgegenüber würde eine sog. biologische Methode bei Feststellung des „biologischen" Zustandes zur Annahme der Schuldunfähigkeit auch dann zwingen, wenn der Zustand auf die Begehung der bestimmten Tat keinen Einfluß gehabt hat. Ebenso ist die gemischte Methode einer sog. psychologischen Methode überlegen, wie sie in § 46 des Ersten Entwurfes eines Strafgesetzbuches für den Norddeutschen Bund von 1869 vorgeschlagen war und auch heute gelegentlich empfohlen wird. Während die gemischte Methode durch Aufzählung der „biologischen" Zustände den Sachverständigen wie den Richter zu bestimmten Feststellungen zwingt, läßt die sog. psychologische Methode den Richter auf der Suche nach den Gründen, welche die Willensbildung des Täters beeinflußt haben können, im Stich. Eine solche Methode gefährdet die Rechtssicherheit so erheblich, daß sie nicht verwendbar erscheint. Der Entwurf hält aus diesen Gründen an der gemischten Methode fest.

Als sog. biologische Merkmale, die zur Schuldunfähigkeit führen können, nennt § 51 StGB die Bewußtseinsstörung, die krankhafte Störung der Geistestätigkeit und die Geistesschwäche sowie § 55 StGB die geistige Entwicklungshemmung wegen Taubstummheit. Diese Merkmale sind zugleich auch psychologischer Natur, so daß die Bezeichnung „biologisch" zu eng ist. Es handelt sich in allen Fällen um Störungen der „Psyche" im psychiatrischen Sinn, die das gesamte menschliche Innenleben umfaßt. Der Begriff „Psyche" läßt sich, wie die angehörten Sachverständigen erklärt haben, in einer für die Psychiatrie brauchbaren Weise nicht durch den zu eng intellektuellen Begriff „Geist" und nicht durch den zu eng emotionalen Begriff „Gemüt" ersetzen, sondern am besten durch den Begriff „Seele". Aus dem Bemühen, eine möglichst weitgehende Übereinstimmung des juristischen und des psychiatrischen Sprachgebrauches herbeizuführen, legt der Entwurf den Oberbegriff „seelische Störung" zugrunde. Sie kann angeboren oder erworben, vorübergehend oder dauernd, nicht krankhaft oder krankhaft sein. Der Entwurf berücksichtigt drei Gruppen seelischer Störungen:

Als erste Gruppe führt er die krankhaften seelischen Störungen an. Dabei wird unter Krankhaftigkeit das Beruhen auf einer Krankheit im Sinne eines körperlich bedingten Krankheitsprozesses samt seinen funktionellen Folgen und lokalen Residuen verstanden, also der engere Krankheitsbegriff zugrunde gelegt. Der Entwurf kann hiervon ausgehen, weil er mit dem noch zu betrachtenden zweiten Merkmal der auf schwerer Abartigkeit beruhenden seelischen Störungen die nicht als organischer Prozeß verlaufenden Erscheinungen umfaßt. Zum geltenden Recht hat sich die Rechtsprechung für die Auslegung des Merkmals „krankhafte Störung der Geistestätigkeit" veranlaßt gesehen, von einem weiteren – juristischen – Krankheitsbegriff auszugehen, der „über den Kreis der Geisteskrankheiten im Sinne der ärztlichen Wissenschaft hinaus alle Störungen erfaßt, die die bei einem normalen und geistig reifen Menschen vorhandenen, zur Willensbildung befähigenden Vorstellungen und Gefühle beeinträchtigen, wobei es gleichgültig ist, ob es sich um Beeinträchtigungen der Verstandestätigkeit oder um solche des Willens-, Gefühls- oder Trieblebens handelt [1]. Der im geltenden Recht daneben angeführte Begriff „Geistesschwäche" kennzeichnet hiernach nur die schwächeren Erscheinungsformen krankhafter Störungen der Geistestätigkeit. Der neue Begriff „krankhafte seelische Störung" ist enger als der Begriff „krankhafte Störung der Geistestätigkeit", insofern er im Gegensatz zu diesem die im engeren Sinne nichtkrankhaften seelischen Störungen ausscheidet. Für den neuen Begriff bleiben insbesondere übrig: die progressive Paralyse, ferner senile und arteriosklerotische Gehirnerkrankungen, hirnatrophische Krankheiten, krankhafte Vergiftungszustände, gewisse epileptische Dämmerzustände und der auf einem körperlichen Krankheitsprozeß beruhende fortschreitende Schwachsinn. Neben diesen nach dem heutigen Stand der Wissenschaft als Ursachen seelischer Störungen erkannten Krankheiten werden in den Begriff des Krankhaften auch solche Krankheiten einbezogen, deren körperliche Bezüge von der Psychiatrie noch nicht voll erkannt sind, aber aus gewichtigen Gründen postuliert werden. Es handelt sich dabei um die

[1] BGH NJW 1955, S. 1726, Nr. 19.

Cyclothymie (manisch-depressives Irresein) und die Schizophrenie (Dementia praecox), für welche die Wissenschaft eindeutige körperliche Krankheitsursachen und Störungssymptome bisher nicht nachweisen konnte, aber annehmen muß. Unter die krankhaften seelischen Störungen fallen hiernach sowohl die exogenen als auch die endogenen Psychosen einschließlich der Zustände krankhafter Geistesschwäche im Sinne des geltenden Rechts. Andererseits ist zu beachten, daß nicht jede Beeinträchtigung des Seelenlebens, die auf einer Krankheit beruht, schon unter den Begriff „krankhafte seelische Störung“ fällt. Vielmehr setzt dieser Begriff eine Beeinträchtigung des Kernes der Persönlichkeit, also des Persönlichkeitsgefüges, durch die Krankheit voraus, „die Durchbrechung des seelischen Sinnzusammenhanges durch einen sinnfremden körperlichen Krankheitsvorgang (Krankheitsprozeß) [1], die Zerreißung der „Sinnkontinuität der Lebensentwicklung“ [2]. Dadurch werden unerhebliche krankhafte Beeinträchtigungen des Seelenlebens, wie sie z. B. bei Migräneanfällen eintreten, ausgeschieden.

Als zweite Gruppe bringt der Entwurf die auf schwerer, angeborener oder erworbener Abartigkeit beruhenden seelischen Störungen. Das für diese Gruppe der nichtkrankhaften Erscheinungen entscheidende Merkmal ist die Abartigkeit im Sinne der Abweichung von einer für den normal entwickelten Menschen zugrunde gelegten Norm des seelischen Zustandes. Hierdurch sollen seelische Fehlanlagen und Fehlentwicklungen gekennzeichnet werden, die nicht auf anerkannten oder postulierten organischen Prozessen beruhen. Hierher gehören zunächst intellektuelle Anomalien, also der nicht auf einem körperlichen Prozeß beruhende Schwachsinn, der eine seelische Störung auf dem Gebiete des Denkens und des Verstandes ist. Hierher gehören auch die Neurosen, deren Ursachen in seelischen Konfliktsituationen zu suchen sind, ferner Triebstörungen, vor allem aber die Psychopathien, die als „Persönlichkeitsvarianten“, als „Spielarten seelischen Wesens“ aufgefaßt werden. Solche Abartigkeiten, die auch die Zustände nichtkrankhafter Geistesschwäche umfassen, berühren zwar stets das Seelenleben, aber nicht notwendig den Kern der Persönlichkeit in dem bereits bei der krankhaften Störung erwähnten Sinne und damit die Schuldfähigkeit. Der Entwurf sieht nur die schwere Abartigkeit als bedeutsam für die Schuldfähigkeit an und schließt damit von vornherein solche Abartigkeiten von der Berücksichtigung aus, die keine wesentliche Abweichung von der Norm des seelischen Zustandes darstellen. Es werden daher nur die in diesem Sinne schweren Schwachsinnsformen, Psychopathien und Neurosen als „biologischer“ Grund für die Möglichkeit der Beeinträchtigung der Schuldfähigkeit anerkannt. Für die übrigen Psychopathen, Triebgestörten und Neurotiker sowie die Täter mit nur leicht ausgeprägtem Schwachsinn bewendet es bei der vom Gesetz für den normal entwickelten Menschen zugrunde gelegten Schuldfähigkeit und bei der hinter dieser Auffassung stehenden Forderung der Rechtsgemeinschaft an diese Gruppe der „leichter“ Abartigen, ihre auf der Abartigkeit beruhenden gefährlichen Neigungen zu unterdrücken. Ist eine schwere Abartigkeit gegeben, so wird sie nur dann als biologischer Grund für die Beeinträchtigung der Schuldfähigkeit anerkannt, wenn sie zu einer seelischen Störung in dem oben dargelegten Sinne führt.

Als dritte Gruppe erwähnt der Entwurf die vorübergehenden Bewußtseinsstörungen. Durch das Beiwort „vorübergehend“ soll darauf hingewiesen werden, daß hier diejenigen Bewußtseinsstörungen gemeint sind, die nicht schon unter die erste oder zweite Gruppe fallen. Länger dauernde Bewußtseinsstörungen werden stets von der ersten oder zweiten Gruppe erfaßt. In die dritte Gruppe gehören also die nicht auf Krankheit oder auf schwerer Abartigkeit beruhenden Bewußtseinsstörungen. Die dritte Gruppe erlangt ihre Bedeutung vor allem für die Bewußtseinsstörungen aus nichtkrankhaften schweren Affekten, aus nichtkrankhafter Trunkenheit, Schlaftrunkenheit, Übermüdung und aus Hypnose. Erreicht die Bewußtseinsstörung einen Grad, der ein willentliches Verhalten überhaupt ausschließt, dann tritt Bewußtlosigkeit ein. Sie hebt nicht erst die Schuldfähigkeit, sondern schon die Handlungsfähigkeit auf und fällt daher nicht unter die vorliegende Regelung des Entwurfes.

Die sog. psychologischen Merkmale der Einsichts- und Steuerungsfähigkeit, die der Entwurf in Übereinstimmung mit dem geltenden Recht verwendet, setzen voraus, daß eine solche Aufgliederung der inneren Funktionsfähigkeit des Menschen auch heute noch wissenschaftlich haltbar ist. Das wird von psychologischer und psychiatrischer Seite überwiegend bejaht. Die Feststellung des Fehlens der einen oder andern psychischen Fähigkeit des Täters kann im Einzelfall schwierig sein; grundsätzlich ist sie aber möglich. Der Entwurf hält daher an der bisherigen Aufgliederung fest und lehnt es ab, sie durch ein Generalmerkmal zu ersetzen, sei es im Sinne des Ausschlusses der „freien Willensbestimmung“ durch die seelische Störung, sei es im Sinne des bloßen Erfordernisses ihres „Einflusses“ auf die Tatbegehung.

Durch den Hinweis auf die Tat bringt der Entwurf zum Ausdruck, daß die Einsichts- und Steuerungsfähigkeit sich auf die bestimmte Tat beziehen müssen und nicht abstrakt verstanden werden dürfen. Das entspricht der oben erwähnten Erkenntnis von der Relativität

---

[1] Mezger in LK, 8. Aufl. zu § 51 Anm. 6 b) aa).

[2] Kurt Schneider in: „Klinische Psychopathologie“, 4. Aufl., S. 16 f.

der Schuldunfähigkeit. Damit wird vom Entwurf auch der Vorschlag abgelehnt, die Steuerungsfähigkeit als die abstrakte Fähigkeit aufzufassen, nach vernünftigen Beweggründen zu handeln. Für die Einsichtsfähigkeit kommt es nur darauf an, daß der Täter das Unrecht der Tat erkennen kann, nicht aber, daß er es wirklich erkennt.

Abweichend von der geltenden Fassung bezeichnet der Entwurf den Gegenstand der Einsichtsfähigkeit in Übereinstimmung mit § 3 des Jugendgerichtsgesetzes als das Unrecht der Tat, wodurch das materiell Rechtswidrige der bestimmten Tat, um das es sich hier handelt, deutlich vom bloß sittenwidrigen, das der Begriff des „Unerlaubten" mit umfassen könnte, abgegrenzt wird. Die Verwendung des Begriffs „Unrecht" empfiehlt sich außerdem wegen des inneren Zusammenhanges der Vorschrift mit der Regelung des Verbotsirrtums in § 20 des Entwurfes. Beide Regelungen beziehen sich auf das Fehlen der Einsicht in das materiell Rechtswidrige der bestimmten Tat. Der Unterschied liegt einmal in den Ursachen des Fehlens, zum andern darin, daß beim Verbotsirrtum das Fehlen der Einsicht in der Steigerungsform des positiven Irrtums, d. h. in der Form der aktuellen Annahme, kein Unrecht zu tun, vorliegen muß, während es für die Schuldunfähigkeit nicht hierauf ankommt, sondern auf das Fehlen der potentiellen Einsicht, der Einsichtsfähigkeit."

In § 23 wird also die Frage der Schuld*un*fähigkeit wegen *seelischer Störungen* erörtert. Die biologische Methode, die sich mit der Feststellung biologischer Fakten begnügt, wird hier zugunsten der gemischten, d. h. biologische und psychologische Kriterien benutzenden Methode verlassen. Die *biologischen* Zustände müssen, um strafrechtlich wirksam werden zu können, beim Täter bestimmte *psychologische* Wirkungen auf seinen Tatentschluß haben. So berechtigt diese Forderung theoretisch erscheint, so unerfüllbar ist sie — nach unseren forensischen Erfahrungen — tatsächlich [1]. Denn bei der Beurteilung psychisch kranker Menschen kann wohl eine Aussage über die grundsätzlich gegebene Modifizierbarkeit der Willensbildung durch apersonale Faktoren (die „Krankheit") gegeben werden; ob aber eine faktische Modifizierung des konkreten Tatentschlusses durch spezifische, abnorme Determinanten (die „Psychose") stattgefunden hat, bleibt der wissenschaftlichen Analyse zur Zeit wenigstens noch unerreichbar.

Die „Mängel und Unklarheiten" des § 51 StGB in seiner bisher gültigen Fassung werden nicht als Folge der benutzten „gemischten" Methode angesehen, sondern auf „die Art der Beschreibung der biologischen Merkmale" zurückgeführt. Die Reform müßte also in diesem Punkt, der Deskription der biologischen Tatbestände einsetzen.

Wir meinen, auf Grund unserer Überlegungen darauf hinweisen zu müssen, daß uns Mängel des § 51 — wenn überhaupt Kritik an dem so bewährten Paragraphen geübt werden soll — eher in dort vorgeschriebenen *Methoden* zu liegen scheinen, nicht aber bei der deskriptiven Feststellung der biologischen Tatbestände, die bisher zur Exkulpierung führen konnten. Die biologischen Merkmale scheinen uns vielmehr im § 51 de lege lata in mancher Hinsicht klarer und unmißverständlicher formuliert zu sein als in dem Reformentwurf; die Begrenzung der biologischen Tatbestände ist im § 51 de lege lata strenger, die Reformen zielen demgegenüber offenbar auf eine Erweiterung und Auflockerung der Grenzen ab.

Zu den methodischen Problemen sei folgendes bemerkt: Die Anhänger der „biologisch-psychologischen" Methode setzen — unter Vernachlässigung der hier durch das empirisch unlösbare Leib-Seele-Problem gegebenen grundsätzlichen Schwierigkeiten — ein positives Wissen um leib-seelische Zusammenhänge beim medizinischen oder psychologischen Sachverständigen voraus, das tatsächlich, nach unserer Auffassung, *nicht* vorhanden ist. Ob ein — an sich vorwerfbares — Handeln eines psychisch kranken Menschen tatsächlich durch abnorme Motive bestimmt wurde, ist nur in wenigen krassen Fällen offensichtlich und vernünftigerweise nicht zu bezweifeln.

---

[1] Im Gegensatz zu unserer unter dem Druck täglicher Erfahrungen vor Gericht erzwungenen Selbstbescheidung hinsichtlich der Möglichkeit wissenschaftlich begründbarer Aussagen über diese Frage, bejahen namhafte Juristen (u. a. E. SEELIG) die Möglichkeit, positive Aussagen über dieses Wechselspiel zwischen biologischen Kräften und psychologischen Wirkungen zu machen.

Wenn ein Schizophrener unter dem Einfluß imperativer „Stimmen", die ihn zur Tötung vermeintlicher Verfolger drängen, einen harmlosen, von ihm aber als „Feind" erkannten Passanten tötet oder wenn im religiösen Wahn die eigene Person oder Menschen „geopfert"[1] werden, so sind die psychologischen Zusammenhänge zwischen Psychose und Handlung auch für den Skeptiker von unabweisbarer Überzeugungskraft.

Bei der überwiegenden Mehrzahl aller psychischen Erkrankungen ist es jedoch nur die methodisch einwandfrei faßbare *allgemeine Persönlichkeitsveränderung*, die den Sachverständigen zur Bejahung der Schuldunfähigkeit veranlaßt, ohne daß es ihm möglich wäre, die speziellen Determinanten zwischen psychischer Störung und Tatentschluß zu ermitteln. Hier findet die biologisch-psychologische Methode sehr schnell ihre Grenzen. Nur das allgemeine Wissen von den schwerwiegenden personalen Veränderungen, die beim psychotischen Menschen das gesamte Motivationsgefüge in allerdings meist unüberschaubarer Weise verändern, berechtigt den psychiatrischen Sachverständigen, auch in leichten und leichtesten Fällen psychischer Erkrankungen doch die *Empfehlung* der Exkulpierung auszusprechen, da nach den allgemeinen Erfahrungen mit psychisch Kranken auch im konkreten – forensischen – Fall Persönlichkeitsveränderungen mit Auswirkungen auf die Motivbildung angenommen werden müssen oder zumindest vermutet werden dürfen.

Die „gemischte" Methode kommt also in sehr vielen Fällen tatsächlich nicht zum Zuge, da der Nachweis einer kriminogenen, biologisch-psychologischen „interaction" gar nicht erbracht, sondern das Vorliegen pathologischer Motiv-Determinanten nur angenommen werden kann. Allerdings werden viele Sachverständige diese selbstkritische Einschränkung bezüglich des Gehaltes an positivem Wissen in ihren Aussagen nur ungern vollziehen, zumal ihnen vor Gericht der *Beweis*, daß die psychische Krankheit oder Störung etwa das Hemmungsvermögen aufgehoben hat, tatsächlich nie abverlangt wird. Ein schwer unterdrückbares Bedürfnis nach nüchterner Besinnung auf den letzten Endes doch nur bescheidenen Fundus an positivem Wissen bei Aussagen über forensische Fragen zwingt uns, hier zu bekennen, daß die „gemischte" Methode immer zu „gemischten" Resultaten führen muß, also zu Ergebnissen, in denen sich Wissen, Erfahrungen, Einsichten, Intuition, Spekulation und positive wie negative Empfindungen für den Delinquenten in unentwirrbarer Weise „mischen".

Bescheidener, überprüfbarer und durchsichtiger bleibt die Konzeption der biologischen Methode, deren Vorzüge im *Gespräch* von vielen Juristen anerkannt werden, während in den *Publikationen* an einer wirklichkeitsfremden, rationalen Methode festgehalten wird, die den Menschen als einen weitgehend analysierbaren Mechanismus ansieht, dessen Kräfte und Gegenkräfte beobachtet und wissenschaftlich hinreichend exakt erfaßt werden können. Die Anhänger der biologischen Methode, derer sich u. a. das französische und belgische Strafgesetzbuch bedient, fordern dagegen die Anwendung des leicht verständlichen, klaren und übersichtlichen Grundsatzes: Bei allen psychischen Krankheiten (sc. also den exogenen wie endogenen Psychosen) wird Exkulpierung empfohlen, da psychische Krankheit nach der hierin weitgehend übereinstimmenden Überzeugung aller Sachverständigen die Schuldfähigkeit des Menschen aufhebt.

Auch die somatogenen Bewußtseinsstörungen lassen sich zwanglos und selbst für den medizinischen Laien überzeugend in die Gruppe der flüchtigen („exogenen") Psychosen einreihen, so daß dann aber nun auch wirklich alle denkbaren Fälle von Schuldunfähigkeit den Schutz des Gesetzes erhalten können, ohne daß zuvor aus for-

---

[1] Siehe unsere Studie: Das Opfermotiv in der Psychose. In: Der Nervenarzt *20*, 385 (1949).

malen Gründen Fragen gestellt werden, die ihrer Natur nach zumindest vom medizinischen Sachverständigen unbeantwortbar sind.

Die richterliche Feststellung von Schuldunfähigkeit aus biologischen Gründen wäre bei Anwendung der biologischen Methode eine weitgehend (d. h. im Rahmen der Diagnostizierbarkeit psychischer Krankheiten) *absolute* Lösung, während die entsprechende Bestimmung für Kinder unter 14 Jahren eine absolute Lösung eines Problems darstellt, die damit methodische Schwierigkeiten nicht mehr kennt. Im Falle der Einführung der biologischen Methode würde dem Arzt endlich die Frage vorgelegt, für deren Beantwortung er wirklich kompetent ist, nämlich die Frage: Lag beim Täter eine psychische Krankheit vor oder nicht?

Wenn es im § 23 des „Entwurfes" heißt: „Demgegenüber würde eine sogenannte biologische Methode bei Feststellung des „biologischen" Zustandes zur Annahme der Schuldunfähigkeit auch dann zwingen, wenn der Zustand auf die Begehung der bestimmten Tat keinen Einfluß gehabt hat", so können wir auf Grund unserer Erfahrungen nur betonen, daß es für den *Ausschluß* von Zusammenhängen zwischen dem (sc. pathologischen) Zustand des Täters und einer bestimmten Tat keine wissenschaftlich verbindlichen, allseits anerkannten Methoden gibt. Hier sind vielmehr schwerwiegende und wissenschaftlich begründbare Zweifel immer berechtigt, und es dürfte kaum einen erfahrenen und kritischen Sachverständigen geben, der sich „wissend" genug fühlte, vor Gericht die Behauptung aufzustellen, daß etwa bei einem nur leichteste Defektsymptome zeigenden schizophrenen Täter oder einem mit leichten Persönlichkeitsveränderungen geheilten Paralytiker der *Ausschluß* von Zusammenhängen zwischen „Krankheit" und „Tat" mit Sicherheit vollzogen werden kann. Mit andern Worten: Wenn eine Psychose festgestellt werden kann, die zwar nahezu symptomlos ausgeheilt sein mag, so ist es unmöglich, eine konkrete Straftat den noch oder wieder „gesund" anmutenden psychischen Kräften zuzuordnen. Es gibt keine Methode, um mit Sicherheit behaupten zu können, daß die strafbare Handlung *nicht* den kranken Bezirken des Seelenlebens entspringt. Bei der Undurchschaubarkeit der Entstehungsbedingungen von Delikten psychisch kranker Personen sollte daher, auch bei den dem Aspekt nach „leicht" anmutenden Fällen der so oft bemühte Grundsatz „in dubio pro reo" grundsätzlich Anwendung finden [1]. Die dem Richter dann gegebene Möglichkeit, eine angemessene ärztliche Behandlung oder Verwahrungsmaßnahmen anzuordnen, trägt zugleich dem Schutzbedürfnis der Gesellschaft Rechnung.

Auf die sogenannte psychologische Methode, die *nur* psychologische Kriterien zur Feststellung der Unzurechnungsfähigkeit benutzt, wird in Anbetracht ihrer großen Fehlerquellen heute allgemein verzichtet. Auch im „Entwurf" wird von dieser Methode prinzipiell abgerückt. Unbeschadet von dieser grundsätzlichen Distanzierungstendenz werden aber bei der Beurteilung gewisser, im Zustand starker Affekte begangener Delikte, doch immer wieder überwiegend psychologische Kriterien benutzt, um so auf „psychologischen Umwegen" zu einem Schuldausschluß im Sinne des § 51 Absatz I StGB kommen zu können [2].

Bei den Bemühungen, für alle forensisch relevanten seelischen Abnormitäten einen Oberbegriff zu finden, bot sich — in Übereinstimmung mit den klinischen Gepflogenheiten — zunächst der Begriff der „Psyche" für *alle* in Betracht kommenden seelischen Funktionen an. Dieser umfassende Oberbegriff ist jedoch nicht in attributiver Form

---

[1] Der von Bundesrichter Dr. JAGUSCH im Urteil gegen Dr. Wohlgemuth eindringlich betonte Grundsatz „Im Rechtsstaat gehen alle Zweifel *zugunsten* des Angeklagten" (Frankfurter Allg. Ztg. v. 7. I. 1959), verursacht allerdings dem med. Sachverständigen bei seinen Meditationen über § 51/Abs. II StGB schwere Gewissensbedenken, wenn es sich um Psychopathen, Affekttäter oder „Neurotiker" handelt. (S. Fußnote Nr. 3 auf S. 31.)

[2] Nähere Ausführungen im Kapitel: Forensische Psychologie und § 51.

zu den „Störungen“ hinzugetreten, die vielmehr als „seelische“ Störungen bezeichnet werden. Gegen den Begriff „Störungen“ als Oberbegriff läßt sich nicht viel einwenden. Ein Grundbedenken liegt allerdings in einer zum Oberbegriff der „seelischen Störung“ wesensmäßig gehörenden, aber gerade für den hier intendierten Zweck unerwünschten *Unschärfe,* da unser Dasein unentwegt von leichten und leichtesten „seelischen Störungen“ somatogener wie psychogener Herkunft gekennzeichnet ist, die vor Gericht nicht berücksichtigt zu werden brauchen, obwohl z. B. die Ergebnisse der immer mehr differenzierenden somato-psychischen Forschung etwa auf dem Gebiet der Pharmako-Psychologie bzw. Pharmako-Psychopathologie zeigen, wie empfindlich psychische Funktionen durch somatische Reize gestört werden können.

Der Oberbegriff „psychische Krankheiten“ wäre *uns* willkommener gewesen, um schon in der Überschrift unmißverständlich zum Ausdruck zu bringen: Die Grenzen, innerhalb deren auch in Hinkunft exkulpiert werden kann und soll, sind scharf und klar gezeichnet! Doch müssen wir als Psychiater den Juristen das Recht zugestehen, ihre Grenzen so zu ziehen, wie es juristischer Tradition und juristischer Begriffsbildung entspricht.

Entscheidend für die forensische Problematik ist weiterhin die nunmehr nachdrücklich ausgesprochene Forderung, auch nicht-krankhafte seelische Störungen in den Kreis der schuldausschließenden Persönlichkeitsmerkmale einzubeziehen. Mit dieser folgenschweren Entschließung, die bisher in Entscheidungen, Kommentaren und Urteilsbegründungen als Intention bereits erkennbar war, während jetzt „Gesetzeskraft“ angestrebt wird, haben wir uns im wesentlichen in dieser Schrift auseinanderzusetzen, wobei wir die Hoffnung hegen, daß sich die verantwortlichen Gremien den Argumenten nicht ganz verschließen werden, die uns veranlassen, an dem Grundsatz festzuhalten: „Nur psychische Krankheiten können persönliche Schuld des Täters aufheben.“

Zur I. Gruppe des „Entwurfes“ gehören die „krankhaften seelischen Störungen“. Vielleicht wäre der soeben erläuterte Oberbegriff „Psychische Krankheit“ noch klarer gewesen, um das hier Gemeinte unmißverständlich zu kennzeichnen. In dieser Gruppe werden alle psychischen Störungen berücksichtigt, die durch Krankheiten des Leibes begründbar sind. Der vor allen andern Autoren von Kurt Schneider am konsequentesten geforderte medizinische — also körperliche — Krankheitsbegriff [1] ist der Fassung des Entwurfes zugrunde gelegt, in dem auch die sogenannten endogenen Psychosen (Schizophrenie, Cyclothymie) aufgenommen wurden, obwohl die These von den, diese Störungen begründenden Krankheiten vorerst lediglich ein klinisches *Postulat* ist. Die Strafrechtskommission hat sich damit auf diesem Gebiet der Lehrmeinung der konservativen psychiatrischen Schulen angeschlossen und ist von den modernen psychogenetischen Deutungen der endogenen Psychosen abgerückt.

Unerhebliche Beeinträchtigungen der Psyche durch somatische Krankheitsvorgänge sollen — wie am Beispiel der Migräne gezeigt wird — jedoch ausgeschlossen werden. Nur die pathophysiologischen Prozesse, die Psychosen hervorrufen, sollen berücksichtigt werden. Denn der „Entwurf“ fordert, daß der „Kern der Persönlichkeit“, das Persönlichkeitsgefüge selbst durch die Krankheit beeinträchtigt sein muß, damit die Krankheit schuldausschließend wirken kann, eine Forderung, die generell für die Psychosen, aber auch *nur* für die Psychosen als erfüllt gilt.

Im großen und ganzen ist in dieser I. Gruppe das erfaßt, was im § 51 de lege lata als „krankhafte Störung der Geistestätigkeit“ bezeichnet wurde, wenn auch die bisherige Rechtsprechung in der *Auslegung* des Begriffes über den medizinischen Begriff der Geisteskrankheit (der „Psychose“) beträchtlich hinausging und in diesem

[1] Kurt Schneider: „Wir fundieren also den Krankheitsbegriff in der Psychiatrie ausschließlich auf krankhafte Veränderungen des Leibes.“ Hierunter versteht Kurt Schneider die Organprozesse, ihre funktionellen Folgen und lokalen Residuen.

Terminus alle Störungen erfaßt wissen wollte, die „die bei einem normalen und geistig reifen Menschen vorhandenen, zur Willensbildung befähigenden Vorstellungen und Gefühle beeinträchtigen, wobei es gleichgültig ist, ob es sich um Beeinträchtigungen der Verstandestätigkeit oder um solche des Willens-, Gefühls- oder Trieblebens handelt". Die hier tätigen Interpreten des Sinnes des § 51 rücken mit aller nur wünschenswerten Deutlichkeit von der Begrenzung auf die *biologischen* Tatbestände ab und bedienen sich rein psychologischer Beurteilungskriterien, kehren also zur *psychologischen* Methode zurück. Diese Tendenz ist verständlich; denn nur die Anwendung der „psychologischen" Methode kann dem Juristen das Gefühl verleihen, einen Fall „tatsächlich", also nicht nur rechtlich zu entscheiden und sich nicht diskussionslos den biologischen Fakten beugen zu müssen.

Die II. Gruppe des „Entwurfes" enthält die auf „schwerer, angeborener oder erworbener Abartigkeit" beruhenden seelischen Störungen. Hier wird der sichere klinische Grund verlassen. Die Bemühungen des Sachverständigen zielen nun nicht mehr auf die Feststellung eines *Krankheitsprozesses,* sondern auf die Erfassung von Abartigkeiten, die als Abweichungen von einer „für den normal entwickelten Menschen zugrunde gelegten Norm des seelischen Zustandes" gedacht sind. Nunmehr wird die der seelischen Störung zugrunde liegende Basis – gleichgültig, ob man sich die die Abartigkeit begründende „causa" als vorwiegend somatisch oder mehr psychisch vorstellen will – nicht durch den Vergleich mit den aus Klinik und Praxis wohl bekannten *Krankheitssyndromen* ermittelt, sondern das konkret Gegebene muß mit einer unanschaulichen, abstrakten Norm seelischen Seins verglichen werden. Diese Aufgabe ist relativ einfach bei der Feststellung von angeborenen Abartigkeiten im Bereich der Verstandesfunktionen, also bei der Ermittlung von intellektueller Unterbegabung als negativer Variation der im Rahmen einer Population üblichen Intelligenz. Bewertungen dieser Art werden beispielsweise von jedem Volksschullehrer vollzogen, der sich für die Verbringung eines intellektuell abartigen Kindes in eine Hilfsschule ausspricht.

Sehr viel schwerer ist es, das „Maß" richtig zu handhaben bei der Wertung der hier angeführten „Neurosen", bei den „Triebstörungen" und den „Psychopathen". In dem „Entwurf" wird mit Recht hervorgehoben, daß die in der II. Gruppe aufgeführten „Abartigkeiten" zwar stets das Seelenleben berühren, aber nicht notwendig den „Kern der Persönlichkeit" in dem oben – bei den Psychosen – erwähnten Sinn zu verändern brauchen.

Nur „schwere" Neurose und „schwere" Psychopathie soll die Schuldfähigkeit beeinträchtigen können [1]. Der medizinische Sachverständige steht damit vor der nahezu unlösbaren Aufgabe, entscheiden zu müssen, wann der „Kern der Persönlichkeit" beeinträchtigt ist und wann nicht. Je nach dieser Entscheidung wird eine Neurose als „schwer" oder eben „nicht-schwer" anzusehen sein. Die Delinquenten mit „nicht-schweren" Neurosen müssen ihre, auf ihren Abartigkeiten beruhenden gefährlichen Neigungen unterdrücken, während die „schweren" Neurotiker nach Text und Sinn des „Entwurfes" *schuldunfähig* sein und somit ohne Strafe bleiben sollen. Es ist leicht vorzustellen, welche Kämpfe es vor Gericht geben wird, wenn die Sachverständigen um das „Gewicht" einer Neurose streiten werden oder Kontroversen um die Beeinträchtigung des „Persönlichkeitskernes" zu führen sind. Jeder der hier angeführten Begriffe („Persönlichkeitskern", „Neurose", „Schwere" der Neurose) ist der Subjektivität in viel höherem Maße preisgegeben als die immerhin doch noch einigermaßen anerkannte Terminologie der klinischen Psychiatrie, die die Grundsubstanz ihrer auch forensisch relevanten Begriffe aus den unmißverständlichen, eindeutigen und nicht zu übersehenden psychischen Veränderungen *geisteskranker* Menschen gewonnen hat.

---

[1] Siehe hierzu auch: H. J. RAUCH: Schuldfähigkeit nach dem Entwurf zum Strafgesetzbuch. Neue Jur. Wschr. *1958*, S. 2089.

Aber selbst in diesen klinisch klar abgrenzbaren Bereichen sind noch erheblich differente Meinungen möglich, so daß die mit der schwierigen Materie nicht vertrauten Juristen oft keine allzu gute Meinung von den Methoden der psychiatrischen Wissenschaft gewinnen. Welches Schauspiel wird sich aber den erstaunten Richtern bieten, wenn es – nach Annahme des „Entwurfes" – für den einen Sachverständigen darum geht, dem Gericht zu „beweisen", daß eine Neurose „schwer" ist oder eine Psychopathie den „Kern der Persönlichkeit" getroffen hat, während ein anderer Sachverständiger die seelischen Störungen für „leicht" hält oder womöglich nicht einmal neurotische oder psychopathische Wesenszüge am Täter zu erkennen vermag. Bei der Planung und Vorbereitung neuer Gesetzesvorschriften soll man sich stets nüchtern vergegenwärtigen, welche *praktischen* Konsequenzen die aus berechtigten *theoretischen* Erwägungen gewählten Formulierungen im Gerichtssaal haben werden. Auch die schon mit der Einführung des § 51 Absatz II StGB – allerdings zu Unrecht – befürchtete Entwicklung einer neuen Form von Klassenjustiz (beim Armen ist es Diebstahl, beim Reichen „neurotisches Aggressionsbedürfnis") könnte durch die Einführung derart vieldeutiger Begriffe und ihre Rangerhöhung zu Gesetzesform in vorerst unabsehbarer Weise neu belebt werden.

Die an dieser Stelle des „Entwurfes" spürbare Tendenz zur prinzipiellen Gleichstellung von schweren Neurosen und Psychopathien mit den *Psychosen* geht an einem der zentralen Anliegen der wissenschaftlichen Psychiatrie, der besonders seit JASPERS noch klarer in das Bewußtsein der Ärzte gerückten Alternativfrage „Psychose" oder „Nicht-Psychose", in bedenklicher Weise vorbei, und verkennt, daß die Psychiatrie erst nach viele Jahrzehnte währenden Bemühungen zu der Erkenntnis von der wesensmäßigen – strukturellen – Verschiedenheit von Psychosen und Neurosen gelangt ist.

Eine Mißachtung dieser Forschungsergebnisse würde die mühsam erarbeiteten Grenzen – zumindest für den forensischen Bereich – wieder beseitigen und ein laienhafter, oft vom äußeren Aspekt, vom „Behaviour" geprägter „Schwere"-Begriff würde vor Gericht dominieren, da nach dem Grundsatz der freien Beweiswürdigung schließlich der Richter entscheiden müßte, welche Neurose als „schwer" zu bezeichnen ist und welche eben „nicht schwer" sein soll. Man kann nur hoffen und wünschen, daß die ganze II. Gruppe aus dem § 23 herausgenommen wird, da sie unserer Auffassung nach grundsätzlich ihren systematischen Ort dort nicht haben kann und außerdem so große praktische Schwierigkeiten in der Abgrenzung bestehen, daß uns ein Verzicht das kleinere Übel zu sein scheint.

In der III. Gruppe werden die vorübergehenden Bewußtseinsstörungen angeführt, die neben den auf Krankheit oder auf schwerer Abartigkeit beruhenden Bewußtseinsstörungen berücksichtigt werden sollen. Konkret sind die Bewußtseinsstörungen bei „nichtkrankhaften schweren Affekten", bei Schlaftrunkenheit, bei nicht krankhafter Trunkenheit, bei Übermüdung und Hypnose gemeint. Die Genese dieser nur z. T. forensisch bedeutungsvollen Bewußtseinsveränderungen ist also recht unterschiedlich zu denken.

Entscheidende praktische Bedeutung hat wohl nur die Frage der Bewußtseinsveränderung durch schwere Affekte. Hohe Grade von Angst oder Zorn bewirken sicher erhebliche Modifizierungen der Bewußtseinsfunktionen, die sich bis zu den vom Gesetzgeber gemeinten Extrem-Varianten erstrecken können. Die retrospektive Erfassung solcher extremer Bewußtseinszustände ist jedoch außerordentlich schwierig, da es verläßliche Methoden nicht gibt und der Schluß auf den „Zustand" oft nur auf den Angaben des Täters basieren wird, dem es unschwer gelingen dürfte, sich zu seiner Verteidigung des psychologischen Rüstzeuges zu bedienen, das auch der mit psychologischen Begriffen argumentierende Sachverständige benutzen muß, um den psychologischen Intentionen des Gesetzgebers gerecht werden zu können. Daß es befriedigender wäre, in Anbetracht der faktischen Unmöglichkeit, zu forensisch brauchbaren Einsichten in die Psyche eines Affekttäters zu gelangen, die *generelle Verantwortlichkeit* auch bei solchen Tätern zu bejahen und ihre besondere psychische Verfassung, die durchaus schuldmindernd gewirkt haben mag, lediglich durch die Art der Bestrafung zu berücksichtigen, ist eine Erkenntnis, die im Gesetzbuch bereits an verschiedenen Stellen ihren Niederschlag gefunden hat, wenn es beispielsweise im § 213 heißt: „War der Totschläger ohne eigene Schuld durch eine ihm ... zugefügte Mißhandlung oder schwere Beleidigung zum *Zorne* gereizt und hierdurch auf der Stelle zur Tat hingerissen worden ... so tritt Gefängnisstrafe nicht unter sechs Monaten ein." Der Gesetzgeber erkennt an, daß die Tötung eines Menschen unter hohem affektivem Druck milder bestraft werden muß als andere Tötungsdelikte. Es ist schwer vorzustellen, aber noch schwerer „metrisch" zu fixieren, welche Steigerung ein zornmütiger Affekt noch erleben muß, um schuldausschließend im Sinne einer psychologisch begründbaren Bewußtseinsstörung wirken zu können. Eine ähnliche, im Gesetz vorgesehene obligatorische Milderung bei Affekthandlungen wäre auch für andere Tatbestände denkbar, etwa für Körperverletzung, für die verbalen oder tätlichen Beleidigungen und für alle weiteren *Aggressionen* in Verbindung mit affektiven Spannungen.

Ein sicheres, Objektivität beanspruchendes Arbeiten mit dem Begriff der affektiven — schuldausschließenden — Bewußtseinsstörung ist unserer Meinung nach nicht oder noch nicht möglich, da die naturwissenschaftlich gesicherten Voraussetzungen für diese, juristisch orientierte Begriffsbildung fehlen. Die gegensätzlichen Auffassungen der verschiedenen Sachverständigen vor dem Dortmunder Schwurgericht [1] zeigen zur Genüge, wohin Diskussionen über psychologische Fragen führen müssen, für deren Beantwortung verläßliche Kriterien nicht zur Verfügung stehen.

Mezger empfahl 1938 zur Klärung der sich hier ergebenden schwierigen Fragen der forensischen Psychiatrie bzw. forensischen Psychologie die *kasuistische* Methode, d. h. die sorgfältige Analyse des Einzelfalles. Man wird jedoch bezweifeln dürfen, ob die Empirie über das Verständnis des Einzelfalles hinaus überindividuelle Kriterien zur Lösung der sich im konkreten Fall bietenden Fragen liefern kann. Im Kapitel „Forensische Psychologie und § 51" wird näher auf dieses Thema eingegangen werden.

Es folgen Ausführungen über die „Aufgliederung der inneren Funktionsfähigkeit des Menschen" mit den psychologischen Schwerpunkten der *Einsichts-* und *Steuerungs*fähigkeit. Wissenschaftliche Feststellungen über diese „Vermögen" der menschlichen Psyche seien möglich; auch sei — so heißt es im „Entwurf" — diese Aufgliederung heute noch wissenschaftlich haltbar. Durch die Feststellung der Einsichtsfähigkeit soll der Nachweis erbracht werden, daß ein Täter das Unrecht einer Handlung erkennen *kann*, während die Frage des tatsächlichen Vollzuges dieser potentiell gegebenen Möglichkeit im konkreten psychischen Akt unberücksichtigt bleiben darf. Hier zeigt sich eine bemerkenswerte Hinwendung zur Anerkennung einer allgemein feststellbaren, der konkreten Situation übergeordneten, generellen und potentiellen Möglichkeit, die unserer Tendenz zur Benutzung generalisierender Beurteilungsmaßstäbe entspricht, bei denen der konkrete psychische Aktvollzug unberücksichtigt bleibt, weil er seiner Eigenart nach nicht Beobachtungsobjekt im Sinne naturwissenschaftlicher Forschung sein kann.

Andererseits soll aber unter der „Steuerungsfähigkeit" nicht die „abstrakte Fähigkeit verstanden sein, nach vernünftigen Beweggründen zu handeln", sie soll vielmehr nur auf die konkrete Tat bezogen werden, womit die generalisierende Methode wieder verlassen wird und ein der Tat zugrunde liegender psychischer Akt in schwerlich

[1] Siehe BGH-Urteil 4 StR 21/57 v. 10. 10. 1957 (unveröffentlicht).

phänomengerechter Weise zum Gegenstand einer individuellen Analyse gemacht wird, obwohl der Aktvollzug selbst weitgehend unanalysierbar ist. Nur generelle Feststellungen über das hypothetische „Steuerungsvermögen" des Menschen, die sich aus der Kenntnis seiner Lebensgeschichte und aus dem Studium seines Verhaltens in ähnlichen Situationen ergeben, vermögen einige Aufschlüsse darüber zu geben, ob eine „Steuerung" bei der konkreten Tat möglich und somit zu fordern war. Die Analyse der Tatsituation allein vermag diese Frage keineswegs schlüssig zu beantworten.

Im § 23 des „Entwurfes" wird schließlich auf die Festlegung eines *psychologischen Generalmerkmales* für alle Zustände biologisch oder psychologisch bedingter Schuldunfähigkeit verzichtet. Mit der Hinnahme eines, wie auch immer gearteten „Einflusses" der seelischen Störung auf die Tatbegehung (als Generalmerkmal) kommt man zwar den tatsächlichen Verhältnissen recht nahe, wenn es auch noch nicht möglich ist, diesen „Einfluß" der psychischen Störung auf Tat und Täter prägnant in *einem* Begriff zu fassen. Wenn man alle ermittelbaren Faktoren in einem Begriff zusammenfassen will, so könnte man hinsichtlich des Zusammenwirkens von Tatsituation und Täterpersönlichkeit – bei normalen Tätern – nach dem Vorbild amerikanischer Soziologen von einer „kriminogenen interaction" sprechen, während sowohl der Einfluß der psychischen Krankheit auf die Tatgenese als auch der durch diesen „Einfluß" herbeigeführte besondere (schuldausschließende) psychische Zustand des Täters terminologisch vorerst noch nicht zu fassen ist.

Der § 24 lautet:

Verminderte Schuldfähigkeit

„Ist die Fähigkeit des Täters, das Unrecht der Tat einzusehen oder nach dieser Einsicht zu handeln, wegen einer krankhaften oder einer auf schwerer, angeborener oder erworbener Abartigkeit beruhenden seelischen Störung oder wegen einer vorübergehenden Bewußtseinsstörung zur Zeit der Tat erheblich vermindert, so kann die Strafe nach § 65 Abs. 1 gemildert werden."

Dieser Vorschlag zur Neufassung des § 51 StGB Absatz II de lege lata wird nun in folgender Weise kommentiert:

„Der Entwurf geht in Übereinstimmung mit gutachtlichen Äußerungen von Sachverständigen davon aus, daß es möglich und notwendig ist, innerhalb der Schuldfähigkeit zwischen voller und verminderter Schuldfähigkeit zu unterscheiden und die Stufe der verminderten Schuldfähigkeit als Grundlage einer fakultativen Strafminderung beizubehalten.

Die Möglichkeit dazu folgt daraus, daß Zwischenstufen zwischen der vollen Schuldfähigkeit und der Schuldunfähigkeit durch die Erfahrung erwiesen sind. In der Praxis spielen besonders die Fälle leichter paralytischer oder schizophrener Defekte, der beginnenden arteriosklerotischen oder senilen Demenz, der Epilepsie mit seltener Anfälligkeit, des angeborenen oder früh erworbenen Schwachsinns in nicht besonders schwerer Ausprägung, der Hirnverletzung mit weitgehender psychischer Integrität, der mittelschweren Affekt- oder Rauschzustände und der mittelschweren Psychopathien, Triebstörungen oder Neurosen eine Rolle. Es ist eine Erfahrungstatsache, daß Erscheinungen dieser Art vielfach das Einsichts- oder Steuerungsvermögen für die bestimmte Tat zwar nicht ausschließen, aber doch vermindern.

Die Notwendigkeit, diese Zwischenstufe der verminderten Schuldfähigkeit mit einem milderen Strafrahmen zu erfassen, ergibt sich namentlich daraus, daß sonst die vermindert Schuldfähigen entweder als voll Schuldfähige oder als Schuldunfähige und derart unangemessen behandelt werden müßten, eine Vermehrung der Freisprüche gerade bei Kapital-, Trieb- und Hangverbrechern zu erwarten wäre, der Richter über die Berücksichtigung einer Verminderung der Schuldfähigkeit im normalen Strafrahmen vielfach ohne sorgfältige Nachprüfung entscheiden würde und der Gesetzgeber, um wenigstens die unerträglichen Härten auszuschließen, besondere Milderungsmöglichkeiten gerade auch für solche Tatbestände vorsehen müßte, für die er sie bisher aus kriminalpolitischen Gründen nicht zugelassen hat.

Bei Ausgestaltung der Vorschrift weicht der Entwurf in der Beschreibung der sog. biologischen Merkmale, die zur verminderten Schuldfähigkeit führen können, vom geltenden Recht ab. Er verwendet hierfür die bereits für die Schuldunfähigkeit in § 23 des Entwurfes vorgesehenen neuen Begriffe. Die Voraussetzung dazu, daß nämlich die dort beschriebenen seelischen Störungen eine Abstufung nach Graden gestatten, ist gegeben. Das gilt auch für die auf schwerer Abartigkeit beruhenden seelischen Störungen. Daher kommen die leichten Psychopathien, Triebstörungen und Neurosen ebenso wie leichte Formen des Schwachsinns auch von vornherein nicht für eine Verminderung der Schuldfähigkeit in Betracht. Auch bei der verminderten Schuldfähigkeit muß die seelische Störung den Kern der Persönlichkeit beeinträchtigen, wenn auch nicht in demselben Maße wie bei dem der Schuldunfähigkeit.

In Übereinstimmung mit dem geltenden Recht stellt der Entwurf durch die Formulierung der sogenannten psychologischen Merkmale klar, daß verminderte Schuldfähigkeit erst dann gegeben ist, wenn die seelische Störung zu einer erheblichen Minderung der Einsichts- oder Steuerungsfähigkeit hinsichtlich der bestimmten Tat führt. An dem Merkmal der Erheblichkeit wird festgehalten, um Beeinträchtigungen geringeren Grades, wie sie z. B. bei Kapital-, Trieb- und Hangverbrechen regelmäßig vorliegen, als für die Schuldfähigkeit unwesentlich zu kennzeichnen. Die Berücksichtigung solcher geringeren Beeinträchtigungen soll nur bei der Strafzumessung im normalen Strafrahmen möglich sein.

Die rechtliche Bedeutung der verminderten Schuldfähigkeit liegt in der Möglichkeit der Anwendung des milderen Strafrahmens nach § 65 und der Anstaltsunterbringung nach § 86 des Entwurfes. Der Entwurf entscheidet sich in Übereinstimmung mit dem geltenden Recht hinsichtlich des Strafrahmens nur für die Möglichkeit einer Milderung. Maßgebend hierfür ist die Überlegung, daß eine erhebliche Minderung der Einsichts- und Steuerungsfähigkeit wegen einer der genannten seelischen Störungen zwar stets zur Verminderung der Schuldfähigkeit, aber nicht notwendig zu einer Minderung der aktuellen Schuld in ihrer Gesamtheit führt. Denn diese beruht auf einer Gesamtwürdigung, bei der außer dem Grade der Schuldfähigkeit auch andere Umstände zu berücksichtigen sind; so die Tatschuldumstände (z. B. Tötung einer großen Anzahl von Menschen durch die im Zustand verminderter Schuldfähigkeit begangene Handlung), aber auch Schuldumstände vor der Tat (z. B. schuldhafte Herbeiführung der verminderten Schuldfähigkeit). Daß die Milderung nur zugelassen und nicht vorgeschrieben ist, ermöglicht einen Ausgleich zwischen der Verminderung der Schuldfähigkeit einerseits und erschwerenden Schuldumständen andererseits bei der Gesamtwürdigung der Schwere der Schuld. Ergibt die Gesamtwürdigung, daß die Verminderung der Schuldfähigkeit auch zu einer Verminderung der Schuld geführt hat, so muß der Richter allerdings nach dem Grundsatz des § 2 Satz 2[1] die Strafe mildern.

Die vorgeschlagene Regelung erübrigt eine besondere Vorschrift nach dem Vorbild der Entwürfe von 1909 bis 1925 über den Ausschluß der Strafrahmenmilderung für selbstverschuldete Rausch- oder Erregungszustände. Sie ermöglicht auch hier einen Ausgleich der Schuldumstände beim Schuldurteil, aber sie erzwingt ihn nicht. Sie ist elastischer und vermeidet es, auch dann einen Ausgleich vornehmen zu müssen, wenn dieser im Einzelfall mit dem Schuldgrundsatz nicht vereinbar erscheint."

Der § 24 des „Entwurfes" befaßt sich also mit der Frage der „verminderten Schuldfähigkeit". Nach dem Gutachten der Sachverständigen sei es „möglich und notwendig", zwischen voller und verminderter Schuldfähigkeit zu unterscheiden. Die Übernahme dieser Ansicht durch die Strafrechtskommission ist recht bemerkenswert. Denn in den grundsätzlichen Einleitungsworten wurde ausgeführt: „Die Frage nach der Schuldfähigkeit wird vielfach als wissenschaftlich letzten Endes unbeantwortbar angesehen!" Die Feststellbarkeit einer „verminderten" Schuldfähigkeit setzt aber zwingend voraus, daß man einigermaßen exakt weiß, wer „voll schuldfähig" ist. Gerade diese Feststellung entzieht sich aber der wissenschaftlichen Methodik und kann nicht Gegenstand naturwissenschaftlicher Untersuchungen werden. Die Annahme der allgemeinen Schuldfähigkeit der Menschen bleibt ebenso eine *Übereinkunft* wie die Akzeptierung der Schuldunfähigkeit aus biologischen Gründen („für die der Betreffende nichts kann, da diese Zustände motivlos entstehen"), eine wenn auch höchst vernünftige und sinnvolle *Übereinkunft* ist. Um so merkwürdiger mutet die Forderung nach „Abstufungen" an, die die mühsam erarbeiteten Grenzen zwischen den beiden Konventionen verwischen müssen. Umstände, die die persönliche Schuld eines Täters mildern, können in jedem Falle krimineller Handlungen gefunden werden. Der „voll-schuldfähige" Mensch stellt eine Abstraktion dar, die in Wirklichkeit nicht existiert, aber als Leitbild erforderlich ist, um überhaupt Ordnung in das Chaos von individuellen Strebungen, Trieben und Ansprüchen zu bringen, die

---

[1] § 2 des „Entwurfes" lautet: „Wer ohne Schuld handelt, wird nicht bestraft. Die Strafe darf das Maß der Schuld nicht überschreiten."

die Menschen beherrschen und von ihnen selbst oder durch andere gezügelt werden müssen. Ebenso ist die volle Schuld*un*fähigkeit aus biologischen Gründen eine gleichsam negative Extremvariante, die ebenfalls nicht existiert, da auch im schizophrenen Mörder oder im dementen Paralytiker noch ein Rest an Spezifisch-Menschlichem erhalten bleibt, wodurch der Kranke am Phänomen menschlicher Schuldfähigkeit teilhat und so nicht völlig aus der durch menschliche Prinzipien geordneten Welt ausgeschlossen wird. Die forensische Wirklichkeit ist also nicht durch diese, nur in der Vorstellung vorhandenen positiven und negativen Idealtypen geprägt, sondern durch die unendliche Vielzahl von Erscheinungsformen, in denen sich beide Prinzipien in einer nur in den Extremfällen einigermaßen überschaubaren Weise *mischen*. Um diese nur theoretisch zu denkenden Pole voller Schuldfähigkeit und voller Schuldunfähigkeit lassen sich, mehr oder minder überzeugend, die konkreten Einzelfälle gruppieren. Die „Notwendigkeit" eine III. Gruppe, die der „vermindert Schuldfähigen" zu bilden, wird von uns bezweifelt, und die „Möglichkeit" einer solchen Gruppenbildung wird nur insoweit anerkannt, als es — ähnlich wie bei den Rentenverfahren — viele Möglichkeiten gibt, zwischen voller Arbeits*un*fähigkeit (EM [1] = 100%) und voller Arbeitsfähigkeit (EM = 0%) beliebig viele Zwischenstufen aufzustellen. Die Konstituierung einer Gruppe von vermindert Schuldfähigen, deren Schuldfähigkeit somit um 50% (!) liegen dürfte, erscheint logisch-formalistisch zwar gerechtfertigt, empirisch-psychologisch jedoch ein Unding. Derartige „Berechnungen" vertragen sich schlecht mit dem ethisch fundierten Begriff der Schuld, einem menschlichen Urphänomen, das — wenn schon aus zwingenden praktischen Gründen Aussagen hierüber gemacht werden müssen — außerhalb formalistischer Graduierungskünste stehen sollte [2].

Natürlich wird von uns nicht bestritten, daß es „Zwischenstufen" gibt. Im Gegenteil, unsere Ausführungen zeigen gerade, daß es unendlich viele Zwischenstufen zwischen der vollen Schuldfähigkeit und der Schuldunfähigkeit gibt, die aber nur mit Zwang und Willkür kodifiziert und in formalen „Abstufungen" erfaßt werden können. Eine Zuordnung des empirisch Gegebenen unter *einen* der genannten Ordnungsgesichtspunkte erscheint uns praktikabler zu sein als die Einführung des Begriffes der verminderten Schuldfähigkeit, einer Zwischenform, unter die *alle* Täter subsumiert werden können und — eigentlich — müßten, da die Extreme nur als Abstraktion gegeben sind, in Wirklichkeit aber nicht existieren [3].

Die im „Entwurf" dann genannten psychopathologischen Tatbestände bzw. die mit ihnen begründbaren medizinischen Diagnosen, nach denen verminderte Schuldfähigkeit angenommen werden soll, zeigen, wie schematisierend vorgegangen wurde, wenn neben der „mittelschweren" Psychopathie gleichrangig die „leichten" schizophrenen Defektzustände stehen oder die „mittelschwere" Neurose der beginnenden senilen Demenz gleichgesetzt wird. Diese quantifizierende Betrachtungsweise läßt jene den Psychiater oft fremd anmutende Betrachtungs- und Denkweise der Juristen erkennen, die z. T. aus einem Mangel an spezifischer Sachkenntnis, z. T. allerdings auch aus Gründen der „normativen" Methode, an dem völlig verschiedenen Aufbau einer gegebenen psychischen Abnormität vorbeisehen müssen, um so ganz heterogene

---

[1] EM = Erwerbsminderung.

[2] Auch bei der Beantwortung der Frage nach der *Geschäftsfähigkeit* eines Menschen (§ 104 BGB) verlangt der Richter ein klares „ja" oder „nein" vom Sachverständigen.

[3] Hierzu Fr. Bauer: „Im Grunde sind alle Menschen nur ‚vermindert zurechnungsfähig', da das bewußte Ich keine Herrschaft über die seelischen Kräfte hat, die unter der Schwelle der wahren Persönlichkeit lauern."
Und A. Cramer:
„... und ich mache mich verbindlich, wenn der Ausdruck ‚geminderte Zurechnungsfähigkeit' in das Strafgesetzbuch kommt, einen jeden Menschen für gemindert zurechnungsfähig zu erklären."

psychische Tatbestände mit recht verschiedenen Auswirkungen auf die Handlungsweise doch mit *einem* Maß [1] messen zu können. (Normative Betrachtungsweise.)

Die Erwägungen, die für die Beibehaltung der verminderten Schuldfähigkeit angeführt werden, zeigen, daß vorwiegend praktische Gesichtspunkte für eine derartige Bestimmung sprechen, während – wie wir in vielen Gesprächen mit Fachleuten feststellen konnten – viele Psychiater die Auffassung haben, daß die Schuldfähigkeit ein „unteilbares Ganzes" ist, dessen Grundkonzeption jedes graduierende Abschwächen als unvereinbar mit der Idee ausschließen sollte. Die von der Kommission befürchtete Vermehrung der Freisprüche bei den zweifelsfrei abnormen „Kapital-, Trieb- und Hangverbrechern" würde gerade bei einer Begrenzung der Exkulpierung auf psychisch kranke Täter gegenstandslos werden. Denn die bei diesen Verbrechern vorliegenden Wesenszüge sind wohl abnorm, aber nahezu nie Folge von Krankheit. Sie würden also nach unserer Konzeption stets als „schuldfähig" zu beurteilen sein, während gerade der in der Beachtung des Gesetzes*textes* gewissenhafte Sachverständige sich immer wieder in der Zwangslage befindet, bei hemmungslosen, brutalen, gefühlskalten Hangtätern diese offensichtlich psychopathischen Eigenschaften konsequent als „schwere Psychopathie" zu bezeichnen. Mit dieser Feststellung müßte er eigentlich – nach den geltenden Regeln – das Vorliegen verminderter Zurechnungsfähigkeit bejahen. Nach dem geplanten Reformentwurf müssen die Träger „schwerer" psychopathischer Wesenszüge sogar straffrei bleiben, weil sie schuldunfähig im Sinne der Gruppe II des Reformentwurfes sind. Die sofortige Einrichtung besonderer Anstalten für die Unterbringung schuldunfähiger krimineller Psychopathen wäre die einzig mögliche Konsequenz der Ausweitung der gesetzlichen Schutzbestimmungen auf psychisch abnorme Menschen dieser Art, vor denen die Gesellschaft natürlich geschützt werden muß.

Die gesetzlichen Strafbestimmungen sehen einen meist so weit gespannten Rahmen an Strafmöglichkeiten vor, daß die Gefahr, ein vermindert Schuldfähiger könne ohne eine besondere gesetzliche Regelung zu hart bestraft werden, gering erscheint. Auch die Möglichkeit, daß ein an sich vielleicht doch schuldfähiger geisteskranker oder geistesschwacher Täter durch die generalisierende Methode des Sachverständigen zum „Schuldunfähigen" wird, ist nicht so beunruhigend, wenn man an die mit dem Freispruch gemäß § 51 StGB verbundene Möglichkeit der Sicherung und Verwahrung bei aggressiven Kranken denkt. Diese Möglichkeiten, die oft unbefristet sind und das zeitlich limitierte Strafmaß erheblich überschreiten können, sind zugleich ein viel wirksameres Mittel, um die Gesellschaft vor weiteren Aktionen solcher Menschen zu schützen, die auf Grund ihrer psychischen Abnormität nicht „bestraft" werden können, aber an weiterem schädlichem Handeln „gehindert" werden müssen.

Eine gründliche Nachprüfung der Schuldfrage wäre nun – im Gegensatz zur Auffassung des „Entwurfes" – gerade dann für Richter und Sachverständige notwendig, wenn es nur *eine* Entscheidungsmöglichkeit gäbe und der sich so leicht anbietende Ausweg der verminderten Zurechnungsfähigkeit nicht mehr begangen werden könnte. Eine Verflachung der ärztlichen Tätigkeit ist also bei einer Alternativeinstellung viel weniger zu befürchten als bei einer Lösung im Sinne des § 51 Absatz II StGB, dessen Kompromißcharakter von der Mehrzahl der Sachkenner zugegeben wird.

---

[1] Einen sehr instruktiven Hinweis auf die hier anzuwendende Methode gab v. WEBER auf einer wissenschaftlichen Tagung des Bundeskriminalamtes in Wiesbaden am 3. 11. 1958. Er wies auf eine Art von „sozialem Talionsprinzip" hin: Der Rechtsbrecher maßt sich soziale Macht an, die ihm nicht zusteht. Die Strafe besteht in einer Minderung seiner sozialen Möglichkeiten (durch Haft oder Geldbußen). Die Minderung soll etwa dem im Delikt usurpierten Machtzuwachs entsprechen; der gemeinsame Nenner, auf den alles gebracht wird, ist also die Modulation der sozialen Position des Täters.

Die Essenz des § 24 des „Entwurfes" scheint uns wiederum in der Auffassung zu liegen, daß es im konkreten Einzelfall nicht nur *möglich* ist, den Einfluß einer „seelischen Störung" auf Planung und Durchführung einer Handlung zu erkennen; vielmehr sollen den „seelischen Störungen" methodisch faßbare Graduierungen innewohnen, die die geforderte „Abstufung nach Graden" gestatten. Die an dieser Grundtendenz erkennbare rationalistische Psychologie scheint *uns* im Widerspruch zur Empirie zu stehen, die eine *messende* Bewertung des Psychischen weitgehend ausschließt. Sie steht ferner in einem unauflöslichen Widerspruch zu der letzten Endes nur durch metaphysische Bezüge legitimierbaren Konzeption der „Schuld". An diesem das Strafrecht tragenden irrationalen Fundament müssen und werden alle „Berechnungs-Bemühungen" scheitern.

Literatur

Entwurf des Allgemeinen Teils eines Strafgesetzbuches. Bonn 1958.

BAUER, FR.: Das Verbrechen und die Gesellschaft. München–Basel 1957 (S. 19).

CRAMER, A.: Die strafrechtliche Behandlung der geistig minderwertigen Personen. Verhandlg. d. 27. Dtsch. Juristentages. Innsbruck 1904. 4. Band. S. 408. Berlin 1905.

JASPERS, K.: Kausale und „verständliche" Zusammenhänge zwischen Schicksal und Psychose bei der Dementia praecox. Z. Neur. *14*,158 (1913).

MEZGER, E. u. MIKOREY, M.: Affekt und Zurechnungsfähigkeit. Mschr. Kriminalbiol. *29*, 444 (1938).

SCHNEIDER, KURT: Klinische Psychopathologie. 4. erw. Auflage. Stuttgart 1955.

SEELIG, E.: Zum Problem der Neufassung des § 51. In: Festschrift für Edmund Mezger. München–Berlin 1954.

Neuere Literatur zum Thema der forensischen Begutachtung bei nicht geisteskranken Personen

Die Frage, ob – abgesehen von den Geisteskranken – auch abnorme Persönlichkeiten („Psychopathen") oder Menschen, die im Zustand einer abnormen Erlebnisreaktion bzw. unter dem Druck einer „erlebnisreaktiven Entwicklung" Straftaten begehen, exkulpiert oder wenigstens „anders" strafrechtlich behandelt werden sollen als der psychisch unauffällige Täter, ist in der wissenschaftlichen Literatur immer wieder aufgegriffen und unterschiedlich beantwortet worden. Die Absicht, den besonderen psychischen Konstellationen sonst unkrimineller Täter gerecht zu werden, ist seit längerer Zeit in der Strafrechtspflege verankert und durch bedeutsame Entscheidungen rechtsverbindlich geworden. Das frühere Reichsgericht hat in mehreren Entscheidungen diesen Standpunkt vertreten [1]. In einer höchstrichterlichen Entscheidung vom Jahre 1950 heißt es ausdrücklich: „Mit Bejahung der geistigen Gesundheit eines Angeklagten wird der § 51 StGB also noch nicht unanwendbar ... [2]."

Auch die Einbeziehung der Neurosen, der Triebstörungen und Psychopathien in die 2. Gruppe seelischer Störungen des Reformentwurfes von 1958 zeigt, daß man allgemein wiederum mehr dazu neigt, straffälligen Menschen mit psychischen Schwierigkeiten weiter als bisher entgegenzukommen, sie besser als früher „verstehen" zu wollen, um so „gerechter" urteilen zu können. Diese Tendenzen stellen sicher einen

---

[1] In der Rechtssprechung des RG (RGSt. 73, 21; RG, HRR 1936, Nr. 1463; DJ 39, 869; DR 39, 1066 Nr. 2) und des BGH (vgl. BGH 4 StR 470/52 vom 11. 12. 1952 – MDR 53, 146 f.; 1 StR 475/54 vom 8. 2. 1955 = LM zu StGB § 51 Absatz I Nr. 5) ist anerkannt, daß § 51 StGB über den Kreis der Geisteskrankheiten im Sinne der ärztlichen Wissenschaft hinaus *alle Störungen* umfaßt, die die bei einem normalen und geistig reifen Menschen vorhandenen, zur Willensbildung befähigenden Vorstellungen und Gefühle beeinträchtigen, wobei es gleichgültig ist, ob es sich um Beeinträchtigungen der Verstandestätigkeit oder um solche des Willens-, Gefühls- oder Trieblebens handelt.

[2] OGHSt. 1950, *3*, 19–24, zit. nach BGH StR 69/55 v. 27. 6. 1955 (NJW *1955*, 1726).

echten Fortschritt dar; es fragt sich jedoch, ob es möglich ist, das psychologische Verstehen-Wollen in phänomengerechter Weise zu codifizieren, wie es beispielsweise in der Schaffung des § 51 Absatz II StGB 1933 versucht worden ist.

Wir möchten auf einige neue Publikationen hinweisen, die vorwiegend diesem Thema gewidmet sind.

H. BINSWANGER befaßt sich mit den Schwierigkeiten, die sich bieten, „wenn nicht geisteskranke Personen psychiatrisch zu begutachten sind". Zweifellos stünden damit Psychopathen und Neurotiker zur Diskussion und man müsse sich fragen, was man unter „gesund", „krank" und nur „abwegig" verstehen wolle. An den von ihm gewählten Terminus „nicht geisteskrank" solle man aber nicht die Erwartung knüpfen, daß in seiner Studie nur von „Gesunden" die Rede sei. Mehrfach betont der Autor: „Vom theoretischen Standpunkt aus muß daher streng unterschieden werden zwischen eigentlichen Krankheiten und jenen Abwegigkeiten der Verhaltensweisen" (S. 43).

BINSWANGER unterscheidet vier Gruppen von Verhaltensweisen, die sich vier fundamentalen Triebansprüchen zuordnen lassen.

I. Das Liebesstreben.
II. Die Aggressionen.
III. Das Besitzstreben.
IV. Das Geltungsstreben.

Diesen vier Grundtrieben werden dann die „Verstöße" oder „Unterlassungen" zugeordnet, die sich aus den Triebabweichungen ergeben. Die Expansion des *Besitzstrebens* führt mit 71 Delikten vor den allgemeinen Aggressionen (56) und den von genitalen Trieben ableitbaren Delikten (15)[1]. – Spezielle, aus dem Geltungsstreben stammende Delikte sind selten: Ehrverletzung, Amtsanmaßung, unbefugtes Uniformtragen, unbefugte Preisgabe von Geheimnissen.

Aufgabe des Sachverständigen sei es festzustellen, ob ein crimen auf eine *krankheits*bedingte Modifikation eines Grundtriebes zurückzuführen sei oder ob es sich um psychologisch-biographische Vorgänge handelt, die für das abwegige Verhalten ursächlich bestimmend waren. Besonders anregend sind die Ausführungen, die BINSWANGER zum Thema des „inneren Notstandes" macht. Die Besonderheit psychologischer Motivationen könne Schlüsse auf einen solchen inneren (= psychischen) Notstand zulassen, dem vom Richter in angemesener Weise Rechnung getragen werden sollte. Das Schweizer Strafgesetzbuch gibt dazu eine Legitimation im Artikel 64. Dort sind eine Anzahl psychologischer Kriterien genannt, die es dem Richter erlauben, die an sich verwirkte Strafe zu mildern. Der Richter könne allerdings diesen Artikel praktisch meist selbständig handhaben, ohne den Rat des Psychiaters einzuholen.

Die Ausführungen von BINSWANGER decken sich in allen wesentlichen Punkten mit den Gedanken, die wir zu diesem Thema in dieser Schrift vorzutragen haben.

Mit den Schwierigkeiten bei der Begutachtung „geistig gesunder" Hirngeschädigter setzt sich JOHN in einer 1950 erschienenen Monographie auseinander.

Unter „geistig gesund" ist bei den von ihm beschriebenen Fällen die Tatsache zu verstehen, daß es immer wieder Hirnsubstanzschädigungen *ohne* faßbare psychopathologische Ausfälle gibt. Eine organische Wesensänderung, d. h. eine aus körperlichen Ursachen erfolgende seelische Veränderung kann fehlen oder sich dem metho-

[1] Die hier mitgeteilten Zahlen geben lediglich an, wieviele „Deliktmöglichkeiten" im Sinne der geltenden Strafbestimmungen sich aus den angeführten „Triebstörungen" ergeben. Die Gliederung der Delikte nach Paragraphen und die ihnen jeweils zugemessene strafrechtliche Bedeutung sind dagegen – wahrscheinlich – weitgehend vom „Zeitgeist" abhängig. So scheint uns die Überbewertung des Materiellen (sc. die Eigentumsdelikte) typisch für die Geisteshaltung der 2. Hälfte des 19. Jahrhunderts zu sein, einer Zeit, in der die Mehrzahl der geltenden Strafgesetzbücher entstanden ist.

dischen Zugriff entziehen. Mit einem morphologisch faßbaren Schaden der Gehirnsubstanz ist keineswegs notwendigerweise ein Abbau der psychischen Funktion verbunden. Die Lehre von den allgemeinen leib-seelischen Entsprechungen erfährt gerade bei der Relation „Psyche-Gehirn" bemerkenswerte Einschränkungen, die zeigen, daß der Satz „morphologisch gestörtes Substrat = gestörte psychische Funktion" keineswegs als Gesetz gilt.

John fiel bei der Analyse seiner Fälle auf, wie oft bei schweren Aggressionen (z. B. Totschlag) sonst unauffälliger Hirngeschädigter das Motiv fehlt. Er vermutet bei Cerebralgeschädigten doch häufiger psychische Ausnahmezustände auf somatischer Basis, die allerdings auch bei Gesunden unter besonderen Bedingungen (Hunger, Schlafentzug, Hitzeeinwirkung, Föhn, Höheneinwirkung etc.) beobachtet werden. Die Frage der strafrechtlichen Verantwortlichkeit solcher Täter sei nicht im Sinne eines „Entweder-Oder" zu entscheiden; vielmehr bedinge die Tatsache der fließenden Übergänge zwischen „gesund" und „krank" in solchen Fällen besondere Maßnahmen, um auch diesen Varianten der Norm gerecht werden zu können.

Auf die neueste Literatur, die Studien von v. Baeyer und Müller-Suur, in denen die Probleme der forensischen Begutachtung nicht geisteskranker Menschen vom Standpunkt der Neuroseforschung behandelt werden, soll im zweiten Teil unserer Monographie näher eingegangen werden. Dort erfolgt auch die kritische Darstellung der Arbeit von Undeutsch, in der über den neuesten Stand der Forschung im Bereich der forensischen Psychologie berichtet wird.

Literatur

Baeyer, W. v.: Die Freiheitsfrage in der forensischen Psychiatrie mit besonderer Berücksichtigung der Entschädigungsneurosen. Der Nervenarzt *28*, 337 (1957).

Binswanger, H.: Zur forensischen Psychiatrie der nicht geisteskranken Personen. Bern 1941.

John, E.: Zur forensischen Psychiatrie „geistig gesunder" Hirnbeschädigter. Wien 1950.

Müller-Suur, H.: Zur Frage der strafrechtlichen Beurteilung von Neurosen. Arch. Psychiatr. u. Z. Neur. **194**, 368 (1956).

Über Entwicklungstendenzen im Ausland

Es ist verständlich, daß man sich nicht nur in Deutschland bemüht den „Zuwachs an Wissen" zu jenem „Zuwachs an Unruhe" [1] werden zu lassen, der immer von neuem zu fragen drängt, ob auch wirklich alles Mögliche getan wird, um einerseits dem Phänomen „Kriminalität" — und damit den Rechtsbrechern — gerecht zu werden, andererseits aber den Schutz der Gesellschaft nicht zu vernachlässigen. Kriminalbiologen, Psychologen und — Soziologen sollten mit den forensisch tätigen Psychiatern zur Lösung der hier liegenden Aufgaben so eng wie möglich zusammenarbeiten.

Wir haben durch Anfragen bei namhaften, als Gerichtsgutachter tätigen Psychiatern des Auslandes versucht, wenigstens einen begrenzten Einblick in die gegenwärtige Situation in einigen ausländischen Staaten zu gewinnen. Die eingegangenen Stellungnahmen sind uns für die Kritik der eigenen Position sehr wertvoll geworden. Ergänzungsbestrebungen zur Abrundung des sich vorerst nur in Umrissen abzeichnenden Bildes sind im Gange. Es sei auch an dieser Stelle allen Fachgelehrten [2] für ihre Mitwirkung nochmals sehr herzlich gedankt.

---

[1] Goethe am 28. März 1768 in Leipzig.

[2] Dank schulden wir den Herren: H. J. de Barahona Fernandes, H. Binder, R. Lange, J. Leikvam, J. S. Lopez Ibor, W. Lindesay Neustatter, V. M. Palmieri, H. Reisner u. K. G. Stürup.

Die Anfrage lautete:

I. Wie ist die Tendenz bei der Beurteilung „neurotischer" Delikte, d. h. der Delikte unkriminell wirkender Menschen, die nicht geisteskrank bzw. geistesschwach sind und in einer besonderen biographisch-personalen Situation zur kriminellen Entgleisung kamen? Es läge uns sehr daran, Ihre Meinung, aber auch etwas über die Entwicklungstendenzen in Ihrem Lande zu erfahren.

II. Gibt es in dem Strafgesetzbuch Ihres Landes eine Bestimmung über die sogenannte verminderte Zurechnungsfähigkeit, die dem § 51/Abs. II unseres Strafgesetzbuches entspricht?

III. Sind Reformbestrebungen zur Frage der Schuldausschließung infolge psychischer Krankheit im Gange?

IV. Halten Sie die Frage der Schuldfähigkeit für ein „unteilbares Ganzes", d. h. lehnen Sie eine „Graduierung" der Schuldfähigkeit ab?

V. Wie denken Sie über die Frage, an Stelle von Strafen auch Maßnahmen im Sinne einer „konstruktiven Buße" anzuordnen?

VI. Wie denken Sie über die schon von KRAEPELIN kritisierte fixe Relation zwischen Straftat und Strafandrohung (Problem der Abschaffung des Strafmaßes)?

Interpretation der Fragen:

Ad I: Diese Frage wurde vor allem im Hinblick auf die in den deutschen Reformbestrebungen so deutlich gewordene Tendenz gestellt, „schwere" Neurosen in die schuldausschließenden bzw. schuldmindernden Gründe miteinzubeziehen.

Ad II: Die Diskussion über das „Für und Wider" der bei uns immer noch umstrittenen Bestimmungen über die verminderte Zurechnungsfähigkeit sollte durch einen Einblick in die ausländischen Verhältnisse ergänzt werden. Eine umfassende, vergleichende Darstellung — wie etwa die Studie von W. KAHL — war, vor allem aus Zeitgründen, nicht mehr durchführbar.

Ad III: Die Kenntnis von den Reformbestrebungen in anderen Ländern vermittelt besonders aufschlußreiche Nuancen von den immerwährenden, in allen zivilisierten Völkern anzutreffenden Auseinandersetzungen zwischen „Wissenschaft" und „Empirie" (etwa in dem Sinn: „Wissenschaft ist der jeweilige Stand unseres Irrtums").

Ad IV: Diese Frage war uns besonders wichtig. Denn der letzten Endes nur metaphysisch zu legitimierende Schuldbegriff scheint uns für „rechnerische Manipulationen" ein besonders ungeeignetes Objekt zu sein.

Ad V: Die Aufgabe, an Stelle von „Strafe" mehr und mehr Maßnahmen im Sinne einer „konstruktiven Buße" einzuführen, scheint uns zu den dringlichsten Erfordernissen einer wirklich „schöpferischen" Strafrechtserneuerung zu gehören. Bei diesen Gedanken gingen wir nicht nur von der im Vergleich zur Relation „Schuld"—„Strafe" stärkeren Beziehung zwischen „Schuld" und „Buße" aus, sondern auch von der psychologischen Erfahrung, daß man durch „Buße" die potentiell *konstruktiven* Kräfte eher beleben kann als durch „Strafe". Strafen vermögen infolge der ihnen innewohnenden Tendenz zur Kränkung und Entmutigung vielmehr die *destruktiven* Kräfte eher noch zu stärken.

Ad VI: Die oft für den juristischen Laien willkürlich anmutende, vielfach nur wenig bewegliche Relation zwischen Straftat und Strafmaß, muß zum Nachdenken über die Frage anregen, ob nicht die schon von KRAEPELIN empfohlene völlige Aufhebung des fixen Strafmaßes — eventuell in Etappen — einen spürbaren Schritt vorwärts zu einer noch individuelleren, den Fortschritten der Kriminologie und Anthropologie Rechnung tragenden Behandlung des Täters führen könnte.

Dänemark

Bericht von Dr. K. G. Stürup

Ad I: (Forensische Begutachtung bei „neurotischen“ Delikten)

„Der Begriff ‚neurotisches‘ Delikt ist in Dänemark nicht üblich. Psychisch abnorme Täter, die nicht geisteskrank sind, werden gemäß den Bestimmungen des § 17 des Allgemeinen Teiles des Strafgesetzbuches behandelt. Es heißt dort: ‚Befand sich der Täter bei Begehung der strafbaren Handlung in einem auf unzureichender Entwicklung, Schwächung oder Störung seiner psychischen Fähigkeiten, einschließlich geschlechtlicher Anomalien, beruhenden, nicht nur vorübergehenden Zustand, der jedoch nicht von der im § 16 beschriebenen Art ist, so entscheidet das Gericht nach Einholung eines ärztlichen Gutachtens und unter Berücksichtigung aller sonst vorliegenden Umstände, ob er der Einwirkung durch Strafe zugänglich erscheint.‘ “

Stürup führt aus, daß die Gerichte im § 17 die formale Möglichkeit haben, jeden Einzelfall in „vernünftiger“ Weise zu behandeln. Die der Einwirkung durch Strafe nicht zugänglichen Psychopathen können gemäß § 70 „verwahrt“ werden.

Ad II: Der § 17 entspricht etwa den Bestimmungen des deutschen § 51 Absatz II.

Ad III: (Reformbestrebungen bei psychischen Krankheiten)

§ 16 regelt die Fragen der Unzurechnungsfähigkeit:

„Straflos sind Handlungen von Personen, die wegen Geisteskrankheit oder eines damit gleichzustellenden Zustandes oder wegen hochgradigen Schwachsinns unzurechnungsfähig sind.“ Das Schuldproblem spielt in Dänemark keine besondere Rolle. Über die Zurechnungsfähigkeit entscheidet nur das Gericht. Die dänische forensische Psychiatrie nimmt nicht zu Fragen der Verantwortlichkeit resp. der Schuldfähigkeit Stellung. Dies wird als „außerhalb des medizinischen Bereiches liegend“ erachtet.

Ad IV: Zur Frage der „Graduierbarkeit“ der Schuldfähigkeit machte Dr. Stürup keine Ausführungen, da er eine solche Frage bisher noch nie gehört habe.

Ad V: (Konstruktive Buße)

Bei Freispruch gemäß § 16, aber auch bei Vorliegen der Voraussetzungen des § 17 kann das Gericht nach § 70 des Allgemeinen Teiles auch „andere Maßregeln“ anordnen.

Ad VI: (Abschaffung des Strafmaßes)

Theoretisch haben die Gerichte einen sehr weiten Strafrahmen. In der Strafrechtspraxis halten sich die Richter meist an das traditionsübliche Strafmaß.

Der informatorische Überblick über die dänischen Verhältnisse zeigt, daß die *biologische* Methode zur Feststellung der Unzurechnungsfähigkeit benutzt wird. Der Sachverständige beschränkt sich auf die Mitteilung der psychiatrischen Diagnose, die den vom Juristen zu ziehenden Schluß auf Unzurechnungsfähigkeit zwingend in sich trägt. Bemerkenswert ist die Anwendung psychologischer Gesichtspunkte dort, wo sie ihrer Natur nach am Platze sind, also nicht bei der Feststellung der Zurechnungsfähigkeit, sondern bei der Erörterung, welche Maßnahmen bei psychisch abnormen Tätern sinnvollerweise zu ergreifen sind. Kriterium für die Art der Maßnahmen ist die psychologische Beeinflußbarkeit durch Strafen, die zum Teil erst durch eine längere Beobachtung in einem „Psychopathengefängnis“ erschlossen wird. Diese Psychopathenanstalten sind nach Ansicht ihres Leiters „weder ein Hospital noch ein Gefängnis“. Sie sind sozial-psychiatrische Institutionen, in denen das Gefühl für die eigene Verantwortlichkeit geweckt und eine Nachreifung der disharmonischen Persönlichkeit ermöglicht werden soll. Diese Einrichtungen erfüllen eine von dem deutschen Psychiater Cramer bereits 1908 auf der Jahresversammlung des Deutschen Vereines für Psychiatrie erhobene Forderung: „Geistig Minderwertige können weder in einer Irrenanstalt, welche für Geisteskranke bestimmt ist, noch in einer Strafanstalt, welche nicht für Geisteskranke bestimmt ist, strafrechtlich behandelt werden. Hierzu sind besondere Anstalten erforderlich."

Als besonders fortschrittlich im Sinne der modernen, kriminalpolitischen Bestrebungen der Bewegung für Soziale Verteidigung gilt das im März 1954 für Grönland geschaffene „Kriminalgesetzbuch". Hier wird nicht mehr zwischen den verschiedenen Formen der Zurechnungsfähigkeit unterschieden. Für die einzelnen Delikte sieht das Gesetz keinen speziellen, nach der Schwere des Delikts abgestuften Strafrahmen vor. Es heißt also beim Diebstahldelikt nicht „wer eine fremde bewegliche Sache einem anderen wegnimmt, wird wegen Diebstahls mit Gefängnis *bestraft*", sondern es heißt: wird „wegen Diebstahls *verurteilt*". Dem Gericht stehen zur Ahndung von Delikten eine lange Reihe von Maßnahmen zur Verfügung, die in individueller Würdigung von Tat und Täter angewendet werden. Die von Kraepelin 1880 erhobene Forderung nach „Abschaffung des Strafmaßes" ist also „schon" ein halbes Jahrhundert später Wirklichkeit geworden, wenn gleich vorerst nur in Grönland.

Literatur

Cramer, A: Psychiatrische Wünsche zur Strafrechtsreform. Allg. Z. Psychiatr. **64**, 508 (1908).
Marcus, Fr.: Das Dänische Strafgesetzbuch. Berlin 1953.
– Das Dänische Kriminalgesetzbuch für Grönland. Berlin 1955.

Reformbestrebungen in der sog. DDR.

Hinweise auf aktuelle Entwicklungstendenzen gibt das Strafrechtsergänzungsgesetz vom 12. XII. 1957. Bemerkenswert ist die Einführung des „Öffentlichen Tadels", einer psychologisch sicher sehr wirkungsvollen, aber doch auch in besonderem Maße problematischen Maßnahme, da sich das Individuum nahezu schutzlos den Aggressionen einer ferngesteuerten „Öffentlichkeit" ausgesetzt sieht. Vom „öffentlichen Tadel" bis zur Auslösung an sich illegaler, aber geduldeter, gezielter Aktionen gegen den Täter ist es nur ein kleiner Schritt. Wirksames und integres Mittel kann dieses Rechtsinstitut, das aus der sowjetischen Strafpraxis übernommen wurde, *nur* in einer nicht durch und durch politisierten Gemeinschaft sein. Sieht man in der Strafe nicht so sehr die Zufügung von Übel, so kann diese Maßnahme als Ausdruck der „sozial-ethischen Mißbilligung" (R. Lange) durchaus begrüßenswert sein. Die Reformbestrebungen lassen ebeno wie bei uns die Tendenz erkennen, den Rechtsbrecher nicht gleich bei der ersten Straftat mit Freiheitsstrafen zu belegen, sondern ihn noch „vor dem Tor der eigentlichen Kriminalisierung" (R. Lange) aufzufangen. Bei den neuen Strafarten soll es sich aber — wie ausdrücklich betont wird — nicht um bloße Erziehungsmaßnahmen handeln. Im Mittelpunkt der offiziellen Sprachregelung zu dem neuen Gesetz steht der Maßstab der „moralisch-politischen Mißbilligung". Je nach dem Stand der Entwicklung seines „gesellschaftlichen Bewußtseins" kann ein Täter streng oder milde bestraft werden. In einer grundsätzlichen Stellungnahme führte das Stadtgericht von Berlin u. a. aus: „... Hieraus ergibt sich, daß der öffentliche Tadel dann anwendbar ist, wenn es sich um Menschen handelt, die bereits auf einer solchen Höhe des Bewußtseins stehen, daß sie durch eine derartige Maßnahme, wie die öffentliche Mißbilligung der Gesellschaft, hinreichend erzogen werden." Weiter heißt es: „In diesen Tatsachen (sc. Aneignung fortschrittlichen Gedankengutes etc.) zeigt sich der Grad des gesellschaftlichen Bewußtseins der Angeklagten und es wird deutlich, daß sie nicht zu dem Personenkreis gehören, der noch eine leichtfertige Einstellung zu den Interessen unserer Werktätigen hat."

Wichtig erscheint uns ferner die Tatsache, daß die Anordnung von „Auflagen" nicht vorgesehen ist. Der Justizminister soll zu diesem Thema ausgeführt haben, daß

„Betreuung und Weisungen Klassencharakter haben". Gegenüber dem in den Auflagen enthaltenen, oft jahrelangen Druck, der schwerer als eine kurze Freiheitsstrafe wirke, vertraue man auf die „Kraft der Erziehung durch die Gesellschaft".

Die soziologisch-kollektive Einstellung der Justiz der Zone kommt hier klar zum Vorschein. Änderung, auch im äußeren Verhalten, ist dagegen nach unserer Auffassung fast immer ein langsamer *innerer* Reifeprozeß, der geistigen Kräften zu verdanken ist, wenn er überhaupt stattfindet. Die „soziologischen Kräfte" können wohl Dressureffekte bewirken, aber keine Persönlichkeitsreifung erzeugen.

Literatur

LANGE, R.: Die Entwicklung des Strafrechts in der sowjetischen Besatzungszone. Bonner Berichte aus Mittel- und Ostdeutschland. 4. Aufl. im Druck.

Italien

Bericht von Prof. Dr. V. M. Palmieri [1]

Ad I. (Forensische Beurteilung „neurotischer" Delikte)

Die psychologischen Charakteristica der Neurotiker können als Charakteristica psychopathischer Persönlichkeiten im Sinne von KURT SCHNEIDER interpretiert werden, insofern als diese Menschen an sich selbst leiden oder die Gesellschaft leiden machen.

Was ihre Zurechnungsfähigkeit anbetrifft (Art. 85 des Codice penale italiano = c.p.it.) [2] haben wir, übereinstimmend mit anderen Autoren, die Ansicht, daß nicht nur die leichteren Erscheinungsformen der bekannteren Psychosen als Krankheit anzusehen sind, sondern auch jene Erscheinungsbilder, bei denen die „Abweichung" des Behaviour und der Persönlichkeit so akzentuiert ist, daß sie sich eher der Geisteskrankheit als dem Normalzustand nähern. Diese Menschen stellen jene Grenzfälle der Psychopathen dar, bei denen man die Fähigkeit zu „begreifen" und zu „wollen" als weitgehend verringert (nicht ausgeschaltet) ansehen kann, wie es der Art. 89 des c.p.it. ausdrückt. Tatsächlich hat das c.p.it. sein System bezüglich der „pathologischen Natur" der Ursache der Unzurechnungsfähigkeit so weitgehend festgelegt, daß jede technische Untersuchung (Art. 314 des codice procedura penale) über Aspekte der Persönlichkeit des Schuldigen, die *nicht von pathologischen Ursachen* abhängen, untersagt ist.

Ad II: (Bestimmung betreffend verminderte Zurechnungsfähigkeit)

Ja; es handelt sich um den Artikel 89 c.p.it. (partielle Geisteskrankheit) welcher wie folgt lautet: „Wer in dem Augenblick, in dem er die Tat begangen hat, aus Krankheitsgründen in einem derartigen Geisteszustand war, daß die Fähigkeit zu begreifen oder zu wollen weitgehend herabgesetzt, aber nicht ausgeschaltet war, ist für das begangene Verbrechen haftbar, aber die Strafe wird vermindert."

Ad III: (Reformbestrebungen bei psychischer Krankheit)

Dieser Sachverhalt ist bereits im Art. 88 c.p.it. vorgesehen: „Nicht zurechnungsfähig ist, wer im Augenblick, in dem er die Tat begangen hat, aus Krankheitsgründen in einem derartigen Geisteszustand war, daß die Fähigkeit zu begreifen oder zu wollen ausgeschaltet war" (völlige Geisteskrankheit). Der Unzurechnungsfähige unterliegt demzufolge nicht der Bestrafung, wohl aber den Sicherheitsmaßnahmen.

---

[1] Die hier gemachten Angaben stammen aus Beobachtungen am Centro Criminologico im Gerichtsgefängnis von Neapel. (Direktor Prof. Dr. V. M. PALMIERI.)

[2] Art. 85 c.p.it.: „Niemand kann für eine vom Gesetz als Verbrechen vorgesehene Tat bestraft werden, wenn er im Augenblick ihrer Ausführung nicht zurechnungsfähig war. Zurechnungsfähig ist, wer die Fähigkeit hat zu *begreifen* und zu *wollen*." (Hervorhebung vom Autor.)

Diese sind festgelegt im Hinblick auf die soziale Gefahr, die entweder vom Gesetz vorausgesetzt oder durch den Richter festgestellt wird, und sie haben die Aufgabe, die Gesellschaft vor sozial gefährlichen Individuen zu schützen, wobei zunächst vor allem deren *Gefährlichkeit* festgestellt werden muß, die dann entweder auszuschalten oder zumindest einzuschränken ist. Die Sicherheitsmaßnahmen unterscheiden sich von den Strafmaßnahmen insofern, als sie keine Bestrafung im eigentlichen Sinn sind und keine repressive, sondern präventive Funktion haben sowie abgewandelt und aufgehoben werden können.

Das italienische Gesetzbuch hat ein rigoroses dualistisches System durchgeführt, eine Überschneidung von Straf- und Sicherheitsmaßnahmen ist ausgeschlossen. Es gibt keine Möglichkeit, die einen durch die andern zu ersetzen, sei es im Verfahren oder im Strafvollzug:

1. Die Strafmaßnahmen haben ihre Basis in der Zurechnungsfähigkeit, die Sicherheitsmaßnahmen in der Gefährlichkeit;
2. die Strafen werden gemessen am Grad der Verantwortlichkeit, die Sicherheitsmaßnahmen am Grad der Gefährlichkeit;
3. die Strafen haben eine bestimmte Zeit, die Sicherheitsmaßnahmen eine unbestimmte Laufzeit;
4. die Strafen gelangen zur Anwendung in bezug auf das jeweilige Verbrechen; bei den Sicherheitsmaßnahmen muß eine einheitliche Wertung der Gefährlichkeit zugrunde gelegt werden;
5. die Strafen können ausschließlich durch den Richter vermittels des Urteilsspruches verhängt werden; die Sicherheitsmaßnahmen können vom Richter nicht nur vermittels des Urteils- oder Freispruches verhängt werden, sondern auch auf dem *Verwaltungswege,* außerhalb des Verfahrens oder des Urteils.

Die Sicherheitsmaßnahmen können die Strafen ersetzen und ergänzen. Sie ersetzen die Strafen, wenn es sich um Minderjährige handelt oder um Personen, die zwar volljährig waren, dennoch aber im Augenblick des Verbrechens nicht die Fähigkeit zu begreifen und zu wollen hatten. Im Sinne des Strafgesetzes werden als „minderjährig" Kinder unter 14 Jahren angesehen; über sie verhängt man die Überführung in eine gerichtliche Besserungsanstalt oder Stellung unter Polizeiaufsicht. Außerdem werden als minderjährig die Jugendlichen zwischen 14 und 18 Jahren angesehen, die in dem Augenblick, in dem sie die Tat begangen haben, nicht die Fähigkeit zu begreifen und zu wollen hatten, und bei ihnen kommt das gleiche Verfahren wie bei Kindern unter 14 Jahren zur Anwendung. Über die Geisteskranken schließlich wird die Überführung in eine Anstalt verhängt.

Strafergänzende Sicherheitsmaßnahmen werden neben der Strafe angewendet, wenn der Gesetzgeber die Strafe für die gänzliche Rückgewinnung des Verurteilten für die Gesellschaft für unzureichend hält. Strafergänzende Sicherheitsmaßnahmen treten in folgenden Fällen ein:

1. Die Jugendlichen über 14 und unter 18 Jahren, die im Besitz der Fähigkeit zu begreifen und zu wollen gehandelt haben, werden im Vergleich zu den Erwachsenen mit einer herabgesetzten Strafe belegt, können aber nach Verbüßung der Strafe in eine gerichtliche Erziehungsanstalt überwiesen werden, oder in Freiheit mit Überwachung entlassen werden (Art. 98 und 225 c.p.it.);
2. Gewohnheits-, Berufs- oder Neigungsverbrecher werden nach Verbüßung der Strafe in eine ländliche Kolonie oder in ein Arbeitshaus überwiesen, weil man zu ihrer Wiederanpassung die Strafe allein für unzureichend erachtet (Art. 216 c.p.it.);
3. Verurteilte, über die eine herabgesetzte Strafe verhängt wurde auf Grund psychischer Erkrankung oder chronischer Vergiftung durch Alkohol oder Rauschgifte, oder Taubstumme werden in der Regel bei Beendigung der Strafzeit in einer

Heilanstalt oder einer Sicherheitsverwahrungsanstalt interniert, damit dort durch entsprechende Behandlung ihre Wiederanpassung verfolgt werden kann (Art. 219 c.p.it.).

Die Sicherheitsmaßnahmen werden außerdem in persönliche und solche, die das Vermögen betreffen, unterschieden.

Persönliche, mit Verwahrmaßnahmen verbundene Sicherheitsmaßnahmen sind:

Die Überweisung in eine ländliche Kolonie oder in ein Arbeitshaus; die Aufnahme in eine Heilanstalt oder in eine Sicherheitsverwahranstalt;

die Aufnahme in ein gerichtliches Irrenhaus;

die Aufnahme in eine gerichtliche Besserungsanstalt.

Persönliche, *nicht* mit Verwahrungsmaßnahmen verbundene Sicherheitsmaßnahmen sind:

Die Freiheit mit Polizeiaufsicht;

das Aufenthaltsverbot in einer oder mehreren Gemeinden oder in einer oder mehreren Provinzen;

das Verbot, Gaststätten oder öffentlichen Ausschank von alkoholischen Getränken zu besuchen;

die Ausweisung des Ausländers.

Sicherheitsmaßnahmen, die das Vermögen betreffen, sind:

Die Kaution für gute Führung;

die Einziehung des Vermögens.

Die Sicherheitsmaßnahmen haben eine jeweils vom Gesetz festgesetzte Mindestdauer und eine unbestimmte Höchstdauer, d. h. sie laufen bis zu dem Zeitpunkt, zu dem die Gefährlichkeit des Individuums aufgehört hat.

Ad IV: („Graduierung" der Schuldfähigkeit)

Wenn eine der Ursachen für Unzurechnungsfähigkeit, die vom c.p.it. vorgesehen sind (Krankheiten, die einen bestimmten Geisteszustand verursachen; Trunkenheit durch Zufall oder höhere Gewalt; akute Rauschmittelvergiftung durch Zufall oder höhere Gewalt; chronische Alkohol- oder Rauschmittelvergiftung; Taubstummheit) weitgehend auf die Fähigkeit zu begreifen oder zu wollen (Art. 96) einwirkt, ohne sie im übrigen *auszuschalten*, ist Anlaß für eine eingeschränkte Zurechnungsfähigkeit gegeben, welche die Herabsetzung der Strafe mit sich bringt (Art. 89, 91 und 96).

Es muß hier hervorgehoben werden, daß der italienische Gesetzgeber sich nicht wie einige ausländische Gesetzbücher damit zufrieden gibt, daß zur Ausschließung oder Herabsetzung der Zurechnungsfähigkeit eine allgemeine Annahme der Unfähigkeit gegeben ist, die sich lediglich aus der Tatsache des Vorhandenseins einer bestimmten Krankheit oder Vergiftung herleitet. Er verlangt statt dessen einen *Beweis für die Intensität der Auswirkungen,* die diese abnormen Zustände auf die Fähigkeit zu begreifen oder zu wollen des Individuums hatten, und zwar im Zusammenhang mit der zu verurteilenden Tat, die dieses begangen hat.

Unter den Juristen ist es strittig, ob zwischen Zurechnungsfähigkeit und halber Zurechnungsfähigkeit ein qualitativer Unterschied besteht, d. h. ein Unterschied der *Natur,* oder ob es sich um einen quantitativen Unterschied handelt, d. h. des *Grades.* Ich meinerseits gestehe, daß mir der Begriff der halben Zurechnungsfähigkeit eher eine *juristische Abstraktion* als eine *psychologische Realität* zu sein scheint; ich sehe tatsächlich die Fähigkeit zu begreifen und zu wollen als ein unteilbares Ganzes an, das nicht in Scheiben geschnitten werden kann; wenn man anerkennt, daß dieses Ganze durch eine Krankheit oder einen Vergiftungszustand weitgehend, wenn auch nicht restlos, verändert worden ist, dann bin ich der Ansicht, daß die *einzige legitime psychiatrische Folgerung* daraus sein muß, das *Individuum als unzurechnungsfähig anzusehen.*

Die Fragestellung an sich ist nicht neu; schon LOMBROSO bedauerte, daß man von halber oder von einem Viertel der Zurechnungsfähigkeit sprach.

Und BUMKE schließt die Möglichkeit, daß es eine partielle Zurechnungsfähigkeit geben könne, vollständig aus, da es keine partielle Geisteskrankheit gibt; in der Tat gibt es keine isolierten psychischen Elemente, sondern nur psychisch gesunde oder kranke Persönlichkeiten.

Wenn man die Formulierung „halbe Zurechnungsfähigkeit“ ausschließt, welche geradezu eine barocke Vorstellung von der Persönlichkeit, die man mit dem Messer in zwei Hälften teilt, vermittelt, dann kann man sagen, daß auf Grund der möglichen Existenz einer *mehr* oder *minder schweren* Krankheit, die die psychischen Fähigkeiten mehr oder weniger in Mitleidenschaft zieht, der Begriff des Gesetzgebers „biologisch“ gesehen werden könnte, im Sinne einer beeinträchtigten, eingeschränkten, verminderten oder herabgesetzten Zurechnungsfähigkeit.

Da die Übergänge vom Normalzustand zur Psychose fließend sind, ohne eine genau wahrnehmbare Grenze, käme die Institution einer verminderten Zurechnungsfähigkeit den praktischen Erfordernissen dieser Grenzzustände entgegen.

Im übrigen darf man nicht vergessen, daß der Grad der Zurechnungsfähigkeit im konkreten Falle auch zur Art des ausgeführten kriminellen Verhaltens in Beziehung gesetzt wird.

Ad V: (Konstruktive Buße)

Die Unterscheidung zwischen Strafe und Sicherheitsmaßnahmen muß beibehalten werden. Tatsächlich sind nicht alle Kriminellen psychisch anomal, sondern, wenn man langsam von den Mördern zu Räubern und zu Dieben übergeht, sieht man, daß die Quote der Anomalen fortschreitend und merklich zurückgeht.

Nichtdestoweniger schließt dies die Möglichkeit einer „konstruktiven Buße“ im Sinne einer Umerziehung des Verurteilten nicht aus. Zum Zwecke der individuellen Straffestsetzung und zur Erlangung einer besseren Kenntnis des Verurteilten ist in Italien, gestützt auf das D.M. (Decreto Ministeriale vom 30. März 1954) das „Istituto nazionale di Osservazione“ unter Aufsicht des Justizministeriums entstanden, das seinen Sitz in Rom hat.

Der Verurteilte wird hier einer psychischen, psychologischen, psychotechnischen, neuropsychiatrischen, elektrencephalographischen und bisweilen auch einer anthropologischen Untersuchung unterzogen. Der Jahresdurchschnitt an Beobachtungen liegt bei etwa 800 Personen, wobei die zu schweren Strafen Verurteilten überwiegen. Außer dem obengenannten Institut arbeiten an einigen Gefängnissen die sogenannten „Centri criminologici“, die zum Zwecke wissenschaftlicher Untersuchungen den Universitätsinstituten für Gerichtsmedizin anvertraut sind.

Auf jeden Fall muß einer Umerziehung des Verurteilten (und damit also einer „konstruktiven Buße“) die *Psychotherapie* zugrunde liegen.

Ihre wesentlichen Indikationen sind:

a) Die Beseitigung der affektiven Konflikte, die den neurotischen Reaktionen zugrunde liegen: dies wird begünstigt, wenn man aus der Isolierung in der Zelle zum Zustand der erleichterten Haft in den Arbeitskolonnen übergeht;

b) Milderung der Phänomene, die sich bei Individuen von geringen Geistesgaben durch längere Isolierung einstellen.

Diese bestehen in einer zunehmenden physiologischen Verschlechterung des Allgemeinzustandes oder in der Abschwächung des Gefühls für die persönliche Autonomie, da diese Individuen für eine gewisse Zeit gänzlich in die automatischen Vorgänge des Reglements eingespannt waren.

Der erstere Fall wurde beobachtet bei einem wegen Mordes Inhaftierten, der Berufung eingelegt hatte und schon längere Zeit in Untersuchungshaft saß. Dieser drückte sich auf eine sprachlich kaum verständliche Weise aus und zeigte auch Schwierigkeiten beim Verstehen. Seine Unbildung war derart, daß eine Untersuchung mit psychologischen Testversuchen unmöglich war.

Der zweite Fall wurde beobachtet bei einem rückfälligen, wegen Diebstahls Inhaftierten, welcher erklärte, daß er für die nächsten fünf Jahre (Dauer seiner Strafzeit) praktisch sein „Existenzproblem" gelöst habe. Einer derartigen Bequemlichkeitslösung entspricht die angeborene Indolenz, die auf jeden Fall durch die langen Mußeperioden verstärkt wird. In diesem konkreten Fall wurde das Individuum als nicht arbeitsfähig angesehen wegen eines Bauchbruches.

Eine Form der Psychotherapie ist auch die kathartische Funktion der projektiven Verfahren wie des Rorschach-Tests und des T.A.T.[1]. Bei einem von den Wachmannschaften als gewalttätig gemeldeten Mörder erreichte man eine ordentlichere Führung während der Zeit unserer psychotherapeutischen Sitzungen. Wichtig ist, daß man zwischen den Befragungen und Untersuchungen mit psychologischen Testverfahren Gelegenheit zur Unterhaltung mit dem Täter hat. Bezeichnend ist, daß die Inhaftierten bei diesen Gelegenheiten nach anfänglichem Mißtrauen häufig darüber diskutieren, wie sie sich im Gefängnis fühlen, wie das Essen, die Wachmannschaften sind usw. Manchmal verlangen sie, ohne Anwesenheit des Wärters oder des Gefängnisgeistlichen zu sprechen. Einmal erklärte ein Häftling, der vorher in Anwesenheit des Geistlichen erklärt hatte, tiefgläubig zu sein, unmittelbar anschließend, daß dies durchaus nicht der Fall sei, und daß er es einzig und allein zu dem *Zweck* gesagt habe, daraus Vorteile, wie die Hoffnung auf eine bessere Behandlung, zu ziehen. Bei anderen Gelegenheiten wurden uns intime Fragen anvertraut.

Darüber hinaus ist es angezeigt, Nachforschungen anzustellen innerhalb der Familien der Häftlinge. Diese tragen im Verein mit den Angaben über die kriminalistische Genese, die sie liefern können und mit den Abhilfen, die man anregen kann, dazu bei, die affektiven Bindungen zwischen den Häftlingen und ihren Familien aufrecht zu erhalten und schwächen ein sonst nicht zu unterschätzendes Motiv für eine Neurosebildung ab. Es ist wichtig hervorzuheben, wie häufig man im Gerichtsgefängnis Häftlinge beobachtet, die wegen schwerer Verbrechen angeklagt sind, und vor allem Sorge um ihre *Kinder* zeigen. Sie fürchten, da sie die Kinder der Führung beraubt haben, könnten sie auf die gleiche schlechte Bahn geraten. Fälle dieser Art tauchen auch, außer bei gefühlskalten Psychopathen, in den „Geschichten" des T.A.T. immer wieder auf. In den Farbtafeln sieht der Häftling Mütter, die ihre Kinder allein aufziehen müssen, weil der Vater im Gefängnis ist. Da ihnen das nicht gelingt, geben sie sich der Prostitution hin oder bringen sich um. Im T.A.T. sieht die Versuchsperson ferner Väter im Gefängnis, die wegen der Gewissensbisse, weil sie den Untergang ihrer Familie verursacht haben, Selbstmord begehen.

Ad VI: (Abschaffung des „Strafmaßes")

Das gegenwärtige c.p.it. umfaßt den Begriff der affliktiven (kränkenden) Strafe und retributiven (vergeltenden) Strafe. Vom *juristischen* Standpunkt aus gesehen ist dies eine Sicherheit auch für den Täter, der vorhersehen kann, was ihm bevorsteht und von welcher Haftstrafe er betroffen wird, wenn er ein bestimmtes Verbrechen begeht. Umgekehrt würde die Abschaffung der vergeltenden Maßeinheit der Strafe zu einer *unterschiedlichen Wertung* des gleichen Falles führen, je nach der subjektiven Überzeugung des Richters. Die Ungerechtigkeit eines derartigen juristischen Systems ist offensichtlich.

Vom biologischen Standpunkt aus gesehen, stellt das kränkende (affliktive) Moment der Strafe eine Abschreckung für einige psychopathische Kriminelle dar, die

[1] Thematic Apperception Test: ein projektives amerikanisches Testverfahren, das dem Einblick in die „tieferen" Persönlichkeitsschichten dienen soll.

sich vom Verbrechen fernhalten nur auf Grund der Furcht vor den Unannehmlichkeiten des Gefängnisses.

Der kränkende Charakter der Strafe bedeutet jedoch nicht, daß diese nicht von den Kriterien der Humanität getragen sein solle, und jede Maßnahme ist auszuschließen, die sich nicht mit der gebotenen Achtung vor der menschlichen Person vereinbaren läßt, auch wenn diese durch ein verabscheuenswürdiges Verbrechen schuldig geworden ist.“ Soweit Palmieri.

In Italien wird die gemischt biologisch-psychologische Methode benutzt. Schwerpunkte der psychologischen Wertung sind Intelligenz und Wille. Wenn die biologischen Grundtatbestände des § 85 c.p.it. *nicht* gegeben sind, so dürfen nach dieser gleichsam negativen Feststellung keine weiteren Ausführungen zur Persönlichkeit des Täters gemacht werden. Offenbar behält sich der Jurist die Würdigung der nicht kranken Persönlichkeit vor. Bemerkenswert ist die scharfe Trennung zwischen Straf- und Sicherungsmaßnahmen, die bei uns in oft unbefriedigender Weise kombiniert werden, wenn ein vermindert Schuldfähiger eine Strafe erhält und außerdem nach deren Verbüßung gemäß § 42 b StGB in einer Anstalt untergebracht wird.

Die unmißverständlich ausgesprochene Forderung nach einer klaren Alternative zwischen Schuldfähigkeit und Schuldunfähigkeit deckt sich weitgehend mit dem in dieser Schrift vertretenen Standpunkt.

Groß-Britannien

Bericht von W. Lindesay Neustatter

Ad I: (Forensische Beurteilung „neurotischer“ Delikte)

Nach meiner Meinung ereignen sich neurotische Delikte wahrscheinlich häufiger bei jugendlichen als bei erwachsenen Rechtsbrechern. Die gleichen Konflikte, die zur neurotischen Symptombildung führen können (Ablehnung der Eltern, Spannungszustände, Schuldgefühle), führen zu anti-sozialem Verhalten an Stelle eines neurotischen Symptoms. Jugendliche Diebe zeigen gelegentlich zwangsneurotische Züge in ihren Eigentumsdelikten. Auch bei den sog. Kleptomanen, die in Geschäften häufig wertlose Gegenstände fortnehmen, findet man anankastische Stilelemente. Es bestehen allerdings schwerwiegende Zweifel, ob es derartige Zustände wirklich gibt. Ich habe eine Anzahl depressiver Frauen gesehen, die den Ausgleich ihrer inneren Spannung im Ladendiebstahl suchten, aber hier handelte es sich um ein isoliertes, einmaliges Phänomen ohne die für den echten Zwang charakteristische Qualität des Wiederholen-Müssens.

Ad II: (Verminderte Zurechnungsfähigkeit)

Sie besteht in England nur bei Mord, und zwar erst seit 1957 (Homicide Act). In bestimmten Fällen kann an Stelle von „Mord“ „Totschlag“ angenommen werden, wenn bewiesen werden kann, daß der Täter an einer beträchtlichen psychischen Abnormität litt (“substantially to reduce his responsibility”). Die Handhabung dieser juristischen Möglichkeit sei jedoch noch sehr uneinheitlich. Im ganzen soll mit dieser Bestimmung die Gruppe der psychischen Grenzfälle erfaßt werden. Gelegentlich wird diese Bestimmung aber auch bei „schweren Neurotikern“ angenommen, wenn das Verbrechen offensichtlich durch pathologische Motive determiniert war. Bei allen anderen Delikten wird der Täter, wenn die Tat einer psychischen Krankheit ihren Ursprung verdankt, zwar „schuldig“ gesprochen, es werden aber entsprechende ärztliche Maßnahmen vom Gericht angeordnet.

Ad III: (Reformbestrebungen)

Allgemein bevorzugt man in England praktische Lösungen, ohne auf die theoretische Frage der „Verantwortlichkeit“ zu sehr einzugehen.

Ad IV: („Graduierung" der Schuldfähigkeit)

„Meine eigene Ansicht ist: es gibt keine scharfe Grenze zwischen strafrechtlicher Verantwortlichkeit und aufgehobener strafrechtlicher Verantwortlichkeit." Eine scharfe Grenze sei „klinisch betrachtet zwar Unsinn", aber vom juristischen Standpunkt aus wohl unvermeidbar.

Ad V: (Konstruktive Buße)

„Alle Maßnahmen im Sinne von Besserung oder auch ‚Behandlung' sind besser als einfache ‚Strafen'. Gleichzeitig denke ich aber daran, weil die menschliche Natur schwach ist, daß der Tat etwas Unangenehmes folgen muß und ich habe oft die gleiche Ansicht bei den Kriminellen gehört."

Ad VI: (Abschaffung des Strafmaßes)

„Je geringer die Fixierung zwischen Tat und Strafandrohung ist, desto besser. Nur dann können die mannigfachen Faktoren adäquat berücksichtigt werden, die bei der Begehung einer Tat mitwirken."

Literatur

NEUSTATTER, W. L.: Psychological disorder and crime. London 1955.
– The mind of the murderer. London 1957.

Norwegen

Bericht von Dr. J. Leikvam

Ad I: (Forensische Beurteilung „neurotischer" Delikte)

„Definiert man den „Neurotiker" als einen Menschen, der an moralischen Konflikten leidet, so folgt daraus, daß kriminelle Handlungen unter neurotischen Menschen selten sind, weil sie in ihren Handlungsimpulsen gehemmt sind. Anstatt zu „handeln", reagieren sie mit krankhaften Symptomen, die selten kriminell sind. Es kommt gelegentlich vor, daß Neurotiker in Verbindung mit Mißbrauch von Alkohol und Narkotica kriminelle Handlungen begehen oder in besonders prekären Situationen (Lebensgefahr) gezwungen werden, „kriminell" zu handeln.

Ich glaube, es ist eine allgemeine Erfahrung, daß viele (die meisten) „Neurotiker" während der „Okkupationszeit" geheilt wurden durch die primitiven Verhältnisse, die damals herrschten. Es waren klare, moralische Grenzlinien und kaum Gelegenheit zu moralischen Konflikten. Man kann vielleicht sagen, daß die Neurotiker sich damals den Normalen oder *den* Psychopathen näherten, die nicht in derselben Weise von moralischen Konflikten geplagt werden.

Man kann unzweifelhaft sagen, daß die Neurotiker mit milderen Augen betrachtet werden sollten als die Psychopathen. Die Neurotiker werden leichter als Kranke erkannt, die Psychopathen werden gewöhnlicherweise als schlimme oder böse Menschen angesehen. Es ist eine Tendenz, die Neurotiker zu *„behandeln"* und die Psychopathen zu *„strafen"*.

Alle Kriminellen, die als Kranke erkannt werden, sollen den Vorteil haben, daß sie eine reduzierte Strafe bekommen, aber in der Praxis ist der Unterschied klein und dazu kommt, daß für sie – wenn angenommen wird, daß infolge ihres Geisteszustandes die Gefahr neuer krimineller Handlungen gegeben ist – verschiedene *Sicherheitsmaßnahmen* angeordnet werden. Diese Sicherheitsmaßnahmen können den Charakter der „Behandlung" oder der „Fürsorge" bekommen, doch von den Verurteilten werden diese Maßnahmen als *Strafe* aufgefaßt.

Man kann vielleicht sagen, daß der Neurotiker als ein Mensch mit verminderter Zurechnungsfähigkeit oder Verantwortlichkeit betrachtet wird und der Psychopath als voll verantwortlich. Das lautet paradoxal, weil die Psychopathen gewöhnlicherweise geringere Möglichkeiten haben, moralisch zu handeln oder geringere Voraussetzungen hierzu mitbringen. Sie sind nicht Herr ihrer Handlungen, sie können auch nicht „schöne" moralische Symptome produzieren. Das bedeutet nicht, daß man auch in der Behandlung auf das Phänomen „Verantwortlichkeit" verzichten kann. Man will ja die soziale Anpassungsfähigkeit bessern durch Verantwortungsgefühl und moralische Haltung.

Ad II: (Verminderte Zurechnungsfähigkeit)

Die verminderte Zurechnungsfähigkeit ist im norwegischen Strafrecht ausradiert. *Alle* Kriminelle, die nicht geisteskrank oder bewußtlos sind, werden als zurechnungsfähig angesehen. Ja, selbst „Bewußtlose" werden als zurechnungsfähig angesehen, wenn die „Bewußtlosigkeit" eine Folge von selbstverschuldetem Alkoholmißbrauch ist. Die Strafe kann jedoch gemildert werden, wenn der Täter im Augenblick der Handlung vorübergehend ein stark herabgesetztes Bewußtsein hatte.

Ad III: (Reformbestrebungen bei psychischer Krankheit)

Ich glaube, daß das Gesetz geändert werden sollte, so daß Verbrecher mit seelischen Abnormitäten nicht „bestraft" werden, sondern von „Sicherheitsmaßnahmen" getroffen werden – wenn angenommen wird, daß die Gefahr neuer Verbrechen besteht. Diese Täter (Rezidivisten) werden dann den Geisteskranken gleichgestellt.

Man kann generell sagen, daß die „Behandlungslinie" im Vordringen ist auf Kosten der „Straflinie". Die Grenzen zwischen abnormem und normalem Verbrecher sind nicht scharf. Das gibt die Möglichkeit zu weitgehend individualisierenden Maßnahmen.

Ad IV: („Graduierung" der Schuldfähigkeit)

Ich halte nicht die Frage der Schuldfähigkeit für ein unteilbares Ganzes. Erstens ist die Grenze zwischen objektiver und subjektiver Schuld unscharf und man muß immer mit verschiedenen Faktoren rechnen: d. h. der Verbrecher ist teilweise schuldig. Doch meine ich, daß es bedenklich sein würde, wenn man zu weit geht in der Verminderung der Verantwortlichkeit. Vom deterministischen Standpunkt aus muß man damit rechnen, daß die Verantwortlichkeit ein determiniertes Phänomen ist. Auch die Behandlung muß damit rechnen. Das Gefühl, verantwortlich zu sein, stärkt die persönliche Selbstachtung und den Willen zur moralischen Haltung und somit das soziale Anpassungsvermögen. Oft sagen die Verbrecher, die zu Sicherheitsmaßnahmen verurteilt sind, daß sie dadurch eine *strengere Strafe* bekamen, selbst in den Fällen, wo die Sicherheitsmaßnahmen den Charakter der „sozialen Fürsorge" haben. Die „Maßnahmen" müssen mit harter Hand durchgeführt werden und können so den Charakter der „Strafe" bekommen.

Ad V: (Konstruktive Buße)

Manche Verbrecher haben unzweifelhaft den Drang, die Schäden zu reparieren. In der Behandlung tut man klug, sich dies zu vergegenwärtigen.

Ad VI: (Abschaffung des „Strafmaßes")

„Ist es überhaupt möglich, eine korrekte Strafe auszumessen? Oder eine bestimmte Art und Dauer der notwendigen Behandlung? Wie kann man relativ unbestimmte Straf- und Behandlungszeit kontrollieren? Ich halte es für wahrscheinlich, daß die Entwicklung in der Richtung geht, daß Strafe und Behandlung synonyme Begriffe werden. Das heißt, daß die ‚Strafe' den Charakter der ‚Behandlung' bekommt und die Behandlung muß so streng und konsequent durchgeführt werden, daß sie auch als Strafe gefühlt wird. Das Ziel ist, die soziale Anpassungsfähigkeit zu bessern. Das Ziel heiligt die Mittel."

Wie von allen andern Autoren, so wird auch vom Referenten die Seltenheit neurotischer Delikte hervorgehoben. Man muß sich fragen, ob es erforderlich ist, für „neurotische" Delikte ein formales Rechtsinstitut zu schaffen; warum also die Formulierung „schwere erworbene Abartigkeit" als Grundlage für Schuldausschließung, wenn etwas derartiges in praxi fast nie vorkommt, durch diese „Rangerhöhung" aber die allgemeine Exkulpierungsintention gefördert wird.

Außerordentlich wichtig sind die Hinweise von LEIKVAM auf die während der Okkupationszeit „geheilten", d. h. symptomfreien Neurotiker, eine Beobachtung, die Wesentliches zur Stützung unserer These von der vorwiegend situativen, motivgetragenen Genese der Neurose-Entstehung beiträgt. Die rigorose Ablehnung der „verminderten Zurechnungsfähigkeit" ist bemerkenswert. Als Grundtendenz ist eine untheoretisierende Einstellung auf die praktischen Bedürfnisse erkennbar mit dem Leitmotiv, die soziale Anpassung und damit die Rehabilitierungschancen zu fördern.

Österreich

Bericht von Prof. H. Reisner

Ad I: (Forensische Beurteilung „neurotischer" Delikte)

Auf Grund des Österreichischen Strafgesetzes (ÖSTG) können nur Personen, die an einer Geisteskrankheit leiden, wie sie im § 2 a—c genau beschrieben ist, exkulpiert werden. Dieser Paragraph zählt alle Gründe auf, die den „bösen Vorsatz" ausschließen. Nachdem „neurotische Delikte" nicht Delikten geisteskranker Personen entsprechen, können sie nicht den Schutz der genannten Absätze das § 2 ÖSTG beanspruchen. Bei Begutachtung derartiger Delikte wird von uns auch immer darauf hingewiesen, daß es sich in den angeführten Fällen nicht um geisteskranke Personen handelt, wohl aber machen wir den Richter besonders aufmerksam, daß bei der Beurteilung verbrecherischer Handlungen neurotischer Persönlichkeiten die besondere Persönlichkeitsstruktur dieser Menschen beachtet werden muß. Unter Berücksichtigung dieses Hinweises hat der Richter die Möglichkeit, bei der Festsetzung des Strafausmaßes den § 46 ÖSTG anzuwenden, welcher die Milderungsgründe aus der Beschaffenheit des Täters aufzählt. Er kann den Absatz *a*, eventuell auch noch *d* dieses Paragraphen in Anwendung bringen, von welchen ersterer unter anderem dem Täter dann Milderungsumstände zubilligt, „wenn er schwach an Verstand ist". Eine andere Möglichkeit, Delikte neurotischer oder psychopathischer Persönlichkeiten anders zu beurteilen, als die von Menschen, welche die genannten Mängel nicht aufweisen, besteht derzeit auf Grund des Wortlautes des ÖSTG *nicht*. Unsere persönliche Meinung zu diesem Problem ist folgende: Das ÖSTG ist über 100 Jahre alt und damit nicht mehr imstande, den Bedürfnissen einer modernen Psychiatrie gerecht zu werden, weswegen Reformen auch bereits im Gange sind. Trotzdem werden wir Delikte neurotischer oder psychopathischer Persönlichkeiten nie so beurteilen wie die Taten Geisteskranker, denn nur bei Bestehen einer Geisteskrankheit ist der „böse Vorsatz" ausschließbar, was bei Delikten neurotischer oder psychopathischer Persönlichkeiten nicht zutrifft. Die besondere psychische Eigenart dieser Personengruppe aber muß von Seiten des Sachverständigen dem Gericht unter Hinweis auf eine neu zu schaffende Textierung im künftigen ÖSTG entsprechend expliziert werden. Damit ist dem Richter die Möglichkeit gegeben, die Beurteilung des Kriminellen entsprechend zu variieren und das Strafausmaß zu beschränken. Wir sind uns der Problematik der scharfen Trennung zwischen Geisteskrankheit auf der einen, schwerer Neurose bzw. Psychopathie hohen Grades auf der andern Seite, wohl bewußt und plädieren im diagnostischen Zweifelsfall, also bei den immer wieder vorkommenden Grenzfällen als Gutachter so wie bei Geisteskranken.

Ad II: (Bestimmung betr. die verminderte Zurechnungsfähigkeit)

Im ÖSTG gibt es keinen Paragraphen über die sogenannte verminderte Zurechnungsfähigkeit. Es kann nur, wie in Beantwortung der Frage I schon ausgeführt, der § 46 *a* und *d* vom Gericht angewendet werden. Der erste lautet in seiner Formulierung: Milderungsumstände, welche auf die Person des Täters Beziehung haben, sind *a* „wenn der Täter in einem Alter unter 20 Jahren, wenn er schwach an Verstand oder seine Erziehung sehr vernachlässigt worden ist". Eventuell könnte der Absatz *d* desselben Paragraphen Anwendung finden, er lautet: „Wenn er (der Täter) in einer aus dem gewöhnlichen Menschengefühl entstandenen heftigen Gemütsbewegung sich zum Verbrechen hat hinreißen lassen." Unter dem Passus „schwach an Verstand" kann der Richter, wie schon oben erwähnt, neurotische und psychopathische Persönlichkeiten subsumieren. Auf den Absatz *d* des § 46 wird das Gericht hingewiesen, wenn wir im Gutachten die *Affektlabilität* von Personen betonen, die wohl nicht geisteskrank, aber doch psychisch abartig sind.

Ad III: (Reformbestrebungen bei psychischen Krankheiten)

Seit über einem Jahr befaßt sich eine Kommission mit der Reform des ÖSTG, welches in vielen Punkten veraltet ist. (Es kommt aus dem Jahre 1852). Dieser Kommission gehören zur Definierung der Schuldausschließung infolge psychischer Krankheiten eine Reihe von Psychiatern an, welche eine Reform des angeführten § 2 des ÖSTG betreiben.

Ad IV: („Graduierung" der Schuldfähigkeit)

Nach unserer Meinung ist die Frage, ob die Schuldfähigkeit ein unteilbares Ganzes oder ob eine Graduierung derselben möglich ist, unter Hinblick auf geistige Erkrankungen, welche den „bösen Vorsatz" ausschließen, nicht generell zu beantworten. In der überwiegenden Mehrzahl psychischer Erkrankungen wird wohl *mit der Erstellung der Diagnose für jedes begangene Delikt der „böse Vorsatz"* für die Handlung oder Unterlassung wegfallen und der Täter exkulpiert werden. Wir meinen damit alle akuten Psychosen, die Psychosen des schizophrenen Formenkreises, des manisch-depressiven Krankheitsgeschehens, alle Demenzen und Oligophrenien schwereren Grades, organische Psychosen usw. Dagegen glauben wir, daß bei einer echten „Paranoia" und bei bestimmten *leichten* Formen von Paraphrenien die Täter bei Delikten, welche *außerhalb* ihres Wahnsystems liegen und von diesem her nicht erklärt werden können, für diese Taten doch verantwortlich sind. Dasselbe meinen wir auch bei Demenzerscheinungen leichten Grades bzw. leichten, angeborenen Schwachsinnsformen annehmen zu können, wenn es sich um Delikte handelt, für welche noch Einsicht angenommen werden kann. Von Bedeutung für die Beurteilung scheint hier der psychologische Test.

Ad V: (Konstruktive Buße)

Wir halten die Anordnung einer „konstruktiven Buße" an Stelle von Strafen bei Geistesgesunden und bestimmten Gruppen psychopathischer Verbrecher für angezeigt.

Ad VI: (Abschaffung des „Strafmaßes")

Eine Abschaffung des Strafmaßes halten wir bei Geistesgesunden *nicht* für angezeigt, da wir der Ansicht sind, daß es dem Verbrecher gegenüber ungerecht wäre, ihn im Unklaren darüber zu lassen, was er für seine Tat an Strafe zu erwarten habe. Bei psychopathischen Persönlichkeiten dagegen wäre die Anwendung von Rahmenstrafen zu erwägen, da sie, was allerdings erst bewiesen werden müßte, *erzieherisch* wirken könnten. Aber auch hier gilt die erwähnte Ungerechtigkeit dem Verbrecher gegenüber, der unserer Meinung nach das Recht hat, zu wissen, wie lange seine Haft dauern wird.

Die erwähnten gesetzlichen Bestimmungen lauten:

§ 2 ÖSTG:

„Daher wird die Handlung oder Unterlassung nicht als Verbrechen zugerechnet:

a) wenn der Täter des Gebrauches der Vernunft ganz beraubt ist;

b) wenn die Tat bei abwechselnder Sinnenverrückung zu der Zeit da die Verrückung dauerte; oder

c) in einer ohne Absicht auf das Verbrechen zugezogenen vollen Berauschung (§§ 236 und 523) oder in einer anderen Sinnenverwirrung in welcher der Täter sich seiner Handlung nicht bewußt war, begangen worden.

§ 46 ÖSTG: Milderungsumstände, welche auf die Person des Täters Beziehung haben, sind:

a) wenn der Täter in einem Alter unter 20 Jahren, wenn er schwach an Verstand oder seine Erziehung sehr vernachlässigt worden ist."

Wesentlich erscheint uns, daß das ÖSTG *keine* besondere gesetzliche Regelung der sogenannten verminderten Zurechnungsfähigkeit kennt; der hier gemeinte Personenkreis kann vielmehr durch die Bestimmungen des § 46 a bzw. d in phänomengerechter Weise vom Richter — nach Anhören des Sachverständigen — „behandelt" werden. Die Intention zur Anwendung der „biologischen" Methode wird in den Ausführungen zu Punkt IV klar erkennbar. Bedeutsam ist die Hervorhebung des „bösen Vorsatzes". Ein personaler „böser Vorsatz" ist unserer Auffassung nach *nur* beim psychisch normalen — also schuldfähigen — Täter möglich, — allerdings auch beim „neurotischen" und „psychopathischen" Täter —, während die psychische Krankheit die Möglichkeit zum „Personal-Bösen" — dem Zentrum der Vorwerfbarkeit — aufhebt oder zumindest so erheblich modifiziert, daß man einen Schuldvorwurf nicht mehr aussprechen kann.

Diskussionswürdig erscheinen die Ausführungen von Reisner über die Begutachtung von Paranoia-Kranken und „leichten" Schizophrenien. Wir dürfen auf die Erörterung der hier liegenden Probleme im Kapitel „Die Beurteilung psychopathologischer Grenzbefunde mit besonderer Berücksichtigung der sog. endogenen Psychosen", Seite 172 verweisen. Der Grundsatz, daß die schizophrene Psychose die Persönlichkeit als „Ganzes" betrifft und man nicht sondern kann, was noch gesund und was schon krank ist, scheint uns, zumindest bei dem heutigen Stand des Wissens, dem Grundphänomen gerechter zu werden.

Literatur

Hoff, H. und Reisner, H.: Hat sich die psychiatrische Beurteilung Krimineller seit Wagner-Jauregg geändert? Wiener Klin. Wschr. *1957*, 691.

Portugal

Bericht von Professor H. J. de Barahona Fernandes

Ad I: (Forensische Beurteilung „neurotischer" Delikte)

Nach dem portugiesischen Strafgesetzbuch gibt es keine „verminderte Zurechnungsfähigkeit", daher werden „neurotische" Täter als voll zurechnungsfähig beurteilt. Allerdings hat der Gutachter in den seltenen Fällen, in denen er vor Gericht den Fall erläutern kann, die Möglichkeit, einige sehr genau bewiesene „neurotische" bzw. „psychopathische" Bedingungen als „mildernde Umstände" zu empfehlen. Ich bin der Meinung, daß man in dieser Richtung weiter fortschreiten kann. Die Behandlungsmaßnahmen und die Sicherungsmaßnahmen müssen aber immer ausreichend berücksichtigt bleiben.

Ad II: (Bestimmung betr. die verminderte Zurechnungsfähigkeit)

Im Zusammenhang mit Vorarbeiten einer Neufassung des Strafgesetzbuches haben namhafte Psychiater ihre Meinung *positiv* zur Schaffung eines Rechtsinstitutes der verminderten Zurechnungsfähigkeit geäußert.

Ad III: (Reformbestrebungen bei psychischen Krankheiten)

Reformbestrebungen sind in Vorbereitung.

Ad IV: („Graduierung" der Schuldfähigkeit)

Die Möglichkeit, die Schuldfähigkeit zu „graduieren" wird von BARAHONA FERNANDES bejaht. Interessant ist sein Hinweis, daß die Sachverständigen in Portugal als Gehilfen oder „Assistenten" der *Rechtsanwälte* fungieren. Die Zuziehung von Sachverständigen geschehe im allgemeinen selten.

Ad V: (Konstruktive Buße)

„Vom ärztlichen Standpunkt aus kämpfen wir für eine Art von solcher ‚Buße', die zugleich die soziale Sicherheit fördert als auch der persönlichen Rehabilitierung des Täters dienen könnte." Gegen den Begriff der „Schuld" werden aber vom Autor Bedenken geäußert. Aus der Bildung der Persönlichkeit sei der Schuldbegriff nicht zu entwickeln.

Ad VI: (Abschaffung des „Strafmaßes")

Die Meinung von KRAEPELIN über die Notwendigkeit, das fixe Strafmaß abzuschaffen wird vom Referenten geteilt.

Hervorzuheben ist das *Fehlen* einer Bestimmung über die verminderte Zurechnungsfähigkeit und die damit verbundene Intention, die gesetzlichen Grundlagen für diesen Paragraphen zu schaffen. Das Bedürfnis nach einer Kodifizierung der „Grenzfälle" ist scheinbar unabweisbar, solange diese Kodifikation *nicht* gesetzlich gegeben ist. Besteht sie aber, so melden sich die Bedenken, da nach einer gesetzlichen Fundierung die Möglichkeiten der unstatthaften Ausweitung groß werden und der Psychiater zu leicht in eine bestimmte Richtung gedrängt wird, die bei der klaren Alternativfrage vermieden werden kann. Bemerkenswert ist auch die Einschätzung der „konstruktiven Buße" als Methode im Sinne des weltweiten „Rehabilitierungsimpulses", der eines der charakteristischen Kennzeichen der Medizin in der zweiten Hälfte unseres Jahrhunderts zu werden scheint.

Schweiz

Bericht von Professor H. Binder

Ad I: (Forensische Beurteilung „neurotischer" Delikte)

„Bei neurotischen Delikten im engsten Sinn, d. h. also bei solchen, bei denen die Auswirkung unbewußter, lebensgeschichtlich entstandener Komplexe eine entscheidende Rolle spielt, neigt man, soviel ich beurteilen kann, in der Schweiz durchaus dazu, unter Umständen auch eine starke Verminderung der Zurechnungsfähigkeit anzunehmen. Man tut dies in der Auffassung, daß diese, ganz unkontrollierbar aus dem Unbewußten einbrechenden, neurotischen Impulse wegen ihres brüsk-elementaren, die Persönlichkeit überrumpelnden Charakters von der bewußten Beherrschungsmöglichkeit weit mehr losgelöst sind als die sonstigen, gewöhnlichen Antriebe zu kriminellen Handlungen. Solche wirklich neurotischen Delikte sind aber unseres Erachtens *ungemein selten*. In zahlreicheren Fällen spielen neurotische Komplexe nur eine untergeordnete Rolle, während außer-neurotische Momente (psychopathische Züge, gewisse Moralschwäche) viel wesentlicher sind. In solchen Fällen sind wir mit der Zuerkennung verminderter Zurechnungsfähigkeit viel zurückhaltender, nehmen in der Regel nur eine leichte Verminderung an. Während bei den eigentlich neurotischen Delikten uns ein Aufschub der Strafe und an ihrer Stelle eine Behandlung in einer Heil- oder Pflegeanstalt angezeigt erscheint (gem. Art. 15 des Schweizer StGB), ist bei den Delikten der zweiten oben erwähnten Gruppe eine Behandlung meist wenig aussichtsreich, weshalb wir sie auch nicht beantragen.

Ad II: (Bestimmung betr. verminderte Zurechnungsfähigkeit)

Der Artikel 11 des Schweizer StGB enthält eine, dem Sinn des § 51 Abs. II des Deutschen StGB entsprechende Bestimmung:

„War der Täter zur Zeit der Tat in seiner geistigen Gesundheit oder in seinem Bewußtsein beeinträchtigt oder geistig mangelhaft entwickelt, so daß die Fähigkeit, das Unrecht seiner Tat einzusehen oder gemäß seiner Einsicht in das Unrecht der Tat zu handeln, herabgesetzt war, so mildert der Richter die Strafe nach freiem Ermessen."

Ad III: (Reformbestrebungen bei psychischen Krankheiten)

Über Reformbestrebungen dieser Art ist nichts bekannt.

Ad IV: („Graduierung" der Schuldfähigkeit)

„Wenn uns auch klar ist, daß subjektive Momente eine erhebliche Rolle bei der Einschätzung des Grades der verminderten Zurechnungsfähigkeit spielen, so lehnen wir eine solche gradweise Einschätzung doch nicht völlig ab. Wir sprechen von einer in leichtem, in mittlerem oder starkem Grad verminderten Zurechnungsfähigkeit, betonen aber häufig die relative Subjektivität dieser Einschätzung. Eine Graduierung nach Prozenten halten wir für viel zu weitgehend.

Ad V: (Konstruktive Buße)

Maßnahmen im Sinne einer „konstruktiven Buße" sind, wenn ich diesen Ausdruck recht verstehe, in der Schweiz noch nirgends eingeführt. An sich wäre es gewiß zweckmäßig, wenn es möglich wäre, in geeigneten Fällen solche „konstruktiven Bußen" durchzuführen, wobei ich mir darunter etwa vorstelle, daß statt einer Freiheitsstrafe Arbeit des Täters beim Damnifikaten oder in einem gemeinnützigen Werk oder dergleichen in Betracht käme.

Ad VI: (Abschaffung des „Strafmaßes")

Eine tatsächlich fixe Relation zwischen Straftat und Strafandrohung ist selbstverständlich ein Unding, weil dabei die Persönlichkeit des Täters nicht berücksichtigt werden kann. In unserem schweizerischen Strafgesetz ist aber der Strafrahmen für die verschiedenen Straftaten jeweils so weit gespannt, daß innerhalb dieses Rahmens die Persönlichkeit des Täters in hinreichender Weise berücksichtigt werden kann. Eine völlige Abschaffung dieses Strafrahmens schiene mir zu weit zu gehen, indem daraus wohl eine allzu große Rechtsunsicherheit resultieren würde."

Bemerkenswert erscheint uns zunächst die Betonung der Seltenheit neurotischer Delikte. Ferner ist die gesetzliche Verankerung des *freien* richterlichen Ermessens für alle Fälle verminderter Zurechnungsfähigkeit nachdrücklich hervorzuheben. Das Prinzip der konstruktiven Buße wird bejaht, die völlige Abschaffung des Strafmaßes wegen der damit verbundenen Rechtsunsicherheit abgelehnt. Der im Gesetz gegebene „weite" Strafrahmen genüge zur individuell angemessenen Behandlung des Einzelfalles.

Literatur

Binswanger, H.: Leitfaden der forensischen Psychiatrie. Zürich 1945.
Wyrsch, J.: Gerichtliche Psychiatrie. 2. Aufl. Bern 1955.

Spanien

Bericht von Professor Juan S. Lopez Ibor Madrid

Ad I: (Forensische Beurteilung „neurotischer" Delikte)

Im spanischen Gesetzbuch gibt es eine Möglichkeit zur Entschuldigung oder Rechtfertigung der „Neurotiker". Der hierhin gehörende Begriff wird „vorübergehende geistige Störung" genannt.

Ad II: („Verminderte" Zurechnungsfähigkeit)

Man spricht nicht von einer *Verminderung* des Verantwortungsbewußtseins, sondern von einem, wenn auch nur vorübergehendem *Verschwinden* des Verantwortungsbewußtseins. Dieser psychische Tatbestand entspricht rechtlich dem Begriff der „vorübergehenden geistigen Störung".

Ad III: (Reformbestrebungen)

Die jetzt gültigen Formeln sind sehr praktisch.

Ad IV: („Graduierung" der Schuldfähigkeit)

Es gibt *keine* psychopathologische Gradeinteilung. Das Gesetzbuch führt heftige Gemütsbewegungen und Phantasievorstellungen an, welche sehr ausgeprägten psychologischen Zuständen entsprechen, etwa zwar leidenschaftlichen, aber *nicht* anomalen Zuständen.

Ad V: (Konstruktive Buße)

In Spanien wird viel in diesem Sinne gearbeitet. Eine Institution mit dem Namen „Hilfe in der Not durch Arbeit" besteht in allen Gefängnissen.

Ad VI: Zur Frage der „Abschaffung des Strafmaßes" hat LOPEZ-IBOR seine Auffassungen in seiner Antrittsvorlesung an der Medizinischen Hochschule in Madrid mitgeteilt, deren Text uns z. Z. der Drucklegung der Studie noch nicht zur Verfügung stand.

Literatur

LOPEZ IBOR, D. J. S.: La responsabilidad penal del enfermo mental. Madrid 1951.

Die Verhältnisse in Sowjet-Rußland

Ein direkter Bericht über die russischen Verhältnisse stand uns aus leicht einsehbaren Gründen nicht zur Verfügung. Einer Studie von OHM verdanken wir den Hinweis auf die „Russische Rechtsgeschichte" von SCHULTZ, in der auch die Entwicklung des Strafgesetzbuches in der Sowjetunion dargestellt ist. Wir zitieren aus diesem Werk: „Die Grundbegriffe des Strafrechts haben bedeutende Wandlungen durchgemacht. Man kann zwei Perioden der Entwicklung des sowjetischen Strafrechtes feststellen: 1. die Zeit von 1918 bis 1937 und 2. die Zeit nach 1937. In der ersten Periode versuchen die sowjetischen Strafrechtler einen totalen Abbau der alten Prinzipien durchzuführen und zur Ausbildung eines neuen sowjetischen Strafrechtes zu kommen. Die alten Begriffe: Schuld, Strafe, Zurechnung, Rechtswidrigkeit sollen abgeschafft werden. Die Begriffsbestimmung des Verbrechens als einer „schuldhaften rechtswidrigen Handlung" erachtete man als überwunden und bourgeois [1]. Zuerst

[1] Vgl. das Lehrbuch „Das sowjetische Strafrecht" unter der Redaktion des führenden Strafrechtlers A. PIONTKOVSKIJ: Allg. Teil, Moskau 1928, S. 34 (russisch). Vgl. auch R. MAURACH: „Das Strafgesetzbuch Sowjetrußlands", Mannheim 1928, und „Grundlagen des räterussischen Strafrechts", Berlin 1933.

wurde der Versuch gemacht, den Begriff der Schuld zu beseitigen. Bei Verbrechen spiele die Schuld, die subjektive Willensrichtung des Täters, keine ausschlaggebende Rolle. Das Verbrechen ist eine „sozialgefährliche Handlung" lautet die neue Definition im Art. 1. Als sozialgefährlich wird dabei eine Tat bezeichnet, die sich gegen das Sowjetsystem und die sozialistische Gesellschaftsordnung richtet (Art. 6: „Als sozialgefährlich gilt jede Handlung ... die sich gegen das Sowjetsystem richtet.")

Neben der Schuld hat man auch den Begriff der Strafe abgeschafft. An Stelle der Strafe treten die sog. Maßnahmen des sozialen Schutzes, die von dreierlei Art sind: 1. gerichtlich bessernder Art, 2. medizinischer Art und 3. medizinisch-pädagogischer Art. Als Zweck der Strafe wurde der Schutz der sozialistischen Gesellschaft vor Verbrechern erachtet. Neben dem Schutz wurde auch die Besserung (Resozialisierung) betont (Art. 9). Dennoch gelang eine völlige Abschaffung der alten Begriffe nicht.

Das in Rußland seit 1926 gültige Strafgesetzbuch ist materialistisch orientiert, es kennt weder Schuld noch Strafe, sondern nur „Maßnahmen des sozialen Schutzes". Die „Psyche" des Menschen wird als streng kausal determiniert angesehen, die Willensfreiheit wird negiert. Je nach dem Grade der „Sozialgefährlichkeit" gibt es vorbeugende, aber auch den Täter gänzlich aus der Gesellschaft eliminierende Maßnahmen.

Der § 11 des Russischen Strafgesetzbuches, der etwa dem Sinn nach dem § 51 unseres Strafgesetzbuches entspricht, lautet:

„Maßnahmen des sozialen Schutzes gerichtlich-bessernder Art können nicht angewandt werden auf Personen, die ein Verbrechen im Zustande chronischer Geisteskrankheit oder zeitweiliger Geistesstörung oder in einem anderen krankhaften Zustand begangen haben und demzufolge sich von ihren Handlungen nicht haben Rechenschaft geben können, oder nicht imstande waren, ihre Handlungen zu dirigieren, sowie auf solche Personen, die zwar im Zustand geistigen Gleichgewichtes gehandelt haben, jedoch im Augenblick der Urteilsfällung an einer Geisteskrankheit leiden."

Neben den gerichtlich-bessernden Maßnahmen und den rein medizinischen Maßnahmen stehen also die „medizinisch-pädagogischen" Maßnahmen, die für die Grenzfälle zwischen der Kategorie der Vollverantwortlichen und der psychisch Kranken gedacht sind. Das russische Strafgesetzbuch hat reinen *Zweckcharakter*, es ist ein Maßnahmenstrafrecht, das seine Legitimierung ausschließlich in den Bedürfnissen der „Gesellschaft" findet. Wer den Wandel dieser Bedürfnisse in der ersten Hälfte unseres Jahrhundert miterlebt hat, wird verstehen, daß ein *nur* soziologisch orientiertes Strafrecht in hohem Grade suspekt ist, weil die Bedürfnisse der Gesellschaft — zumindest in den Diktaturen — fast nach Belieben manipulierbar sind.

Seit 1937 hat jedoch die Entwicklung der Strafrechtswissenschaft in der Sowjetunion eine unerwartete Wendung genommen. Die Abschaffung von Schuld, Rechtswidrigkeit und Strafe wurde als falsch und „antimarxistisch" hingestellt. Man benutzte in den erlassenen Rechtsnormen wieder die Begriffe Schuld, Verbrechen, Strafe. DURMANOV schrieb im Jahre 1947 über das sowjetische Strafrecht folgendes: „Die Schuld ist die wesentliche Bedingung der strafrechtlichen Verantwortung. Ohne Schuld gibt es kein Verbrechen und keine Strafe" (zitiert nach L. SCHULTZ). Wohl wird das Verbrechen immer noch als eine sozialgefährliche Tat betrachtet, die sich gegen die sozialistische Gesellschaft richtet. Sie ist sogar das Hauptmerkmal des Verbrechers. Doch wird neben der Sozialgefährlichkeit des Verbrechers die *Persönlichkeit* des Verbrechers und seine innere Willensrichtung stärker berücksichtigt.

Interessant ist, daß die Verbrechen nach dem Grad ihrer Sozialgefährlichkeit in zwei Gruppen eingeteilt werden: 1. die gefährlichsten (d. h. diejenigen, die gegen die Grundlagen der Sowjetverfassung gerichtet sind); alle übrigen Verbrechen gehören in die zweite Gruppe.

Das russische Strafgesetzbuch kennt 14 ordentliche Strafarten und eine außerordentliche: die Todesstrafe. Wir zitieren nach SCHULTZ folgende Strafarten: 1. Erklärung zum Feind der Werktätigen, verbunden mit Aberkennung der Staatsangehörigkeit der Sowjetunion und unbedingter Ausweisung aus deren Gebiet; 2. Freiheitsentziehung, die in Besserungs- und Arbeitslagern in entfernt liegenden Gegenden der Union verbüßt wird; 3. Freiheitsentziehung, die in Gefängnissen verbüßt wird; 4. Besserungsarbeiten ohne Freiheitsentziehung; 5. Aberkennung der politischen und einzelner bürgerlicher Rechte; 6. Ausweisung aus dem Gebiet der Union auf Zeit; 7. Ausweisung aus dem Gebiet der UdSSR oder Ausweisung aus einem bestimmten Ort der UdSSR; 8. Dienstentlassung; 9. Verbot der Ausübung einer bestimmten Tätigkeit; 10. Öffentlicher Tadel; 11. Vermögenskonfiskation; 12. Geldstrafe; 13. Wiedergutmachung des angerichteten Schadens; 14. Verwarnung.

Die Todesstrafe war 1947 abgeschafft worden, im Jahre 1950 wurde die Todesstrafe jedoch wieder für „gegenrevolutionäre Verbrechen" eingeführt.

Literatur

OHM, G.: Die normativen Grundlagen des zum Wesen der Unzurechnungsfähigkeit gehörenden Krankheitsbegriffes. Arch. Psychiatr. u. Z. Neur. *193*, 474 (1955).

SCHULTZ, L.: Russische Rechtsgeschichte. Lahr 1951.

II. Spezieller Teil

Über die forensische Begutachtung von „Psychopathen"

Motivisch *unklare* Delikte [1] wird man am ehesten – abgesehen von den Delikten der Geisteskranken – bei psychopathischen Persönlichkeiten vermuten dürfen. Wir beginnen daher den speziellen Teil unserer Studie mit der Darstellung von vier Fällen, an denen die Schwierigkeiten der forensischen Begutachtung von Psychopathen deutlich werden können.

Durch die Einführung der sogenannten verminderten Zurechnungsfähigkeit glaubte der Gesetzgeber, den unter Führung von ASCHAFFENBURG immer wieder erhobenen Forderungen der forensischen Psychiatrie nach einer *anderen* strafrechtlichen Behandlung *anders* gearteter („abnormer") Menschen am besten Rechnung tragen zu können. Die Erfahrungen nach 1934, dem Zeitpunkt der Einführung des § 51 Absatz II StGB zeigen aber, daß die psychiatrischen Sachverständigen eher ungern und nur zögernd von den ihnen hier gebotenen Möglichkeiten Gebrauch machen. Diese Zurückhaltung ist durch zwei Umstände begründet: I. ist die Feststellung einer „Psychopathie" keine medizinisch-diagnostische Aufgabe wie die Feststellung einer Krankheit im Sinne der wissenschaftlichen Medizin, sondern lediglich ein typisierendes Hervorheben gewisser auffallender Persönlichkeitsmerkmale, die in besonderem Maße zum Wesen des betreffenden Menschen zu gehören scheinen. Eine Diagnostik im eigentlichen Sinn ist auf diesem Gebiet nicht möglich. Hierdurch ergeben sich Unsicherheiten und Variationsmöglichkeiten bei der Beurteilung solcher Menschen, die der Subjektivität, dem Ermessen in einer von den Sachverständigen selbst nicht sehr erwünschten Weise Spielraum lassen.

---

[1] Zur Einführung in die Problematik des Motivierungsprozesses ist sehr geeignet: H. BÜRGER-PRINZ: Motiv und Motivation. Hamburg 1950.

Neben den *methodischen* Schwierigkeiten, abnorme Persönlichkeiten verbindlich und treffend in ihren andersartigen Wesenszügen zu charakterisieren, stehen gleichrangig *praktische* Bedenken im Sinne kriminalpolitischer Erwägungen, die zwar im Grunde den medizinischen Sachverständigen nichts angehen, aber doch im Untergrund „mitschwingen", sobald der Bereich der noch wertneutralen Deskription verlassen wird und es um die praktischen Konsequenzen geht, d. h. um eine Stellungnahme, ob die am Täter ermittelten psychischen Besonderheiten (seine „Psychopathie") einen schuldmindernden „Einfluß" auf die konkrete Tat gehabt haben. Der Richter wird hier noch drängender als bei den auch dem medizinischen Laien in ihrer Bedeutung für die Schuldfähigkeit einleuchtenden psychischen *Krankheiten* den Sachverständigen nach den Folgerungen fragen, die sich aus der Feststellung psychopathischer Wesenszüge ergeben. Die Juristen wollen im allgemeinen vom Sachverständigen nicht *nur* die faßbaren, beweisbaren psychopathologischen Tatbestände genannt haben, sondern darüberhinaus wenigstens *Hinweise* auf die sich daraus ergebenden praktischen Konsequenzen. SKOTT [1] hat diesen durchaus verständlichen Wunsch vieler Juristen in den Beratungen der Strafrechtkommission formuliert, und H. MAYER führte in der Festschrift für MEZGER folgendes aus: „Der psychiatrische Sachverständige stellt nicht nur Tatsachen fest, sondern er hat auch das richterliche Werturteil über die Zurechnungsfähigkeit des Angeklagten vorzubereiten und selber ein solches Werturteil dem Richter vorzuschlagen." An das Urteil ist der Richter allerdings niemals gebunden, da es sich um die Anwendung eines *Rechtsbegriffes* handelt.

Viele Rechtsbrecher lassen Züge in ihrem Wesen erkennen, die man „psychopathisch" nennen kann. Nahezu in jedem forensischen Fall können von der Norm abweichende — also der Psychopathie zumindest benachbarte — Züge im Wesen krimineller Menschen festgestellt werden. Man denke an die so häufige Willensschwäche gegenüber kriminellen Impulsen, denen diese Täter immer wieder unterliegen — ein Mensch mit „normaler" Willenskraft widersteht derartigen Ansprüchen —, oder an den Mangel an Gemüt, der bei vielen brutalen Aggressionen unverkennbar ist. Aus dem Dilemma, das sich aus der Feststellbarkeit psychopathischer Wesenszüge bei nahezu jedem Rechtsbrecher und der kriminalpolitischen Notwendigkeit ergibt, diese Charakterzüge bei der Schuldfeststellung unberücksichtigt zu lassen, hilft man sich durch die Einführung einer qualifizierenden *Wertung* der Psychopathie. Die seelische Abartigkeit muß „schwer" sein, um forensisch bedeutsam werden zu können. Auch in dem Reformentwurf von 1958 wird nur „schwere Abartigkeit" als schuldmodifizierend angesehen, während alle anderen Abartigkeiten, die keine wesentliche Abweichung von der Norm darstellen, unberücksichtigt bleiben sollen. Diese Auffassung birgt allerdings die Gefahr in sich, daß gerade die besonders gefährlichen, brutalen, gemütsarmen bzw. gemütlosen Gewaltverbrecher auf Grund ihrer unstreitig schweren Abartigkeit den Schutz des § 51 StGB für sich in Anspruch nehmen könnten, wenn es zur Annahme bestimmter Formulierungen in der Gruppe II des Reformentwurfes kommen sollte.

Diese kriminalpolitisch untragbare Ausweitung des Psychopathiebegriffes wird zwar allgemein abgelehnt. Eine wissenschaftliche Begründung für diesen, nur aus Gründen der praktischen Strafrechtspflege vertretbaren Standpunkt gibt es allerdings nicht. Unsere Ausführungen mögen zeigen, wie schwierig die forensischen Probleme bei der Beurteilung von „Psychopathen" sind, deren theoretisch zu fordernde, „gerechte" Behandlung ein praktisch unerfüllbares Ansinnen an die Strafrechtspflege ist.

Beispielhaft für die auch bei den Juristen feststellbare, in der Sache begründbare „Unsicherheit" gegenüber dem Psychopathieproblem ist eine Entscheidung des Bun-

---

[1] Siehe Seite IV.

desgerichtshofes vom 17. 4. 1958 (5 St.R. 80/58)[1]. Der in dieser Entscheidung vertretene Rechtsgrundsatz lautet: „Eine Psychopathie, die nur aus Charaktermängeln besteht und sich in einer kriminellen Veranlagung erschöpft, ist keine Geistesschwäche oder krankhafte Störung der Geistestätigkeit."

Das Landgericht in Berlin hatte einen 25jährigen Chemiefachwerker wegen schweren Diebstahls im Rückfall zu einer Gefängnisstrafe von einem Jahr und acht Monaten verurteilt. Außerdem sollte der Angeklagte in einer Heil- und Pflegeanstalt untergebracht werden. Die Revision richtete sich vor allem gegen die Unterbringung, die auch vom BGH aufgehoben wurde. Dazu wird folgendes ausgeführt:

„... das Landgericht verkennt den Begriff der verminderten Zurechnungsfähigkeit im Sinne der §§ 42 b und 51 Abs. 2 StGB. Hierzu wird im Urteil ausgeführt, der Angeklagte sei ein Psychopath. Er sei in seiner Gesamtpersönlichkeit gestört, habe kein Gefühl für mitmenschliche Beziehungen, sei gefühlskalt, höherer ethischer Bindungen, insbesondere eines Pflichtgefühls unfähig und äußerst egozentrisch. In diesen Eigenschaften hat der Sachverständige Dr. X — laut Urteilsgründen — nur Charaktermängel gesehen. Ihnen hat jedoch der Sachverständige Dr. Y, wegen ihres Ausmaßes und ihrer Häufung *Krankheitswert* beigemessen. Die sich aus ihnen ‚ergebenden Lebensschwierigkeiten, insbesondere das Unvermögen, sich ein- und unterzuordnen, sind nach seiner Ansicht der eigentliche Grund für den Hang des Angeklagten zur Begehung von Straftaten'. Dieser Auffassung folgte die Strafkammer ‚angesichts des Vorlebens und des persönlichen Eindrucks von dem Angeklagten'.

Ob eine Psychopathie im Einzelfall ‚Krankheitswert' hat und deshalb eine krankhafte Störung der Geistestätigkeit im Sinne des § 51 StGB ist, ist eine Rechtsfrage, deren Entscheidung das Revisionsgericht auf Grund der tatrichterlichen Feststellungen nachzuprüfen hat. Sie ist hier zu *verneinen.*

Es trifft zwar zu, daß der Angeklagte nach allem, was das Urteil über seinen bisherigen Lebensweg und als Befund der beiden Sachverständigen mitteilt, erhebliche Charaktermängel hat. Persönlichkeitsfehler dieser Art sind aber auch sonst nicht selten und finden sich vor allem bei einem großen Teil der Rechtsbrecher. Bei diesen sind sie häufig die innere Ursache ihrer strafbaren Handlungen. Das ist jedoch vom Standpunkt des *geltenden* Strafrechts aus kein Grund, solche Täter als vermindert zurechnungsfähig zu behandeln. Von ihnen verlangt die Strafrechtsordnung nicht weniger als von anderen Menschen, daß sie sich beherrschen. Auch und gerade gegen sie richten sich die gesetzlichen Strafdrohungen, die einen wirksamen Schutz der Allgemeinheit bezwecken. Dieser ist besonders gegen solche Täter nötig, die so wie der Angeklagte geartet und deshalb eine Gefahr für das geordnete menschliche Zusammenleben sind. Entwickeln sie sich zu gefährlichen Gewohnheitsverbrechern, so ist gegen sie als letztes Mittel die Sicherungsverwahrung nach § 42 e StGB vorgesehen. Diese hängt aber von strengen rechtlichen Voraussetzungen ab. Sie darf nicht dadurch ersetzt werden, daß die kriminelle Veranlagung eines Angeklagten allein wegen ihrer Stärke als eine krankhafte Störung der Geistestätigkeit angesehen und dazu herangezogen wird, die Unterbringung in einer Heil- und Pflegeanstalt nach § 42 b StGB anzuordnen."

Die vom Landgericht Berlin vertretene — vom Bundesgerichtshof allerdings verworfene — Auffassung, „erhebliche" Psychopathie könne zu den Voraussetzungen des § 51 Abs. 2 führen und damit die Möglichkeit zur Einweisung gemäß § 42 b StGB geben, ist 1939 ausdrücklich von Mezger gebilligt worden. Die Anwendbarkeit des § 51 auf „Psychopathen" dürfe nicht unter allen Umständen verneint werden, vor allem bliebe der § 51 Abs. 2 in „nicht so ganz seltenen Fällen" erwägenswert. Diese Einstellung ermögliche es auch, in gegebenen Fällen einen Psycho-

[1] Veröffentlicht in: Neue Jur. Wschr. *1958*, 2123.

pathen – nach der Zuerkennung des § 51 Abs. 2 – unterbringen zu können. Gegen diese taktische Benutzung des § 51 zu kriminalpolitischen Zwecken wandte sich nachdrücklich BERINGER. Der medizinische Sachverständige solle keine kriminalpolitisch orientierten Beurteilungen abgeben. Kriminogene Charaktereigenschaften dürften nicht den Schluß „Psychopathie" erzwingen wollen, um dann die Möglichkeit zur Unterbringung zu haben.

Gegen die Ausdehnung des Psychopathiebegriffes auf kriminelle Personen haben sich nahezu alle führenden forensisch tätigen Psychiater gewendet. J. LANGE nimmt Ausnahmen von der Regel, Psychopathen *nicht* zu exkulpieren nur für die Kombination „Psychopathie und Schwachsinn" an. Im übrigen meinte er: „... man wird sich darüber klar sein müssen, daß es nicht mehr als eine schlichte praktische Abmachung ist, wenn heute die psychopathischen Persönlichkeiten ebenso bestimmt für strafrechtlich verantwortlich erklärt werden, wie es als abgemacht gilt, daß, bis auf wenige Einschränkungen, die *Psychose* exkulpiert." Auch ASCHAFFENBURG betont: Nicht jede Spielart der verschiedenen Charakterbilder läßt nach der Anwendbarkeit des § 51 Abs. 2 fragen, „sondern nur wirklich ernste und für die Handlung belangvolle Abweichungen". Ähnliche Gedanken sprechen aus den Ausführungen, die GRUHLE zum forensischen Aspekt des Psychopathieproblems machte: Psychopathie sei nur da forensisch relevant, wo „das Delikt aus der psychopathischen Struktur direkt entspringt". Dagegen spiele „Psychopathie" keine forensische Rolle bei Menschen, die „aus ganz normalen Motiven kriminell werden und außerdem zufällig Psychopathen sind". Bei der Begutachtung verfahre man – so schlägt GRUHLE vor – am besten nach folgendem Schema. Zunächst sei festzustellen, ob ein Rechtsbrecher überhaupt psychopathische Züge erkennen lasse. Danach ist zu prüfen, ob Delikt und Psychopathie motivisch zusammenhängen. Entscheidend für das Urteil des Sachverständigen sei dann die Frage nach der Intensität des Motivzusammenhanges zwischen psychopathischer Charakterart und Delikt. Den Terminus „Motiv" benutzt GRUHLE stets nur in psychologischem Sinn als „Quelle der Handlung", nicht als „Absicht" in juristischem Sinn. Bestünde eine „Intensität des Motivzusammenhanges", so könne der § 51 Abs. II StGB angewendet werden.

Unter Psychopathie verstehen wir im folgenden – auf den Studien von KURT SCHNEIDER aufbauend – alle bemerkenswerten Abweichungen vom Üblichen, Gewohnten, Durchschnittlichen auf dem Gebiet des Emotionalen (sc. der Affekte, des Temperaments, des Gemütes) und des Willens. Die Variationen der Intelligenz gehören nicht zum engeren Psychopathiebegriff, wenn auch innige Verflechtungen zwischen Intelligenz und psychopathischen Wesenszügen bestehen und es kriminologisch bedeutsame Kombinationen von Wesensmerkmalen aus beiden Bereichen gibt, besonders die kriminalpolitisch wichtige Trias von knapper intellektueller Begabung, Gemütlosigkeit und Triebhaftigkeit, eine Kombination, die wir etwa bei der Hälfte aller von uns begutachteter, nicht geisteskranker Delinquenten fanden.

Wir zählen die Variationen auf dem Gebiet der leiblichen Triebe ebenfalls zu den im weiteren Sinn psychopathischen Wesenszügen, da die Kenntnis des Trieblebens mit seinen Varianten einerseits, die personalen Bemühungen zur Beherrschung der sexuellen Triebansprüche andererseits, sowie das „Unterliegen" im Kampf der vitalen und personalen Strebungen und die Reaktion auf dieses Versagen Wesentliches über eine Persönlichkeit aussagen können.

Für unsere Stellungnahme ist allerdings noch folgender Punkt wichtig: die Intelligenz und ihre Vorbedingungen (vor allem die mnestischen Funktionen) sind etwas weitgehend Gegebenes, Statisches, das nur in bescheidenstem Umfang variationsfähig ist. Der „Dumme" ist und bleibt dumm, der Schwachsinnige bleibt schwachsinnig. Hier kann es keine symptomfreien Episoden geben. Auch Erziehung, Milieu, eigene Mühegabe und ärztliche Hilfe können nur in allerengstem Umfang modifizieren. Ist einmal die untere Grenze, die als solche zwar variabel ist, — in Anbetracht der nicht scharf begrenzbaren, fließenden Übergänge zwischen ausgeprägter Dummheit und eigentlichem Schwachsinn — erreicht, dann sind die Entscheidungsmöglichkeiten des Betroffenen tatsächlich sehr eng begrenzt. Ein so beschaffener Täter *kann* nicht unterscheiden und damit auch keine echte Entscheidung fällen. Der Sachverständige muß die Exkulpierungsempfehlung aussprechen und gegebenenfalls zur Unterbringung raten, wenn neben dem Schwachsinn, der als isoliertes Phänomen keine große kriminologische Bedeutung hat, Willenlosigkeit (d. h. große Verführbarkeit) oder Aggressivität vorliegen.

Anders ist die Situation bei den Psychopathen mit durchschnittlicher Intelligenz. Hier ist der dem Menschen bleibende Spielraum, der beim Schwachsinnigen auf ein Minimum geschrumpft ist, relativ groß. Die Summe der in ihm angelegten Möglichkeiten, die „personale Potenz“ zur Entscheidung und zum Handeln, ist nicht so knapp bemessen wie beim Schwachsinnigen. Durch Selbstdisziplin, Umwelteinflüsse, psychotherapeutische Führung, aber auch durch Drogen und Medikamente kann die potentiell noch veränderliche Psyche beeinflußt werden. Während der Intelligenz-Fundus durch somatische oder pädagogische Maßnahmen nicht nennenswert verändert werden kann, gelingt es bei psychopathischen Persönlichkeiten, die Lebensmodalitäten durch mannigfache Maßnahmen und Kunstgriffe, beispielsweise durch psychotrope Substanzen nicht unerheblich zu beeinflussen.

Die relative Plastizität des „Psychopathischen“ gegenüber der fast absoluten Statik bei den Verstandesvariationen wird, neben den Resultaten der Psychotherapie, besonders in den Ergebnissen der pharmakopsychologischen Forschungen auf diesem Gebiet deutlich. Das Niveau des intellektuell unterbegabten Menschen ist aber *nicht* durch psychische Stimulantien zu heben. Alle hierauf zielenden Versuche sind gescheitert [1].

Dagegen ist die Modifizierung des Lebensgefühles und damit auch des äußeren Erscheinungsbildes (des „Behaviour“) durch psychotrope Substanzen unverkennbar; von diesen Möglichkeiten wird therapeutisch oft Gebrauch gemacht.

Der hyperthymische Psychopath kann durch die modernen Tranquillizer „gedämpft“ werden, den Depressiven vermögen „Euphorica“, wenn auch nur in zeitlich begrenztem Umfang, zu beleben und selbstunsichere, asthenische Menschen können unter dem Einfluß stimulierender Drogen wenigstens vorübergehend ein verändertes Lebensgefühl bekommen. Mit der einmal erlebten Möglichkeit einer medikamentösen Umstimmung ist bei solchen Menschen allerdings eine besondere Suchtgefahr gegeben [2].

Aber auch von der reinen Erlebnisseite her sind viele Psychopathen formbar. Der Selbstunsichere kann durch erfreuliche, seinen Selbstwert bestätigende Ereignisse „sicherer“ werden, wenigstens nach *außen*. Hierauf kommt es aber entscheidend an, denn auch im Strafrecht verlangt man nur, daß sich der Mensch „nach außen hin“ wohl verhält, die innere Seite der Persönlichkeit bleibt unberücksichtigt, die nicht manifest werdende kriminelle „Gesinnung“ ist forensisch uninteressant. Der „Willenlose“ kann sich durch Alkoholgenuß „Mut“ und „Entschlußkraft“ antrinken; er hat also die potentiellen Fähigkeiten zu dem, was ihm gemäß seiner typologischen Charakterisierung fehlt oder zu fehlen scheint.

Die Möglichkeit erheblicher Intensitätsschwankungen im Bereich des Psychopathischen wird von fast allen Autoren zugegeben. Auch Kurt Schneider spricht neuerdings von einer „sehr weitgehenden Auflockerung“ gegenüber dem alten, starren Psychopathie-Begriff. Jedoch bestünden sichere Unterschiede hinsichtlich der einzelnen Psychopathie-Formen: „Ein betriebsamer Hyperthymiker und ein wirklicher

[1] Siehe besonders das Fehlschlagen der mit der Glutaminsäurebehandlung verbundenen Hoffnungen.

[2] Einzelheiten siehe: Pharmakopsychologie und -psychopathologie, 1956.

(nicht vorgetäuschter) Gemütloser werden wohl immer so bleiben, obwohl es auch hier Überraschungen gibt. Aber etwa Selbstunsichere, Asthenische, Geltungsbedürftige können sich während des Lebens weitgehend wandeln. Diese Wandlungen und Schwankungen sind einerseits bedingt durch den ... *Untergrund* ... andererseits von *Erlebnissen* und Schicksalen. Hier besteht oft eine sehr große Formbarkeit und für Erziehung und Psychotherapie ist hier viel Platz.“ BIRNBAUM, der bei Psychopathen generell die strafrechtliche Verantwortlichkeit bejaht, führte in seinem Buch über psychopathische Verbrecher aus: „Manchmal kann der Psychopath sogar über seinen Krankheitserscheinungen stehen, sie beherrschen, zurückhalten und verdekken.“ WYRSCH betont zwar das Stationäre und fest Gegebene, „aber auch die psychopathische Anlage scheint gewissen Schwankungen oder auch nur den Einflüssen des Lebensalters unterworfen zu sein“. Da systematische Untersuchungen hierüber fehlten, bestünde vorerst noch kein genaueres Wissen über die Wandelbarkeit der psychopathischen Wesenszüge.

Bei Nachuntersuchungen von debilen Psychopathen, die sterilisiert worden waren, fiel uns auf, wie oft eine weitgehende soziale Anpassung später möglich wurde. Der Einfluß der Pubertät auf die Intensität psychopathischer Verhaltensweisen ist sehr groß, Zurückhaltung bei der oft vorschnellen Etikettierung von Jugendlichen als „Psychopathen“ hat besonders BRESSER empfohlen.

Die hier angeführten Beobachtungen bilden das Fundament für die psychologische und pädagogische Führung psychopathischer Persönlichkeiten. Auch für Strafe und Strafvollzug sind psychopathische Menschen oft nicht unempfindlich. In allen grundsätzlichen forensischen Fragen besteht somit kein Unterschied zwischen psychopathischen und nicht-psychopathischen Menschen.

Man muß allerdings einräumen, daß gerade die kriminalpolitisch wichtigsten Psychopathentypen (nach KURT SCHNEIDER: die Geltungsbedürftigen, die Gemütlosen und die Willenlos-Asthenischen) nur wenig modifizierbar sind. Die psychische Abnormität, das Besondere an diesen Menschen, scheint in stärkerem Maße biologisch fundiert zu sein. MEZGER hat bei seinen Untersuchungen gefunden, man könne je nach der Eigenart der Abnormität zwischen *vitalen* und *personalen* Störungen unterscheiden. Dieser Typisierung ist durchaus zuzustimmen. Jedem Psychopathologen ist bekannt, daß es Menschen mit abnormem Verhalten auf dem Gebiet der leiblichen Triebe gibt (etwa Homosexuelle), die sonst in ihrem Wesen nichts „Psychopathisches“ erkennen lassen. Die Bemühungen, die Psychopathen je nach der „Tiefe“ ihrer abnormen Charakterzüge bzw. nach „Leibnähe“ (= vitale Störung) ober „Leibferne“ (= personale Störung) zu gruppieren, sind insofern so problematisch, als man nicht weiß, in welcher Richtung sich die angenommene „Tiefe“ tatsächlich erstrecken soll: in Richtung auf den leiblich-vitalen Kern des Menschen oder in Richtung auf den leibfernen, personalen Überbau. Die von KURT SCHNEIDER benutzte Unterscheidung in „Kern“- und „Rand“-Psychopathen ist doch zunächst nur als Intensitätsgrad der psychischen Abnormität zu verstehen, nicht aber als Aussage über die biologische Fundierung des psychischen Anders-Sein.

Bringt man dann noch die gefundene bzw. angenommene „Tiefe“ oder „Schwere“ der Psychopathie in eine Relation zu ihrem forensischen „Gewicht“, so verläßt man vollends den Boden sicherer Erfahrung und betritt den schwankenden Grund der Meinungen, für die es zwar beachtliche Argumente geben mag; zwingende Kriterien für die biologisch orientierte Bewertung psychopathischer Persönlichkeitszüge für forensische Zwecke gibt es vorerst noch nicht. Es muß vielmehr offen bleiben, ob die mehr „personalen“ psychischen Abnormitäten oder die mehr „vitalen“ Abnormitäten das Handeln des Menschen stärker prägen. LEFERENZ führt in einer Stellungnahme zum „Entwurf“ aus, er neige eher zu der Annahme, „daß die personalen Abnormitäten viel tiefgreifender die Freiheit des Menschen bedrohen als die vitalen

Charakterzüge". Eine entgegengesetzte Auffassung scheint uns aber ebenso vertretbar zu sein; ein gesichertes Wissen gibt es hier nicht.

Man darf jedoch festhalten, daß bei psychopathischen Persönlichkeiten die sie charakterisierenden seelischen Wesenszüge in gewissem Umfang beeinflußbar sind, und zwar von „innen" wie von „außen". Stellt man eine Skala der psychopathischen Wesenszüge auf, so kann man an das eine Ende die nahezu unveränderlichen Charaktereigenschaften placieren, während am anderen Ende die in hohem Maße wandlungsfähigen Wesenszüge stehen. Das gilt mit der Einschränkung, daß wir nur die phänomenale Seite, nicht aber die ihr zugrunde liegenden – der Wissenschaft vorerst nicht zugänglichen – diaphänomenalen (somatischen) Bedingungen deskriptiv ordnen können.

Zu den weitgehend unveränderlichen Eigenschaften rechnen wir die Gemütlosigkeit, die Stimmungslabilität sowie die depressiven und hyperthymischen Charaktere. Die psychischen Besonderheiten betreffen bei diesen Typen mehr oder minder ausgeprägt die Sphäre des Emotionalen, dessen „Leibnähe" auch aus der klinischen Erfahrung wahrscheinlich gemacht werden kann, da viele *Krankheiten* Erscheinungen bewirken, wie wir sie bei diesen Psychopathen als Charakteristicum herausstellen. Es ist an das manisch-depressive Irresein (die „Cyclothymie") zu denken, an die Stimmungslabilität im Beginn, vor allem aber nach Infektionskrankheiten und an die psychischen Auswirkungen bei anderen schweren Erkrankungen. Für den „Mangel an Gemüt" finden wir allerdings seltener analoge psychische Veränderungen im Rahmen sonst nur den Körper betreffender Krankheiten. Am ehesten ist an die Wesensänderung postencephalitischer Kinder zu denken, die oft „grausam" und „kalt" wirken, oder auch an die Gemütskälte Schizophrener, die bar jeder emotionalen Regung zu sein scheinen [1].

Wir stellen die „Gemütlosigkeit" dennoch an das äußerste Ende der Skala, da wir „gemüthaftes" Reagieren bei gemütlosen Psychopathen bisher noch nie beobachten konnten. Es ist natürlich nicht ausgeschlossen, daß nicht auch ein gemütloser Psychopath unter dem Einfluß irgendwelcher, ihn emotional stärkstens bedrängender Erlebnisse etwas „Gemüt" zeigt. Dagegen scheint es uns ausgeschlossen zu sein, daß ein Schwachsinniger selbst unter optimalen äußeren wie inneren Bedingungen „Intelligenz" erkennen läßt. Eins schließt hier das andere zwingend aus, „tertium non datur".

Der einen Psychopathen charakterisierende Wesenszug schließt das charakterologische Gegenteil jedoch nicht so zwingend aus. Die psychopathischen Wesenszüge sind viel stärker situationsbedingt und von Untergrundströmungen abhängig, die unentwegt am psychischen Behaviour modellieren. Schwachsinn schließt intelligentes Verhalten jedoch zwingend aus. Aus diesem Grund muß der Schwachsinnige exkulpiert werden, der Psychopath sollte es grundsätzlich nicht. Braucht er Milde oder besonderes Verständnis – etwa dann, wenn eine Tat in der Grundlinie seiner Psychopathie liegt – so muß dem Richter die Möglichkeit gegeben sein, im Strafmaß die Individualität des Täters vielleicht noch stärker berücksichtigen zu können. Die von uns vorgeschlagene Ergänzung zum § 51 würde diesem Bedürfnis eher Rechnung tragen können, als der Versuch zur formelhaften Kodifizierung des Besonderen im Sinne des § 51, Abs. 2 StGB.

Literatur

ASCHAFFENBURG, G.: Die verminderte Zurechnungsfähigkeit. In: Handbuch der gerichtlichen Psychiatrie. 3. Aufl. Berlin 1934.

BERINGER, K.: Zum Begriff des Psychopathen. Mschr. Kriminalbiol. u. Strafrechtsreform *30*, 319 (1939).

[1] Siehe die Studie von WILMANNS über schizophrene Mörder.

BIRNBAUM, K.: Die psychopathischen Verbrecher. 2. Aufl. Leipzig 1926.
DE BOOR, W.: Pharmakopsychologie und Psychopathologie. Berlin-Göttingen-Heidelberg 1956.
BRESSER, P.: Die Bedeutung der Pubertätseinflüsse für die Beurteilung abnormer Äußerungen Jugendlicher. Der Nervenarzt *18*, 256 (1947).
BÜRGER-PRINZ, H.: Motiv und Motivation. Hamburg 1950.
GRUHLE, H. W.: Zurechnungsfähigkeit der Psychopathen. In: Lehrbuch der gerichtlichen Medizin. 2. Aufl. Stuttgart 1957.
LANGE, J.: In: Handbuch der gerichtlichen Psychiatrie. 3. Aufl. Berlin 1934.
LEFERENZ, H.: Der Entwurf des Allgemeinen Teils eines Strafgesetzbuchs in kriminologischer Sicht. Z. ges. Strafrechtswiss. *70*, 25 (1958).
MAYER, H.: Der Sachverständige im Strafprozeß. In: Festschrift für Edmund Mezger. München-Berlin 1954.
MEZGER, E.: Zum Begriff des Psychopathen. Mschr. Kriminalbiol. u. Strafrechtsreform *30*, 190 (1939).
– Probleme der strafrechtlichen Zurechnungsfähigkeit. München 1949.
SKOTT, A.: Probleme der Strafrechtsreform. Folge 10. S. 6. Beilage zum Bundesanzeiger Nr. 25 vom 6. Februar 1957.
SCHNEIDER, KURT: Die psychopathischen Persönlichkeiten. 9. Aufl. Wien 1950.
– „Der Psychopath“ in heutiger Sicht. Fortschr. Neur. *26*, 1 (1958).
WILMANNS, S.: Über Morde im Prodromalstadium der Schizophrenie. Z. Neur. *170*, 583 (1940).
WYRSCH, J.: Gerichtliche Psychiatrie. 2. Aufl. Bern 1955.

Fall I

J. Sp. (AZ 23 KLs 3/56, Staatsanwaltschaft Köln)

Wir beginnen mit dem Fall eines zur Zeit der Tat 29jährigen Elektromonteurs, an dem das Problematische unserer Konventionen besonders deutlich wird. Die Schwierigkeiten und Grenzen der Motivforschung zeigten sich während des ganzen Verfahrens: Es gelang nicht, die motivischen Hintergründe der Tat überzeugend zu erhellen.

Am 28. März 1956 wurde abends gegen 23 Uhr in einer fast menschenleeren Nebenstraße in K. eine 56jährige Frau von einem Mann angefallen. Er entriß ihr unter Gewaltanwendung die Handtasche und flüchtete. Von Passanten wurde er gestellt und der Polizeiwache zugeführt. – Ein Zeuge schilderte den Vorgang: „Der junge Mann stieß die Frau zur Erde nieder, entriß ihr die Handtasche und flüchtete.“ – Die überfallene Frau gab an: „Der junge Mann ging immer rechts hinter mir her. Mir fiel auf, daß er mich nicht überholte. Ich bekam ein unheimliches Gefühl und versuchte schneller zu gehen; dann kam er auf mich zu, gab mir einen Stoß gegen die Schulter, entriß mir die Einkaufstasche und flüchtete.“

Der Täter selbst berichtete bei der ersten Vernehmung: „Ich sah plötzlich eine Frau vor mir, die eine große Tasche in der linken Hand trug. Ich griff nach der Tasche, riß sie an mich und lief fort. Dann wurde ich angesprochen oder angerufen und zwar von hinten. In diesem Moment kam mir zu Bewußtsein, was ich getan hatte.“

Der Täter, der bei seiner Vernehmung einen niedergeschlagenen und bekümmerten Eindruck machte, erklärte weiter: „Ich will für diesen Vorfall keine ‚faulen‘ Entschuldigungen suchen. Durch den Genuß des Bieres (3–4 $^1/_2$ l-Krüge; Blut-Alkoholkonzentration 0,45 pro mille) war ich benommen, ich will damit nicht sagen, daß ich betrunken war ... ich kann mir nicht denken, aus welchem Grund ich der Frau die Tasche entrissen habe...“ Für Einzelheiten des Tatherganges bestanden Erinnerungslücken, eine komplette Amnesie lag jedoch nicht vor.

Auch den Juristen erschien dieser Fall sehr merkwürdig: Ein wohlerzogener, gebildeter und vielseitig interessierter, strebsamer junger Mann, nicht vorbestraft, der plötzlich in so grob krimineller Weise entgleiste. Eine psychiatrische Untersuchung wurde von der Verteidigung und der Staatsanwaltschaft angeregt.

Zunächst wurde Sp. von einem Gerichtsarzt untersucht. Der Vater berichtete dem Gutachter, daß Sp. ein „mustergültiges Kind" gewesen sei. Geisteskrankheiten in der Familie seien nicht vorgekommen. Keine Hinweise auf psychische Störungen vor der Tat. Sp. selbst teilte mit, daß er 1945 in Kriegsgefangenschaft eine schwere Gehirnerschütterung erlitten habe, sonst keine ernsteren Erkrankungen. Über seine Ehe machte er folgende Mitteilungen: Bis zur Eheschließung kein Geschlechtsverkehr, da wegen einer Phimose Beschwerden bestanden. Nach Operation der Phimose ungestörter Ablauf des Sexualaktes, aber allmähliche Entfremdung: die weiterhin berufstätige Ehefrau wollte keine Kinder. Erhebliche Differenzen mit der Schwiegermutter, die „ähnlich hochfahrend wie ihre Tochter sei". „Meine Frau ist verschlossen und wenig gefühlsbetont; so ging ich in den letzten Monaten ungern nach Hause. Ich versuchte durch kleine Geschenke die Gunst meiner Frau zu erwerben; das mißlang. Meinen Lohn habe ich ganz zu Hause abgegeben, bis auf ein kleines Taschengeld. Allmählich schloß sich meine Frau immer mehr ihrer Mutter an. Um möglichst wenig zu Hause zu sein, machte ich Überstunden. Am Tattag gab es eine Szene mit der Schwiegermutter, sie beleidigte mich und warf mich aus der Wohnung heraus. Wir wohnten bei der Schwiegermutter. Ich fuhr in die Stadt, sah mir einen Film an, ich mußte aber dauernd über meine Ehe grübeln. Später traf ich einen Freund. Wir aßen gemeinsam Abendbrot und tranken dann in einem Lokal Bier. Im Gespräch mit ihm wollte ich mir die Sache von der Seele reden. Bald nach 22 Uhr brachen wir auf und trennten uns. Als mich der Bekannte verlassen hatte, war ich in verzweifelter Stimmung. Plötzlich sah ich etwas vor mir. Ich kann mich jetzt nicht mehr erinnern, daß ich die Frau geschlagen habe und daß sie zu Boden fiel. Ich lief fort und wurde von einem Herrn gestellt. Das ‚Bewußtsein' kam erst in dem Augenblick zurück, als jemand mir zurief: Halt, Freundchen!"

Der Gutachter kam zu folgendem Ergebnis: Eine Bewußtseinsstörung würde nicht vorgetäuscht. Sp. sei ein sehr sensibler und feinfühliger Mensch, der sich in einer verzweifelten Stimmung befunden habe. Wie es nun zu dem Raubüberfall gekommen ist, könne man nur vermuten. Der Gutachter nahm eine alkoholbedingte, eigenartige Bewußtseinsstörung an, die die Voraussetzungen zur Anwendung des § 51 Absatz I StGB als gegeben erscheinen ließ.

Durch den Vorsitzenden der Strafkammer wurde ein weiteres Gutachten zur Frage der strafrechtlichen Verantwortlichkeit eingeholt. Dieses Gutachten wurde im Juli 1956 von uns erstattet.

Aus der Biographie tragen wir nach: Ungestörte Kindheitsentwicklung bis zum 7. Lebensjahr (1933). Die Kinder wurden konfessionslos-freidenkerisch erzogen. Die Eltern waren aktive Sozialisten. Nach 1933 schwerer wirtschaftlicher Druck und Armut. Sp. mußte schon als Schulkind mitverdienen durch Sammeln von Altpapier. Isolierung von anderen Kindern, die ihn beschimpften: „Du Zuchthäusler!" — In der Berufsausbildung sehr tüchtig. Außer der Monteurlehre Besuch einer Abendschule. Mit 17 Jahren Soldat, 1944 Kriegsgefangenschaft. Von 1946 bis 1953 Parteifunktionär. Studienaufenthalt in den USA. Danach Entfremdung von der Parteiarbeit. Sp. hatte sich allerdings auch eine Unterschlagung zu schulden kommen lassen, die nicht verfolgt wurde. Das Motiv hierfür war sein enormer Geldbedarf. Die ein Jahr ältere Ehefrau (Jüdin) war ebenfalls aktiv parteipolitisch tätig. Beide Elternpaare waren gegen die Eheschließung. Nach Volontärzeit in der Volkshochschule Rückkehr in den Monteurberuf. Anhaltend geistige Interessen.

Angaben der Ehefrau: Ihr Mann sei immer „nervös" gewesen. Mit Geld sei er sehr leichtsinnig umgegangen. Nach der Tat habe er sich verändert, nur noch wenig gelesen und auch wenig gesprochen. Er sei oft „zusammengezuckt". Gegen ihre Mutter habe er einen starken Haß. Sie trage sich mit Scheidungsgedanken. Nach 1954 habe er fast 3500 DM ausgegeben, sie wisse nicht wofür. Über seine Tat sei er sehr zerknirscht. Er habe der überfallenen Frau die zerbrochenen Eier ersetzt und sich entschuldigt. Die ehelichen Beziehungen werden von beiden Partnern als „zurückhaltend“ bezeichnet. Bis zur Phimose-Operation sei es nur zu „Versuchen“ gekommen. Er selbst meinte: „Auf erotischem Gebiet kam ich als Lehrbube in die Ehe.“

Aus der Zusammenfassung unseres Gutachtens:

Keine Geisteskrankheit, keine Geistesschwäche, keine verbindlichen Anhaltspunkte für Bewußtseinsstörungen. Somit muß festgestellt werden, daß die üblichen Voraussetzungen zur Exkulpierung oder zur Strafmilderung gemäß § 51 Absatz I oder II StGB nicht gegeben sind.

Andererseits muß hervorgehoben werden, daß die Tat selbst motivisch durchaus ungeklärt erscheint. Eine schlichte Bereicherungsabsicht, wie sie generell bei Raubüberfällen angenommen werden muß, liegt unserer Auffassung nach nicht vor, wenn Sp. auch am Tatabend ohne Barmittel gewesen ist; er hatte allerdings, nach seinen Angaben, die Rückfahrkarte nach seinem Wohnort bei sich. Bei den weiteren Bemühungen, die der Tat zugrundeliegenden Beweggründe zu erforschen, ergaben sich gewisse Anhaltspunkte für die Annahme, daß es sich bei dem Überfall um eines der sogenannten „neurotischen“ Delikte handeln könnte, d. h. um eine Tat, die normalpsychologisch nicht oder nur unzureichend motiviert werden kann. Sie entspricht aber auch nicht den abnormen Motiven eines Geisteskranken, sondern es handelt sich um eine Tat, die als Ausdruck einer eigentümlichen, schwer durchschaubaren seelischen Gesamtverfassung interpretiert werden muß.

Diese Annahme wurde nicht nur mit dem sinnarm und persönlichkeitsfremd wirkenden Delikt selbst begründet, sondern sie findet ihre stärkere Begründung in den persönlichen Schwierigkeiten des Angeklagten, die in dem Gutachten ausführlich dargestellt wurden. Er lebte offenbar seit längerer Zeit unter starkem seelischem Druck, für den geeignete Ausgleichsmöglichkeiten zu fehlen scheinen. Es ist durchaus vorstellbar, daß der Aggressionsakt vom 28. März 1956 Ausdruck dieser, seit langer Zeit „angestauten“ Affekte gewesen ist, wobei vielleicht noch vorhandene Hemmungen durch den Alkoholgenuß, der objektiv geringfügig war, weggefallen sein können.

Die forensische Beurteilung derartiger „neurotischer“ Delikte, d. h. der Straftaten, die nicht von Geisteskranken, aber auch nicht von psychisch völlig intakten Menschen begangen werden, ist außerordentlich schwierig. Es fehlen allgemein verbindliche und wissenschaftlich hinreichend exakt begründbare Richtlinien für die Beurteilung solcher Taten. In manchen Ländern, z. B. in der Schweiz und in Österreich, werden derartige Delikte oft exkulpiert und die Täter einer psychotherapeutischen Behandlung zugeführt. Wir vertreten demgegenüber die Auffassung, daß auch der neurotische oder psychopathische Mensch für sein Tun grundsätzlich verantwortlich zu machen ist. Andererseits muß mit Nachdruck betont werden, daß dieser Überfall vom 28. März 1956 unserer Auffassung nach ganz anderen seelischen Triebkräften seine Entstehung verdankt, als es üblicherweise bei dem Delikt „Straßenraub“ der Fall zu sein pflegt. Es wird Aufgabe des Gerichtes sein, diese besondere und in allen Einzelheiten nicht zu analysierende Gesamtsituation bei der Strafzumessung in angemessener Weise zu berücksichtigen.“

Im Termin vom 31. Juli 1956 richtete der Vorsitzende im Hinblick auf das „negative“ Ergebnis unseres Gutachtens nach Abschluß der Beweisaufnahme folgende Mahnung an den Gutachter: „Bedenken Sie, es stehen fünf Jahre Zuchthaus auf diese Tat, die objektiv ein Straßenraub ist, bei mildernden Umständen ein Jahr Gefängnis!“

Das Gericht war offensichtlich der Auffassung, daß es sich bei Sp. um einen nicht kriminellen Menschen handelt, der diese motivisch unverständliche Tat in einem besonderen seelischen Ausnahmezustand begangen hatte. Eine alkohologene Bewußtseinsstörung wurde auch vom Gericht nicht in vollem Umfang angenommen, zumal Sp. zum Tathergang erklärt hatte: „Ich fühlte mich nicht betrunken, ich sah deutlich vor mir eine Person, und ich bin mir einen Moment *glasklar* darüber gewesen, daß ich etwas Furchtbares getan habe.“

Als mögliche Motivations-Gesichtspunkte wurden erörtert:

1. Aggressionsdelikt, bei dem die überfallene Frau stellvertretend für die Schwiegermutter stand, mit der sie eine gewisse Ähnlichkeit gehabt haben soll.
2. Primäre Triebentladung vom Typus der Impulshandlung.
3. Elementarer Lösungsversuch der lebensgeschichtlichen, mit anderen Mitteln nicht auflösbaren Verstrickungen.

Als Quelle für die Unterhaltung der Spannungen am Tattag wurde angenommen: Ständige Differenzen mit der Schwiegermutter und der Ehefrau besonders wegen der Kinderlosigkeit, Verbitterung wegen eines finanziellen Knapphaltens und Enttäuschung über die nicht wunschgemäß verlaufene Entwicklung im Beruf. Für ein labiles psychisches Gleichgewicht sprachen auch die Analysen nach RORSCHACH [1]: Gute Intelligenz, Affektlabilität. Komplexhafte Minderwertigkeitsgefühle. Oft bedrückt mit Tendenz zu „aggressiven Fehlleistungen“. Ferner fand man: ästhetisierende Stimmungsschwelgerei und intellektualisierende Selbstbetrachtung. Eine Sexualneurose bei sexuell unerfülltem Eheleben wurde festgestellt. Die bei ihm unter normalen Bedingungen übliche Triebsublimierung könne in Zeiten besonderer äußerer wie innerer Bedingungen („Spannungen“) gestört sein, wodurch es zu Affektstauungen und nachfolgenden „Entladungen“ käme.

Der Angeklagte wurde in Anwendung des § 51 Absatz I StGB freigesprochen.

Die Ehe wurde noch im gleichen Jahr geschieden, Sp. wanderte in die Schweiz aus. Dort kam es im Herbst 1957 erneut zu Delikten, die wiederum eine psychiatrische Begutachtung erforderlich machten.

Bei dieser Untersuchung gab er an, daß ihm nach dem Gerichtsverfahren in Deutschland alles „verleidet“ gewesen sei. Er habe sich unlustig und depressiv gefühlt. Seit April 1957 befinde er sich in der Schweiz, wo er zunächst zur vollen Zufriedenheit seiner Arbeitgeber beschäftigt war. Er schloß sich an ein Züricher Ehepaar an und verbrachte dort weitgehend seine Freizeit. Im ganzen soll er ein „solides Leben“ geführt haben. Im Juni 1957 suchte er einen Arzt auf, der von einem „psycho-somatischen Zusammenbruch“ gesprochen habe. Im August 1957 depressive Verstimmung. Seinen Schweizer Bekannten fiel er in dieser Zeit durch Prahlen und lügenhafte Erzählungen auf. Am 10. September 1957 verschwand Sp. spurlos. Am 22. September 1957 wurde er von der Polizei verhaftet. In diesem Zeitraum hatte er mehrere strafbare Handlungen begangen, u. a. ein Fahrrad gestohlen und verkauft. Kurze Zeit später war er in ein Wochenendhaus eingebrochen und hatte dort mehrmals übernachtet und gekocht. Beim Verlassen dieses Häuschens hat Sp. zahlreiche Papierfetzen in die Türen eingeklemmt, um sich vor Überraschungen bei der Rückkehr zu sichern.

Sp. blieb nur zwei Tage in Untersuchungshaft und begab sich sofort in nervenärztliche Behandlung. Dem Arzt berichtete er, daß er nach der Scheidung im

---

[1] Unsere Auffassung über Grenzen und Möglichkeiten bei der Verwendung von psychologischen Testverfahren im Rahmen wissenschaftlicher Untersuchungen haben wir wiederholt dargelegt. (Siehe besonders W. DE BOOR: Pharmakopsychologie etc. 1956. S. 27.) Wir sind sehr skeptisch, ob man via Testverfahren *mehr* über einen Menschen erfahren kann, als es im gezielten Gespräch möglich ist. Unsere Skepsis teilt u. a. ENGEL; er hat in einem viel beachteten Vortrag in Zürich (anläßlich der Tagung der Deutschen Gesellschaft für gerichtliche Medizin, September 1958) auf erhebliche Vorbehalte hingewiesen, die man, besonders bei Benutzung dieser Methoden für forensische Zwecke, haben sollte.

November 1956 einen Selbstmordversuch gemacht habe. Vom Nervenarzt wurde er zur Begutachtung in die Psychiatrische Universitätsklinik Zürich eingewiesen. Nach Abschluß der Begutachtung nahm er seine frühere Arbeit wieder auf, und es entwickelte sich eine auch von ihm positiv gewertete persönliche Beziehung zu einer jungen Schweizerin.

Aus dem Gutachten [1] entnehmen wir folgende Einzelheiten: Bei Sp. besteht eine gewisse Unreife des Charakters mit kindlichen Zügen. Seine Eitelkeit und Geltungssucht wurden hervorgehoben. Häufige Stimmungsschwankungen von einer „Überbetriebsamkeit" bis zum Zustand der Mutlosigkeit und Arbeitsunlust. Eine „ausgesprochene Psychopathie" wurde festgestellt. Vor den im September 1957 begangenen Straftaten habe eine Phase deutlicher Depression bestanden, in der Sp. auch verstärkt Alkohol zu sich genommen habe. Der Zeitraum vom 10. September bis 22. September 1957 wurde als „Ausnahmezustand mit umschriebenen Gedächtnislücken" bezeichnet. Eine Überprüfung des Wahrheitsgehaltes sei bei der deutlichen Lügenhaftigkeit des Sp. kaum möglich. Man könne auch von einem „orientierten Dämmerzustand" sprechen. Für den Fahrraddiebstahl wurde Unzurechnungsfähigkeit angenommen, für den Einbruch (Hausfriedensbruch und Sachbeschädigung) jedoch nur verminderte Zurechnungsfähigkeit. „Der Explorant gibt selbst unumwunden zu, er habe zu dieser Zeit wieder klar gesehen und gewußt, was er getan habe. Er hat dementsprechend auch Schuldgefühle und würde eine Strafe als berechtigt empfinden." Die Straftat sei auch einfühlbar motiviert. Nach der Delinquenz habe Sp. wieder völlig in ein geordnetes Leben zurückgefunden. Eine Landesverweisung würde für ihn einen schweren Schlag bedeuten. Eine besondere psychiatrische Behandlung sei nicht mehr erforderlich, auch erübrigten sich z. Z. Maßnahmen zur Unterbringung.

Das Schweizer Gericht schloß sich weitgehend dem Sachverständigengutachten an. Für den Fahrraddiebstahl wurde „Unzurechnungsfähigkeit" angenommen, obwohl — nach den Aussagen des bestohlenen Händlers — Sp. an diesem Tage einen „völlig zuverlässigen Eindruck" bei den zunächst erfolgten Verhandlungen wegen des Fahrradkaufes gemacht haben soll. Für den Einbruch und die Sachbeschädigungen erhielt er 7 Tage Gefängnis. Das Gericht hatte sich auch mit der Frage befaßt, ob nicht eine „Buße" die den Delikten angemessene Form der Strafe sein könne. Die „objektive Schwere" bot dann aber doch die Veranlassung, eine Haftstrafe auszusprechen, die allerdings durch die Untersuchungshaft verbüßt war. Die Ausweisung aus der Schweiz wurde nicht ausgesprochen.

Epikrise. Wendet man den Text des § 51 StGB de lege lata [2] an, so ergibt sich folgende Möglichkeit: Geisteskrankheit und Geistesschwäche liegen beim Täter mit *Sicherheit* nicht vor. Er litt auch zur Zeit der Tat nicht an einer der in der Medizin bekannten Krankheiten, die mit passageren Bewußtseinsstörungen verbunden sind (wie z. B. Epilepsie). Eine nennenswerte Alkoholintoxikation lag ebenfalls nicht vor. Somit bestand keine Möglichkeit, die biologischen Voraussetzungen zur Anwendung des § 51 zu bejahen. Da die dort geforderten biologischen Tatbestände generell nicht gegeben waren, entfiel auch die Möglichkeit, eine erhebliche Verminderung der Zurechnungsfähigkeit zu konstruieren. Die vom Erstgutachter gegebene Empfehlung, den § 51 Absatz I doch anzuwenden, wurde nur möglich, weil bei der Feststellung der „Bewußtseinsstörung" *nicht* vom somatischen Bewußtseinsbegriff ausgegangen

---

[1] Herrn Kollegen Dr. J. ANGST danke ich sehr für die Zustimmung zur Publikation seines Gutachtens.

[2] „Eine strafbare Handlung ist nicht vorhanden, wenn der Täter zur Zeit der Tat wegen Bewußtseinsstörung, wegen krankhafter Störung der Geistestätigkeit oder wegen Geistesschwäche unfähig ist, das Unerlaubte der Tat einzusehen oder nach dieser Einsicht zu handeln."

wurde. Bei der Beurteilung der Bewußtseinslage zur Tatzeit bediente sich der Gutachter vielmehr vorwiegend psychologischer Kriterien, deren Handhabung im Sinne des Angeklagten von der unverkennbaren Sympathie für den in der Tat unkriminell wirkenden und „sympathischen" jungen Mann getragen wurde. Verglich man die psychische Verfassung des Täters bei den Untersuchungen und auch im Termin mit der vermuteten und auch durchaus zu Recht vermutbaren psychischen Verfassung zur Tatzeit, so war für alle Prozeßbeteiligten evident, daß sich Sp. am Tatabend in einer besonderen, von seiner psychischen Habitualverfassung erheblich abweichenden *Stimmung* befunden haben mußte. Ob diese andere psychische Qualität aber den Rang einer „Bewußtseinsstörung" im Sinne der biologischen Fundierung des § 51 StGB erreichen konnte, war und ist eine mit naturwissenschaftlichen Methoden nicht zu klärende Frage.

Der Vorschlag der Strafrechtskommission zur Neufassung des § 51 lautet:

„Ohne Schuld handelt, wer wegen einer krankhaften oder einer, auf schwerer angeborener oder erworbener Abartigkeit beruhenden seelischen Störung oder wegen einer vorübergehenden Bewußtseinsstörung zur Zeit der Tat unfähig war, das Unrecht der Tat einzusehen oder nach dieser Einsicht zu handeln."

Ob Sp., der sich durch Jahre hindurch sozial angepaßt verhielt, als Träger angeborener oder erworbener *Abartigkeit* angesehen werden kann, läßt sich vom medizinischen Sachverständigen kaum befriedigend entscheiden. Bei den Untersuchungen bot er jedenfalls nur Hinweise auf einzelne, psychopathisch wirkende Wesenszüge (Geltungsbedürfnis, Stimmungslabilität), sonst war er unauffällig. Die Subsumierung der zweifelsfrei abnormen Persönlichkeitszüge unter die im Text genannten „seelischen Störungen" ist mit dem Anspruch auf „wissenschaftliche Verbindlichkeit" *nicht* möglich, weil es sich bei diesem Akt um Bewertungen handelt, für deren Vollzug praktikable Maßstäbe fehlen.

Unser eigener Vorschlag zur Fassung des § 51 lautet: „Ohne Schuld handelte, wer zur Zeit der Begehung einer Straftat geisteskrank oder geistesschwach war oder an einer körperlich bedingten Bewußtseinsstörung litt." Diese Fassung läßt die Empfehlung zur Exkulpierung aus biologischen Gründen unter keinen Umständen zu.

Zur adäquaten strafrechtlichen Behandlung der „Grenzfälle" haben wir an eine Ergänzungsbestimmung folgenden Wortlautes gedacht:

„Lagen besondere personale oder biographische Umstände vor, die die Schuld des Täters vermindert erscheinen lassen, so kann das Gericht die Strafe nach eigenem Ermessen mildern oder geeignete Maßnahmen anordnen."

Zu diesen Punkten kann der medizinische Sachverständige einiges beitragen:

I. Personale Faktoren: Die beschriebenen psychopathischen Wesenszüge, die relative Unausgereiftheit, die fehlende Vitalität, das mangelnde „Durchsetzungsvermögen" in der Familie u. a. m.

II. Biographische Faktoren: Die schwere Kindheit, das Versagen in der Ehe, die Enttäuschung über die bisherige berufliche Entwicklung, die Diskrepanz zwischen Zielen und Erfolgen.

Eine Exkulpierung, wie sie 1956 in Köln und — teilweise — 1957 in Zürich erfolgte, ist unserer Auffassung nach medizinisch nur mit Mühe zu begründen. Sie ist aber auch aus psychologischen Gründen nicht ratsam, da bei dem Täter ein ausgesprochenes Schuldbewußtsein bestand und die Auferlegung von „Maßnahmen" im Sinne einer „konstruktiven Buße" (Ersatz des Schadens, zusätzliche Arbeit für karitative Zwecke, freiwillige Einschränkung der Lebensansprüche, besonders hinsichtlich der von Sp. sehr geschätzten Rauch- und Genußmittel), den Abbau aggressiver Tendenzen und die Nachreifung der Persönlichkeit *eher* gefördert hätte. Das Ausbleiben jedweder Sühneverpflichtungen für schuldhaftes Verhalten kann dagegen einen ausgesprochen ungünstigen pädagogischen Effekt haben und das bei Sp. recht labile Gleichgewicht im Kampf der ambitendenten Strebungen zuungunsten der potentiell durchaus gegebenen positiven Einstellungen verändern.

Fall II

M. D. (AZ 6 Js 384/51 Staatsanwaltschaft Köln)

1951 wurden wir mit der Begutachtung einer damals 28jährigen unverheirateten katholischen Büglerin beauftragt, die im März 1951 versucht hatte, den Altar einer Kölner Klosterkirche in Brand zu setzen. Unter Zubilligung mildernder Umstände (infolge der Einwirkung starker Affekte wurde der § 51 Absatz II StGB angenommen) wurde sie zu sechs Monaten Gefängnis verurteilt. Bald nach der Haftentlassung hat sie eine konsekrierte Hostie in der Kirche vor den Augen der Patres auf den Boden geworfen und zertreten. Außerdem schrieb sie Drohbriefe an die Patres. Es wurde Strafanzeige wegen Gotteslästerung und Bedrohung erstattet.

Wir geben zunächst eine Darstellung der Biographie und des Ganges der Ereignisse bis zum Zeitpunkt der Begutachtung im Spätherbst 1951:

Als uneheliches Kind einer Prostituierten und eines Marokkaners im Jahre 1923 im Rheinland geboren, verbrachte sie ihre Kindheit bis zum 16. Lebensjahr in einem katholischen Heim. „Das Leben dort hatte Licht- und Schattenseiten, die Nonnen teilten oft Stockhiebe aus.“ Ihr Halbbruder lebte ebenfalls in diesem Heim. „Die Mutter, die sich fast nur um den Bruder kümmerte, hintertrieb mein gutes Verhältnis zu ihm.“ – Mit 16 Jahren kam sie in ein Heim für ältere Mädchen, das von Ordensschwestern geleitet wurde. Eine Ordensschwester gab folgende Schilderung ihres damaligen Eindruckes: „In ihrem Verhalten war sie schwierig, triebhaft, stark sinnlich ... sehr geltungsbedürftig, ja hochstaplerisch. Wenn sie im Mittelpunkt stand, war sie zufrieden ... Intelligenzmäßig gut veranlagt, kritisch, oppositionell ... Sie wollte mit geistig gut veranlagten Menschen zu tun haben, die ihr Autorität waren, sonst tat sie sie mit einem Wort ab ... Oft distanzlos, burschikos, rücksichtslos.“ Weiter heißt es: M. D. hat sich in ihrem Leben immer auffällig mit Religiösem und Kirchlichem abgegeben ... Sie suchte mit Vorliebe Geistliche auf, um sie um Rat zu bitten und gelegentlich anderen lachend darüber zu erzählen ... Sie mußte das Heim verlassen, weil sie mit einem andern Mädchen sexuelle Handlungen begangen hatte ...“ Dies war im Jahre 1944, als sie 19 Jahre alt war. Die Ordensschwester hob ihre schöne Singstimme hervor und die Freude, die M. D. stets beim Singen im Kirchenchor empfunden habe. Bei einem Wiedersehen im Jahre 1948 sei ihr aufgefallen, wie überraschend kindlich die D. noch immer ausgesehen habe. 1949 soll sie Selbstmordgedanken geäußert haben, weil sie, wie sie der Nonne berichtet hatte, „nicht entsprechend ihrem Können eingesetzt sei“.

Gegen Kriegsende nach Mitteldeutschland evakuiert, kehrte sie 1945 nach Köln zurück. Als eines der bemerkenswertesten Ereignisse ihrer Klosterzeit berichtete sie von dem Ausspruch eines Geistlichen, der im Kreis der Mädchen gesagt habe: „Wir haben einen Teufel unter uns.“ Sie habe dies auf sich bezogen und sei voller Empörung noch am gleichen Abend ausgebrochen, um zu ihrem Stiefvater zu flüchten, der ihr später bei der Rückkehr aus der Evakuierung Hilfe beim Aufbau einer Existenz versprochen habe. Mit diesem Stiefvater hätten seit Jahren, bis zum Eintritt einer anderen Frau in seinen Haushalt, sexuelle Beziehungen bestanden. Später habe sich der Stiefvater nicht mehr um sie gekümmert. Die Aufnahme sexueller Beziehungen sei von ihm „systematisch“ vorbereitet worden, indem er ihr durch Erzählung lasziver Geschichten über das Sexualleben der katholischen Priester den Glauben an die Religion genommen und besonders die Stellung der Priester unterminiert habe. Während eines Fliegerangriffes habe er 1944 im Keller einen Coitusversuch unternommen, wobei sie im Bewußtsein der „sündigen" Situation jeden Augenblick befürchtet habe, unmittelbar in die Hölle zu kommen, als ringsum die Bomben fielen.

Die Entfremdung zur katholischen Kirche war 1948 nahezu vollständig. Sie ging nicht mehr zur Kommunion und hörte auch die Messe nicht mehr. Das Domfest im August 1948 brachte ihr – durch den zufälligen Besuch einer Dompredigt, gehalten von einem bekannten Prediger – einen neuen, von Monat zu Monat sich steigernden Kontakt zur Kirche. Sie besuchte häufig ein Kloster, wo sie mit Vorliebe, in zunehmendem Maße beichtete, und zwar häufig bei dem Pater, dessen Dompredigt sie gehört hatte. – Das ursprünglich freundschaftlich-neutrale Verhältnis zu den Patres veränderte sich 1950. In einem späteren Bericht des Priors an das Gericht heißt es: „... Sie erschien in unregelmäßigen Abständen mit den verschiedenartigsten Anliegen, und im Laufe der Zeit fielen ihre Besuche lästig. Sie wurde verschiedentlich abgewiesen. Da ihr das nicht recht war, und sie glaubte, daß es eines Priesters unwürdig sei, sie nicht anzuhören, reifte in ihr der Entschluß, uns hier im Kloster zu belästigen ... So störte sie Anfang Februar 1951 die Messe durch ständiges Schimpfen. Sie erschien bei mir am Altar und schimpfte mich grundlos aus, indem sie sagte: ‚Ich schlage Ihnen den Kelch aus der Hand! ...' Plötzlich kam sie auf den Altar zu und klappte mir das Meßbuch zu." Ein anderer Pater berichtete, daß sie zu ihm, als er sich nach einer Unterredung entfernte, gesagt habe: „Das will ich meinen, daß Sie sich verdrücken, sonst hätte Ihnen etwas geblüht." Sie habe ihn aber nicht geschlagen, sondern nur in drohender Haltung gerufen: „Sie sind mir viel zu wenig, Sie anzufassen, denn Sie haben eine schmutzigere Phantasie als die schlimmste Straßendirne!" Ein anderer Pater gab an: „... Es war im ersten Teil des Meßopfers, als ich plötzlich die D. mit flinken Schritten die Altarstufen heraufspringen sah ... Ich konnte es nicht verhindern, daß mir die D. den Kelch auf dem Altar mit der Hand umschlug. Dabei floß der Wein auf die Altardecke ... Eine Kirchenbesucherin schlug die D. danach mit der Hand ins Gesicht ..." Ende März 1951 steckte sie mit Hilfe eines Prospektes für einen Pilgerzug nach Rom den Altar dieser Klosterkirche in Brand. Das Feuer wurde rechtzeitig entdeckt, größerer Sachschaden entstand nicht, lediglich die Altardecken verbrannten und der Altar selbst zeigte leichte Brandspuren. Sie wurde sofort verhaftet. Im Gefängnis gab sie an, dies aus „Wut" getan zu haben, weil die Patres sie fälschlicherweise eines Fahrraddiebstahls bezichtigt hätten und ein Pater zu ihr „Frauensperson" gesagt habe. „Ich habe die Brandstiftung mit klarer Besinnung und vorsätzlich getan ... Danach habe ich mich ruhig entfernt ... Es war niemand in der Kirche ... Ich hatte schon immer vor, das Kloster in Brand zu setzen, weil ich von Pater A. des Diebstahls bezichtigt wurde." Im Februar 1951 war sie, offenbar aus Erbitterung über die unzutreffenden Verdächtigungen, aus der Kirche ausgetreten. Während der Untersuchungshaft schrieb sie zahlreiche, thematisch nicht einheitlich wirkende Briefe an die Patres, in denen sie betonte, daß sie sich zunächst alle Selbstbeherrschung angetan und versucht habe, sich mit den Patres im Guten zu einigen. Sie sei aber immer „abgewiesen" worden. Ein Brief schließt mit der Drohung, sie werde sich einen Kontrollschein erbitten, um dann wenigstens „so" etwas verdienen zu können. „Dann hätte ich mich all die Jahre davor bewahrt, und nun ist es soweit. Na ja, für alle Fälle möchte ich dann hiermit den Antrag für den Schein (Kontrollschein) stellen."

Vor der Verurteilung zu einer Gefängnisstrafe von sechs Monaten wegen Brandstiftung war sie von einem Gerichtsarzt begutachtet worden. Es wurde an eine Schizophrenie gedacht, allerdings nur im Sinne eines „erotischen Beziehungswahnes" Der § 51 Absatz II wurde ihr zugebilligt.

Bei der ärztlichen Untersuchung hatte sie als Motiv für das Umwerfen des Kelches angegeben, daß sie sich während des Gottesdienstes von einer fremden Dame beobachtet gefühlt habe. „Diese Dame setzte sich neben mich auf eine Bank und machte alles nach, was ich ihr vorgemacht habe... Ich fragte die Dame, ob sie beauftragt sei, mich zu beobachten... Die Dame nahm die Patres übertrieben und komisch in Schutz... Ich merkte an dem Gruß, den sie mit Pater H. austauschte, daß sich beide kannten... Um ihr zu beweisen, daß sie die Patres nicht schützen könne, wenn ich es nicht wolle, habe ich den Kelch umgeworfen." Diese verschroben anmutenden Gedanken, in die auch „echte" Wahnphänomene eingewoben zu sein scheinen (im Sinne von Wahnwahrnehmungen), bewogen wohl den Vorgutachter zur Annahme einer krankhaften psychischen Störung.

Knapp sechs Wochen nach der Haftentlassung schrieb sie am Rosenkranzfest einen Brief an den Prior, in dem es heißt: „... daß die Verbindung mit Frau A. W. (sc. es handelt sich hierbei um eine Persönlichkeit, die sich intensiv um M. D. gekümmert hat) tatsächlich in die Brüche ging, dafür bedanke ich mich noch persönlich, Herr Pater X. (sc. Pater X. war der Prediger, der ihr im August 1948 beim Domfest einen so großen Eindruck gemacht hatte)... Die Anpöbeleien von seiten der Damen, die in Pelzmänteln und Wagen zur Messe vorfahren... sie fordern mich nicht heraus, denn den Rest meines Lebens möchte ich lieber bis zur Hefe auskosten!... Daß ich verrückt auf Sie bin, will ich Pater F. gerne beweisen... Sie kriegen noch Grund, mich zu verachten. Laßt nur Karneval heranrücken, Aschermittwoch gehen wir ‚kommunizieren'..." Nach Angaben der Patres war sie in der Karnevalszeit 1951 wiederholt mit halbwüchsigen Burschen vor dem Kloster auf und ab gezogen unter großem Geschrei, anstößigen Liedern und eindeutigen Gebärden. Sie habe mehrfach gerufen: „Komm, wir wollen kommunizieren" (unter „kommunizieren" verstand sie offenbar „coitieren").

Die genannte Frau A. W., jetzt Psychologin an einer amerikanischen Universität, spielt in ihrem Leben eine besondere Rolle. Sie schrieb uns: „... Ich halte M. D. für den Typus des modernen Menschen aus den niederen Schichten, der keine Lebensmöglichkeiten sieht... Keine normale Frau wird Prostituierte, das allein setzt schon eine wesentliche seelische Erkrankung voraus. Prostituierte werden nicht geboren, sondern sind ein Resultat des Lebens. Ihre ursprüngliche Neigung zu den Patres stamme aus der Sehnsucht: Heraus aus dem Schmutz! Die Patres hätten ungeheuer viel für sie getan. Der erste Haß gegen das Religiöse habe sich bei M. D. im Kloster gebildet, als die Nonnen dem liebebedürftigen Kind die Zuneigung versagt hätten. Der unergründliche Haß gegen die Priester lasse sich aus ihrer Vorstellung ableiten: ‚Die Priester predigen Nächstenliebe und werfen mich hinaus.' Es gäbe für M. D. nur eine Hilfe: Psychoanalyse!"

Im September 1951 hatte sie im Sprechzimmer des Klosters „voll unverhohlener Rachegelüste" folgende Drohung ausgestoßen: „Dem Pater Prior wird es das Leben kosten. Ich weiß, das dies zugleich auch meinen Tod bedeutet, aber das ist mir egal. Der Zeitpunkt ist genau festgelegt, alles ist bis ins Kleinste überlegt. Es wird zu einer Stunde geschehen, wo keiner daran denkt und keiner es vermutet. Ich habe nicht umsonst vier Monate lang auf der Pritsche gelegen, sondern ich habe gedacht."

Drei Wochen später ließ sie durch den Pförtner des Klosters ausrichten: „Sagen Sie dem Pater Prior, daß ich ihm, wo ich ihm auch auf der Straße nur begegnen werde, das Messer in die Kehle stechen werde."

Am 17. 10. 1951 kommunizierte M. D., obwohl sie im Februar 1951 aus der Kirche ausgetreten war, frühmorgens in einer anderen, in der Nähe des Klosters gelegenen Kirche. Sie ging dann mit der Hostie im Mund zum Kloster, spie dort die Hostie auf den Boden, zertrat sie und rief: „So, das können Sie Pater X. zu Weihnachten schenken!“ – An diesem Morgen hatte sie zunächst versucht, in der Klosterkirche selbst zu kommunizieren. Der Priester war aber an ihr vorbeigegangen, ohne ihr die Kommunion auszuteilen, da er wohl gewußt hatte, daß sie aus der Kirche ausgetreten war. Sie selbst gab an, daß der Priester ein ihr unbekannter Geistlicher gewesen sei, der aber durch ein „besonderes Husten“ aus dem Hintergrund der Kapelle auf sie aufmerksam gemacht worden wäre. Durch dieses Husten sei ihm zu verstehen gegeben worden, daß sie nicht kommunizieren dürfe. Nach dieser Szene habe sie die Kirche verlassen; fünf Minuten später kam sie, nach den Berichten der Patres, zurück, um den Pater J. zu sprechen. In diesem Augenblick wurde sie verhaftet. Im Dezember 1951 wurde sie wegen Gotteslästerung und Bedrohung zu sieben Monaten Gefängnis verurteilt.

Der Schutz des § 51 Absatz I oder II wurde ihr von uns nicht zugebilligt, da sie keine Anzeichen einer, durch eine *Krankheit* hervorgerufenen seelischen Störung aufwies und insbesondere kein Anhalt für eine Schizophrenie gegeben war. Ihre Intelligenz war gut ausgebildet, der persönliche Kontakt war stets vorhanden und bei zahlreichen Explorationen hatte sie keine grob psychopathischen Reaktionen etwa nach Art eines geltungsbedürftigen oder stimmungslabilen Menschen gezeigt. Hinweise auf ein Anfallsleiden mit Ausnahmezuständen waren nicht gegeben. Der körperliche Befund war, abgesehen von einem gewissen Hypogenitalismus, unauffällig. Sie ist eine sehr kleine, zierliche und brünette Frau von romanischem Typus mit ausgesprochen infantilen somatischen und psychischen Zügen. Alle Versuche, durch die Anwendung von Testverfahren projektiver Art Einblick in die „Schichten“ der Persönlichkeit zu gewinnen, die sich der explorativen Erfassung entziehen, mißlangen infolge ihrer standhaften Weigerung.

Wenn auch manche Phänomene immer wieder an eine Schizophrenie denken lassen konnten und der Vorgutachter einen „erotischen Beziehungswahn“ in Erwägung gezogen hatte, so ergab doch die genaue Symptomanalyse, daß es sich – ganz abgesehen von dem Fehlen anderer beweisender Schizophreniesymptome – mit Sicherheit nicht um einen psychotischen Menschen gehandelt hat. Die von ihr zu Zeiten gebotenen wahnähnlichen Reaktionen (KURT SCHNEIDER) in Form von abnormen Bedeutungserlebnissen, abnormem Sendungsbewußtsein und Wahrnehmungen nach Art von „Wahnwahrnehmungen“ sind als Ausdruck einer spannungsgeladenen Grundstimmung verständlich und lassen ihren „Anlaß“, ihr „Motiv“ unschwer erkennen. Sie gehören in den Bereich der Normalpsychologie. Die Voraussetzungen zur Anwendung des § 51 lagen somit nicht vor.

Im Gegensatz zu dem klinisch eindeutig klärbaren Sachverhalt läßt die *psychologische* Beurteilung der Sakrilegien viele Fragen offen. Die Kräfte, die zu diesen, für einen religiösen Menschen ungeheuerlichen Handlungen geführt haben, müssen außerordentlich stark gewesen sein, um die üblichen – persönlichkeitsbedingten oder erworbenen – Hemmungen beiseite zu schieben. Eine Analyse dieser dynamisch zum Sakrileg drängenden Strebungen wird immer unvollständig bleiben, mag sie nach deskriptiv-verstehenden oder nach tiefenpsychologischen Gesichtspunkten erfolgen.

Nach unserer Auffassung stand neben dem vom Milieu und von den Kindheitseindrücken getragenen Haß gegen die Religion sicher eine erotisch gefärbte Zuneigung zu einem Verkünder eben dieser Religion, deren Zentrum, den Altar, sie durch ihre Tat zerstören wollte. Andrerseits bestanden aber auch positive Bindungen an das religiöse Leben, wie etwa ihre Freude am Musizieren und am Singen im Kirchenchor, wo sie besonders gerne im „Requiem“ mitgesungen hatte. Sie stellt somit in mancher Hinsicht einen Brandstiftertypus im Sinne von REISS dar und ähnelt in ihrer ambivalenten Einstellung, ihrer Überempfindlichkeit bei mangelndem affektivem Abreaktionsvermögen einer – ebenfalls nicht schizophrenen – Lehrersfrau, deren verschrobene Brandstiftungsmotive von O. KANT eingehend analysiert wurden.

Traumatisierend mag ferner ein grob sexuelles Erlebnis im Kloster gewirkt haben, das M. D. angeblich mit acht Jahren hatte. Sie wurde von einem männlichen Klosterinsassen geschlechtlich mißbraucht. In ähnlicher Weise wirkte das jahrelange Verhältnis mit dem Stiefvater, in das die Religion in ambivalenter Weise (Angst vor der „Sünde" und Protest gegen die „Konvention") immer mit einbezogen war. Ihre „chronische Protesthaltung" kam auch eindringlich in ihrer ressentimentgeladenen Ablehnung der Richter, Ärzte und Anwälte zum Ausdruck: „Die würden alle *gegen* sie, die Untersuchungsgefangene und frühere Bunkerinsassin zusammenhalten, zumal sie nur über ‚gestückelte Klugheit' verfüge. Ich habe ja nichts gelernt."

Die bemerkenswerte Verknüpfung nach außen oft gegensätzlich wirkender, aber von ähnlich zu denkenden psychischen Kräften getragenen Tendenzen (Sexualität, Religiosität) führte zu Spannungen, deren „Lösung" in der dargestellten abnormen Weise erfolgte. Eine Deutung der Vorkommnisse als „Ersatzhandlungen" erscheint uns unbefriedigend. Derartige, Scheinwissen und Scheineinsichten vermittelnde Begriffe können nur allzu leicht über das letzten Endes unlösbare Phänomen solcher seltsamen biographischen Verstrickungen hinwegtäuschen, wie sie die Lebensgeschichte der M. D. immer wieder aufweist.

Kurz vor Abschluß einer 1953 erschienenen Studie schrieb sie aus dem Gefängnis: „... Eine Unterredung über Berufsfragen, sollte diese Absicht noch bestehen, ist nicht nötig ... Ich hatte ja damals schon erwähnt, daß ich als Prostituierte gehen werde und in keiner Weise denke ich daran, je diesen Entschluß zu ändern."

Wir haben damals die strafrechtliche Verantwortlichkeit bejaht, gleichzeitig aber auf die besonderen personalen und biographischen Faktoren hingewiesen, die das Maß der Schuld in anderem Licht erscheinen lassen könnten. M. D. wurde am 24. Januar 1952 zu sieben Monaten Gefängnis verurteilt. Das Gericht bezeichnete sie als „voll verantwortlich".

Bald nach dem Erscheinen unserer Studie „Über Altarbrandstiftung und andere Sakrilegien" schrieb uns der Schweizer Psychiater L. Binswanger: „... Vielleicht interessiert es Sie zu hören, daß die meisten Schweizer Psychiater ihre Patientin nicht nur unbedenklich als Schizophrene diagnostiziert, sondern geradezu als Schulfall für eine ganz bestimmte schleichende Verlaufsform von Schizophrenie ansehen würden. Das ‚Eingefrorensein' eines bestimmten Affektes vom achten Lebensjahr an und die fessellose Triebhaftigkeit würden uns, abgesehen von manchem anderen, bei dieser Diagnose leiten ..." Sicher wird sich das Augenmerk des Psychiaters zunächst auf den Ausschluß einer Schizophrenie richten müssen. Sakrilegien sind in dieser Richtung sehr verdächtig. So berichtete v. Baeyer von einem 27jährigen schizophrenen Fremdenlegionär, der einem firmenden Bischof die Mitra vom Kopf schlug. Die Tat motivierte er mit seinem Wunsch, die französische Geistlichkeit auf die Übelstände in der Kirche aufmerksam machen zu wollen. Ihm sei die Teilnahme an der Kommunion versagt worden. Auch die Studie von A. v. Muralt „Wahnsinniger oder Prophet" gehört hierhin, deren Untertitel lautet: Darstellung und Diskussion eines mit Psychotherapie behandelten Falles von Gottesdienststörung.

Die weitere Entwicklung gibt der diagnostischen Auffassung als Schizophrenie nicht Recht; denn auch im Januar 1958, bei einer eingehenden Nachuntersuchung, zeigte sich keine schizophrene Persönlichkeitsveränderung, wohl eine gewisse – querulatorische – Verhärtung ihres Standpunktes.

Die der Verurteilung vom Januar 1952 folgenden Jahre sind durch einen „kalten Krieg" zwischen ihr und den Patres gekennzeichnet. Sie suchte in unregelmäßigen Abständen immer wieder Kontakt mit dem Kloster, wobei es öfters zu unerfreulichen Szenen kam. Auch störte sie den Gottesdienst häufig durch provozierendes Verhalten, ohne daß es zu gröberen Entladungen der gespannten Atmosphäre kam.

1954 wurde ein neues Verfahren wegen Gotteslästerung und Bedrohung durchgeführt. Zur Klärung der Frage der strafrechtlichen Verantwortlichkeit erfolgte eine längere Beobachtung (sechs Wochen) in der Anstalt Düsseldorf-Grafenberg [1].

Aus der Beurteilung entnehmen wir folgende Feststellungen: Die körperliche Untersuchung (einschließlich Encephalographie, Elektrencephalographie und Liquoruntersuchung) hatte keine faßbaren Abweichungen von der Norm ergeben. Eine Psychose wurde ausgeschlossen. Besonderer Wert wurde auf den Ausschluß schizophrener Verdachtsymptome gelegt. Der Gutachter hob bei der Charakterisierung der Persönlichkeit die starke Geltungssucht und hohe Empfindlichkeit der Angeklagten hervor. Starker Ehrgeiz und starke Affekte beherrschten die Delinquentin, deren soziales Anpassungsvermögen unter anderem durch Minderwertigkeitskomplexe und eine ausgeprägte egozentrische Einstellung stark beeinträchtigt sei. Bei guter Intelligenz neige sie zu Aggressionen und hysterischen Verhaltensweisen.

Die spezielle Situation sei durch die Entstehung „überwertiger Ideen“ im Zusammenhang mit der Ablehnung durch die Patres aufgetreten. Die Bezichtigung des Motorraddiebstahles sei eine Art „Schlüsselerlebnis“ gewesen. So habe sich allmählich immer stärker die Tendenz entwickelt, der Welt zu beweisen, daß sie im Recht, die andern aber im Unrecht seien.

Der Gutachter hatte die uns 1951 nicht gegebene Möglichkeit, projektive Testverfahren anzuwenden.

Auswertung des Rorschach-Testes:

„Es handelt sich bei der Versuchsperson um einen entwicklungsgestörten Menschen, der erhebliche Abweichungen von der Norm aufweist. Diese Störungen, die sich vorwiegend im affektiven Bereich abspielen, haben störenden Einfluß auf die gesamte Intelligenz.

Die Intelligenz ist günstig angelegt. Es handelt sich dabei um eine Anlage zum Theoretischen und weniger zum Praktischen.

Der Intelligenzgrad hat durch eine Fehlentwicklung stark an Qualität eingebüßt. Es läßt sich eine verschwommene, unklare, von unbestimmten Gefühlen bestimmte Denkart erkennen. Die Versuchsperson kann nicht mehr klar, logisch und rational denken, ist somit unsachlich und kritiklos und vermag auch nicht, sich mangels genügender Realitätskontrolle ein sachliches, unpersönliches Urteil zu bilden.

Unterstützt durch eine noch später zu erklärende Geltungssucht und Überheblichkeit will sie sich mit primitiven Mitteln hervortun. Sie überschätzt auch bei weitem ihre geistigen Fähigkeiten und neigt dadurch zum Konfabulieren. Ihre Interessiertheit ist allgemein ungerichtet und nur so weitgehend, als es ihrer Gefall- und Renommiersucht zugute kommt. Sie besitzt eine verbogene Phantasie, die ebenfalls eine Störung zwischen Ich und Umwelt hervorruft. (Falsche, ‚neurotische‘ Objektbesetzung.)

Sie scheut keine noch so primitiven Mittel, um sich interessant zu machen, um ihrer als Kompensation zu verstehenden Gefallsucht zu genügen. Diese Tendenz, sich interessant zu machen, muß als Ausdruck eines neurotischen Ehrgeizes aufgefaßt werden.

Die Versuchsperson steht unter einer starken affektiven Spannung, die eine Uneinheitlichkeit des Charakters zur Folge hat. Sie besitzt auch keine Ableitungsfähigkeit, so daß es zu unvorhergesehenen affektiven Entäußerungen kommt. Sie ist nicht in der Lage, auf Grund fehlender volitiver Formungskräfte auch gegen Stimmungsreaktionen anzukommen, so daß sie augenblicklichen Stimmungen in haltloser Weise ausgeliefert ist.

Die Versuchsperson ist innerlich sehr empfindlich und sie reagiert mimosenhaft reizbar. Nach außen besteht ein Kontaktmangel, so daß Triebimpulse auch nicht ihre physiologische Entladung finden können. Die Versuchsperson findet symbolische Ersatzobjekte.

Die mimosenhafte Überempfindlichkeit bedingt als Reaktion eine Rachsucht, die aber nicht zuletzt als Ausdruck einer inneren Unzufriedenheit aufzufassen ist.

Ihre Geltungsbedürftigkeit hat sich jetzt so weit verselbständigt, daß trotz einer bestehenden Psychoneurose neurotische Angstsymptome nicht mehr nachweisbar sind. In ihren Äußerungsformen ist sie vielmehr ungezügelt und ungehemmt, obwohl die starke affektive Spannung einer Gewissensangst, die nicht bewußt erlebt wird, zugrunde liegt.“

---

[1] Herrn Medizinalrat Dr. Holzer danke ich verbindlich für die Zustimmung zur Veröffentlichung von Teilen seines Gutachtens.

Aus der graphologischen Analyse:

„Die Persönlichkeit ist von der Vorherrschaft des Gefühls aufzuschlüsseln.

Im Gefühls- und Trieb-Bereich liegen Störungen, aus denen ein sehr uneinheitlicher Charakter resultiert. Diese Störungen tangieren in erheblichem Maße auch die Intelligenz, die normal angelegt ist.

Sie sieht jede Situation aus einer stark ichbezogenen Sicht, so daß im Zusammenhang mit dem unklaren, verschwommenen Denken sich paranoide Gedankenzüge entwickeln können.

Sie neigt zu einer stark phantasiegebundenen Dialektik. Auch versucht sie, intellektuelle Leistungen vorzutäuschen, um ihrer Geltungssucht zu genügen. Ihre Gefallsucht ist derart stark, daß sie letzten Endes selbst an phantastische Vorstellungen glaubt. Die Gefallsucht ist einer Selbstbewußtseinsstörung entsprungen (Kompensation).

Sie ist einseitig, in ihre Ideen und Vorstellungen verbohrt, nichts anderes mehr gelten lassend.

Sie weiß alles besser und eine Schuld gesteht sie sich selbst nicht ein, sondern sie versucht, die Schuld auf andere abzuwälzen.

Alles wird von der *Geltungssucht* dirigiert.

Volitive Steuerungs- und Formungskräfte fehlen. Was an Willensimpuls vorhanden ist, reicht nur bis zur inneren Zerissenheit und Reizbarkeit. Sie ist leicht erregbar, zumal sie sehr empfindlich ist und sich leicht in ihren Selbstwertgefühlen beeinträchtigt fühlt."

Auswertung des WARTEGG-Zeichentestes:

„Die Versuchsperson ist einseitig und verbohrt. Sie kann sich nur auf bestimmte Gedanken und Vorstellungen konzentrieren, die meistens ihre persönliche Situation betreffen.

Sie ist so stark gefallsüchtig, daß sie sich aus den Vorstellungen, die persönlichkeitsgebunden sind, nicht lösen kann. Auch die geistigen Fähigkeiten reichen nicht, zumal die angelegt intellektuellen Fähigkeiten ganz in den Dienst der Geltungssucht gestellt sind.

Sie ist stark geltungssüchtig, was auch die ganze Phantasie einnimmt.

In ihrem geistigen Absetzungsbestreben reicht es nur zum Mißtrauen, das von einer starken Empfindlichkeit genährt wird."

Die Abschlußdiagnose lautete:

Querulatorische Entwicklung bei psychopathischer Persönlichkeit. Die Voraussetzungen zur Anwendung des § 51 Absatz I oder II StGB wurden nicht angenommen. Dem Richter wurde „Milde" bei der strafrechtlichen Behandlung des Falles empfohlen, obwohl die soziale Prognose ungünstig zu beurteilen sei.

Nach Abschluß dieser Begutachtung wurde M. D. im Dezember 1954 zu drei Monaten Gefängnis verurteilt. Gericht und Staatsanwalt schlossen sich dem Gutachten des Sachverständigen *nicht* an, sondern nahmen an, „daß die Angeklagte durch die Hartnäckigkeit ihrer querulatorischen Neigung einen Teil ihrer Hemmungsfähigkeit verloren habe".

Die Reststrafe wurde jedoch ausgesetzt, da es sich um einen „Sonderfall" handele, bei dem Milde angezeigt sei, während die Verbüßung der Reststrafe zur „Verhärtung der querulatorischen Einstellung führen müsse".

Die Milde des Gerichtes wurde von M. D. nur wenig gewürdigt. Schon 1955 mußte ein neues Ermittlungsverfahren wegen Störung des Gottesdienstes eingeleitet werden: Sie stellte sich häufig sonntags während der Messe in herausfordernder Haltung vor den predigenden Pater hin und schaute sich demonstrativ in der Kirche um.

Im Mai 1955 gab es ein neues Verfahren wegen „groben Unfuges". Sie hatte das Kloster trotz des ihr bekannten Hausverbotes wieder betreten; es kam zu einem Auftritt; eine große Menschenmenge sammelte sich an, die gegen M. D. eine drohende Haltung einnahm. Gleichzeitig liefen mehrere Verfahren wegen Verleumdung, da sie Briefe beleidigenden Inhaltes an einzelne Patres geschrieben hatte.

Im Februar 1956 ereignete sich ein schwerer Auftritt an der Pforte des Klosters, in dessen Verlauf es zu Sachbeschädigungen und zu einer Verletzung des Pfortenbruders kam.

Im Mai 1956 unternahm M. D. einen schweren Selbstmordversuch; sie lag tagelang bewußtlos in unserer Klinik. Das Motiv dieser Tat war in ihrer großen Enttäuschung über ihren Verlobten zu erblicken. Sie hatte sich mit einem beinamputierten Zuchthäusler verlobt, den zu „bessern“ sie sich vorgenommen hatte. Nach Verbüßung der Zuchthausstrafe behandelte sie dieser Mann in brutalster Weise. Er nützte sie nach allen Regeln der Zuhälterkunst aus und trieb es schließlich so weit, daß es selbst der im Grunde masochistischen („leidsüchtigen“) M. D. zu viel wurde und sie den sicher ernsthaft gemeinten Selbstmordversuch machte. Bei Abschluß der klinischen Beobachtung versuchte sie allerdings, die Tat mit ihrer Angst vor einer Unterbringung in einer Anstalt zu motivieren. Die klinische Abschlußdiagnose lautete: Abnorme Erlebnisreaktion bei einer erregbaren und querulatorischen Psychopathin.

Kurze Zeit nach der Entlassung wurde sie vom Untersuchungsrichter zu der Frage gehört, warum sie trotz des Hausverbotes Kirche und Kloster immer wieder aufsuche. Sie antwortete: „Es gibt für mich in der Kirche zwei Dinge, Gott und die Menschen. Wenn ich auch konfessionslos bin, so glaube ich doch an Gott und man muß es schon mir überlassen, wo ich meinen Gott suche und vor allem in welcher Kirche. Ich bin aber für die Patres das schlechte Gewissen.“

Im Rahmen des neuen Verfahrens wurde M. D. im Frühjahr 1956 von einem psychiatrisch ausgebildeten Amtsarzt untersucht. Er beurteilte sie folgendermaßen: „Hochgradig psychopathische Persönlichkeit mit erheblichen charakterlichen Abwegigkeiten von Krankheitswert.“ Der § 51 Absatz II StGB sei nicht auszuschließen. Es sei zu überlegen, ob nicht Gemeingefährlichkeit vorläge. Eine stationäre Beobachtung in einer Anstalt wurde empfohlen.

Die angeregte Anstaltsbeobachtung wurde von M. D. und ihrem Verteidiger abgelehnt. Eine erneute Begutachtung durch die Kölner Universitätsnervenklinik wurde beschlossen.

Die im Herbst 1956 vorgenommenen Besprechungen verliefen zunächst in einer etwas gereizten Atmosphäre. Alle ihre Äußerungen erfolgten unter dem Motto: „Ich kapituliere nie ... Aug um Auge, Zahn um Zahn!“

Wir versuchten, die Motive für das rational kaum noch nachvollziehbare Verhalten der Angeklagten zu erforschen. Hierbei berichtete sie immer wieder über die Schmerzen, die ihr von den Patres zugefügt worden seien. Besonders tief habe sie die Zumutung des Motorraddiebstahles verletzt. Allerdings räumte M. D. wiederholt ein: „Die Art, wie ich mich zur Wehr setze, ist abnorm.“

Wir fanden ein im Vergleich zu früher stärker ausgeprägtes Mißtrauen, unter anderem vermutete sie zunächst, auch der Gutachter könnte unter dem Einfluß der in Köln allmächtigen Patres stehen. Unverkennbar war auch ihr Geltungsbedürfnis. So fuhr sie, angeblich um pünktlich zu sein, im Taxi vor. Sie benutzte mit Vorliebe — meist sogar richtig — theologische und medizinische Fachausdrücke. Kritiklos war sie in allen Dingen, die den von ihr erhofften moralischen Erfolg eines von ihr geplanten Buches „Seelische Lepra“ betrafen.

Charakteristisch für ihre damalige Haltung ist folgender Brief:

„Ihren Brief erhielt ich heute Abend. Es ist sehr rücksichtsvoll von Ihnen, daß Sie mir zwei Termine bereithalten. So viel Anständigkeit will man ja auch gar nicht für sich in Anspruch nehmen. Ich kann nur leider keinen Termin einhalten; ich bin *zu* sehr mit Arbeit überlastet, so sehr, daß es fast über menschliche Kraft hinausgeht. Ich arbeite jetzt ganz allein!! Oft nachts arbeite ich und der Freitag und Samstag bedeutet für mich geradezu den Höhepunkt. Sie können es sich vielleicht nicht vorstellen, wievielen jungen Männern ich helfen muß, weil sie oft tatsächlich nur *ein* gutes Hemd besitzen, das sie für den Sonntag gerne haben möchten. Allerdings sind es primitive Ausführungen für Sie, die ich Ihnen mache, aber Sie müssen mich verstehen, daß es nicht um mich geht. Eine Kollegin schaltet vollkommen aus. Ersatz wird nicht angefordert. Ich arbeite sehr gern dort und aus menschlichen Gründen kann ich die Chefin nicht im Stich lassen. Das Geschäft besteht gerade erst ein Jahr. Die Zustände und die Unkosten sind erheblich schlecht. Wenn man mich bis aufs Blut ausnutzt und sie (sc. die Chefin) kann nicht einmal ein Taschentuch bügeln. Die war Verkäuferin im Stoffgeschäft X. Nun kam ich ihr ‚wie vom Himmel geschickt‘ (sagt sie). Obschon ich mich aufreibe, ich kann sie nicht im Stich lassen. Vom Gefängnis hat sie keine Ahnung. Ich weiß auch nicht, wie ich ihr das alles beibringen soll. (Könnte ich diese Pfaffen verbrennen!) Eines Tages wird sie es doch erfahren, weil ich zum Termin muß. Begreifen wird sie es nie...

Ist denn fürs Gutachten nicht alles klar? Muß der Professor mich denn unbedingt sprechen? Er kennt mich doch! Geistesgestört bin ich nicht, wie Sie sagen, mein Verhalten sei abnorm und der Grad ist danach zu bemessen, wie abnorm die Veranlassung ist. Auf dieser Theorie könnten Sie doch Ihr Gutachten abgeben. Und was die menschliche Seite betrifft, ich empfinde doch nicht mehr, ob da Freude oder Schmerz ist, ob ich unglücklich oder glücklich bin, ich empfinde nichts mehr, weshalb sollte ich für das Gefängnis Empfindung haben?!! Ich finde, daß ich im Gefängnis sehr gut gelernt habe, nur, ich darf nie darüber sprechen! Das Gefängnis hat mich zu Anfang schockiert, aber ach, schon lange her! Es ist eben auch wirklich so, sich einem Menschen verständlich machen, ist *so* schwer. Weil sie um der andern Partei willen nicht einen verstehen wollen und weil sie alle Dinge nicht verstehen können, man muß eben alles selbst erleben!!! Und deshalb wird auch der beste Psychologe nie die Vollkommenheit dieser Wissenschaft (der Psychologie) erlangen, weil die Vollkommenheit das Erleben mit einschließen *muß*! Dieses Erleben kann so erforderlich sein, daß es die größtgewonnene Kenntnis in den Schatten stellen kann, daß also das größte Wissen um die Psychologie manchmal nur ein schwaches Abbild darstellt gegenüber dem Erleben, das er um des *richtigen* Urteils willen haben *muß*. Man kann eben von Ihnen und andern nicht verlangen, daß Sie ins Gefängnis als ‚Angeklagter' hinein sollen, um zu verstehen. So ist das nicht wieder gemeint. Aber (!), wenn man Menschen psychologische Fähigkeiten zuspricht, sollte man sich von ihnen belehren lassen. Da sich aber ein Akademiker vom Volksschüler nicht belehren läßt... schweigt der angeblich geistig Niederstehende am besten, sie reden doch meistens für den Wind und in den Wind. Sonst erlaubte ich mir mal so einige Punkte aufzuzählen, was sich alles tut, wenn man vergißt, einen Menschen aus dem Gefängnis wieder herauszuholen, was sich alles tut, wenn man, nachdem er schon zu lange im Gefängnis den Schikanen der infamen Menschen ausgesetzt ist, schutzlos, und ihnen die Wahrheit zu sprechen nicht verbieten kann, was sich tut, wenn ein Pater mich z. B. ‚Mohrenköpfchen' nennt, was sich tut, wenn ein Richter mich fragt: ‚wo ist der Vater?', wenn in den Akten steht, daß er unbekannt ist?! Ich könnte so manches noch anführen, aber Sie verstehen alles schon ganz genau. Vielleicht meinen Urhebern Rosen anheften?!! Mir fehlt nur Macht. Die Macht der Justiz ist mir zu „allmächtig" und zu schmutzig, ich ließe das Haus in hellen Flammen aufgehen, aber nicht mit einem Streichholz, ich halte den Protest in der Form meines Buches für brennender und dem Pater X. den Makel aufdrücken, daß er ein Menschenleben auf dem Gewissen hat und es schriftlich niederlegen, daß ich seinetwegen aus dem Leben scheide. Diese Macht hat unsere schmutzige deutsche Justiz nicht, mir zu verbieten, ein Buch zu schreiben und ich wähle auch keine Schlaftabletten, sondern ich werde in S. oder St. ein Zimmer mieten und beim Baden einen Tauchsieder ins Wasser stecken, dann dürfte ein Erwachen ausgeschlossen sein und beim dritten Mal wird mir dann keine Krankenschwester mehr voll Ironie sagen können: ‚Sehen Sie, ‚Frau' (!!) D., Sie wollten ja gar nicht sterben." Und wie geistesgestört ich war, werden alle aus meinem Buch schon sehen. Nämlich mich hat Dr. Y. am Gericht einmal als Lügnerin hingestellt um des „lieben" Paters willen, aber daß ich aus dem Leben scheiden werde (werde!), diese Tatsache soll für sich sprechen. Und keine Macht der Justiz kann dem ‚hochwürdigen' Pater X. diese Tatsache absprechen. Hoffentlich spielt das Schicksal mir keinen Streich, daß ich mein Buch auch zu Ende schreiben kann, es soll dann darin nicht an Denkmälern fehlen, die mir so ‚menschlich' und ‚vürnehm' gesonnen waren. Mein Buch wird heißen: ‚Seelische Lepra', ich wollte die Überschrift lauten lassen... Da ich aber nicht alle Züge an mir habe, kann ich darüber nicht schreiben, es bleibt dabei, es ‚Seelische Lepra' heißen zu lassen. — Am Katholikentag wurde ich abends vom Rücken her angefallen. (Schrecklich!) Pater F. will mich anzeigen, ich weiß nicht wofür. Ich wurde verprügelt von einigen Kirchenbesuchern am Katholikentag. Das können nur die Patres ins Werk gesetzt haben. Ich habe furchtbar geblutet und konnte nicht arbeiten. Die haben mich so geschlagen, daß ich bewußtlos nach Hause gebracht wurde. Es war schrecklich! Ich hatte keinen Menschen vorher gesehen. Die Patres sind da schuld, wer soll sie sonst aufgehetzt haben. Genau wie der Pater R. mich aufgerufen hat. Jeder wußte mir zur Antwort zu sagen, daß *er* das Volk auf mich gehetzt hat, weil es das letzte Mittel war, um mich herauszuholen. Bei dieser Gelegenheit konnte man die Hysterie in der Verehrung zu den Pfaffen erleben, daß die Menschen nach dem Gottesdienst nicht Steine nahmen, war alles. Herr Dr., ich gehe nicht von Köln fort, *so* nicht!!!"

Ende Oktober 1956 wurde ein Kompromißvorschlag ausgearbeitet. M. D. erklärte sich unter bestimmten — vor allem finanziellen — Bedingungen bereit, Köln zu verlassen. Eine psychotherapeutische Behandlung sollte ihr ermöglicht werden. Alle gut gemeinten Versuche scheiterten an der Engherzigkeit der Behörden und am

Widerstand der auf dem Rechtsstandpunkt verharrenden Patres. So kam es zu immer neuen Verfahren.

Im Herbst 1956 wurde ein Gerichtsbeschluß zur einstweiligen Unterbringung der Angeklagten in einer Heil- und Pflegeanstalt erlassen. In dem Beschluß heißt es u. a.: „Die beharrliche Art und Weise, mit der die Beschuldigte jeweils in mehr oder minder intensiver Form ihre Taten zu verwirklichen gestrebt hat, fällt so völlig aus dem Rahmen vergleichbarer ähnlicher Tatgeschehen, daß aus diesem Verhalten dringende Anhaltspunkte dafür entnommen werden können, daß sie diese mit Strafe bedrohten Handlungen im Zustand zumindest verminderter Zurechnungsfähigkeit begangen hat. Ihre bei den einzelnen Tathandlungen erkennbar gewordene Verhaltensweise entfernt sich so weit von der Norm, daß sich ihr Verhalten als *sozialpathologische Erkrankung* unter den Begriff des krankhaften Zustandes in § 51 StGB einordnen läßt. Dieses Krankheitsbild findet seine Wurzel in einer überaus heftigen und sensitiven Empfindlichkeit, die in psychopathischen Erscheinungsformen zu dem ihr zur Last gelegten Reaktionsverhalten geführt hat. Obschon die in den bisherigen Verfahren erstatteten medizinischen Sachverständigengutachten voneinander abweichen, so ergibt sich doch aus ihnen, daß die Beschuldigte sich bei ihren Handlungen, die letztlich ohne Ausnahmen gegen die Patres gerichtet sind, von so starken Rache- und Haßgefühlen leiten läßt, daß kaum überwindbare Zweifel daran aufkommen, daß sie bei den ihr vorgeworfenen einzelnen Tathandlungen nicht mehr fähig gewesen ist, das Unerlaubte ihres Tuns voll und ganz einzusehen. Bestehen aber schon berechtigte Zweifel an ihrer *vollen* strafrechtlichen Verantwortlichkeit, so lassen diese Zweifel erst recht den dringenden Verdacht zu, daß sie die ihr zur Last gelegten Handlungen in einem Zustand zumindest verminderter Zurechnungsfähigkeit begangen hat."

Im November 1957 und im Januar 1958 wurde erneut verhandelt.

Im Termin vom 7. November 1957 erklärte M. D. dem Richter, als er sie nach Verlesen der Anklageschrift fragte, was sie zu sagen habe: „Ich habe nicht zugehört." (Warum?) „Ich kenne diese Zustellungen alle schon auswendig."

(Bekennen Sie sich schuldig?) „Was heißt schuldig? Teils ja, teils nein."

Zu dem Hinweis des Richters, daß sie wieder mit einer Gefängnisstrafe rechnen müsse, meinte sie: „Gefängnis ist keine Erziehungsmethode, das Gemüt wird nicht vom Verstand beherrscht."

Die wiederholt gestellten Fragen, was sie denn eigentlich immer wieder zum Kloster hinziehe, beantwortete sie nicht. „Ich habe meine Gründe, ich spreche aber nicht darüber."

In ihrem Verhalten vor Gericht wirkte sie geordnet, beherrscht, ohne Temperamentsausbrüche, aber emotional ungerührt und gleichgültig. Sie wurde zu einer Gefängnisstrafe von 12 Monaten verurteilt, das Gericht glaubte, die Voraussetzungen des § 51 Abs. II „nicht völlig ausschließen zu können".

Gegen dieses Urteil legte sie Berufung ein.

Am 24. Januar 1958 wurde erneut verhandelt. Sie erklärte dem Richter, daß sie sofort Berufung eingelegt habe, weil sie sich zu Unrecht bestraft fühle. „Es ist eine überholte Schuld, ich habe schon genügend gesühnt." Bei der Verlesung des Urteils der ersten Instanz schaute sie demonstrativ zum Fenster hinaus und erklärte, das Urteil bereits auswendig zu kennen. Ihre Taten gab sie durchweg zu, jedoch bestritt sie, den Gottesdienst gestört zu haben. Sie machte dann nicht ungeschickte Ausführungen über ihren damaligen Gesichtsausdruck und dessen „Deutung" durch den Prediger. Außerdem sei sie nicht selbst bis zur Kanzel nach vorne gegangen, sondern das Volk habe sie nach vorne geschoben.

(Warum haben Sie das Hausverbot nicht beachtet?) „Für abgebüßte Dinge braucht man nicht immer neue Vorwürfe abzuleiten."

Auf das dringende Fragen des Richters, was ihr denn die Patres getan hätten, verweigerte sie die Aussage oder erklärte allenfalls: „Der Schmerz ist zu schmerzhaft, als daß ich darüber hinwegsehen könnte.“ (Inwiefern?) „Weil sie Schmerz unterschieben in Gedanken und Taten, die ich nie getan habe.“

Schließlich bezeichnete sie die Unterstellung, sie hätte die Patres belästigt, als Beleidigung. Sie erklärte: „Die Patres empfangen Damen, sie wissen Unterschiede zu machen zwischen arm und reich ... mich hat der Pförtner einmal bis 21 Uhr sitzen lassen, der Pförtner hat mich ganz einfach *vergessen*, er hat es selbst gesagt.“

Zu dem Einwurf ihres Pflichtverteidigers, er beabsichtige das Mandat niederzulegen, da M. D. vermute, daß er mit den Patres unter einer Decke stecke, erklärte sie nur: „Ich habe mit Pflichtverteidigern schlechte Erfahrungen gemacht.“

(Fühlen Sie sich zu hoch bestraft?) „Ich verspreche mir keinen Erfolg von der heutigen Verhandlung, ich rechne mit der doppelten Strafe ... so (d. h. im Befolgen der Empfehlung, von Köln wegzuziehen) kapituliere ich nie!“

(Rechnen Sie mit einem Freispruch?) „Ja, wenn der Prozeß psychologisch geführt wird.“ (?) „Ich nehme an, Sie führen den Prozeß juristisch.“ (?) „Ich muß zum Beispiel die Behauptung beweisen, daß Pater X. ein Mörder ist.“ Die Ausführungen, die M. D. dann zu diesem Thema machte, ließen erkennen, daß sie ihren eigenen Selbstmordversuch dem betreffenden Pater als „Mordversuch“ zuschieben möchte. Besonders bittere Ausführungen machte sie über die Presse, die es nicht groß genug habe bringen können, daß sie ein „Verhältnis“ mit einem Pater gehabt habe.

Grundtenor in dem Gespräch zwischen Richter und der Angeklagten war: „Über die eigentlichen Motive möchte ich nicht sprechen und ich möchte keine Risiken eingehen.“

Auf die Frage des Staatsanwaltes, warum sie überhaupt immer in die Kirche ginge, obwohl sie aus der Kirche ausgetreten sei, entgegnete sie: „Nach dem katholischen Glauben soll sich in der Kirche die Eucharistie befinden. ... ich möchte um eine präzisere Frage bitten.“ Darauf der Staatsanwalt: „Warum sind Sie überhaupt in die Kirche gegangen?“ „Muß ich mir Vorschriften machen lassen, wohin ich in die Kirche gehe?“ Der Staatsanwalt verzichtete dann auf weitere Fragen.

Im weiteren Verlauf der Vernehmungen ließ sie durchblicken, daß sie befürchte, ein Meiden der Kirche würde als Eingeständnis ihrer Schuld angesehen werden.

Zu der Frage des Richters, ob sie ernstlich vorgehabt habe, dem Pater X. Salzsäure ins Gesicht zu schütten, meinte sie verschmitzt lächelnd: „Herr Richter, Sie werden verfänglich!“

Im nun folgenden Teil der Verhandlung steigerte sich M. D. in eine immer stärkere Erregung, die jedoch nicht gespielt wirkte: „Ich will keine Kompromisse ... man zieht nur die Phasen in Betracht, in denen ich mich schuldig gemacht habe und nicht die Phasen, in denen die Patres sich schuldig gemacht haben ... Ich werde so lange in *diese Kirche* gehen, bis ich das Gefühl habe, du wirst nicht mehr angepöbelt und provoziert, bis ich keine anonymen Briefe mehr mit Drohungen und Prügelandrohungen bekomme. Die Patres haben die Leute auf mich gehetzt.“ Es folgte eine Flut von massiven Anklagen gegen Kirche und Patres, die akustisch nicht zu verstehen waren, da die Angeklagte mit schriller Stimme ihre Sätze herausschrie. Dieses wirklich erschütternde Schauspiel dauerte etwa 15 Minuten.

Nach der Pause gab der Anwalt sein Plädoyer ab. Er wies darauf hin, daß sich die Angeklagte während der sechsstündigen Verhandlung nicht gesetzt habe, obwohl ihr das vom Vorsitzenden mehrfach angeboten worden war. Hier unterbrach die Angeklagte den Verteidiger und sagte: „*Ich* setze mich nicht auf die Anklagebank, da gehören die Patres hin!“ Der Anwalt bat, den § 51 StGB Absatz II anzuwenden.

Der Staatsanwalt bejahte die vorsätzliche Störung des Gottesdienstes, er bezeichnete M. D. als Überzeugungstäterin, die aus nicht ganz analysierbaren Motiven heraus handle. Die Voraussetzungen des § 51 Absatz II StGB seien „doch wohl anzunehmen“. Der Staatsanwalt beantragte 9 Monate Gefängnis als ausreichende und angemessene Sühne.

Als „letztes Wort“ erklärte M. D.: „Der Pater X. ist der erbärmlichste Lump, der mir in meinem Leben begegnet ist.“

Die von der Berufungsinstanz verhängte Strafe (8 Monate Gefängnis) wurde von ihr nicht angenommen. Der seit 7 Jahren schwelende Prozeß liegt nunmehr beim zuständigen Oberlandesgericht. Inzwischen gehen die „Szenen“ weiter; besonders in der Klosterkirche fällt sie sonntags durch ihr provozierendes Verhalten auf. Aber man hat sich dort darauf eingestellt und beachtet sie nicht weiter. Daher kommt es dort nicht mehr zu gewalttätigen Entladungen. Die nächsten massiven Aggressionen sind erst zu erwarten, wenn M. D. ihre Haftstrafe abgesessen haben wird und voller Tatendrang in die Freiheit zurückkehren wird. Nur eine unorthodoxe, schöpferisch vorgehende Justizbehörde hätte diesem einzigartigen Fall durch psychologisch geschickte Maßnahmen „gerecht“ werden können.

Im Juli 1958 baten die Patres dringend bei der Staatsanwaltschaft, die „Angelegenheit zu beschleunigen“. M. D. reiche fast täglich konsekrierte Hostien in das Kloster herein und belästige die Patres in „nie dagewesenem Maße“.

Am 8. Juli 1958 schrieb sie an den Sachbearbeiter der Staatsanwaltschaft einen Brief, in dem sie die deutschen Juristen als „Schweine“ bezeichnete: „Sollte Euch das befriedigen, Ihr habt mich jeder Art von Schmach aussetzen können, aber nicht aus Köln treiben können und das war doch Eure Absicht, oder?“

Der von ihr angepöbelte Staatsanwalt stellte keinen Strafantrag, da er sich nicht „beleidigt“ fühlte. Am 24. 7. 58 drang M. D. in das Zimmer des Behördenleiters ein und forderte ihn auf, zu ihr „auf den Strich“ zu kommen. In einer Stellungnahme zu den Vorgängen der jüngsten Zeit führte Oberstaatsanwalt Dr. Klein aus: „M. D. befindet sich gegenwärtig in einer hochaktuellen Phase ihrer abnormen Entwicklung. Ihrer abartigen Reaktionsweise ist es zuzuschreiben, daß sie ihre ehemals normalen Kontakte zu ihrer sozialen Umwelt mehr und mehr zerbricht. Ich halte die Prognose für sehr ungünstig.“

Am 22. Juli 1958 entschied das zuständige Oberlandesgericht über die Revision der Angeklagten. Die Revision wurde auf Kosten der Angeklagten verworfen. Auf Fragen im Zusammenhang mit der Problematik des § 51 bei M. D. ging das Gericht nicht ein.

Die Verurteilte hat ihre 8monatige Gefängnisstrafe im Herbst 1958 angetreten. Der weiteren Entwicklung kann man nur mit großer Sorge entgegensehen.

Epikrise. I. Der Text des § 51 StGB de lege lata läßt eine Exkulpierungsempfehlung nicht zu: M. D. ist nicht geisteskrank, sie ist auch keineswegs geistesschwach (wenngleich psychisch hochgradig abnorm), und von Bewußtseinsstörungen kann, abgesehen von gelegentlichen Alkoholintoxikationen, bei ihr nicht die Rede sein. Ihre Taten sind klar konzipiert und zielstrebig durchgeführt worden. Somit muß sie als strafrechtlich verantwortlich im Sinne des Gesetzes und im Sinne der in dieser Schrift vertretenen Grundauffassungen bezeichnet werden. Allerdings entzieht sich gerade bei ihr die Frage nach einer persönlichen Schuld jeder positiven Beantwortung.

II. Der Vorschlag der Strafrechtskommission [1] bietet dagegen für den Juristen und für den medizinischen Sachverständigen andersartige Möglichkeiten. Mit Sicherheit dürfte auch der zurückhaltendste Gutachter „seelische Störungen“ in Verbindung

[1] „Ohne Schuld handelt, wer wegen einer krankhaften oder einer auf schwerer, angeborener oder erworbener Abartigkeit beruhenden seelischen Störung oder wegen einer vorübergehenden Bewußtseinsstörung zur Zeit der Tat unfähig war, das Unrecht der Tat einzusehen oder nach dieser Einsicht zu handeln.“

mit einer, eher „erworbenen schweren Abartigkeit" annehmen. Beide Termini sind wohl bewußt unscharf gehalten worden und lassen so ohne jeden Zwang die Subsumierung all der abnormen Persönlichkeitsmerkmale zu, die M. D. in reichem Maße bietet. Eine so latitudinarische Fassung des § 51 böte jederzeit die Möglichkeit, die Exkulpierung mit tragfähigen Argumenten zu empfehlen. Es bleibt dann aber die Frage, was mit ihr geschehen soll. Ist sie als „gemeinlästig" oder als „gemeingefährlich" anzusehen und in einer Anstalt unterzubringen, eine Lösung, zu der die Gerichte im bisherigen Gang des Verfahrens sehr tendierten, obwohl ihnen die Hilfe von seiten der Sachverständigen ausblieb und somit M. D. kurzerhand als „sozialpathologischer" Fall klassifiziert wurde? Die Methode, einen unbequemen Menschen durch Anstaltsunterbringung „loszuwerden" scheint uns auch der psychologisch so komplizierten Gesamtsituation keineswegs gerecht zu werden. Es ist ein formalistischer, ganz unorigineller Gedanke.

III. Der § 51 StGB in der von uns vorgeschlagenen Fassung ermöglicht ebenfalls keine Exkulpierungsempfehlung.

Eine Bestimmung über die Berücksichtigung besonderer personaler oder biographischer Faktoren könnte jedoch die Chance bieten, den Versuch einer humanen und phänomenadäquaten Lösung des Konfliktes zu wagen. Für Täter wie M. D. gelten in vollem Umfang die Ausführungen von Binder:

„Darum hat sich der psychiatrische Begutachter sehr davor zu hüten, Dienstverweigerer, andere Apostelnaturen, politische Überzeugungsdelinquenten und ähnliche Typen nur deshalb für abnorm, z. B. für fanatische Psychopathen mit überwertigen Ideen zu erklären, weil sie mit der herrschenden gesellschaftlichen oder politischen Ordnung nicht übereinstimmen."

Mit Recht wies ein Journalist in einer Verhandlungspause darauf hin, daß M. D. in der sog. DDR eine gefeierte Jugendführerin sein könnte, während sie hier mit Strafe verfolgt und mit der Anstaltsunterbringung bedroht wird. Auf lange Sicht scheint uns — wenn Hilfe überhaupt möglich ist — nur eine konsequente psychotherapeutische Führung aussichtsreich zu sein.

Literatur

Baeyer, W. v.: Über Freiheit und Verantwortlichkeit von Geisteskranken. Nervenarzt *25*, 265 (1954).

Binder, H.: Die Bedeutung der Begriffe normal und abnorm, gesund und krank für die psychiatrische Begutachtung. Schweiz. Arch. Neur. *69*, 1 (1952).

de Boor, W.: Über Altarbrandstiftung und andere Sakrilegien. Nervenarzt *24*, 298 (1953) (mit weiteren Literaturhinweisen).

Muralt, A. v.: Wahnsinniger oder Prophet? Zürich 1946.

Fall III

W. G. (2 Ss 2/55 und 3 Js 1655/55 Staatsanwaltschaft Wuppertal)

Im Oktober 1954 wurde gegen einen damals 54jährigen Beamten von seiner Behörde Strafanzeige wegen Urkundenfälschung und Betrugs erstattet. In der Anzeige war auch von der — ursprünglich angenommenen — Möglichkeit die Rede, daß beim Beschuldigten Unzurechnungsfähigkeit vorliegen könne. Durch ein von der Behörde angefordertes Gutachten einer Städtischen Nervenklinik waren jedoch die Voraussetzungen zur Anwendung des § 51 Absatz I oder II StGB ausgeschlossen worden.

Während der häufigen, langwierigen Vernehmungen durch die Staatsanwaltschaft bot G. oft ein „auffallendes" Verhalten. Er brachte grobe Vorwürfe gegen die vernehmenden Beamten vor. Wiederholt mußten die Verhandlungen abgebrochen werden.

Im Januar 1955 wurde Anklage erhoben. Im Frühjahr 1955 beantragte die Verteidigung eine zweite Begutachtung durch einen psychiatrisch vorgebildeten Amtsarzt. In diesem Gutachten wurden die Voraussetzungen zur Anwendung des § 51 Absatz I StGB *bejaht*. Somit wurde ein Obergutachten erforderlich, das wir nach längerer stationärer Beobachtung und — infolge des zweiten Strafverfahrens — auf Grund zahlreicher ambulanter Untersuchungen erstatteten, die sich über ein Jahr hinzogen.

Zur Vorgeschichte des Strafverfahrens ist folgendes wissenswert:

Im Februar 1952 war zunächst ein Disziplinarverfahren gegen G. wegen des begründeten Verdachtes der Urkundenfälschung und der Verleumdung eingeleitet worden. Hierbei handelte es sich um einen im Oktober 1950 verfaßten Briefentwurf, der von dem Beschuldigten mit einem anderen Namen versehen worden sein soll. Der Durchschlag dieses Briefentwurfes war später zur Kenntnis der Behörde gekommen. Jahrelange Differenzen mit nahezu allen Vorgesetzten waren vorausgegangen. Die Personalakten enthielten umfangreiche Schriftsätze, in denen G. zum Teil sehr aggressive Behauptungen aufstellte. So ist wiederholt von einem „fanatischen Vernichtungswillen der Behörde" ihm gegenüber zu lesen. In dem Untersuchungsverfahren, das sich über zwei Jahre erstreckte, ist mehrfach der Gedanke erörtert worden, eine psychiatrische Untersuchung bei G. vornehmen zu lassen.

Der Abschlußbericht des Untersuchungsführers lautete in seiner Zusammenfassung folgendermaßen:

„... daß der Beschuldigte sich nicht nur einer großen Anzahl von groben Unkorrektheiten, sondern auch eines schweren Dienstvergehens, vor allem durch seine verleumderischen Angriffe gegen R., schuldig gemacht hat steht fest. Auf Grund einer 1½jährigen Beschäftigung mit dem Beschuldigten möchte ich festhalten: ... G. ist *nicht* mit dem Maßstab eines normalen, dienststraffähigen Beamten zu messen. Er ist eine unglückliche Natur ... Bei rein äußerlicher Betrachtung ... bietet er das Bild eines ewig unzufriedenen Nörglers, eines den Arbeitsfrieden in der Verwaltung störenden Unruhestifters, eines unverträglichen Kollegen, eines Mannes ohne Selbstdisziplin und Selbstbeherrschung (besonders, wenn er zur Feder greift), unfähig, sich in die institutionell gegebene Ordnung der Verwaltung einzufügen, eines unverbesserlichen Querulanten, eines ‚Stänkers', wenn man so will, andrerseits aber auch einer Michael-Kohlhaas-Natur ... Selbst ihm wohlwollende Vorgesetzte ... sprechen von Reibungen mit Mitarbeitern und Außenstehenden sowie von einem schroffen, unausgeglichenen Wesen ... Zwar werden in den früheren Jahren seine dienstlichen Qualitäten anerkannt ... später lehnten mehrere Behörden seine Beschäftigung trotz seiner politischen Unbelastetheit und trotz des damals bestehenden Bedarfs an unbelasteten Juristen ab, nicht wegen mangelnder dienstlicher Qualifikation, sondern wegen seines persönlichen Wesens und seiner Eigenart, mit der er überall als Störenfried wirkte ... Er hat wiederholt gebeten, den Vorgesetzten D. über ihn zu hören, der ihn besser kenne als die einseitig eingestellten anderen Vorgesetzten ... aber derselbe Herr D. hat den Beschuldigten als eine ‚unverträgliche Natur' geschildert ..., so daß ein ersprießliches Zusammenarbeiten mit ihm nicht möglich war. Ein anderer Vorgesetzter erinnerte sich, daß G. als krankhaft erregter Mann galt, der manchen Verdruß verursachte ..., daß alle Zwischenfälle, die man ihm vorwerfe, nur auf die ‚seelische Depression' zurückzuführen seien ... Das Bild seiner Persönlichkeit weist nämlich unzweifelhaft psychopathische Züge auf ... Ein amerikanischer Offizier meinte: ‚Herr G. hat einen Vogel' ... G. kann für seine Handlungsweise nicht voll verantwortlich gemacht werden. Diese Erkenntnis hat auch verschiedentlich dazu geführt, eine psychiatrische Untersuchung zu veranlassen. Die ersten Untersuchungen aus dem Jahre 1947 durch den Amtsarzt in F. und einen Nervenarzt sind leider, zum Teil durch das Verhalten des Beschuldigten selbst, an der Oberfläche haften und daher ergebnislos geblieben ... Der Amtsarzt in N. stellte fest, daß G. an der Grenze von Norm und Psychose stehe, daß es sich um einen Psychopathen handle, wofür u. a. seine hemmungslose Aktivität, seine Selbstüberschätzung und vor allem ein gesteigertes Selbstgefühl spreche. ..., daß keine psychische Erkrankung vorliege, die die Anwendung des § 51 StGB ermöglichen würde, wohl aber eine Erwerbsminderung von etwa 50% ..., so daß die vorzeitige Ruhesetzung vertretbar wäre.

... Der Beschuldigte hat das Ergebnis der ärztlichen Untersuchung in seinem Sinn umgefälscht ... In der Tat hätte schon ein eingehendes Studium der zahllosen Schriftsätze des Beschuldigten mit ihrer Mischung von scheinbarer Logik und akzentuierten Tatsachenbehauptungen einerseits, verworrenen Tiraden, Kombinationen und Gedankensprüngen andererseits, dem Psychiater einen wesentlich konkreteren Eindruck von den psychischen Defekten des Untersuchten vermitteln müssen. Die Behörde hielt damals die Voraussetzungen für eine Zwangspensionierung nicht für gegeben... In dem vorgeschriebenen Verfahren würde sich unschwer herausarbeiten lassen, daß G. an zahlreichen Wahnkomplexen leidet, die sich zum Teil als Haßkomplexe, zum Teil als Verfolgungskomplexe darstellen... G. wird von einem Haßkomplex gegen den Vorgesetzten R. beherrscht, schon seit 1932... Der Beschuldigte ist immer bereit gewesen, alles, was nur irgendwie gegen R. ausgelegt werden konnte, heranzuziehen und in aufgebauschter Form zu Papier zu bringen. In der Verfolgung dieser Ziele ist er hemmungslos und scheut vor nichts zurück... Hier mischt sich der Haßkomplex mit Verfolgungswahnideen: der Beschuldigte fühlt sich verfolgt. Die andern führen angeblich nichts anderes im Schilde, als den Beschuldigten in seiner bürgerlichen und physischen Existenz zu vernichten... Für die Suspension hat er neuerlich auch den Leiter verantwortlich gemacht, so daß man auch hier beinahe schon von einem neuen Haßkomplex sprechen kann... Alles beherrschend zeichnet sich durch die ganzen Auslassungen des Beschuldigten seit 1945 der Komplex ab, daß er, der Beschuldigte, berufen sei, im Sinne der echten Demokratie – wie er sie auffaßt – Sauberkeit und Moral bei seiner Dienststelle einzuführen... In einem Brief vom 12. 7. 1951 an einen Abgeordneten bedenkt er einige leitende Beamte mit ‚kritischen Bemerkungen', und macht sich anheischig, an der Ausräumung des vermeintlichen Augiasstalles mitzuwirken... Von diesem Komplex, den man versucht ist als einen ‚Behörden-Rettungs-Komplex' zu kennzeichnen, läßt er sich so weit beherrschen, daß er sogar stolz darauf ist, gewissermaßen die Rolle eines Sprengkörpers und einer Rarität in der Verwaltung zu spielen, so z. B., wenn er in einem privaten Brief an den Untersuchungsführer schreibt: ‚Ein Kläffer, wie ich... verdiente unter Naturschutz gestellt zu werden.'... In diese Rolle als ‚Retter der Beamtenmoral' hat sich G. so hineingesteigert, daß ihn dieser Gedanke dazu verführt, immer von neuem mit gewissen mißvergnügten Elementen innerhalb der Behörde in Verbindung zu treten und Material zu sammeln, das sich dann bei ihm zu entsprechenden Schriftsätzen verdichtet. Sobald er die Feder oder die Schreibmaschine in die Hand nimmt, ist er hemmungslos... Wo hierbei die Grenzen... zwischen Norm und Psychose liegen, ist im einzelnen Fall schwer zu entscheiden und vielleicht nur durch den Psychiater abzustecken. Das eine ist eine Tatsache..., daß er sich in seinem Handeln nicht ausschließlich von dem, von ihm so oft betonten Idealismus leiten lassen hat, sondern gewisse persönliche Nebenabsichten mitverfolgt hat... Er hat auch gelegentlich zugegeben, daß er später seinen Kampf gegen R.s Untersuchungsführung nur zu 90% aus Idealismus geführt habe und daß er persönlich an R.s Tun und Versäumen interessiert gewesen sei, nachdem er... gemaßregelt worden sei und keines der freien, für ihn reizvollen Dezernate erhalten habe. Eine gewisse Eifersucht hat also zweifellos bei seinen Angriffen auf R. mitgesprochen... Der wiederholte Hinweis des Beschuldigten auf seine angebliche Benachteiligung bei der Dezernatzuteilung erklärt manches in dem Verhalten des Beschuldigten. Da ist einmal sein sozusagen versetzter Ehrgeiz, die Vorstellung, daß er seinen Fähigkeiten nach nicht richtig eingesetzt worden sei. Es steht mir nicht zu zu entscheiden, inwiefern darin ein wahrer Kern steckt... Der Beschuldigte selbst hat beanstandet, daß er... in irreguläre Sonderdezernate verdrängt worden sei... Zum andern ist es auch offensichtlich, daß es ein Fehler war, G. als einen Beamten mit konservativer Weltanschauung, nicht ohne altpreußisch-junkerlichen Einschlag, evangelischer Konfession, in den wirren Zeiten nach dem Zusammenbruch ausgerechnet in Bayern einzusetzen..., daß G. als Preuße und in seinen Eigenarten wie ein rotes Tuch für die bayrische Mentalität, zum Teil auch konfessionell bedingt, wirken mußte... Die Tatsache seines Einsatzes im bayerischesten Bayern und noch dazu in einem Dezernat, das gerade bei G. als fehlsamer Einsatz bezeichnet werden muß, kann ihm jedenfalls in etwa zugute gehalten werden.

Abschließend bleibt noch zu erörtern, welche Möglichkeiten der Lösung des Falles G. sich nach dem Untersuchungsergebnis und den vorstehenden Betrachtungen über die Persönlichkeit des Beschuldigten darbieten:

I. Der Beschuldigte selbst bittet... ihn wieder in den Dienst zu setzen und einen ursprünglich redlichen und ideell-gespannten, diensteifrigen, allerdings zur Neurose neigenden Beamten in Güte und durch vernünftigen Zuspruch zur Ruhe und zur sachlichen Arbeit zu bringen... Leider mußte der Untersuchungsführer sich mehr und mehr davon überzeugen, daß dem Beschuldigten hierzu vielleicht nicht der Wille, wohl aber ... die Kraft fehlen würde... Einen vollbefriedigten Dezernenten aus ihm zu machen, wird bei seiner Natur kaum erzielbar sein... Seine Beteuerung, daß er nicht unbelehrbar noch verbohrt sei, sondern bereit, sich unter Wahrung seiner Ehre wieder in die Schranken einzuordnen, die der geregelte Ablauf einer Verwaltung seinen Mitgliedern auferlegen muß, versieht er mit der Einschränkung: ‚sobald offenbares Unrecht bereinigt oder aus der Welt geschafft ist.' . . . Die Überzeugung, daß der Beschuldigte wegen seiner geistigen Defekte, die zwar menschliches Mitleid verdienen, ihn aber wieder in Konflikt mit Untergebenen, gleichgeordneten Kollegen und Vorgesetzten bringen würden, auf die Dauer eigentlich auf keinem Posten der Verwaltung mehr zu verwenden sei, haben verschiedene ernst zu nehmende Zeugen . . . zum Ausdruck gebracht.

II. Als zweite Lösung bleibt die Durchführung des Verfahrens vor dem Disziplinargericht.

III. Als dritte Möglichkeit bleibt nur noch die Versetzung des Beschuldigten in den Ruhestand. Ich habe meinerseits als Untersuchungsführer es nicht für angebracht gehalten, den Antrag auf Beobachtung des Beschuldigten in einer öffentlichen Heil- und Pflegeanstalt zu stellen... Ich vermag nicht zu übersehen, inwieweit diese Möglichkeit inzwischen durch weitere Dienstverfehlungen des Beschuldigten an Aussicht gewonnen hat, insbesondere durch den Fall der Benutzung eines falschen Ausweises.“

Während der klinischen Beobachtung berichtete uns die Ehefrau, die ihn seit 1931 kennt, daß er immer ein lebhafter, interessierter und vielseitig orientierter Mensch gewesen sei. Seit 1948 sei er ihr etwas sprunghafter als früher vorgekommen. Mehrere Beleidigungsverfahren hätten geschwebt. Seit 1950 habe er in stärkerem Umfang Schlaf- und Beruhigungsmittel eingenommen (Phanodorm, Evipan, Pervitin, Metrotonin). Sie selbst halte ihn für psychisch nicht gesund, wenn auch nicht für geisteskrank.

Neben den Angaben der Ehefrau sind auch die weiteren Beurteilungen durch die Behörde instruktiv.

„Zwar muß leider befürchtet werden, daß G. auch in Zukunft nicht von unfruchtbaren Nörgeleien, Taktlosigkeiten oder maßlosen Angriffen gegen andere ablassen werde...“

In einem späteren Bericht wurde auf die „krankhafte Sucht nach Übertreibungen“ bei G. hingewiesen.

Eine ausführliche Beurteilung der Persönlichkeit enthält eine Stellungnahme vom Februar 1950:

„Die große Anzahl von Differenzen, die er hatte, fällt auf. G. hält sich nicht an die angeordneten Fristen bei der Abgabe von Essenskarten (als einziger unter 1000 Essensteilnehmern). Wegen geringfügiger Beträge macht er großes Aufheben (Beschwerde an höchster Stelle wegen Ersatzes verfallener Marken der Essenskarte). Er befürchtet immer, er würde benachteiligt werden. Beschwerde an höchster Stelle wegen unterbliebener Weiterverwendung als Lehrkraft bei Kursen. Zusammenstöße mit dem Bezirksküchenleiter, erregte Auseinandersetzungen. G. ließ sich zu Beleidigungen hinreißen. Einem Beamten, der eine damit im Zusammenhang stehende Untersuchung leitete, machte er Vorwürfe, er habe heimtückisch und hinterhältig gehandelt und ihm die größte Schmach angetan. Beschwerden über die Unterbringung der Pressestelle. Vorwürfe wegen der Verteilung der Büroräume. Angriffe gegen andere Beamte verbunden mit Vorwürfen wegen nicht objektiver Verfahrensweise bei der Verteilung der Büroräume. Lange Schreiben an höchste Vorgesetzte wegen Unregelmäßigkeiten bei der Betriebsküche in B. Unzutreffende Angaben über das Verhalten eines Küchenleiters. Auseinandersetzung mit einem Beamten, als er in Zivil einen verbotenen Schienenübergang benutzte. G. soll den Beamten angeschrien haben: ‚Halten Sie mich nicht auf, Sie Kadett, in B. hat der Wachenleiter gestohlen.‘ Mangelnde Selbstbeherrschung, erläutert an der Behandlung Untergebener, denen er Vorwürfe wegen unzulänglicher Bearbeitung dienstlicher Sachen machte, obwohl er es versäumt hatte, rechtzeitig die erforderlichen Entscheidungen zu treffen. Beantragung der Erteilung einer Rüge gegen einen Beamten, weil dieser sich für die Milderung einer, gegen einen anderen Beamten ausgesprochenen Dienststrafe eingesetzt hatte. G. fand bei den Betriebsräten keine Resonanz. Gründe: zu scharfes Vorgehen wegen Verfehlungen im Zusammenhang mit den Notjahren 1945 bis 1948, allzu forsches Auftreten bei der Untersuchung von Unregelmäßigkeiten, Anmaßung der Funktion eines Staatsanwaltes, keine glückliche Hand im Umgang mit der Bezirkspersonalvertretung.“

Aus allem ergibt sich folgendes Bild der Persönlichkeit des G.: „... ein sehr nervöser, empfindlicher Mensch, dabei auch jähzornig... er ist von sich eingenommen.“

Einem Bundestagsabgeordneten trug G. vor, er sei die geeignete Persönlichkeit, um seine eigene Behörde von unsauberen Elementen zu säubern. Hohes Selbstbewußtsein. (Er habe den Sumpf der Korruption aufdecken müssen, er sei der einzige Spezialist für Wiedergutmachungsangelegenheiten.) G. fühlte sich ungerecht behandelt, klagte über seine unwürdige Unterbringung. Er habe ein Martyrium mitgemacht und sei ständig bespitzelt worden, obwohl ihm in Wirklichkeit niemand zu nahe getreten sei. Bei Mißlingen dienstlicher Angelegenheiten sei in jedem Fall der andere der Gegner gewesen. Eine ausgesprochene Rachsucht wurde angenommen, die in manchen Fällen „schon in das Pathologische" herübergriff. Arbeit mit Unrichtigkeiten, Zurechtbiegung von Tatbeständen, Verbohrtsein in eine verschrobene Gedankenwelt, mit Verlust des Blickes in die Wirklichkeit. Zweifelloser Drang zu Reformen. Durchaus möglich, daß er mit subjektiv ehrlichem Willen das Ausscheiden der als schädlich erkannten Gegner betreibt. Die Beurteilung schließt: „Jedenfalls kann seine geistige Haltung nicht mehr als normal bezeichnet werden. Es kann auch nicht damit gerechnet werden, daß er sich künftig bei irgendeiner Stelle entsprechend einordnen würde."

In einer weiteren Beurteilung vom 12. 12. 1949 heißt es unter anderem: „G. leidet offensichtlich unter Verfolgungswahnideen." Der Berichterstatter hält ihn wegen Schwäche seiner geistigen Kräfte nach pflichtgemäßem Ermessen für dauernd unfähig, seine Amtspflichten zu erfüllen. Zwangspensionierungsverfahren erwogen. Der Schriftsatz schließt: „Ich wenigstens bin auf Grund meiner jahrelangen Beobachtungen überzeugt, daß es sich bei G. um einen bösartigen, von Verfolgungswahnideen besessenen Psychopathen handelt."

Im November 1949 wurde G. amtsärztlich begutachtet. Wir entnehmen aus dem psychischen Befund:

„... er steht an der Grenze von Norm und Psychose ... daß es sich um eine Psychopathie handelt, ist ziemlich sicher. Dafür spricht auch seine hemmungslose Aktivität, seine aus allem hervorgehende Selbstüberschätzung, vor allem ein gesteigertes Selbstgefühl."

Ein Behörden-Chef schrieb:

„Ich bin mit jeder Regelung einverstanden, die mir den bösartigen Psychopathen G. vom Hals schafft."

Zur eigenen Vorgeschichte berichtete G.:

Als Kind sei er sehr nervös und schwer „dressierbar" gewesen. Er habe viele Krankheiten überstanden, aber bis 1953 sei er ein „vitaler" Mensch gewesen. Nach einer Gelbsucht (1952/53) sei er überempfindlich geworden, mit Neigung zu allergischem Reagieren. Wegen einer schmerzhaften Schultergelenksentzündung habe er reichlich entsprechende Medikamente eingenommen.

Nach dem Besuch der Volksschule und des Gymnasiums habe er Jura studiert. 1930 sei er zu seiner jetzigen Behörde gekommen. Nach 1933 erhebliche Differenzen mit staatlichen Stellen; dadurch berufliche Nachteile.

„1945 kam die Enttäuschung. Es sollte eigentlich meine große Zeit kommen; ich war nicht Pg.; aber außer einer Verbesserung des Rangdienstalters geschah nichts."

1946 kam G. in die Westzone. Er war von einer ostzonalen Behörde wegen „ungerechtfertigter Anschuldigungen eines Beamten" entlassen worden. Aus der Beurteilung der dortigen Behörde:

„Die Art und Weise, wie G. seinen Vorgesetzten diese Beschwerden begründet, muß in höchstem Grad befremden. ... Ich muß zu dem Schluß gelangen, daß G. entweder als kranker Mensch anzusprechen ist oder die Veranlagung hat, ohne jede stichhaltige Begründung in maßloser Weise unhaltbare Kombinationen aufzustellen."

Seit 1946/47 sei er als Beamter in eine zunehmende „Kontrastellung" zu seinen Vorgesetzten und Mitarbeitern geraten. Im Mai 1947 ist erstmals der Gedanke an eine psychiatrische Untersuchung aufgetaucht. Er wurde damals vom Arzt als ein „Mensch mit labilem Nervensystem, der sich in einem Zustand leichter Reizbarkeit befindet" bezeichnet. Bei einer nervenfachärztlichen Untersuchung im gleichen Jahr wurde von ihm als einer „geltungssüchtigen, leicht reizbaren und querulatorischen Persönlichkeit" gesprochen. „Larvierte Beeinträchtigungsvorstellungen" konnten nicht mit Sicherheit ausgeschlossen werden.

Auch 1949 nahm ein Amtsarzt eine Psychopathie an und schätzte die Erwerbsminderung auf 50%. Eine vorzeitige Pensionierung sei aus ärztlichen Gründen vertretbar.

Mit Einleitung des Disziplinarverfahrens wurde G. der ihm bislang zustehende Freifahrtschein entzogen. Dadurch sei er in einen „echten Notstand" geraten, da er zahlreiche private und dienstliche Reiseverpflichtungen gehabt habe. Eine gewisse Anzahl von Fahrten hat er dann mit einem von ihm selbst veränderten Freifahrtschein ausgeführt. Ende 1953 wurde er bei einer Kontrolle mit dem gefälschten Ausweis angetroffen.

Seine aktuelle Situation sei damals sehr bedrängt gewesen. Er habe zu einem Prozeß nach Süddeutschland reisen müssen, bei dem es um einen hohen Betrag gegangen sei. Trotz mehrfachen Ansuchens sei ihm eine Sonderreisegenehmigung nicht gestattet worden. Wegen seiner Schmerzen habe er sich in einem Zustand besonderer Erregung befunden. Außerdem habe er damals reichlich schmerzstillende Medikamente eingenommen. Er berichtete: „Trotz tagelangen Antichambrierens habe ich nicht den mir moralisch zustehenden – ich war immerhin zwanzig Jahre bei der Behörde tätig gewesen und schuldlos in ein Disziplinarverfahren verwickelt worden – Freifahrtschein bekommen. So hat sich eine zugespitzte Situation entwikkelt. Ich war damals in einer gewissen Geistesverwirrung, *es* handelte in mir, nicht *ich* handelte."

Bei den klinischen Untersuchungen fiel uns ein außerordentlicher Rededrang auf und eine Tendenz zu maßlosen Übertreibungen. Sprach er beispielsweise von seiner Leberentzündung, so führte er – unter Anspielung auf psychosomatische Gedankengänge – aus: „Es ist ein Justizmord an mir begangen worden." Auch motorisch wirkte G. zeitweise enthemmt.

Der Nachweis von Barbituraten oder anderen stark wirkenden Medikamenten aus dem Harn und dem Blutserum gelang nicht.

Aus unserer abschließenden Beurteilung entnehmen wir folgende Einzelheiten:

„Spezielle psychologische Problematik:

Die spezielle psychologische Problematik des Falles ergibt sich aus der Diskrepanz zwischen dem offensichtlich sehr scharfen Rechtsempfinden des Beschuldigten und seinen zahlreichen Verstößen gegen dieses Rechtsempfinden, soweit es sich um Rechtsgüter anderer handelt. Das Delikt selbst ist nur als Schlußstein in dieser verhängnisvollen Entwicklung anzusehen. Menschen dieser Persönlichkeitsartung neigen zu Reaktionen, die man dann als ‚querulatorisch' bezeichnet, wenn die Diskrepanz zwischen Effekt und persönlichem Aufwand objektiv sehr oder zu groß ist und der weiteren Verfolgung eines solchen ‚Ringens um das Recht' nach Lage der Dinge ein Erfolg nicht beschieden sein kann.

Auch der in den Akten so oft erwähnte ‚Benachteiligungs-Komplex' hat offensichtlich eine reale Grundlage, wie wohl die meisten der sogenannten Querelen sich an irgendeinem konkreten Ereignis, an dem der betreffenden Persönlichkeit ein *Unrecht* geschah, entzündet. G. hat nach 1945 tatsächlich keine Verbesserung seiner dienstlichen Stellung erhalten, obwohl er während der NS-Zeit dienstliche Benachteiligungen erdulden mußte.

Wir müssen es uns versagen, auf die Umstände einzugehen, die ihn während seiner Tätigkeit in R. veranlaßten, die dort objektiv vorhandenen oder auch nur vermeintlichen Mißstände aufzuspüren und ihnen nachzugehen.

In dieser biographisch ableitbaren und in der Persönlichkeitsstruktur begründeten Konfliktsituation hat er sich wiederholt an höchste Instanzen (Ministerien, Bundestagsabgeordnete etc.) gewandt. Ein derartiges Verhalten ist in dieser Situation psychologisch durchaus verständlich gewesen, wenn es auch formalrechtlich – im Sinne des Beamtenrechtes – strittig sein mag, ob ein Beamter diesen Schritt tun darf oder nicht.

Seine scharfen Formulierungen können allerdings nicht mehr rein verstehendpsychologisch bewertet werden. Sie müssen bereits als Ausdruck einer toxischen Enthemmung gedeutet werden, wenn G. zum Beispiel von der ‚Anarchie in der Behörde' spricht oder von dem ‚fanatischen Vernichtungswillen der Behörde ihm gegenüber' oder von dem ‚Augiasstall der Verwaltung' oder schließlich von dem ‚Justizmord', der an ihm begangen worden sei.

Zur speziellen Psychopathologie des Falles:

Bereits 1947 tauchte erstmalig bei einer ärztlichen Untersuchung die Vermutung auf, es könne sich bei G. um einen an *Wahnkomplexen* leidenden Menschen handeln. Sichere klinische Hinweise auf eine mit Wahnphänomenen verbundene endogene Psychose ließen sich jedoch weder aus der Vorgeschichte noch aus den bisherigen Gutachten und auch nicht aus den jetzt bei uns erhobenen psychopathologischen Befunden ableiten. Die Mehrzahl der Gutachter hat daher den unverbindlichen Ausdruck der sogenannten *überwertigen Ideen* gewählt, der für die Wahndiagnostik im Sinne einer schizophrenen Psychose nichts präjudiziert.

Auch das „Sendungs- und Missionsbewußtsein", das man gelegentlich bei schizophrenen Erkrankungen als Symptom findet, kann im hier vorliegenden konkreten Fall nicht als Ausdruck einer endogenen Psychose gewertet werden. Das bei G. vorliegende psychopathologische Syndrom ist vor allem durch das Phänomen der *toxischen Enthemmung* gekennzeichnet, durch die alle bei ihm bereits vorhandenen psychopathischen Wesenszüge beträchtlich verstärkt erscheinen (sogenannte ‚Zuspitzung' der Persönlichkeit), während schizophrene Symptome I. oder II. Ranges (im Sinne von KURT SCHNEIDER) mit Sicherheit ausgeschlossen werden konnten.

Auch für die Annahme einer Psychose aus dem Formenkreis des Manisch-Depressiven ergaben sich keine Anhaltspunkte. Eine manische Phase liegt mit *Sicherheit* nicht vor, obwohl beim Untersucher bei den ersten Explorationen der diagnostische Eindruck zunächst in diese Richtung wies. Die bei G. vorhandene ‚Ideenflucht', verbunden mit dem Unvermögen sich zu konzentrieren und seine Gedanken zu ordnen, sind Phänomene, die bei manischen Zuständen vorkommen. Allerdings paßte zu dieser Annahme die *gereizte* Stimmungslage nur bedingt, — es gibt zwar auch eine relativ seltene Form der sogenannten ‚gereizten' Manie — vor allem aber sprachen die sich aus der Vorgeschichte ergebenden Hinweise zwingend gegen die Diagnose einer mit manischen oder depressiven Stimmungsschwankungen krankhafter Art verbundenen psychischen Störung nach Art einer Cyclothymie (früher manisch-depressives Irrsein genannt)."

Diese Gedankengänge führten uns zu folgenden Schlußfolgerungen:

„Auf Grund der Ergebnisse unserer körperlichen und psychopathologischen Untersuchungen muß festgestellt werden, daß es sich bei G. einerseits um eine *psychopathische Persönlichkeit* handelt, d. h. um einen Menschen, der sich im Hinblick auf gewisse, höchst wahrscheinlich in seinen *Anlagen* ruhende psychische Züge vom Durchschnitt der Bevölkerung erheblich unterscheidet. Der wissenschaftliche Oberbegriff für derartige psychopathische Persönlichkeiten ist der Begriff der ‚*abnormen* Persönlichkeit', womit man lediglich nicht wertend und rein deskriptiv zum Ausdruck bringen will, daß ein solcher Mensch sich in mancherlei Hinsicht *anders* verhält als der Durchschnitt (die ‚Norm') der Menschen.

Seine abnormen Wesenszüge können durch folgende psychische Eigenschaften kurz umrissen werden: abnorme Empfindlichkeit, starke Stimmungslabilität, geringes inneres ‚Bremsungsvermögen', starkes Geltungsbedürfnis. Zahlreiche andere Wesenszüge bei G., die mehr oder minder vom Durchschnitt abweichende Nuancen aufweisen, können hier nicht noch einmal ausdrücklich erwähnt werden.

Neben dieser zweifelsfrei vorhandenen und von allen Vorgutachtern festgestellten *Psychopathie,* die als solche keineswegs forensische Konsequenzen hat, bestehen aber bei G. *weitere psychopathologische* Symptome, die im Syndrom der ‚Enthemmung' zusammengefaßt werden können.

Diese *Enthemmung* macht sich in allen Bezirken menschlichen Verhaltens (Beruf, Familie, Gesellschaft usw.) teils grob störend, teils nur lästig bemerkbar. Die psychische Enthemmung hat letzten Endes auch zu der inkriminierten Handlung geführt.

Es erhebt sich nun die Frage, worauf diese, in hohem Maße abnorme Enthemmung zurückzuführen ist. Eine *endogene Psychose* konnte mit hinreichender Sicherheit ausgeschlossen werden. Aus der *Persönlichkeitsartung* selbst ist eine Enthemmung von diesem Ausmaß nicht verständlich abzuleiten, zumal das Phänomen erst in den letzten Jahren in voller Deutlichkeit zutage getreten ist. Es muß also ein *neuer Faktor* hinzugekommen sein, der die in G. wohl vorhandene Anlage zu hemmungslosem Verhalten aktualisiert hat.

Dieser *neue Faktor* ist unserer Auffassung nach in dem *chronischen Medikamentenmißbrauch* zu sehen, der von G. seit einigen Jahren — mit Sicherheit aber nach 1952/53 in Verbindung mit einer schmerzhaften Gelenkerkrankung — betrieben wurde.

Es ist eine allseits anerkannte Erfahrungstatsache, daß gewisse Arzneimittel mit psychotropen oder psychotoxischen Eigenschaften die menschliche Psyche in nachhaltiger Weise verändern. Auf die große diesbezügliche Literatur kann summarisch verwiesen werden. Eines der Hauptcharakteristica chronisch-intoxierter Menschen ist ihre *toxische Enthemmung*, wie sie in eindrucksvoller Klarheit als führendes psychopathologisches Syndrom auch bei G. vorliegt.

Aus dieser Feststellung ergibt sich für uns die Konsequenz, die Voraussetzungen zur Anwendung des § 51 Absatz II StGB bei Herrn G. für das ihm zur Last gelegte Delikt zu *bejahen.*"

Im Herbst 1956 wurde G. nochmals von uns begutachtet. Es war mehrfach zu homosexuellen Entgleisungen gekommen. In diesem Verfahren wurde im schriftlichen Gutachten zunächst die Anwendung des § 51 Absatz I StGB empfohlen, im Hinblick auf die starke toxische Enthemmung der Triebsphäre. In der Hauptverhandlung wurde vom Gericht jedoch nur eine verminderte Zurechnungsfähigkeit angenommen und G. wurde zu einer Gefängnisstrafe verurteilt, die er im Sommer 1958 verbüßt hat.

Epikrise: I. Während — trotz mancher Verdachtsmomente — bei G. eine Geisteskrankheit (besonders eine Schizophrenie) mit hinreichender Sicherheit ausgeschlossen werden konnte, mußten wir uns, ebenso wie die Vorgutachter, immer wieder fragen, ob eine derartige Massierung *psychopathischer* Wesenszüge nicht den Begriff der Geistesschwäche erfüllt, den der Gesetzgeber geschaffen hat, um hochgradige — wenn auch nicht krankheitsbedingte — psychische Abnormitäten in einem praktikablen Begriff zu fassen. G. war aber nun wirklich nicht „geistesschwach", sondern recht intelligent, ein Doktor beider Rechte, mit zunächst tadelloser Karriere und vielseitigen Interessen, kurz ein gebildeter Mensch, mit dem Diskussionen über viele Themen möglich und auch erfreulich waren. In einem Strafverfahren nun auf einmal von „Geistesschwäche" zu sprechen, kam uns dann doch unangemessen vor, obwohl G. in mancher Hinsicht kritikschwach und geradezu „unvernünftig" erschien. Die Empfehlung zur Anwendung des § 51 hätte also schwerlich ausgesprochen werden können, wenn nicht die chronische Medikamentenintoxikation hinzugekommen wäre, die alle psychopathischen Wesenszüge potenzierte. Eine restlose Exkulpierung wäre dann allerdings phänomenadäquater gewesen, da die Graduierung einer toxischen Enthemmung, mit dem Ziel einer positiven Aussage über den Einfluß der Medikamente auf Einsichtsfähigkeit und Hemmungsvermögen, eine mit unseren

Methoden nicht zu lösende Aufgabe ist. Ohne die Existenz des § 51 Abs. II hätten wir mit Sicherheit die völlige Exkulpierung empfohlen. Kompromißformeln verleiten oft zu Kompromißlösungen.

Für die homosexuellen Triebentgleisungen haben wir später die Anwendung des § 51 Abs. I empfohlen, eine Empfehlung, der das Gericht aus uns undurchsichtigen Motiven jedoch nicht folgen wollte.

II. Die Fassung des Reformentwurfes läßt zwanglos eine völlige oder auch nur partielle Exkulpierungsempfehlung zu, da eine „schwere angeborene Abartigkeit" unverkennbar war und dazu die erworbenen Faktoren (besonders die Intoxikation) kamen, die zusammenwirkend eine „seelische Störung" ergeben haben könnten, wie sie der Entwurf als Grundlage für eine Exkulpierung fordert.

III. Eine Exkulpierungsempfehlung war auch bei der von uns vorgeschlagenen Fassung des § 51 möglich, zumal hier eine körperlich begründbare Bewußtseinsstörung (auf dem Boden der Intoxikation) wahrscheinlich zu machen war.

Im Falle der Nicht-Anwendung der Schutzbestimmungen des § 51 böte die Bejahung der besonderen personalen und biographischen Faktoren dem Richter jede Möglichkeit, die lebensgeschichtlichen Verstrickungen dieses ungewöhnlichen Schicksals in humaner und phänomengerechter Weise lösen zu können.

Fall IV

J. B. (E 37–27/56 AG Köln)

Im April 1956 erhielten wir den Auftrag, einen damals 46jährigen Beamten einer rheinischen Kleinstadt zu begutachten. Es handelte sich um ein Verfahren wegen Amtsanmaßung und Urkundenfälschung. Ein Disziplinarverfahren war vorausgegangen. B. hatte unbefugterweise einem Antragsteller die Konzession zur Führung eines Transportunternehmens vermittelt. Hierauf stützte sich der Vorwurf der Urkundenfälschung. Er hatte die Benachrichtigung des Antragstellers über die „Genehmigung" mit einem unleserlichen Schnörkel als Unterschrift versehen. Außerdem hatte B. von verschiedenen Bekannten, mit denen er auch dienstlich zu tun gehabt hatte, Darlehen gegen entsprechende Quittungen in Anspruch genommen. Einen Teil dieser Gelder brachte er zur Sparkasse, den Rest steckte er in den Wiederaufbau des im Krieg zerstörten Elternhauses seiner Frau.

Während im Disziplinarverfahren auch der Vorwurf der passiven Bestechung erhoben wurde, kam dieses Delikt im Strafverfahren nicht zur Sprache. Das Strafverfahren war nach ordnungsmäßigem Abschluß des Disziplinarverfahrens durch die anonyme Anzeige eines „empörten Mitbürgers" in Gang gekommen.

B. stammt aus bescheidenen Verhältnissen; sein Vater hatte sich vom einfachen Arbeiter zum Meister emporgearbeitet. Ernstere Erkrankungen oder besondere Entwicklungsschwierigkeiten hat B. nicht überstanden. In der Schule soll er vor den Lehrern Angst gehabt und „leicht undurchsichtig" gewirkt haben. Nach der Volksschule ist B. als „Stift" in die Gemeindeverwaltung eingetreten, in der er sich durch eisernen Fleiß und große Mühegabe bis zum planmäßigen Stadtinspektor emporgearbeitet hat.

Bis zum Kriegsausbruch hat es keine dienstlichen oder außerdienstlichen Schwierigkeiten bei B. gegeben.

Im Winter 1939/40 kam es unter den vermehrten Berufsbelastungen – er mußte die Funktionen eingezogener Beamter übernehmen – zu einem „Nervenzusammenbruch" ohne Klinikseinweisung. Der ihn damals behandelnde Arzt gab bei seiner späteren Vernehmung als sachverständiger Zeuge an, es habe sich um einen Zustand von starker Nervosität, Herzbeschwerden, Schlaflosigkeit und mangelndem Konzentrationsvermögen gehandelt.

1942 wurde B. eingezogen. Er erlitt später an der Ostfront einen Schußbruch im Bereich des linken Ellenbogengelenkes, der mit einer Pseudarthrose ausheilte. Außerdem bekam er Gehörstörungen, und er überstand 1944 eine schwere Gelbsucht.

Nach Kriegsende war er für kurze Zeit wegen seiner Parteizugehörigkeit vom Dienst suspendiert; bereits im Juli 1945 war er wieder im Dienst.

„Von dann ab war ich immer angespannt tätig, ich war ein Arbeitstier. Ich nahm immer neue Verpflichtungen auf mich, Ferien konnte ich kaum machen. Oft blieb ich auch sonntags im Amt. Ich fand in der Arbeit die Beruhigung." Erregende oder dämpfende Medikamente habe er in den ganzen Jahren nicht genommen. B. ist kein starker Raucher, gelegentlich hat er jedoch erheblich dem Alkohol zugesprochen. Eine körperliche Betätigung fand nach 1945 nicht mehr statt.

1940 hatte B. seine spätere Frau kennen gelernt. 1943 Eheschließung, 1944 Geburt eines Sohnes, an dem B. sehr hängt.

Die Ehefrau schilderte ihn als „weich", er sage immer „ja" und könne nicht „nein" sagen. Sie selbst gab zu, etwas herrisch zu sein. Erst seit dem Bekanntwerden seiner Straftaten sei es öfters zwischen ihnen zu Streitigkeiten gekommen. Vorher sei ihr nur aufgefallen, daß ihr Mann sehr eifersüchtig sei.

Zur Entstehung der Dienstvergehen berichtete B. folgendes:

In den Jahren nach der Währungsreform hätten die Dienstgeschäfte ständig an Umfang zugenommen. Die ihm zur Last gelegten Handlungen seien in den Jahren 1952 bis Ende 1954 vorgekommen.

Bei einer seiner ersten Vernehmungen hatte B. angegeben, er sei zur Tatzeit seelisch schwer belastet gewesen: nervös, schlaflos, völlig durcheinander. Nur so könne er, der doch jahrelang zur größten Zufriedenheit seiner Vorgesetzten – B. hat tadellose Zeugnisse und ist relativ schnell befördert worden – seinen vielseitigen Dienst (u. a. auch als Leiter der Abteilung für Rechtssachen) versehen habe, seine Handlungsweise erklären.

In dem Schlußbericht der Polizei heißt es u. a.:

„B. hat völlig unter dem Einfluß seiner Frau gestanden und keine eigene Meinung und Willen in seinem Privatleben gehabt." Das Motiv seiner Taten sei unverständlich, da sein Gehalt es ihm ermöglichte, ein angenehmes Leben zu führen. In dem Bericht wird weiter darauf hingewiesen, daß B. keine geheimen, kostspieligen Passionen gehabt habe, er soll vielmehr kaum etwas von seinem Gehalt für sich verbraucht haben. Weiter wurde festgestellt, daß er seiner Frau mehr Geld gab, als es seinem Nettogehalt entsprach. Das sei so lange gut gegangen, als er regelmäßig Nebeneinnahmen infolge eines besoldeten Nebenamtes gehabt habe. Durch den Fortfall dieser Funktion sei er in eine schwierige Lage geraten: „Nachdem ich einmal angefangen hatte, mein Gehalt durch Darlehensaufnahmen zu vergrößern, um meine Frau zufrieden zu stellen, konnte ich nicht mehr aufhören, weil ich nachher überhaupt nicht mehr den Mut dazu hatte!"

Große Freude habe ihm die Genugtuung bereitet, mit *eigenem* Geld beim Wiederaufbau des Besitzes seiner Frau helfen zu können, besonders in einer Zeit, in der die bereits genehmigten Kredite aus formalen Gründen gesperrt wurden und der Neubau bereits in Arbeit war. Die Frau und ihre Eltern hätten immer auf ihn als den „Habenichts" herabgeschaut. Einmal habe seine Frau seine Verwandtschaft als „Pack" bezeichnet. Unter dieser Kränkung habe er sehr gelitten.

„Meine Arbeit war so mein ganzer Lebensinhalt geworden, da das Zusammenleben mit meiner Frau trotz meiner Nachgiebigkeit immer unerträglicher wurde.

Nach der Teilnahme an abendlichen Veranstaltungen habe ich oft nicht mehr gewagt, nach Hause zu gehen. Für meine persönlichen Bedürfnisse mußte ich mir, wie ein Kind, 1–2 DM erbitten. Ich glaubte dadurch, daß ich meiner Frau mehr Geld bringe, sie versöhnlicher zu stimmen und ein erträgliches Zusammenleben zu erreichen. Als Ende Februar 1954 die ganze Sache durch eine Beschwerde ans Tageslicht kam, sah ich damals wohl sofort die Gefahr, in der ich schwebte, ich sah aber das Verfahren, das eines Tages kommen mußte, vorläufig als das kleinere Übel an."

Die damals von B. bei den polizeilichen Vernehmungen angegebenen Motive kamen dem aufnehmenden Beamten „unwahrscheinlich" vor.

Die Ehefrau, zu diesem Punkt des gemeinsamen Lebens befragt, berichtete uns: „Das Portemonnaie lag oben ... er konnte sich ja herausnehmen, wenn er ein paar Mark brauchte. Ansprüche an das Leben hat mein Mann nie gestellt. Die häusliche Arbeit verrichtete er gut." Bei der Exploration der Ehefrau fiel auf, daß sie sich besonders für die sich aus der Entscheidung des Oberverwaltungsgerichtes ergebenden finanziellen Konsequenzen des Disziplinarverfahrens interessierte.

Da die Handlungen des bewährten und allseits geachteten Beamten unklar und undurchsichtig erschienen, wurde besonders bei der Verhandlung vor dem Landesverwaltungsgericht von der Verteidigung auf die „dunklen Hintergründe" hingewiesen, die den unbescholtenen Mann zu derartig kurzschlüssigen Handlungen getrieben haben müssen. Auf Anregung der Verteidigung wurden bereits in dem Disziplinarverfahren mehrere Begutachtungen vorgenommen.

Zwei Amtsärzte bestätigten, daß bei B. ein vorzeitiger cerebraler und allgemeiner Altersabbau eingesetzt habe, der Dienstunfähigkeit bedinge.

Unabhängig von dem Ausgang des Disziplinarverfahrens kam durch eine anonyme Anzeige das Strafverfahren in Gang. In diesem Verfahren wurde B. von uns begutachtet. Wir entnehmen unserem damaligen Gutachten die nachstehende Beurteilung:

„Auf Grund unserer eingehenden Untersuchungen ist zunächst festzustellen, daß eine Geisteskrankheit (Schizophrenie, Cyclothymie) oder eine Geistesschwäche bei B. nicht vorliegen. Er leidet auch nicht an einer mit psychischen Störungen verbundenen Gehirnerkrankung. Für die im Disziplinarverfahren vertretene Annahme eines organischen Persönlichkeitsabbaues infolge eines vorzeitig einsetzenden ‚Altersverschleißes' mit begleitenden Störungen der cerebralen Blutversorgung (Gehirnarteriosklerose) fehlte jetzt nahezu jeder Anhaltspunkt.

Ein Alkoholmißbrauch in forensisch belangvollem Ausmaß hat ebenfalls nicht vorgelegen. Bei der Alkoholeinwirkung zur Zeit der Untersuchung in der Universitäts-Nervenklinik im Januar 1956 hatte es sich, wie der Angeklagte heute glaubhaft versichert, um zufällige Einnahmen mäßiger Quanten von Alkohol gehandelt, die allerdings jeweils kurz vor der Untersuchung erfolgte, so daß eine gewisse Alkoholwirkung zum Zeitpunkt der ambulanten Untersuchung zweifelsfrei vorgelegen hatte.

Bei unseren Untersuchungen in den Monaten Mai, Juni und Juli 1956 stand B. nicht unter Alkoholeinwirkung und es ließen sich auch die Anzeichen eines chronischen Alkoholmißbrauches mit Sicherheit ausschließen. Somit bleiben, schränkt man die Aufgaben des medizinischen Sachverständigen auf den Wortlaut des § 51 StGB ein, keine Anhaltspunkte für die Annahme schuldausschließender oder schuldmindernder Faktoren im Sinne dieses Paragraphen.

Andererseits obliegt dem psychiatrischen Sachverständigen auch die Aufgabe der Würdigung der Persönlichkeit vom psychiatrisch-psychologischen Standpunkt, zumal es sich hier um Delikte handelt, die nicht unmittelbar dem Vorteil des Angeklagten dienten. B. war über Jahrzehnte als Beamter bei seiner Behörde tätig und an der dienstlichen Führung wurde vor 1952 nie etwas beanstandet, vielmehr soll er sich durch großen Fleiß und Gewissenhaftigkeit ausgezeichnet haben. Seine Dienstvorgesetzten haben ihm im Disziplinarverfahren stets ein gutes Zeugnis ausgestellt. B. ist auch sonst nicht vorbestraft. Somit muß einerseits der Versuch gemacht werden, die Persönlichkeit des Angeklagten psychologisch zu erfassen, und andererseits müssen die situativen Umstände erörtert werden, um so zu einem gewissen Verständnis der zunächst inadäquat erscheinenden Handlungen des Angeklagten zu kommen.

Die Persönlichkeitsanalyse:

I. Es handelt sich unserer Auffassung nach um einen intellektuell ausreichend begabten, wenn auch keineswegs intellektuell hochstehenden Menschen, der sich durch rastlosen Fleiß und große Mühegabe bis zum Stadtinspektor emporgearbeitet hat. Die Triebkräfte für sein oft pausenloses und ferienloses Arbeiten („schuften') sind zum Teil in seinem starken Ehrgeiz zu suchen, da B. aus bescheidenen Verhältnissen stammt und er seine soziale Position um jeden Preis verbessern wollte. Ein gewisses Geltungsstreben und die Herausstellung der Wichtigkeit der eigenen Person mögen hinzukommen, zumal B. in der Familie seiner Ehefrau *nicht* anerkannt wurde (seine eigene Familie soll von seiner Frau im Verlauf einer Auseinandersetzung als ‚Pack' bezeichnet worden sein) und somit der Stachel des Ehrgeizes und der verletzten oder chronisch gekränkten Eitelkeit besonders wirksam werden konnte. Hierdurch ergab sich ein Mißverhältnis zwischen den selbstaufgebürdeten Pflichten, die er in nahezu ‚pausenlosem Einsatz' zu bewältigen suchte und seinem physischen wie psychischem Leistungsvermögen. Diese Diskrepanz zwischen Wollen und Können mit ihren nachteiligen Wirkungen auf die Gesamtpersönlichkeit hat vielleicht auch zu dem Eindruck des ‚vorzeitigen Verschleißes' geführt, den B. 1954 und 1955 auf die Gutachter in dem Disziplinarverfahren gemacht hatte; denn jetzt bot er keineswegs das Bild eines ‚vorzeitig verschlissenen' Menschen, wenn er auch über den Bruch in seiner beruflichen Entwicklung mit den weitgehenden Konsequenzen auf sozialem Gebiet immer noch stark deprimiert ist. Der Tätigkeit in der häuslichen Gastwirtschaft (am Schanktisch und bei der Führung der Bücher) ist er aber offenbar durchaus gewachsen. Hierbei ist er auch sicher nicht chronisch überfordert, wie dies vor der Suspendierung vom Amt oft der Fall gewesen zu sein scheint.

II. Die chronische Überforderung, die mit hoher Wahrscheinlichkeit für die Jahre 1939 bis 1952 als gegeben unterstellt werden darf, hat ihre Gründe sowohl in der Persönlichkeitsartung des B. als auch in seiner besonderen familiären Situation. Er stand sich mit seiner Ehefrau nicht gut. Auf die Hintergründe dieser Spannungen zwischen den Eheleuten braucht nicht im einzelnen eingegangen zu werden. Die Verschiedenartigkeit der Charaktere ist bei den Eheleuten B. evident und erklärt die Entstehung von Spannungen. Seine Angaben, daß er absichtlich in finanzieller Abhängigkeit gehalten wurde, sind durchaus glaubhaft. Diese, ihn tief demütigende Situation versuchte er einerseits durch das „Einspringen" mit eigenen Geldbeträgen in der kritischen Phase des Wiederaufbaues des schwiegerelterlichen Anwesens zu ‚überkompensieren', andererseits mag der Wunsch, ein eigenes Bankkonto zu besitzen – also frei und unabhängig zu sein — tatsächlich bei der Motivbildung mitgewirkt haben. Die naheliegendere, ‚vernünftigere' Lösung dieser finanziellen Probleme durch die Verwaltung des Gehaltes in *eigener* Regie war offenbar im Hinblick auf die Verteilung der Kräfte in der Ehe für den Angeklagten nicht durchführbar.

Manche seiner Handlungen müssen jedoch als Ausdruck seines Geltungsbedürfnisses gedeutet werden und nicht als Symptom der geschilderten chronischen finanziellen und persönlichen Abhängigkeit. Die eigenmächtige, unbefugte Bewilligung und das Nicht-versagen-können von Anträgen kann dann am ehesten mit dem Gefühl der ‚Scheinmacht' motiviert werden, die ihm in seiner Position als Beamter das ermöglichte, was ihm zu Hause unmöglich war, nämlich: zu bewilligen, zu genehmigen, zu helfen, wenn man sich an ihn als die *zuständige Instanz* wandte.

Die Handlungsweisen des Angeklagten, der unbescholten ist und seit Jahrzehnten tadellos seinen Dienst als Beamter versah, mögen primär unverständlich erscheinen und den Verdacht aufkommen lassen, es müsse bei ihm eine pychische Erkrankung im eigentlichen Sinn vorliegen. Die Analyse ergibt jedoch mit Sicherheit das Fehlen von Krankheiten im Sinne des § 51 StGB, der in erster Linie nach medizinisch begründbaren psychischen Abnormitäten fragt, während die psychischen Kräfte, die bei den Delikten des Angeklagten wirksam wurden, ganz anderen Umständen ihre Entstehung und Stärke verdanken. Bei der strafrechtlichen Behandlung so gearteter Delikte wird man, folgt man den Ergebnissen der psychologischen Analyse, zu einer anderen juristischen Beurteilung des Unrechtgehaltes kommen können, als wenn die bei derartigen Delikten üblichen Motive vorgelegen hätten."

Im Termin wurde im Hinblick auf die unterschiedlichen Ergebnisse der bisherigen Begutachtungen die Erstattung eines Obergutachtens beschlossen. Der Obergutachter kam zu folgendem Ergebnis:

„Wir kommen auf Grund der jetzigen Untersuchungen zu dem Ergebnis, daß es sich bei B. um eine psychopathische Persönlichkeit handelt, die besonders durch ein weiches, selbstunsicheres Wesen gekennzeichnet ist. Allen Konflikten geht er infolge einer veranlagten seelischen Schwäche gern aus dem Weg, ganz gleich, ob er im Beruf durch Aufbürdung von Mehrarbeit Nachteile hat oder innerhalb der Familie und Verwandtschaft offenbares Unrecht über sich ergehen läßt. Auf dem Amt war er der ‚Junge für alles', und zu Hause sage er meist ‚Ja und Amen', um Auseinandersetzungen zu vermeiden. – Eine gewisse kompensatorische Ergänzung zu diesen psychasthenischen Charakterzügen stellen der stark ausgeprägte Ehrgeiz und das Streben nach Geltung dar. Aus sehr einfachen Verhältnissen hat sich B. durch unermüdlichen Fleiß bis zum Stadt-Oberinspektor heraufgearbeitet. Er verzichtete in all den Jahren nahezu auf jede Freizeit, nahm sich keine Ferien und kannte außerhalb seines Berufes kein privates Vergnügen. Durch selbstaufgebürdete Pflichten entstand in erster Linie die chronische Überforderung, die aber von B. gar nicht so belastend empfunden wurde, weil mit den ihm gestellten Aufgaben sein Selbstgefühl gehoben und die Wichtigkeit seiner Person immer wieder aufs neue bestätigt wurde.

Trotz großen Bemühens konnten auch wir die Motive seiner Verfehlungen nicht aufdecken. Manches kann mit seiner charakterlichen Veranlagung erklärt werden; aber das allein reicht nicht aus, das zum Teil unverständliche Handeln psychologisch abzuleiten. Eine krankhafte Störung der Geistestätigkeit (Psychose) oder eine Geistesschwäche können mit Sicherheit ausgeschlossen werden. Ebenfalls fanden wir keinen sicheren Anhalt für einen organischen Hirnabbau, etwa auf der Grundlage einer Gehirnarteriosklerose. Es bleibt also nichts anderes übrig, als die Schuld mangelnder Aufklärung auf *uns* zu nehmen. Das bedeutet aber keinesfalls, daß man deshalb die Voraussetzungen zur Anwendung des § 51 StGB *nicht* ausschließen könnte.

Wir sind vielmehr auf Grund unserer Untersuchungen und den sehr ausführlichen Erhebungen in den verschiedenen Akten der Ansicht, daß bei B. zur Zeit der strafbaren Handlungen *keine* der Voraussetzungen des § 51 Absatz I oder II gegeben waren. Er vermochte das Unerlaubte der Tat einzusehen und nach dieser Einsicht zu handeln."

Im Termin vom 2. Juli 1957 mußte die Frage, ob B. im Sinne des Gesetzes schuldfähig ist oder nicht – glücklicherweise – nicht ausgetragen werden, da der die Anklage vertretende Staatsanwalt eine strafbare Handlung im inkriminierten Handeln des B. *nicht* erblickte und somit die Anklageschrift zurückzog. Damit fanden drei Jahre unerfreulicher und belastender Auseinandersetzungen zwischen Individuum und Gesellschaft einen unerwarteten Abschluß.

Das Disziplinarverfahren läuft immer noch vor einer hohen Instanz, da der frühere Arbeitgeber nicht zur Zahlung einer Pension bereit ist [1].

Epikritische Betrachtung: Die motivische Auflösung der zunächst als „strafbar" angesehenen Handlungen des ehrgeizigen, aber selbstunsicheren, ressentimentgetragenen Mannes, der physisch und psychisch nicht mehr so belastet war wie früher (Phänomen der chronischen Überforderung) bereitete allen Gutachtern erhebliche Schwierigkeiten.

Zweifelsfrei steht fest, daß die biologischen Persönlichkeitsmerkmale des § 51 StGB (Geisteskrankheit, Geistesschwäche, Bewußtseinsstörung) bei B. nicht vorlagen. Eine Exkulpierungsempfehlung konnte daher nicht ausgesprochen werden.

Die Fassung des Reformentwurfes [2] hat den Bereich der biologischen Persönlichkeitsmerkmale erweitert und auch die, auf erworbenen Abartigkeiten beruhenden seelischen Störungen als Schuldausschließungsgründe prinzipiell anerkannt. Eine

[1] Inzwischen ist ein Urteil ergangen: ein „Dienstvergehen" wurde angenommen. Das Ruhegehalt wurde auf die Dauer von 3 Jahren um $^1/_5$ gekürzt.

[2] „Ohne Schuld handelt, wer wegen einer krankhaften oder einer auf schwerer, angeborener oder erworbener Abartigkeit beruhenden seelischen Störung oder wegen einer vorübergehenden Bewußtseinsstörung zur Zeit der Tat unfähig war, das Unrecht der Tat einzusehen oder nach dieser Einsicht zu handeln."

seelische Abartigkeit läßt sich bei B. ebenso leicht ermitteln wie seelische Störungen als Folge dieser seelischen Abartigkeit, denn „normal“ und „in der natürlichen Art“ liegend ist sein Verhalten keineswegs. Es mutet vielmehr in hohem Maße „abnorm“ an, obwohl die Abnormität des Verhaltens nicht auf psychische Krankheit im Sinne des § 51 de lege lata bezogen werden konnte. Die vorgeschlagene Neufassung des § 51 bietet für diesen Fall wesentlich leichter die Möglichkeit zur Exkulpierung.

Auch die von uns vorgeschlagene Fassung des § 51 bietet keine Möglichkeit zur Exkulpierungsempfehlung. B. stellt vielmehr einen jener Grenzfälle dar, die eine individuell angepaßte Verfahrensweise erforderlich machen und auf einen „weisen“ Richter angewiesen sind, der die von uns vorgeschlagenen Ergänzungsbestimmungen[1] mit Sinn erfüllen könnte.

Nach dreijährigem Martyrium fand sich diese „Weisheit“ endlich bei dem Vertreter der Anklagebehörde, der ein strafrechtlich relevantes Verhalten bei B. nicht feststellen konnte und die Anklage zurücknahm.

Die forensische Begutachtung „neurotischer“ Menschen

Die Bezeichnungen „Neurose“ und „neurotisch“ sind in der wissenschaftlichen Terminologie so verbreitet, und die diesen Termini zugrunde liegenden Tatbestände, die man allerdings auch anders[2] bezeichnen kann, sind so anerkannte Gebiete medizinischer und psychologischer Forschung geworden, daß wir uns nicht mit dem formalistischen Ausweg begnügen können: es gibt nur abnorme („psychopathische“) Persönlichkeiten und zu dieser Gruppe von Menschen gehören auch die „Neurotiker“. Neuroseforschung wäre bei dieser Betrachtungsweise mit Psychopathieforschung identisch.

An den neurotisch *reagierenden* Menschen — und wir halten zunächst daran fest, daß es sich um *Reaktionen,* nicht um *Krankheiten* handelt — muß also noch eine besondere Qualität faßbar sein, die dem schlechthin psychopathischen Menschen fehlt. Anders ist die weltweite, Bibliotheken füllende Forschung auf diesem Gebiet abnormen seelischen Seins nicht recht verständlich.

Was das „Besondere“ an den Neurotikern im Vergleich zu den Psychopathen ist, kann man detailliert in der seit S. Freud immens angeschwollenen analytischen Literatur nachlesen. Wahrscheinlich ist das Fascinans der Neurosen und der Neuroseforschung in den „dynamischen“ Faktoren zu erblicken, in den inneren, von starken Kräften geführten *Kämpfen* des Neurotikers, während die Mehrzahl der Psychopathen — abgesehen von den stimmungslabilen und explosiblen — doch eher ein statisches inneres Gleichgewicht erreicht hat und bewahrt.

Man kann — mit Kurt Schneider — die Neurosen auch als „chronische abnorme Erlebnisreaktionen“ bezeichnen oder, wenn sie sich weniger auf markante äußere Erlebnisse, sondern vorwiegend auf innerseelische Vorgänge beziehen, als „innere Konfliktreaktionen“.

Wir verstehen in dieser Studie unter dem Begriff der Neurose stets nur seelisch entstandene – also nicht nosogene[3] – und durch psychische Kräfte bewahrte Störungen der leib-seelischen Harmonie, die sich entweder in *psychischen* Absonderlichkeiten oder auch in *körperlichen* Funktionsstörungen manifestieren können.

---

[1] „Lagen besondere (personale oder biographische) Umstände vor, die die Schuld des Täters vermindert erscheinen lassen, so kann das Gericht die *Strafe* nach eigenem Ermessen mildern oder geeignete *Maßnahmen anordnen.*“

[2] In der Geschichte der Psychiatrie sind viele Namen für das hiermit Gemeinte verzeichnet. Beispiele: Hysterie, Neurasthenie, Psychasthenie.

[3] nosos (griechisch) = Krankheit.

Führender Ansatzpunkt zur begrifflichen Fassung des vielgestaltigen Phänomens ist der Ausschluß von *Krankheit* als Ursache der Störung. An der Entstehung von Neurosen sind *immer* Motive, Beweggründe beteiligt, die der Sinngesetzlichkeit der betroffenen Person entsprechen, wenn auch diese Motive oft schwer faßbar sind und in „tiefen Schichten“ der Person ihren Ursprung nehmen. Sie gehören aber wesensmäßig nicht zu den a-personalen, bewußtseinsfernen, „organischen“ Bereichen, in denen sich die Krankheiten bilden. „Krankheit“ im Sinne des naturwissenschaftlichen Seinsbegriffes [1] und nicht im Sinne eines metaphorischen, sozial-psychologischen Wertbegriffes scheint uns, auf Grund unserer Einblicke in die Pathogenese der „morbi“ nahezu immer *motivlos* zu *beginnen.* Nach dem ersten — organischen — Anstoß sind modifizierende psychische Kräfte und Wechselwirkungen aller Art natürlich auch für uns durchaus denkbar und empirisch erwiesen. Neurotische Störungen sind dagegen *immer motiviert,* wenn auch die Motive schwer, in seltenen Fällen vielleicht nie überzeugend zu fassen sind.

Auch „crimina“ sind immer motiviert, selbst wenn wir die Motive letztlich oft nicht klar erfassen können oder wenn die Motive einer seelischen Krankheit entspringen und den üblichen Motivationsregeln nicht folgen.

Ein Bild möge zur Verdeutlichung unserer Auffassung genügen: Man stelle sich einen Menschen vor, der allein auf einer völlig von der Umwelt abgeschlossenen Insel lebt. Dieser Mensch kann notwendigerweise *nicht* kriminell werden. Er kann niemandem ein Unrecht zufügen, Kläger und Richter sind nicht vorhanden. Denknotwendige Voraussetzung für das Phänomen „Kriminalität“ ist das Leben in der Gemeinschaft, d. h. die Kommunikation. Wohl kann ein Mensch auch unter diesen Bedingungen eine kriminelle *Gesinnung* haben [2].

Es ist weiter für uns sehr schwer vorstellbar, daß ein Mensch unter solchen Bedingungen „neurotisch“ wird. Nach den hierin überzeugenden Ergebnissen der Neuroseforschung liegt dieser Störung nahezu immer eine Störung der Kommunikation zwischen Person und Umwelt, also den Mitmenschen vor; die Ich-Du-Beziehung oder auch die Beziehung zum Kollektiv ist gestört. Eine „Neurose“ ohne Publikum, ohne Adressaten, ohne Partner ist schwer vorstellbar. Die Motive für die Entstehung der Neurosen bilden sich vorwiegend in der gestörten Kommunikation mit der Umwelt und werden von diesen Störungsquellen gespeist.

Anders liegen die Verhältnisse bei der Krankheit: Auch ein völlig von der Umwelt abgeschnittener Mensch kann — mit Ausnahme mancher Infektionskrankheiten — an jeder nur denkbaren Krankheit, die die wissenschaftliche Medizin kennt, erkranken. Er muß sterben. Krankheit und Tod folgen unwandelbaren *Naturgesetzen*; Crimina und Neurosen können immer im Einklang mit den sich ständig wandelnden *Regeln* der Soziologie, Psychologie und Strafrechtslehre gesehen werden.

Diese Vorbemerkungen mögen zeigen, daß ein kategorialer Unterschied zu machen ist zwischen „Krankheiten“ und „Neurosen“, mögen sie auch manchmal — besonders für den Laien — wie Krankheiten aussehen. Neurosen können daher unserer Auffassung nach *nie* zur Aufhebung der Schuldfähigkeit führen.

Das Phänomen „Schuld“ ist nach unserer Meinung der empirischen Forschung verschlossen, es ist metaphysisch fundiert. „Schuldig“ kann der Mensch nur, wenn man das Problem nüchtern zu Ende denkt, vor einer wie auch immer genannten metaphysischen Instanz werden. Man muß einwenden: und auch vor den Menschen. Gewiß, aber was ist beispielsweise das Strafgesetzbuch in seiner eigentlichen, un-

---

[1] Siehe die Definition von Kurt Schneider auf S. 25.

[2] Siehe dazu die Ausführungen von Bundesrichter Dr. Jagusch zur Begründung des Freispruches von Dr. Wohlgemuth: „... den Angeklagten haben nicht seine *Gedanken* vor dieses Gericht geführt, ... sondern seine *Taten* haben ihn hierher geführt.“ (Hervorhebungen vom Autor.) Frankfurter Allg. Zeitung vom 7. Januar 1959.

wandelbaren Substanz anders als ein mehr oder minder säkularisierter Dekalog [1], dessen metaphysische Herkunft für den gläubigen Menschen erwiesen ist?

Ein eindrucksvoller, auch im zeremoniellen Akt herausgehobener Hinweis auf die im Grunde metaphysische Fundierung aller rechtlichen Ordnung ist das von der Justiz benutzte letzte Mittel zur Erforschung der Wahrheit, der *Eid*. Nahezu in jeder Gerichtsverhandlung wird Gott zum Zeugen angerufen, selbst wenn es dem Vereidigten – im Zuge der Säkularisierung der Rechtsgrundlagen – freigestellt bleibt, ob er den Eid in der religiösen Form leisten will oder nicht. Untersuchungen von SCHOPP haben gezeigt, wie tief das Bewußtsein von der Bedeutung und Heiligkeit des Eides auch in den Menschen unserer Zeit verankert ist.

Die Fundierung unserer staatlichen und personalen Ordnung in metaphysischen Ursprüngen wird auch ganz klar und unzweideutig aus der Präambel zum Grundgesetz vom 23. Mai 1949 erkennbar, die mit den folgenden Worten beginnt:

„Im Bewußtsein seiner Verantwortung vor Gott und den Menschen . . . hat das Deutsche Volk . . . dieses Grundgesetz . . . beschlossen."

Schuld kann also nur durch ein an metaphysischem Gehalt ebenbürtiges Phänomen berührt werden. Für uns ist jede die empirische (psychologische) Sinngesetzlichkeit zerreißende Krankheit ein metaphysisches Phänomen. Somit kann es eine adäquate Relation nur zwischen „Krankheit" und „Schuld" geben. Mit psychologischen, soziologischen und neuerdings vor allem „dynamischen", der Neuroseforschung entstammenden Argumentationen ist das Phänomen „Schuld" nur in der äußersten Peripherie, niemals im Kern zu treffen. Im Kern getroffen ist die Relation zwischen psychischer Krankheit und Schuldunfähigkeit im römischen Recht. Man war der Meinung: Der Geisteskranke ist schon durch seine Krankheit genug gestraft. „Furiosum fati infelicitas excusat. Satis furore ipse punitur." Der nüchterne römische Rechtssinn fragte also nicht nach den psychologischen Konsequenzen der psychischen Erkrankung, sondern das unglückliche Schicksal, Träger einer psychischen Erkrankung zu sein, genügte zur Exkulpierung.

Von dieser Grundposition ausgehend, wollen wir uns nun der Frage zuwenden, ob der Neurotiker vor Gericht einer anderen – medizinischen oder psychologischen – Würdigung seiner Person bedarf als sie dem abnormen, aber nicht psychisch kranken Menschen schlechthin zukommt.

Wir meinen, diese Frage *verneinen* zu sollen. Selbst wenn man die Schwierigkeiten hoch bewertet, die dem Neurotiker sein Unbewußtes bereitet und geneigt ist, den unbewußten Triebkräften einen hohen Stellenwert im Gefüge der die Handlungen der Menschen determinierenden Kräfte einzuräumen, so sollte die Anerkennung triebdynamischer Faktoren jedoch nicht bis zur Exkulpierung führen können. Abgesehen von den grundsätzlichen Bedenken, apriorisch Gegebenes durch aposteriorische Einsichten modifizieren zu wollen, wissen wir in der Tat zu wenig über die Stärke der unbewußten – kriminogenen – seelischen Kräfte, die auch im sozial unauffälligen Menschen wirksam sind, der nicht zum Arzt oder Analytiker geht, der nicht „straffällig" wird, weil er seine Aggressionen – wohl jeder Mensch hat aggressive Triebe – beherrscht, sublimiert oder mindestens nicht contra legem „abreagiert".

Die Annahme, die aggressiven Triebkräfte beim Neurotiker seien stärker oder anders strukturiert als die entsprechenden Triebe unneurotischer Menschen ist eine Vermutung, die auf einer bemerkenswert schmalen empirischen Grundlage beruht: unter Kriminellen findet man nur extrem selten einen „Neurotiker".

Entsprechend unserer Grundkonzeption von der Schuldfähigkeit des nicht psychisch kranken Menschen ist also auch der neurotische Mensch grundsätzlich schuldfähig, mag auch das Maß der individuellen Schuld durch bewußtseinsferne Vorgänge

[1] Vgl. WEBER, H. v.: Der Dekalog als Grundlage der Verbrechenssystematik. In: Festschrift für W. SAUER. Berlin 1949.

gemindert sein. Sicher werden für den neurotischen Delinquenten andere Maßnahmen bzw. andere Strafen zur Sühne für begangene Aggressionen und zur Verhütung künftiger Entgleisungen notwendig sein. Hier ist ein zukunftsträchtiges Gebiet der Zusammenarbeit zwischen Juristen, Ärzten, Psychologen und Pädagogen. Die günstigen Erfahrungen der forensischen Psychotherapie (ENGEL, WIERSMA, WENDT u. a.) sprechen für die Pflege dieses Grenzgebietes, zumindest bei den noch beeindruckbaren jugendlichen Rechtsbrechern.

Auch die mancherorts gern benutzte Formel: Die Neurose ist zwar keine Krankheit, hat jedoch „Krankheitswert“, führt den Benutzer dieser sophistischen Formulierung an der in jedem Fall zu vollziehenden Grundentscheidung „krank“ oder „nichtkrank“ vorbei. Die Beratungen der Großen Strafrechtskommission lassen unschwer die dort vertretenen Tendenzen erkennen, recht heterogene psychische Zustände mit dem Etikett „krankheits-gleichwertig“ zu versehen, um sie so im § 51 „unterbringen“ zu können.

Während J. LANGE in einem Kapitel über abnorme seelische Reaktionen zu den dort beschriebenen „seelisch entstandenen und seelisch festgehaltenen Funktionsstörungen körperlicher wie seelischer Art“ sagt, sie hätten niemals einen „ernsten Krankheitswert“, meint der sonst bei der Benützung der Begriffe so strenge [1] Generalstaatsanwalt FRITZ BAUER: „Die deutsche Kriminologie wird anerkennen müssen, daß es neben Erbanlagen, Konstitutionen und geistigen Krankheiten auf somatischer Grundlage auch neurotische Erscheinungen gibt, die zwar ebenfalls eine gewisse körperliche Disposition voraussetzen, entscheidend aber auf Störungen der mitmenschlichen Beziehungen des Individuums, auf Beeinträchtigung seines Hineinwachsens in die sozialen Organismen zurückgehen und ‚Krankheitswert‘ haben.“

Wie und von wem (von welcher wissenschaftlichen Disziplin) diese „Beeinträchtigungen des Hineinwachsens in die sozialen Organismen“ festgestellt und kodifiziert werden sollen und können, bleibt allerdings unbeantwortet [2].

Man muß einräumen, daß ein im Sozialgerichtsverfahren tätiger Gutachter gelegentlich bei der Beurteilung eines schweren Neurotikers von einer *faktisch* vorhandenen Arbeitsunfähigkeit ausgehen kann: Wenn eine Stenotypistin an einem neurotischen Schreibkrampf leidet, so ist sie eben für die Dauer dieses Zustandes unfähig, eine Schreibmaschine zu bedienen. Ein Briefträger mit einer psychogenen Gangstörung wird kaum zum Austragen der Post zu bewegen sein. Das „experimentum crucis“, wie sich der Betreffende, allein auf sich gestellt und ohne den Schutz sozial-kollektiver Institutionen verhalten würde, ist nicht möglich. Wir sind davon überzeugt, daß er Handeln („Arbeit“) in irgendeiner, der Situation angemessenen Form dem Hungertod vorziehen würde. Ein Mensch mit einer organischen — etwa durch eine Rückenmarkskompression hervorgerufenen — Lähmung der Beine würde dagegen nach wenigen Tagen unter „Insel-Umständen“ verhungert und verdurstet sein. Die Seltenheit von Neurosen und neurotischen Reaktionen in Zeiten vitaler Bedrohung (Konzentrationslager, Gefangenschaft) [3] wird von allen Autoren betont. Der neurotische Mensch braucht sowohl ein Publikum (Familie, Arzt etc.) als auch einen „Ernährer“ (Krankenkasse, Berufsgenossenschaft, karitative Einrichtungen etc.), die ihm den Luxus der psychogenen Reaktion ermöglichen.

Der Neurotiker ist also — wie wir meinen — wie jeder andere Mensch grundsätzlich schuldfähig. Der Beweis, daß er *nicht* schuldfähig ist, kann mit überprüfbaren Argumenten *nicht* geführt werden.

---

[1] Besonders polemisiert er gegen die Benutzung des seiner Ansicht nach aus der idealistischen Aufklärungsphilosophie stammenden Begriffes „Schuld“.

[2] Nach den Ausführungen, die BAUER am 3. 11. 1958 auf einer Arbeitstagung im Bundeskriminalamt in Wiesbaden machte, sollen sich vor allem *Soziologen* und *Tiefenpsychologen* mit diesen heiklen Aufgaben befassen.

[3] Siehe auch den Beitrag von LEIKVAM zu der Frage der Neurotiker während der Okkupationszeit in Norwegen (1940—1945). (Seite 45.)

Wir müssen aber wenigstens einige Stimmen aus der neuesten wissenschaftlichen Literatur anführen, in der diese Auffassung *nicht* geteilt wird.

Bei den Beratungen der Strafrechtskommission zum Thema „Schuldfähigkeit" wurde von der Deutschen Gesellschaft für Psychotherapie und Tiefenpsychologie u. a. auf folgende Gesichtspunkte hingewiesen: Ein Kriterium für die Annahme tiefenpsychologischer Faktoren sei erfüllt, wenn „dem Täter die Ursache seiner Störung nicht *erkennbar* sei" oder wenn Störungen vorlägen, die „vom Bewußtsein willentlich nicht zu beeinflussen seien". Unserer Auffassung nach sind der überwiegenden Mehrzahl aller Menschen die *Einblicke* in die Ursachen ihrer Störungen verwehrt. Die Möglichkeit zur Einsicht in die Bedingungen normalen wie abnormalen Seelenlebens sind – leider – minimal, es sei denn, man begnüge sich mit Schein-Einsichten etwa durch die Einführung eines neuen Terminus. Die Wissenschaft verfährt oft nach dem Modus, einen prima facie jedem vernünftigen Menschen zugängigen – wenn auch unverständlichen oder unerklärbaren – Tatbestand mit einem Kunstwort zu bezeichnen, um so ein Wissen vorzuspiegeln, das tatsächlich *nicht* vorhanden ist. Die „Ursache" der zu einem crimen führenden, *besonderen* leib-seelischen Verfassung ist sicher nie dem Täter „erkennbar", wodurch nahezu alle Täter Forschungs-(und potentielles Exkulpierungs)objekt für eine tiefenpsychologisch orientierte forensische Psychologie würden. Würde der Gesetzgeber solchen Anregungen folgen, so wäre das Ende der traditionellen Strafrechtspflege nahe.

Müller-Suur hat sich in einem Gutachten über die ihm vom Gericht gestellte Frage „ob Neurose allgemein eine Krankheit im Sinne des § 51 StGB darstellt" folgendermaßen geäußert:

„... Auf keinen Fall handelt es sich bei den Neurosen um echte organische Geisteskrankheiten, welche zur unbedingten Anwendung des § 51 zwingen. Die allgemeine, unpräzisierte Feststellung einer Neurose braucht daher als solche auch noch nicht unbedingt Zweifel an der strafrechtlichen Zurechnungsfähigkeit zu verursachen. Soweit es sich aber bei Neurosen um psychogene, seelisch-geistige Fehlhaltungen handelt, welche nicht ohne ärztliche Hilfe behoben werden können, und ein ursächlicher Zusammenhang zwischen der seelisch-geistigen Fehlhaltung und der Straftat nachweisbar ist, kann ihnen unter Umständen ein ‚Krankheitswert' zukommen, der sie als krankhaft im Sinne des § 51 einzuschätzen zwingt; und zwar dann, wenn sich aus der strukturellen Analyse der inneren dynamischen Beziehung zwischen der Straftat und der Täterpersönlichkeit mit hinreichender Wahrscheinlichkeit erweisen läßt, daß der Täter die für die Motivation seiner Tat maßgebliche innere Fehlhaltung nicht aus eigener Kraft hätte korrigieren können. Der Grad des Krankheitswertes entspricht dabei dem Grad der Beschränkung, den die normale Persönlichkeitsentfaltung durch die abnorme Persönlichkeitshaltung erfährt, und muß äquivalent sein dem Grad der Beschränkung, den die normale Persönlichkeitsentfaltung durch organische Krankheiten erfährt."

Müller-Suur empfiehlt, die üblichen „sehr globalen intuitiven Schätzungen" bei der Lösung des § 51-Problems durch „kalkulativ abwägendes Ermessen" zu ersetzen.

Besonderes Gewicht legt Müller-Suur auf die Bewertung der gleichsam in die Biographie eingestreuten dynamischen („neurotischen") Abweichungen von der Individualnorm eines ohnehin abnormen Menschen. Die „innere Spannung", in der Neurotiker oft leben und die zu aggressiven „Entladungen" führen kann, wird von Müller-Suur als Ausdruck der Divergenz zwischen der aktuell gegebenen abnormen Persönlichkeitshaltung und der eigentlichen – generell gegebenen – Individualnorm interpretiert. Die Individualnorm kann von den kollektiven Normen erheblich abweichen. Einen Menschen dieser Art bezeichnet man überall als „abnorme Persönlichkeit"; dieser Zustand hat auch nach Müller-Suur keinen Krankheitswert. Aber innerhalb der – ohnedies schon – abnormen Individualnorm sieht MÜLLER-SUUR noch Möglichkeiten zusätzlicher, passagerer Abnormisierungsvorgänge, die sozusagen durch die Summation zweier Normabweichungen (der „generellen" und der „aktuellen") *Krankheitswert* beanspruchen können. Eine forensisch tragbare Stellungnahme würde möglich, wenn es gelänge, *Äquivalente* zwischen der durch die Krankheiten (im Sinne der psychiatrischen Systematik) hervorgerufenen Minderung individueller Entfaltungsmöglichkeiten („Seinsgradminderungen") und der durch individuelles „Kranksein" bewirkten Minderung festzustellen. Als Beispiel für diese Auffassung führt MÜLLER-SUUR die Äquivalente von neurotischer Zwangskrankheit und Schizophrenie an. Die Grundthese von MÜLLER-SUUR lautet: In der Neurose liegt ein Verlust an persönlicher Freiheit vor. Dieses „Weniger" an Freiheit müsse forensisch gewürdigt werden.

Ob seine Unterscheidung zwischen individuellem Krankheitswert und kollektivem Krankheitswert in der forensischen *Praxis* weiterhelfen kann, muß dahingestellt bleiben. Denn die Beurteilung der Frage, welchen „Wert" eine im konkreten Fall vorhandene Störung für den von ihr betroffenen Menschen hat, bleibt mangels überindividueller Kriterien eine in besonders hohem Maß subjektive Angelegenheit, zumal zur Gewinnung des der Beurteilung zugrunde liegenden psychologischen und psychopathologischen Materials eine „*individuell* – kommunikative" Methode den „*kollektiv*-kommunikativen Erfahrungsmöglichkeiten" vorgezogen wird. Hinter diesen und ähnlichen Ausführungen steht – bewußt oder unbewußt – der Anspruch: Der subtile, hochqualifizierte Psychologe (oder Tiefenpsychologe) ist eben doch imstande, das zu beurteilen, was all die andern, die sich nur der kollektiv-kommunikativen Erfahrungsmöglichkeiten bedienen, *nicht* können. Selbst so kritischen Forschern wie MÜLLER-SUUR fällt es offenbar sehr schwer, die grundsätzliche Unbeantwortbarkeit dieser Fragen anzuerkennen.

Diese Differenzierung der Methoden und der Bewertung des mit den differenten Methoden gewonnenen Materials führt mit Sicherheit zu jenem, an Gerichtstagen immer wieder offenkundig werdenden Chaos der Meinungen: Bei der Verschiedenheit der möglichen Positionen *muß* nahezu jeder Gutachter zu anderen, von seiner Individualität geprägten Ergebnissen kommen.

Die besonders von der psychologisch orientierten Medizin immer wieder aufgegriffenen und für ärztlich-therapeutische Belange sehr verdienstvollen Bemühungen müssen an dem Faktum scheitern, daß eine vollkommene Persönlichkeits- und Tatanalyse mit dem Ziel, die im § 51 geforderten psychologischen Merkmale zu ermitteln, *unmöglich* ist. Der „individuelle Krankheitswert" in einem konkreten, von der Norm abweichenden Verhalten ist methodisch exakt nicht bestimmbar, sondern Einfühlungs- und Ermessensfrage. Die Divergenz der von MÜLLER-SUUR zitierten vier Gutachter, die jeweils zu anderen Schlußfolgerungen bezüglich der strafrechtlichen Verantwortlichkeit (also zu anderen „Wertungen") kamen, zeigt zur Genüge, daß es mit naturwissenschaftlichen Methoden nicht möglich ist, die Empirie der Gesetzesnorm einerseits logisch zwingend und doch wieder zwanglos, also psychologisch überzeugend, unterzuordnen.

Man muß dies immer wieder betonen, um die relativen Vorzüge, der von uns empfohlenen General-Konvention würdigen zu können, in der bewußt auf das dem Menschen nicht mögliche und seine Erkenntnisquellen Überschreitende *verzichtet* wird.

Unsere Auffassung wird, um einen weiteren gewichtigen Autor zu nennen, auch nicht von v. BAEYER geteilt. Der Autor weist in mehreren Beiträgen auf die Schwierigkeiten hin, in die man gerät, „wenn wir in jedem Fall auf die Erörterung der Freiheitsfrage verzichten und uns lediglich auf konventionelle Regeln stützen wollen". Diese Schwierigkeiten stünden jedoch eigentlich nur bei den „psychopathischneurotischen Zuständen“ zur Debatte. Sorgsam individualisierende Erwägung aller faßbaren Umstände wird als Hilfe bei der forensischen Begutachtung der von solchen Menschen begangenen crimina empfohlen. Die „kasuistische“ Methode soll bei der Lösung der Fragen, die unserer Auffassung nach generell und somit auch für alle Einzelfälle unlösbar sind, weiterhelfen. Die wissenschaftliche Haltung des Autors scheint — so meinen wir — von einem wissenschaftlichen Weltentwurf geprägt zu sein, der bezüglich der Beantwortbarkeit der dem Wissenschaftler gestellten Fragen sehr weit geht. Wir geben zu bedenken, daß auch subtilste Analysen des Einzelfalles (etwa durch Psychoanalyse) doch nicht den Schlüssel für die Beurteilung der während der Tat vorhandenen Freiheit, Verantwortlichkeit, Zurechnungsfähigkeit etc. zu geben vermögen, da es Lösungen dieses Problems nicht gibt und nie geben wird. Wohl wird durch individuell-kommunikative Methoden das *Verständnis* einer Tat weitgehend gefördert. Die Frage, *warum* ein Mensch eine Tat begeht, kann nach einer Analyse mit vielen psychologischen Argumenten hinlänglich beantwortet werden; niemals kann jedoch die Frage, ob dieser Mensch es tun *mußte* („ob er nicht auch anders hätte handeln *können*“) mit wissenschaftlichen Methoden exakt, d. h. von anderen überprüfbar, beantwortet werden. Auch OHM geht in einer Abhandlung zum Thema, auf die wir im Kapitel „Psychopathie und Begutachtung“ noch zu sprechen kommen werden, von der Auffassung aus: Bei den Grenzfällen (Neurosen, Psychopathien, leichte Schwachsinnsformen) *versagt* der medizinisch-naturwissenschaftliche Ansatz, er kann nur zur Scheinlösung führen. Die Differenzen zwischen den Sachverständigen und Richtern beruhen auf dem verschiedenen, nicht präzisen und auch nicht präzisierbaren Bild vom normalen Menschen.

Man kann den hier festgehaltenen Meinungen noch zahlreiche andere Zeugnisse „für und wider“ hinzufügen, da zu den Lösungsversuchen der verwickelten Problematik nahezu alle Generationen beigetragen haben und ununterbrochen beitragen.

Bei der Lektüre tiefenpsychologischer, daseins-analytischer und anthropologischer Studien kann man sich allerdings oft des Eindruckes nicht erwehren, daß hier — je nach der Intention des Autors — mit zweierlei Maß gemessen wird. In den unterschiedlichen Ergebnissen auf die Fragen nach „Freiheit“, „Verantwortlichkeit“, „Schuld“, „Sinnerfülltheit“ und anderen komplexen Phänomenen bei psychisch kranken Menschen spiegelt sich ein ganzes Spektrum von Möglichkeiten, je nach dem Zweck, den der Beitrag erfüllen soll: handelt es sich um eine psychotherapeutisch inspirierte Betrachtung, so ist die grundsätzliche *Bejahung* von „Freiheit“ (etc.) sogar beim Psychotischen an vielen Einzelheiten erkennbar. Ist aber von forensischen Konsequenzen die Rede, so dominieren *eher* Exkulpierungsbestrebungen. Mit der Bejahung der Freiheit ist man dann auch beim neurotischen Menschen zurückhaltender, man neigt dazu, sie zu negieren und betont die Einschränkungen der Persönlichkeitsentfaltung. Notwendige Bedingung aller denkbaren Exkulpierungsmöglichkeiten ist aber gerade die *Negation* bestimmter, für eine sinnvolle Psychotherapie unverzichtbarer *positiver* psychischer Voraussetzungen.

Über den neuesten Stand der Forschung berichten die Beiträge von R. LANGE und von v. BAEYER im „Handbuch der Neurosenlehre und Psychotherapie“, die zur Zeit der Drucklegung dieser Studie noch nicht erschienen waren.

Fundament aller Positionsgewinnung bleibt die persönliche Einstellung (die „Entscheidung“) eines Autors zur Frage der Schuldfähigkeit des Menschen. Erst in zweiter Linie muß er dazu Stellung nehmen, ob die Schuldfähigkeit durch *biologische Tatbestände* („Krankheiten“) modifizierbar ist. Im weiteren hat er dann zu bekennen, *welche* Krankheiten seiner Auffassung nach die Schuldfähigkeit modifizieren können. Hier ist die Domäne naturwissenschaftlicher Forschung, hier sind die Dinge im Fluß und die Forschung wird Material zur Lösung der Frage liefern können, ob der Kreis der biologischen Tatbestände in Hinkunft *zu erweitern* oder *einzuengen* ist.

Literatur

BAEYER, W. v.: Über Freiheit und Verantwortlichkeit von Geisteskranken. Nervenarzt *25*, 265 und 417 (1954).
– Neurose, Psychotherapie und Gesetzgebung. In: Handbuch der Neurosenlehre und Psychotherapie. Band I. München–Berlin–Wien 1959.
BAUER, FR.: Das Verbrechen und die Gesellschaft. München–Basel 1957.
ENGEL, S.: Forensische Psychotherapie bei Jugendlichen und Heranwachsenden. Neue Juristische Wochenschrift *11*, 613 (1958).
FREUD, S.: Gesammelte Werke. Imago-Ausgabe, London 1952.
LANGE, J.: Abnorme seelische Reaktionen. In: Handbuch der gerichtlichen Psychiatrie. 3. Auflage. Berlin 1934.
LANGE, R.: Das juristisch-forensisch-kriminalbiologische Grenzgebiet. In: Handbuch der Neurosenlehre und Psychotherapie. Band V. Im Erscheinen.
MÜLLER-SUUR, H.: Zur Frage der strafrechtlichen Beurteilung von Neurosen. Arch. Psychiatr. u. Z. Neur. *194*, 368 (1956).
OHM, G.: Die normativen Grundlagen des zum Wesen der Unzurechnungsfähigkeit gehörenden Krankheitsbegriffes. Arch. Psychiatr. u. Z. Neur. *193*, 474 (1955).
Sitzungsbericht der 10. Arbeitstagung der Großen Strafrechtskommission. Beilage zum Bundesanzeiger Nr. 25 vom 6. 2. 1957.
SCHNEIDER, KURT: Die psychopathischen Persönlichkeiten. 9. Auflage. Wien 1950.
SCHOPP, H.: Beitrag zur Psychologie der Eidesleistung. Jur. Dissertation. Köln 1959.
WENDT, C. F.: Die Möglichkeiten und Grenzen psychotherapeutischer Behandlung von erwachsenen und jugendlichen Rechtsbrechern. Mschr. Kriminol. und Strafrechtsreform *40*, 193 (1957).
WIERSMA, D.: Die kriminalpsychologische Bedeutung der disharmonischen Persönlichkeit. Mschr. Kriminol. und Strafrechtsreform *40*, 213 (1957).

Fall V

P. K. (AZ 24 Js 223/52 Staatsanwaltschaft Köln)

Am 11. März 1952 beobachtete ein Angestellter einer Kölner Buchhandlung in den Mittagstunden einen älteren Herrn, der – vermeintlich unbeaufsichtigt – die Regale der Abteilung Philosophie und Naturwissenschaft musterte, um dann, als er merkte, daß man ihn beobachtete, einen Rowohlt-Band für 1,80 DM zu kaufen. Anschließend wollte er den Laden verlassen. Vor Erreichen der Tür wurde er jedoch aufgefordert, seine Aktentasche zu zeigen. Sie war leer, aber in der inneren Manteltasche hielt er ein unbezahltes Buch im Wert von 4,50 DM verborgen. Da dieser Kunde schon seit etwa einem Jahr dem Personal aufgefallen war, wurde Strafanzeige erstattet. Der Täter war, wie es im Polizeibericht heißt, „freimütig geständig". Er sei ein „leidenschaftlicher Bücherfreund". Im ersten Weltkrieg sei er einmal verschüttet gewesen, wobei er einen „Nervenschock" erlitten habe. Schon bei der Polizei erklärte K., sein Verhalten sei ihm selbst unbegreiflich, da er gut verdiene und in geordneten wirtschaftlichen Verhältnissen lebe. Im Verlauf der Vernehmung gab K. unaufgefordert zu, auch in einer anderen Buchhandlung gelegentlich Broschüren billiger Art ohne Bezahlung mitgenommen zu haben. Abschließend sagte er: „Ich kann meine Handlungsweise nur mit meiner großen Leidenschaft für Bücher erklären ... ich bin bisher unbestraft und verstehe mich selbst nicht."

Bei der im Anschluß daran vorgenommenen Hausdurchsuchung wurden Bücher und Broschüren im Wert von etwa 28 DM sichergestellt, von denen K. angab, er habe sie auf widerrechtliche Weise mitgenommen.

Eine Angestellte aus der vom Täter selbst angegebenen Buchhandlung berichtete, daß K. beim Bezahlen der ordnungsgemäß gekauften Bücher öfters billige Broschüren, die bei der Kasse auslagen, ohne Bezahlung eingesteckt habe. Sie habe ihn einmal darauf aufmerksam gemacht, woraufhin er wortlos den geforderten Betrag von

1 DM bezahlt habe. Nach diesem Vorfall sei er nicht mehr in diese Buchhandlung gekommen.

Noch im Vorverfahren schaltete sich ein Studienfreund des Täters mit einem Schreiben an die Staatsanwaltschaft ein: „... Ich bin mit K. seit über 30 Jahren befreundet und habe ihn immer nur als einen ehrlichen, zuverlässigen, pflichtbewußten und hilfsbereiten Menschen kennen gelernt." K. sei im Kreise seiner Kollegen, aber auch seiner Schüler überaus geschätzt.

Diesem Schreiben war das Attest eines Nervenarztes beigefügt, den K. nach der Strafanzeige aufgesucht hatte. In dem Attest heißt es u. a.: „... Vermehrte nervöse Erregbarkeit, die bis zum seelischen Versagen und zu Tränenausbrüchen führt. Herabgesetzte Leistungsfähigkeit im Beruf, so daß er mehr arbeiten müsse als seine Kollegen ... 1917 Verschüttung mit längerer Bewußtlosigkeit, danach 3 Monate Nervenheilanstalt. 1945 Magenoperation (Resektion von $^2/_3$ des Magens infolge blutender Magengeschwüre) ... Die Handlungsweise ist als psychopathologische Abartigkeit aufzufassen ... Es handelt sich zweifellos nicht um einen kriminellen Akt, sondern um eine krankhafte Zwangshandlung, bei deren Ausführung ihm die klare Erkenntnis seines Handelns fehlte ..."

Der Nervenarzt bezeichnete K. hinsichtlich dieser Tat für „nicht verantwortlich".

Die Staatsanwaltschaft veranlaßte nunmehr eine amtsärztliche Untersuchung. Aus dem Gutachten des Amtsarztes entnehmen wir der Beurteilung folgende Sätze: „... Bei der Untersuchung gewann man ebenfalls den Eindruck eines hochgebildeten, künstlerisch stark interessierten Menschen, der mit Begeisterung die Jugend unterrichtet und erzieht. Um so rätselhafter wirken die von ihm begangenen Bücherdiebstähle, wobei noch zu bemerken ist, daß es sich bei diesen Büchern nicht etwa um wertvolle und schwer zu erhaltende Stücke handelt, sondern um billige Bilderhefte, die man für ein paar Pfennige in jeder Buchhandlung kaufen kann. Auch die sonst bei Bücherdiebstählen zu berücksichtigenden inneren Ursachen, die man als Bücherleidenschaft oder Bücherfetischismus bezeichnen könnte, scheiden hier aus. K. ist zwar ein Bücherliebhaber, der vor dem Krieg über eine sehr stattliche Bibliothek verfügte, ist aber wohl kaum als ein Büchernarr anzusehen, der über seiner Sammelwut Lebensstellung, Ehre und Familie vergißt. Daß eine Bereicherungsabsicht, jedenfalls eine solche im üblichen Sinn, kaum vorgelegen haben kann, geht schon aus dem geringen Wert der Bücher hervor. Ebensowenig kommt aber auch eine Kleptomanie in Frage, bei der bekanntlich nicht so sehr der Wert des Gegenstandes, als die mit dem Diebstahl verbundene seelische Erregung den Anreiz für die Ausführung des Diebstahls abgibt. K. weiß nichts von einer seelischen Erregung bei der Ausführung der Diebstähle zu berichten. Eine Bewußtseinsstörung während der Zeit der Tat ist ebenfalls auszuschließen."

Weiter heißt es:

„... Die forensisch-psychologische Beurteilung macht gewisse Schwierigkeiten. Klammert man sich eng an die Bestimmung des § 51, so ist weder eine Bewußtseinsstörung noch eine Geisteskrankheit vorhanden, die ihn exkulpieren könnten. Man könnte den Fall vielleicht unter den Begriff der partiellen Geistesschwäche rubrizieren, einen Begriff, der in den alten Strafgesetzbüchern und Urteilen immer wieder erwähnt wird, heute allerdings nicht mehr gebräuchlich ist ..."

„... Ob man den Zustand zur Zeit der Tat als einen vorübergehenden und partiellen Schwachsinn im Sinne des § 51 Absatz II bezeichnen will, ist dabei schwer zu entscheiden. Jedenfalls hatte ich nach der sehr eingehenden Untersuchung den Eindruck, daß es sich bei K. um einen Menschen handelt, der die wohlwollende Behandlung durch das Gericht verdient, besonders auch, da bei dem Beschuldigten die Selbstmordgefahr im Falle einer Verurteilung sehr groß ist."

Da die Beurteilung des Falles nach den beiden vorliegenden Begutachtungen tatsächlich außergewöhnlich schwierig erschien, wurde von der Staatsanwaltschaft ein Obergutachten eingeholt, das im August 1952 von uns erstattet wurde. Unsere Beurteilung lautete:

„Bei der Beurteilung der strafrechtlichen Verantwortlichkeit des 59jährigen Oberstudienrates K. muß die Eigenart seiner Handlungsweise zunächst unberücksichtigt bleiben, obwohl schon vom Delikt her die Frage einer psychischen Störung aufgeworfen werden könnte.

K. hat seit November 1951 mehrfach billige Bücher und Broschüren ohne Bezahlung mitgenommen, ohne daß es bisher ersichtlich geworden wäre, welche Motive ihn zu diesen — unverständlichen und von allen Beteiligten als rätselhaft empfundenen — Handlungen getrieben haben.

Zunächst konnte in Übereinstimmung mit dem ärztlichen Urteil des Vorgutachters eine eigentliche Geisteskrankheit (Schizophrenie, Cyclothymie) positiv ausgeschlossen werden. Auch eine intellektuelle Unterbegabung — und sei es auch nur als ,vorübergehender partieller Schwachsinn' im Sinne des Vorgutachters — liegt mit Sicherheit nicht vor. Es handelt sich vielmehr bei K. um einen hochbegabten, vielseitig gebildeten, kultivierten Menschen, der keine primär-faßbaren Charaktermängel oder psychopathischen Eigenschaften erkennen läßt.

Anhaltspunkte für Krankheiten, die mit Bewußtseinsstörungen verlaufen (Epilepsie, Pyknolepsie etc.), sind ebenfalls nicht gegeben. Mit hinreichender Sicherheit konnte auch ein beginnender Altersprozeß ausgeschlossen werden, da hierfür weder auf somatologischem noch psychopathologischem Gebiete die geringsten Anhaltspunkte vorlagen. Aus diesem Grunde wurde auch auf die Vornahme einer Encephalographie, wie sie anderenorts vorgeschlagen worden war, bewußt verzichtet.

Somit bleiben seine Handlungen, vom medizinischen Standpunkt aus gesehen zunächst unaufklärbar und psychologisch unableitbar.

Bei der weiteren Analyse der Anamnese im allgemeinen und der Tatvorgeschichte im besonderen ergaben sich jedoch folgende Punkte, die bei der ärztlich-psychologischen Gesamt-Beurteilung der inkriminierten Handlungen zu berücksichtigen sind.

K. heiratete als relativ junger Mann im Jahre 1924 eine 6 Jahre ältere Frau, mit der er in einer glücklichen, wenn auch kinderlosen Ehe lebte. Infolge des beträchtlichen Altersunterschiedes, der sich mit zunehmenden Jahren bei der Frau in sexualbiologischer Hinsicht naturgemäß viel stärker bemerkbar machte als bei dem Ehemann, kam es, beginnend in den letzten Kriegsjahren, zu einem allmählichen Versiegen der ehelichen Beziehungen. Ein normaler Verkehr konnte seit Jahren, auch im Hinblick auf eine gynäkologische Erkrankung der Ehefrau (Unwegsamkeit der Scheide) nicht mehr vollzogen werden. Mutuelle, gelegentlich vorgenommene Ersatzhandlungen wurden von beiden Partnern — auch als Notlösung — innerlich abgelehnt.

Der unverändert starke Sexualtrieb des Ehemannes manifestierte sich in gelegentlichen masturbatorischen Akten, die von ihm jedoch aus verschiedenen Gründen abgelehnt und moralisch verurteilt wurden.

Eine außereheliche Ausübung des Geschlechtsverkehrs wurde von K. im Hinblick auf seine monogamen Prinzipien und in Anbetracht seiner engen menschlichen Bindungen an die von ihm immer noch geliebte Ehefrau strikt abgelehnt. Selbst die Anknüpfung neutraler Beziehungen zu jüngeren Frauen wurde im Hinblick auf die mögliche seelische Belastung der sehr sensiblen Ehefrau, die sich ihres eigenen Unvermögens in sexueller Hinsicht bewußt sein soll, unterlassen.

So ergab sich eine *Konfliktsituation* zwischen den oft imperativen sexuellen Triebansprüchen einerseits und der strengen moralischen Einstellung des K. anderseits, die an sich bereits geeignet gewesen wäre, zu belangvollen seelischen Störungen im Sinne von inneren Konfliktreaktionen (Kurt Schneider) zu führen.

Dazu kommt aber noch folgender, uns erst in der letzten Exploration bekannt gewordener Umstand: Unter der außergewöhnlich großen beruflichen Belastung (Schule und Ausbildung von Referendaren) bemerkte K. etwa seit Frühjahr 1951 ein stärkeres Nachlassen seiner geistigen Kräfte, das sich u. a. in rascher Ermüdbarkeit und Konzentrationsstörungen äußerte. Nach seinen Angaben wurde der Sexualtrieb von diesen Funktionsschwankungen nicht betroffen, er hielt vielmehr in unverminderter Stärke an. Um den beruflichen Anforderungen besser entsprechen zu können, nahm K. damals den Rat eines ihm persönlich bekannten Arztes in Anspruch, der ihm ein Hormondrüsenpräparat (Testifortan) verordnete. Auf den Einwand, daß er, K., keineswegs an Impotenz oder Triebschwäche leide, vielmehr eine fast zu große und störende sexuelle Erregbarkeit besitze, soll der Arzt bzw. der ebenfalls diesen Arzt konsultierende Studienkollege X. entgegnet haben, daß dieses Mittel hierauf keinen Einfluß habe, sondern nur die *gesamte Leistungsfähigkeit* günstig beeinflussen würde. Diese ärztliche Meinung gewann für K. dadurch noch mehr an Richtigkeit, daß dieser Bekannte ebenfalls seit einiger Zeit derartige Tabletten mit gutem Erfolg und ohne nachteilige Störungen eingenommen haben will.

In den folgenden Monaten hat K. — soweit seinen Angaben zu glauben ist — fast regelmäßig, oft täglich diese Hormonpräparate eingenommen, die männliches Sexualhormon mit, unter Umständen, stimulierender Wirkung auf den Geschlechtstrieb enthalten. Nach seinen glaubhaften Angaben hat er bis zu 3mal 2 Tabletten pro Tag eingenommen. Die Schachtel mit dem Medikament will er stets bei sich geführt haben, um beim Auftreten von Versagenszuständen sofort Tabletten einnehmen zu können.

Es läßt sich nun, auch bei Anlegen eines *strengen medizinisch-naturwissenschaftlichen Maßstabes*, ohne Zwang ableiten, daß diese ständige, pharmakologisch ausgelöste *Reizwirkung* auf die Sexualsphäre zu einem fast unlösbaren *Triebkonflikt* führen mußte, zumal bereits *vor* der regelmäßigen Einnahme dieses Mittels sexuelle Spannungen und innere Kämpfe vorgelegen haben, deren Bewältigung hohe Anforderungen an den Träger der Konflikte stellte.

Dem nunmehr verstärkt ansetzenden, pharmakologisch provozierten Ansturm sexueller Impulse war K. nun nicht mehr gewachsen, da durch die Einführung dieser Medikamente ein neuer, ihm bisher unbekannter, kausal wirkender somatischer Vorgang mit psychischen Begleiterscheinungen begann, dem er — in Unkenntnis der wahren Sachlage — auch nicht entgegenwirken konnte (etwa durch Absetzen der Medikamente).

Eine normale Betätigung des Geschlechtstriebes war ihm durch die besonderen ehelichen Verhältnisse und durch seine ethischen Grundsätze unmöglich gemacht worden. In dieser ausweglosen und von ihm mit den ihm zur Verfügung stehenden (legalen) Mitteln nicht zu lösenden *Triebspannung*, deren Ausmaß man nicht hoch genug einschätzen kann, kam es nun zu einer katastrophalen Entladung in Gestalt der Eigentumsdelikte, die, obwohl sie sich äußerlich gesehen ohne sexuelle Spannung und Entspannung vollzogen hatten — also keine ‚Kleptomanie' darstellen — doch als ‚*Abreaktionen*' aggressiver Triebbedürfnisse zu deuten sind.

Daß K. gerade *diesen* Weg der Abreaktion gewählt hat und nicht einen beliebigen anderen — etwa Totschlag, Verführung Jugendlicher, Sachbeschädigungen, Brandstiftung etc. — ist aus seiner besonderen Persönlichkeitsstruktur zu verstehen, die auch in diesem Stadium heftigere aggressive Akte zu verhindern suchte und als einzige aggressive Handlung die, sozial gesehen, ‚harmloseren' Eigentumsdelikte zuließ, die in Anbetracht ihrer Geringfügigkeit einen objektiven Schaden kaum gesetzt haben.

Wir waren uns klar darüber, daß unsere Interpretation der K. zur Last gelegten Handlungen keine völlige Aufklärung der ‚rätselhaften' Delikte bringen konnte. Die Genese der Handlungen erschien uns aber in diesem Falle mit seltener *Evidenz* aus dem Zusammenwirken biographischer, psychologischer und kausal-somatisch zu denkender Faktoren ableitbar zu sein, eine Evidenz, die unschwer erkennen läßt, daß es sich bei den Bücher-‚Diebstählen' nicht um kriminelle Handlungen im Sinne einer widerrechtlichen Bereicherungsabsicht gehandelt hat, sondern um die weitgehend *kausal* (d. h. vom körperlichen Untergrund her) determinierten Impulshandlungen eines chronisch intoxizierten und in seinem Seelenleben durch die Medikamente nachhaltig veränderten Menschen.

Ohne die monatelange Einnahme dieser stimulierenden Mittel wären Handlungen dieser oder ähnlicher Art nach unserer Auffassung wahrscheinlich nicht erfolgt, da der gefestigten Persönlichkeit des K. eine Bewältigung seiner *spezifischen Triebkonflikte* auf eine andere Weise gelungen wäre. Unter dem ihm nicht bekannten Einfluß dieser Wirkstoffe, die für ihn so verhängnisvolle Folgen herbeiführten, ist es dann zu den *Triebentgleisungen* gekommen, die Gegenstand des Ermittlungsverfahrens wurden.

Aus dieser Darstellung der Sachlage nach medizinischen und psychologischen Gesichtspunkten ergeben sich – wir schrieben damals möglicherweise – auch neue Aspekte für die *juristische Beurteilung* der Handlung, die in einem durch die Einnahme der Medikamente verursachten veränderten Seelenzustand begangen wurden.

Die Frage der strafrechtlichen Verantwortlichkeit muß daher bei Würdigung aller uns bekanntgewordenen Fakten *verneint* werden."

Unser Gutachten wurde von dem zuständigen gerichtsärztlichen Ausschuß wie folgt kritisch kommentiert:

„Die kleptomanen Handlungen des unbescholtenen Dr. X. wurden einer genauen Analyse unterzogen. Die psychologische Problematik wurde aufgerollt und mit Recht darauf hingewiesen, daß der Diebstahl belangloser Broschüren als sexuelle Ersatzhandlung anzusehen ist, bei einer triebstarken Persönlichkeit, der aus bestimmten Gründen eine ‚Libidostauung' aufgezwungen war. Wieweit die zum Zwecke der allgemeinen Leistungssteigerung durchgeführte Einnahme von Sexualhormonen pathogenetisch von Bedeutung ist, läßt sich schwer abschätzen. – Wenn vom medizinischen Sachverständigen die strafrechtliche Verantwortlichkeit verneint wird, so begibt er sich damit auf ein Gebiet, für das er nicht mehr zuständig ist. Es hätte genügt, wenn er dem Gericht die psychologischen Zusammenhänge klargemacht hätte, so daß dieses die bestimmenden Motive bei der Strafzumessung berücksichtigen konnte. – Gegen die Annahme des § 51, Abs. I bestehen Bedenken, trotz aller Würdigung der verwickelten Problematik. Es erscheint nicht angängig, bei einem Lösungsversuch für einen Triebkonflikt, der in seiner Art dem moralischen und gesellschaftlichen Empfinden zuwider läuft, eine Unzurechnungsfähigkeit anzunehmen. Diese Konsequenz würde bedeuten, daß man in vielen Neurosefällen ähnlich entscheiden müßte und die Selbstverantwortlichkeit auch für neurotisch bedingte Handlungen unterschätzt."

Zu diesem kritischen Kommentar nahmen wir wie folgt Stellung:

„I. Das Problem der forensisch-psychiatrischen Würdigung sog. ‚neurotischer Delikte' ist noch offen. In den einzelnen Ländern wird verschieden verfahren, ein besonders modern anmutender Standpunkt wird beispielsweise von der Schweizer Psychiatrie eingenommen. Die süddeutschen psychiatrischen Schulen vertreten eine ‚mittlere' Auffassung bei der Begutachtung solcher Delikte.

II. Die Argumentation unseres Gutachtens ist keine „rein psychologische". Sie stützt sich im wesentlichen auf den kausalen Einfluß der eingenommenen Medikamente. Mit der Einbeziehung dieses kausalen Faktors ist die medizinisch-naturwissenschaftliche Kompetenz gegeben.

III. Es steht dem Gericht bzw. der Staatsanwaltschaft stets frei, einem Gutachten zu folgen oder nicht. Ferner darf daran erinnert werden, daß bei der Empfehlung zur Anwendung des § 51, Abs. I oder II bereits die berechtigten *Zweifel* genügen, während ein strikter Nachweis nicht unbedingt geführt zu werden braucht, was nach Lage der Dinge ja auch in vielen Fällen unmöglich ist.

IV. Die Zuständigkeit des Psychiaters zur Beurteilung der angeschnittenen Fragen scheint uns – auch ganz abgesehen von den pharmakologischen Faktoren – gegeben zu sein, um nicht die Beantwortung derartiger Fragen von vorneherein Nicht-Medizinern, etwa Psychologen oder Juristen, allein zu überlassen. Die Psychiatrie beansprucht Zuständigkeit bei der Beurteilung von Triebdelikten und insbesondere bei der Würdigung von ‚neurotischen Triebdelikten‘.

Unseren eigenen Bedenken hinsichtlich des *tatsächlichen* Einflusses von Hormon-Präparaten auf die Psyche im allgemeinen und auf die aggressiven psychischen Möglichkeiten im besonderen, versuchten wir durch eine große Anzahl von pharmakopsychologischen Untersuchungen mit Hormon-Präparaten Rechnung zu tragen. Die Stellungnahme des Leiters des Frankfurter Institutes für Sexualforschung, Herrn Dr. Giese, war ebenfalls recht zurückhaltend. Er schrieb uns: „... Grundsätzlich möchte ich sagen, daß der Nachweis einer gleichsam ‚toxischen‘ Schädigung durch Keimdrüsen-Hormone sehr schwierig ist.“

Unsere späteren Untersuchungen ergaben auch keine eindeutigen Resultate. In der Zusammenfassung der Studie führten wir aus:

Nach dem Ergebnis der gesamten Untersuchungen kann man sagen, daß dem männlichen Sexualhormon eine gewisse *stimulierende* Wirkung zukommt, die jedoch nicht speziell die Sexualität betrifft, sondern ganz allgemein aktiver und „aggressiver“ macht. Diese Wirkungen treten aber nicht bei allen Versuchspersonen ein, sondern nur etwa bei einem Drittel. Ob es sich bei diesen Versuchspersonen um psychophysisch labilere Menschen handelt als bei den anderen, die keine Veränderungen aufwiesen, vermögen wir nicht zu sagen, da eindeutige Entsprechungen zwischen dem Gesamteindruck dieser Versuchspersonen und der dann beobachteten Hormonwirkung nicht festgestellt werden konnten. Wir neigen eher zu der Annahme, daß der wohl ausgeglichene Organismus einen derartigen Hormonstoß ohne faßbare Wirkungen *toleriert,* während es bei gestörtem – physischem oder psychischem – Gleichgewicht zu den beobachteten Veränderungen kommen kann. Nachteilige Wirkungen wurden in keinem Falle beobachtet. Auch die von Mall (persönliche Mitteilung) beobachteten depressiven Nachschwankungen konnten wir nicht feststellen, vielleicht ist für das Auftreten derartiger Reaktionen die Wahl und Dosis des Mittels (Depot-Präparat oder nicht) ausschlaggebend. Wichtig schien uns auch die Traumstimulierung zu sein, die immerhin in 20% aller Versuche auftrat, besonders auch bei Vpn., die vorher angeblich nie geträumt haben wollten. Zusammenfassend ist von der Wirkung des Depot-Testovirons zu sagen, daß es bei Vorliegen besonderer Voraussetzungen psychophysische Wirkungen entfalten kann und somit kein Suggestionsmittel darstellt.

In einer weiteren Studie brachten wir neues Material (3 Fälle) zur Frage der Zusammenhänge zwischen Triebdelikten und Hormoneinwirkung. Es wurde abschließend festgestellt: „... Nur bei besonderen somatischen oder auch psychischen Voraussetzungen können die Sexualhormone einen *zusätzlichen* Störungsfaktor darstellen. Da in den skizzierten Fällen körperliche oder seelische Funktionsstörungen – unabhängig von der Hormonzufuhr – evident waren, konnte die Einnahme dieser

Medikamente als Teilursache im Kausalbündel anerkannt und entsprechend forensisch gewürdigt werden."

Epikritische Stellungnahme. Wenn wir auf den vorliegenden Fall die verschiedenen Fassungen des Textes des § 51 StGB anwenden, so ergeben sich folgende Möglichkeiten:

I. § 51 StGB in der gegenwärtigen Form:

„Eine strafbare Handlung ist nicht vorhanden, wenn der Täter zur Zeit der Tat wegen Bewußtseinsstörung, wegen krankhafter Störung der Geistestätigkeit oder wegen Geistesschwäche unfähig ist, das Unerlaubte der Tat einzusehen oder nach dieser Einsicht zu handeln. War die Fähigkeit, das Unerlaubte der Tat einzusehen oder nach dieser Einsicht zu handeln, zur Zeit der Tat aus einem dieser Gründe vermindert, so kann die Strafe nach den Vorschriften über die Bestrafung des Versuches gemildert werden."

Wir müssen im vorliegenden Fall heute zugeben, daß die *medizinischen* Grundlagen für die damals dem Gericht gegebenen Empfehlungen, den § 51 StGB anzuwenden, *dürftig* sind. Geisteskrankheit oder Geistesschwäche hatte mit Sicherheit nicht vorgelegen. Bewußtseinsstörungen waren — wendet man die Kriterien der klinischen Psychopathologie an — nicht zu eruieren. K. hat vielmehr „überlegt und planvoll" gehandelt. Nur bei einer rechtlich an sich zulässigen Überdehnung des Bewußtseinsbegriffes durch Einbeziehung *psychologischer* Kriterien kann man mit wissenschaftlich einigermaßen vertretbaren Gründen die Voraussetzungen des § 51 Absatz I oder II StGB bejahen.

II. Neufassung des § 51 StGB nach Vorschlag der Strafrechtskommission (Juli 1956):

„Ohne Schuld handelt, wer wegen einer krankhaften oder einer auf schwerer, angeborenen oder erworbenen Abartigkeit beruhenden seelischen Störung oder wegen einer vorübergehenden Bewußtseinsstörung zur Zeit der Tat unfähig war, das Unrecht der Tat einzusehen oder nach dieser Einsicht zu handeln."

Die beim Täter festgestellten „seelischen Störungen" können mühelos in jedem der angeführten psychologisch-biologischen Tatbestände untergebracht werden. Die Möglichkeit einer „seelischen Störung" wird kein vernünftiger Mensch bestreiten, wenn er hört, daß ein sonst tadelsfreier, sozial bewährter Mensch auf einmal beginnt, billige Broschüren zu stehlen. Man kann auch dieser seelischen Störung durchaus das Beiwort „krankhaft" zubilligen, denn „gesund" ist das beschriebene Verhalten sicher nicht. Man kann auch von einer „schweren" (gemessen am unverständlichen Crimen) Abartigkeit sprechen, wobei es im Belieben des zur Wertung der Tatsachen Verpflichteten steht, ob er die Abartigkeit als „angeboren" (K. war immer ein empfindlicher, psychisch wenig belastbarer Mensch, wofür u. a. auch der längere Aufenthalt in einer Nervenheilanstalt nach seiner Verschüttung im Jahre 1917 spricht) oder als „erworben" (in Verbindung mit der Summe der ermittelten biographischen Faktoren) bezeichnen will. Die Frage nach der „vorübergehenden Bewußtseinsstörung" berührt das Grundproblem, daß es für die retrospektive Erfassung nicht somatogener Bewußtseinsstörungen keine verläßlichen diagnostischen Kriterien gibt. Die hier vorgeschlagene Neufassung gibt also allen Prozeßbeteiligten die Möglichkeit, nach Gutdünken im vorliegenden Fall zu verfahren. Eine Zuordnung des vorliegenden Falles unter die Bestimmung des § 51 in dieser Form kann mit tragfähigen Argumenten vollzogen, aber auch verworfen werden.

III. Eigener Vorschlag zur Neufassung des § 51 StGB:

„Ohne *Schuld* handelte, wer zur Zeit der Begehung einer Straftat geisteskrank oder geistesschwach war oder an einer körperlich begründbaren Bewußtseinsstörung litt."

Mit Sicherheit können die hier genannten medizinischen Tatbestände ausgeschlossen werden. Die Voraussetzung zur Anwendung des § 51 in dieser Formulierung lagen also mit Sicherheit nicht vor. Der Täter müßte vielmehr generell als „schuldfähig“ bezeichnet werden.

IV. Eigener Vorschlag zur Behandlung der „Grenzfälle“:

„Lagen besondere (personale oder biographische) Umstände vor, die die Schuld des Täters vermindert erscheinen lassen, so kann das Gericht die *Strafe* nach eigenem Ermessen mildern oder geeignete *Maßnahmen* anordnen.“

Die besonderen Umstände des Falles hätten zu einer sehr individuellen strafrechtlichen „Behandlung“ des Täters Veranlassung bieten können. Eine schlichte Einstellung des Verfahrens war aus psychologischen Gründen nicht angezeigt, zumal der Täter ein ausgeprägtes Schuldgefühl hatte und ein „Strafbedürfnis“ empfand. Maßnahmen im Sinne einer „konstruktiven Buße“ hätten wahrscheinlich auch den Abbau des mehr oder minder unbewußten Aggressionsbedürfnis gefördert. Bemerkenswert erscheint auch, daß K. über die der Tat zugrunde liegenden Motive nach Abschluß des Verfahrens wesentlich *mehr* [1] zu sagen wußte als zum Zeitpunkt unserer Untersuchungen. Immerhin ist es nach der 1952 erfolgten Einstellung des Verfahrens bis jetzt nicht mehr zu Rückfällen gekommen. Bei einer Nachuntersuchung im Juli 1958 berichtete K. befriedigt von seiner vielfältigen beruflichen Arbeit, die fortzusetzen ihm durch den unverdient glücklichen Ausgang des Strafverfahrens ermöglicht wurde. Er habe diese Fügung seines Schicksals mit Ernst und Dankbarkeit in sein späteres Leben eingebaut und sich stets bemüht, durch besonders intensive Leistungen – innerlich – für die von ihm im Lauf der Jahre immer stärker verurteilten Entgleisungen zu sühnen.

Fall VI

J. Sch. (14 KLs 9/55 Staatsanwaltschaft Wuppertal)

Am 3. Juli 1955 wurden im Affenhaus des Wuppertaler Zoos verschiedene Personen bestohlen. Man beobachtete eine damals 44 Jahre alte Frau, die seit 1940 immer wieder Taschendiebstähle begangen hatte und deswegen zum Teil empfindlich bestraft worden war. So hatte sie erst 1954 eine Gefängnisstrafe von $1^1/_2$ Jahren erhalten, die Strafe war aber zur Bewährung ausgesetzt worden.

Bei der ersten polizeilichen Vernehmung sagte Frau Sch.: „Ich bin bereits mehrfach wegen Taschendiebstahls vorbestraft. Dies ist aber nur auf eine krankhafte Neigung meinerseits zurückzuführen. Ich bin bereits von mehreren Ärzten untersucht worden. Dabei ist mir der § 51 Absatz II StGB zuerkannt worden. Weiter habe ich sogar um eine Operation gebeten, um meine krankhafte Neigung zum Stehlen los zu werden. All dies hat jedoch bisher nichts geholfen und eine Operation wurde abgelehnt.

Auf Befragen erkläre ich, daß ich selbst nicht weiß, wie ich dazu komme, zu stehlen. Wohl kann ich mich an die Geschehnisse immer genau erinnern. Vor ein paar Wochen hatte ich einen Schlüsselbund gestohlen. Damals bin ich auch von der Polizei in S. vernommen worden.“

Im übrigen bestritt sie jedwede Diebstahlsabsicht bei den Vorkommnissen im Zoo. Sie habe vielmehr einen ihr unbekannten Mann beobachtet, der eine fast leere

---

[1] K. teilte uns 1956 mit, er habe bei den *nur* in „katholischen“ Buchhandlungen begangenen Diebstählen ein Gefühl besonderer Befriedigung empfunden. „Ich habe mit meinen Handlungen der katholischen Kirche als Institution gleichsam eins ‚auswischen‘ wollen.“ Er motivierte diese wenig einfühlbare Gefühlsregung mit den zahllosen Kränkungen und Zurücksetzungen, die er in seiner Laufbahn durch seine Heirat mit einer *evangelischen* Frau erfahren habe.

Geldbörse weggeworfen habe. Diese Geldbörse habe sie an sich genommen und die in ihr befindlichen ausländischen Münzen behalten. Später räumte sie ein, am Morgen zweimal einen Versuch des Taschendiebstahls unternommen zu haben.

Etwa vier Wochen vorher war sie nach einem Diebstahl in einem großen Kaufhaus festgenommen worden. Bei dieser Vernehmung machte sie folgende Angaben: „... Der Grund ist, daß ich die Diebstähle sexuell triebbedingt ausführe. Ich habe 1939 geheiratet. Bis dahin habe ich keinen Geschlechtsverkehr gehabt. Bei meinem ersten und bei den nachfolgenden Geschlechtsakten habe ich nur Schmerzen empfunden. Zu einem Orgasmus ist es bei mir nie gekommen. Dieses Gefühl habe ich aber, wenn ich irgendwelche fremde Sachen, die ich aus Handtaschen mir aneigne, an mich nehme. Der Drang, solche Diebstähle auszuführen, ist besonders stark, wenn ich meine Periode habe. Ich führe die Diebstähle nicht etwa aus, weil ich an den gestohlenen Sachen Interesse habe bzw. weil ich sie behalten will, sondern nur, weil ich im Augenblick der Aneignung eine sexuelle Befriedigung erfahre. Aus diesem Grund habe ich auch in allen Fällen diese Sachen sofort weggeworfen. Ich habe meistens nicht einmal darauf geachtet, was ich entwendet hatte. ... Meine gesamten bisher begangenen Straftaten führe ich auf meine anomale sexuelle Veranlagung zurück. Nach meiner letzten Bestrafung habe ich mich bemüht, hart zu bleiben. Ich bin absichtlich in Kaufhäuser gegangen, um mich zu prüfen. Meine anomale Veranlagung war jedoch stärker. Das bitte ich bei meiner Verurteilung mit zu berücksichtigen. Bei meiner letzten Verhandlung wurde mir damit gedroht, daß man mich in einer Heilanstalt unterbringen würde, wenn ich erneut straffällig werden würde. Falls ich bestraft werde, bitte ich darum, von einer solchen Maßnahme Abstand zu nehmen. Ich will dann versuchen, mich in ärztliche Behandlung zu begeben, weil ich selbst unter meiner sexuell anomalen Veranlagung leide."

Anklage wurde am 15. Oktober 1955 erhoben. Die strafverschärfenden Voraussetzungen des Rückfalles wurden für alle Fälle angenommen; jedoch habe die Angeklagte im Zustand verminderter Zurechnungsfähigkeit gehandelt. Die öffentliche Sicherheit erfordere, daß die Täterin in einer Anstalt untergebracht werde.

In den früheren Verfahren war Frau Sch. mehrfach psychiatrisch begutachtet worden. Ein sehr erfahrener Psychiater hatte bei ihr eine „larvierte homosexuelle Triebrichtung" und masochistische Züge festgestellt. „Die von ihr begangenen Taschendiebstähle verlaufen schematisch unter dem subjektiven Erlebnis des Sexualaktes." Die Handlungen wurden daher als Ersatzhandlungen verdrängter homosexueller Strebungen gedeutet. Der Gutachter, der sonst in der Annahme triebdynamischer Mechanismen sehr zurückhaltend ist, meinte abschließend zu den inkriminierten Handlungen: „Das überwiegend Unbewußte aus einer durch Verdrängung gestörten Triebschicht stellt einen Umstand dar, der die Einsichts- und Handlungsfähigkeit der Beschuldigten zur Tatzeit im Sinne der Bestimmungen des § 51 Absatz II StGB mindert."

In einem späteren Verfahren (1953) vertrat der Gutachter einen ähnlichen Standpunkt. Die Unterbringung in einer Anstalt gemäß § 42 b StGB wurde als nicht notwendig bezeichnet. Die Möglichkeit, durch eine Kastration zu helfen, sei kaum gegeben.

1954 hatten wir Frau Sch. zu begutachten. Sie hatte in einem Kölner Kaufhaus eine Geldbörse mit etwa 400 DM Inhalt gestohlen. Bei der polizeilichen Vernehmung wies sie sofort auf ihre krankhafte Veranlagung hin: „Wenn ich eine hübsche Frau sehe, kommt es wie Hypnose über mich, ich *muß* dann diese Diebstähle ausführen, ich kann mich innerlich nicht dagegen wehren."

Auch bei der richterlichen Vernehmung bekundete sie: „Ich erkläre jedoch weiterhin, daß ich bei der Ausübung der Diebstähle eine Art geschlechtlicher Lust empfinde, genau so, wie das bei der Ausübung des Geschlechtsverkehres mit meinem

Mann der Fall ist." Frau Sch. äußerte die Ansicht, daß sie für die Diebstähle *nicht* verantwortlich gemacht werden könne. Lesbische Neigungen, die vom Vorgutachter angenommen worden waren, wurden von ihr entschieden in Abrede gestellt.

In unserer Beurteilung führten wir aus, daß die Frage der strafrechtlichen Verantwortlichkeit grundsätzlich bejaht werden müsse, „da medizinisch nicht zu begründen ist, warum es der Angeklagten nicht möglich sein sollte, ihre asozialen Neigungen zu unterdrücken, selbst wenn man unterstellt, daß tatsächlich eine sexuelle Färbung beim Vollzug der strafbaren Handlungen vorgelegen hat."

Andererseits erschien uns der Konflikt zwischen Triebansprüchen und personalen Strebungen „glaubhaft" und das Unterliegen der Angeklagten im Kampf der Strebungen erschien uns, im Hinblick auf ihre besondere Triebstruktur „verständlicher" als bei einem Menschen mit normalem sexuellem Triebleben.

Die Frage nach einer operativen Behandlung (Kastration) wurde in Verbindung mit dem Gutachten der Universitäts-Frauenklinik verneint. Auch von psychotherapeutischen Maßnahmen erwarteten wir damals im Hinblick auf die bereits fest „eingeschliffenen" Mechanismen keine wesentliche Änderung. Eine angemessene Strafe sei sicher wirksamer als ärztliche und besonders psychotherapeutische Maßnahmen.

Die Analyse nach Rorschach ergab folgende Befunde:

„Frau Sch. ist von durchschnittlicher Intelligenz. Sie ist im Stande, konkrete Tatbestände sachlich richtig zu beurteilen. Größere Zusammenhänge erfaßt sie jedoch nicht sehr scharf, bleibt im Vagen stecken, verläßt sich lieber vorsichtig auf das Nächstliegende, ist dabei etwas kurzsichtig und ängstlich. Diese Haltung verrät eine gewisse Unsicherheit: es fehlt wohl eine klare geistige Ausrichtung, die Einstellung wechselt mit dem Blickwinkel, sie ist unsicher und kommt leicht in Gefahr, sich von der Wahrheit zu entfernen. Es fehlt die Selbstsicherheit des eigenständigen Denkens, doch ist Frau Sch. auch nicht geneigt, sich der Anschauungsweise der Mitwelt fraglos unterzuordnen. Die intellektuelle Anpassung erscheint ziemlich oberflächlich, weil zu wenig selbsttätige Innerlichkeit vorhanden ist.

Auch im Bereich der Affektivität ist Unsicherheit und Suchen nach Halt charakteristisch. Frau Sch. ist sehr empfindlich, vorsichtig, feinfühlig, aber zu egozentrisch, um einen guten Kontakt mit den Mitmenschen zu finden. Die Anpassung ist auch hier nicht tiefgreifend. Dabei steht sie in starker Abhängigkeit von der Umwelt, ist ihr weitgehend zugewandt, ihr Bedürfnis nach Anschluß groß, aber die Verwirklichung schwer gehemmt. Im Wege stehen verdrängte Komplexe, von denen ihre Haltung maßgebend bestimmt wird. Sie steht unter starkem innerem Druck, der nach außen hin zur Entladung drängt. Im Handeln wird so das Bedürfnis nach *Entspannung* immer stärker sein als das nach *Anpassung*. Auch da, wo man ihr mit Wohlwollen und Wärme entgegenkommt, bleibt sie allzu schnell erregbar und unbeständig und kommt so kaum zu ruhiger Fühlungnahme und Mäßigung. Die Angst, sich zu verlieren, hemmt sie. Die zugrundeliegenden Schwierigkeiten ergeben sich aus der tiefenpsychologischen Betrachtung:

Hier zeigt sich eine starke Mutterbindung, eine Identifizierung mit der Mutter, deren Schicksal Frau Sch. wohl auch dauernd vorgeschwebt hat. Die väterliche Welt der fordernden Autorität wird vorwiegend negativ erlebt als versagende und verweigernde Macht. Die Folge ist Rebellion, Aggression nach außen, aber auch Entmutigung, Selbstverneinung, die sich den Forderungen der Autorität nicht gewachsen fühlt und den Kampf aufgibt.

Man kann im Test zwei Schichten der Persönlichkeit unterscheiden: Die eine zeigt das bewußtseinsnähere Verhalten der Person, wie es in erschwerten äußeren Umständen sich zeigen mag. Hier findet sich Selbstbescheidung, Selbstbeschränkung mit Hilfe stärkerer geistiger Konzentration und Selbstkontrolle. Sie wird aber nur erreicht auf dem Wege des Ausweichens vor der eigenen Emotionalität, auf Kosten des gesamten Lebensschwungs, der beträchtlich gehemmt ist. Dahinter steht eine deutliche Kastrationsangst.

Die andere Schicht zeigt die triebhafte Hinwendung zur Außenwelt, die sich nicht anpassen kann und die Hemmung schließlich immer wieder, begleitet von viel Angst, durchbricht. Die Auseinandersetzung mit der väterlichen Welt ist mißglückt. Auf Grund der Hemmung kommt es zu keiner echten Bindung und der resignierte Verzicht auf dieser Linie wird begleitet in der Tiefe von Aggression und destruktiven Tendenzen.

Ein Hinweis darauf, daß sich bei Frau Sch. die Triebhaftigkeit in einer sexuellen Perversion manifestiert haben könnte, ist im Test nur andeutungsweise gegeben in Form eines einzelnen männlichen aggressiven Symbols.

Zur Frage einer kriminellen Komponente ist zu sagen, daß bei Frau Sch. die Möglichkeit, ihre konfabulatorischen Neigungen in die Affektivität abzuleiten, sehr wohl gegeben ist. Die bremsenden Faktoren, die sie am Diebstahl hindern können, sind nicht sehr stark ausgebildet.

Zusammenfassend möchte ich sagen, daß es den Anschein hat, als ob sich die innerpsychischen Verhältnisse schon lange so verfestigt haben, daß eine Umorientierung und Lösung von alten Komplexen nur sehr schwer zu erreichen sein wird."

Vor der Verhandlung wurde eine weitere Begutachtung durch einen praktizierenden Nervenarzt beschlossen. Der Gutachter kam zu folgendem Ergebnis:

„Frau Sch. gab an, sie habe bisher stets nur Frauen bestohlen; während des Diebstahls greife sie – meistens durch Öffnen der Handtasche – einfach zu und behalte, was sie gerade zufällig in die Hand bekäme; die Diebstahlsakte fänden nur in der Öffentlichkeit, möglichst in Gegenwart einer größeren Menschenmenge, statt; regelmäßig sei der Diebstahlsvorgang mit dem Gefühl der sexuellen Befriedigung (Orgasmus) verbunden.

Da diese Einlassungen von der Angeklagten seit der Erstbegutachtung immer wieder – wenn auch mit kleinen Modifikationen – in der gleichen, fast stereotypen Weise vorgebracht werden, besteht kein begründeter Zweifel gegen ihre Glaubhaftigkeit. Trotzdem zwingen die jetzt zur Anklage stehenden Vorfälle zu gewissen Bedenken gegen die Richtigkeit dieser, möglicherweise auch durch ärztliche Befragungen inspirierten Selbstdeutungen. So ist doch sehr auffällig, daß die Beschuldigte während der Diebstahlsserie im Zoologischen Garten Wuppertal am 3. Juli 1955 mit sicherem Griff innerhalb kürzester Zeit mindestens viermal beträchtliche Geldsummen erbeutete und sich dabei auch nicht nur an weibliche Objekte heranmachte.

Wenn somit auch die Interpretationen der Vorgutachter nicht auf jeden einzelnen Fall wörtlich zutreffen, wird man der Angeklagten doch nicht widerlegen können, daß sie ihre Taten in einer bestimmten, immer wieder gleichartigen seelischen Verfassung und mit dem Erlebnis sexueller Lustbefriedigung ausführte. Mit dieser Feststellung ist aber noch nichts oder nur sehr wenig für die Frage der strafrechtlichen Zurechnungsfähigkeit gewonnen, auch wenn die bisherigen Vorgutachter – der eine mit Bestimmtheit, der andere unter Bedenken – aus der Tatsache abartiger sexueller Beweggründe die Voraussetzungen erheblich verminderte Verantwortlichkeit ableiten.

Rein äußerlich betrachtet, handelt es sich bei der Beschuldigten um einen sogenannten Stehltrieb (Kleptomanie). Die psychologischen Voraussetzungen einer derartigen sozialethischen Verhaltensweise, bei der es nicht um das Diebesgut, sondern um das Stehlen geht, sind uneinheitlich. Die wissenschaftliche Literatur, die sich mit dem Problem der Kleptomanie befaßt hat, ist außerordentlich umfangreich und Tummelplatz für eine Vielfalt von Deutungen, die weder bewiesen noch widerlegt werden können. Beispiele kleptomanen Verhaltens, wie der vorliegende Fall der Beschuldigten, sind wiederholt beschrieben worden und stellen interessante Beiträge zum Thema der sogenannten Triebirradiationen dar, worunter das Überspringen von Triebimpulsen in andere Triebgruppen verstanden wird, ein psychobiologischer Vorgang, dem heute in der Sexualpsychologie besondere Bedeutung zukommt. Das Ineinanderstrahlen und gegenseitige Aktivieren der verschiedenen Triebgruppen soll das Verständnis für alle jene Handlungen erleichtern, deren Beweggründe im Unbewußten wurzeln und einer rationalen Klärung unzugänglich sind.

Eine Diebstahlshandlung würde sich unter diesem Aspekt dann der vernunftmäßigen Deutung verschließen, wenn der im Wortlaut des Gesetzes verankerte innere Tatbestand dem Beschuldigten nicht mehr nachgewiesen werden könnte, was bei Gelddiebstählen – wie auch im vorliegenden Falle – jedoch auf erhebliche Bedenken stößt. Wenn die Beschuldigte weit mehr unnütze und wertlose Objekte bei ihren Greifhandlungen in die Handtaschen fremder Damen (und jetzt auch Rocktaschen fremder Herren!) erbeutete als geschehen und nur selten das Glück oder Pech gehabt hätte, Geldbörsen zu ergreifen und sich damit versehentlich als echte Diebin ausweisen zu müssen, wären ihre Einlassungen über die Beweggründe ihres Handeln und ihre sexuellen Lustempfindungen weit überzeugender als sie de facto anmuten. Es ist wirklich schwer, der Beschuldigten zu glauben, daß sie ausschließlich von verdrängten Triebimpulsen oder durch sexuelle Hochspannung zu ihren Taten verleitet wurde und sozusagen als bedauernswertes Opfer ihrer Konflikte, zwischen Triebanspruch und Willensfähigkeit, nichts anderem als einem unbestimmten Drängen nach sexueller Lösung unterlag.

Dies mag partiell zutreffen und mag auch die ständige Rückfälligkeit der Beschuldigten, die durch harte Strafen und die sich daraus ergebenden sozialen und privaten Konsequenzen von ihrem Tun nicht abzuschrecken war, erklären. Daneben steht aber sicherlich auch – wie bei fast allen ausgekochten rückfälligen Eigentumskriminellen – ein Hang zum echten *Stehlen* mit allen begleitenden psychologischen Anregungsmomenten, der Freude am Verbotenen und am Abenteuer und was sonst noch alles eine gemeinschaftswidrige Bereicherungshandlung reizvoll macht. Gewiß münden diese allgemeinen psychologischen Begleitumstände wieder in den Bereich der Triebsphäre und lassen sich, wenn auch nicht schlüssig beweisbar, so doch nicht widerlegbar, auf den Generalnenner die Triebirradiation und des ambivalenten Urerlebnisses, in dem sich Angst und Lust überschneiden, zurückführen.

Mit einer echten Geistesstörung hat dies wenig zu tun. Wenn man die Frage der Zurechnungsfähigkeit im vorliegenden Fall prüfen will, dann findet man, was die Persönlichkeit der Beschuldigten hinsichtlich ihrer Verstandestätigkeiten anbetrifft, nichts, was gegen ihre strafrechtliche Verantwortlichkeit Bedenken aufkommen läßt. Bei der wenigstens teilweise psychologischen Rätselhaftigkeit ihres Verhaltens und im Hinblick auf die Möglichkeit hierbei wirksamer abartiger Triebimpulse wird man jedoch in Anlehnung an andere, ähnlich gelagerte und anerkannte Beispiele geminderter Verantwortlichkeit aus fehlerhafter Triebveranlagung auch im vorliegenden Falle die Anwendung des § 51 Absatz II StGB nicht gänzlich in Abrede stellen können."

In der Hauptverhandlung wurde dann die Erstattung eines Obergutachtens durch den Direktor einer süddeutschen Universitätsklinik zu folgenden Fragen beschlossen:

„In welchem Maß war die Angeklagte zur Zeit der ihr vorgeworfenen Straftaten strafrechtlich verantwortlich?

War die Angeklagte voll unzurechnungsfähig oder vermindert zurechnungsfähig?

Gibt es andere Möglichkeiten (Kastration, psychotherapeutische Behandlung) als die Einweisung in eine Heil- oder Pflegeanstalt zur Sicherung der Allgemeinheit vor der Angeklagten?"

Zu diesen Fragen nahm der Obergutachter in einem ausführlichen Gutachten Stellung. Bei der klinischen Untersuchung hatten sich — auch bei Anwendung subtilster Untersuchungsmethoden — keine Hinweise auf körperliche Funktionsstörungen ergeben.

Zu den Diebstählen berichtete Frau Sch. dem Gutachter: Der erste Diebstahl sei 1940 erfolgt. Einer etwa 30jährigen Frau sei damals eine Geldbörse aus dem Netz gefallen; sie habe das Portemonnaie zunächst an sich genommen, dann bei der Flucht wieder fortgeworfen. Auch beim zweiten Delikt habe es sich um eine jüngere, elegante Frau in einem Pelzmantel in einem Café gehandelt. Schon beim Anblick dieser Frau habe sie ein „Kribbeln" am ganzen Körper gespürt, außerdem sei es ihr heiß geworden, an den Genitalien sei zunächst ein Wärmegefühl aufgetreten. Sie habe sich dann dieser Frau genähert, um aus der Seitentasche der fremden Handtasche eine Briefmappe zu entnehmen. Dieses Stehlen sei „so schön am ganzen Körper gewesen". Auf näheres Befragen berichtete Frau Sch., daß es ihr beim Diebstahl schwindelig gewesen sei, sie außerdem eine Feuchtigkeit zwischen den Beinen gespürt habe. Später, erst beim Geschlechtsverkehr habe sie erfahren, daß das Vaginalsekret „zur sexuellen Lusterzeugung zugehört". Sie hätte damals schnell den Weg zur Toilette gesucht; dort sei sie noch aufgeregt und erhitzt gewesen. Später sei sie nach Hause gefahren und habe das Geld aus der Briefmappe in den Schrank gelegt.

Auf mehrfaches Befragen, ob sie nur bei jungen, elegant gekleideten und gut aussehenden Damen derartige Gefühle verspürt habe, gibt Frau Sch. zur Antwort: Nur hübsche, feine Frauen hätten sie angezogen; dabei sei es ihr vollkommen gleich gewesen, was sie gestohlen habe, ob Füllfederhalter, Puderdöschen oder einen Schlüsselbund. Als sie aufmerksam gemacht wird, daß sie doch bereits mehrfach ältere, einfache Frauen bestohlen habe, wird sie unsicher und meint, dort habe sie dieselben Gefühle gehabt. Außerdem behauptete Frau Sch., daß sie nach jedem Diebstahl ein Gefühl wie nach einem Orgasmus gehabt habe, so daß sie sich vor jeglichem Sexuellen mehrere Tage lang geekelt habe und auch gar keine Lust verspürt habe, erneut einen Diebstahl zu unternehmen.

Darauf aufmerksam gemacht, daß sie doch gerade bei den Zoo-Diebstählen in kurzer Zeit mehrere Male „den Griff in das Täschchen" getan habe, versucht sie alles abzustreiten, gibt schließlich gar keine Erklärungen mehr ab und schweigt nur noch mit hochrotem Gesicht. Bei der Exploration geht sie außerordentlich geschickt vor, versucht in passiver Haltung aus den Fragen des Arztes herauszuhören, was für sie am günstigsten sein könnte, um erst nach einigen Minuten eine wohlüberlegte Antwort zu finden. Zu spontanen Äußerungen läßt sie sich nicht hinreißen, da sie selbst merkt, wie leicht sie sich in Widersprüche dabei verwickelt.

Als Frau Sch. aufgefordert wurde, von sich aus alle sexuellen Begleitgefühle, die sie während der Diebstähle empfindet, zu geben, weigert sie sich zunächst hartnäckig, läßt sich dann zu einer präzisen Schilderung aus, wobei sie aber mehrfach in starke Widersprüche gerät. So tritt einmal das Vaginalsekret bereits beim Anblick einer anderen Person auf. Am nächsten Tage dann behauptet sie, erst eine Feuchtigkeit während des Stehlaktes selbst zu haben. Andere Versionen wiederum sind: Orgasmus beim Hineingreifen in die Tasche, Orgasmus erst beim Fortlaufen, Aufgeregtsein nach der Tat, ohne Entspannung zu finden u. a. Ihr Gedächtnis reicht offenbar nicht aus, die einmal gemachten Angaben systematisch zu Ende zu führen.

Zu den Diebstählen im Wuppertaler Zoo äußerte sie, sie habe lediglich leere Geldtaschen aufgehoben, um nachzusehen, was sich darin befinde. Gestohlen habe sie dort überhaupt nicht; erst auf den Vorwurf, man habe doch ausländische Münzen in ihrer Tasche gefunden, die kurze Zeit davor noch in einem fremden Portemonnaie gewesen seien, antwortete sie: „Die gefielen mir, die wollte ich haben." Die Geldbörsen im Zoo habe sie nicht aus sexuellen Motiven heraus, sondern aus „Neugierde" aufgehoben.

Auf die Frage, was sie mit dem gestohlenen Gelde getan habe, erklärte Frau Sch., sie habe jedesmal das Geld sofort wieder weggeworfen, weil sie ja nach dem Diebstahl schon eine Befriedigung verspürt habe. Darauf aufmerksam gemacht, daß sie ja nach dem Orgasmus die gestohlenen Gegenstände wieder hätte zurückgeben können, meinte Frau Sch., sie habe sich einfach zu stark geschämt, um das gestohlene Gut wieder zurückreichen zu können. Daher habe sie alles schnell weggeworfen, das Geld aus den fortgeworfenen Portemonnaies müßten andere gestohlen haben.

Als Frau Sch. gefragt wird, ob bestimmte Tage ihre Diebstähle begünstigt hätten, erwiderte sie, sie habe *nur* während der Menstruation stehlen können. Da aber aus den Aktenunterlagen eine Diebstahlserie ersichtlich ist, die sich über längere Zeit erstreckte, als eine normale Menstruation andauert und sie auf diesen Widerspruch aufmerksam gemacht wird, gab sie schließlich zu, es könne auch an allen anderen Tagen sein.

Dann wieder erklärte Frau Sch., nur in Räumen, wo sich viele Menschen aufhalten, werde sie zu Diebstählen angeregt, weil eine Zusammenballung von Menschen in ihr das heiße, erregende Gefühl wachrufe; auch hier wieder ist sie erschreckt und peinlich berührt, als sie auf die Diebstähle in leeren Läden und in wenig besuchten Zoo-Aquarien aufmerksam gemacht wird.

Aus der Beurteilung ist zu entnehmen:

Psychisch war Frau Sch. zeitlich, örtlich und personell voll orientiert. Ihre betont freundliche Zuwendung ermöglichte eine gute Kontaktaufnahme. Die Psychomotorik und Gestik war abgerundet und harmonisch. Die mimische Schwingungsbreite war keineswegs eingeengt. Mit gezierter, gekünstelter Sprache und gepflegtem Äußeren versuchte sie, „damenhaft" zu wirken. Die formellen und inhaltlichen Denkfunktionen waren unauffällig; es wurden weder optische noch akustische Wahrnehmungsstörungen zugegeben. Vitalbedingte Strebungen scheinen bei Frau Sch. im Vordergrund zu stehen. Bei den testpsychologischen Untersuchungen zeigte sich ein gutes Konzentrationsvermögen. Sechs Zahlen konnten bei der akustischen Merkfähigkeitsprüfung gut reproduziert werden. Die Intelligenzprüfung ergab ein durchschnittliches Niveau, auch der höheren Funktionen, wie Kritik- und Urteilsvermögen, sowie Kombinations- und Abstraktionsfähigkeit.

Auffallend war dagegen die Art und Weise, wie Frau Sch. mit gespielter, unecht wirkender Schamhaftigkeit die sexuellen Begleiterscheinungen während der Eigentumsdelikte schilderte. Dabei verstrickte sie sich mehrfach in Widersprüche, so etwa, wenn sie ihre sexuellen Gefühle und vegetativen Sensationen bei jeder Exploration erneut variierte oder den Eintritt des Orgasmus einmal *vor* den Stehlakt, dann wiederum *zum* Zeitpunkt der Herausnahme des Geldes aus den entwendeten Portemonnaies legte. Außerdem behauptete sie, nur beim Anblick junger, hübscher und elegant gekleideter Damen in sexuelle Erregung und anschließend zum Stehlakt gekommen zu sein, obwohl nach den Aktenunterlagen häufig ältere Frauen der unteren sozialen Schichten, ja sogar Männer bestohlen wurden. Selbst ihr wiederholt betonter Ekel vor der gesamten geschlechtlichen Sphäre, der jeweils nach einer Sexualerregung aufgetreten sei und dann mehrere Tage angehalten hätte, läßt sich schlecht mit den gehäuften Diebstählen im Wuppertaler Zoo im Jahre 1955, die innerhalb weniger Stunden erfolgten, vereinbaren. Dann wieder motivierte Frau Sch. ihre Delikte mit sexuellen Gefühlen, die nur in „eng mit Menschen gefüllten Räumen" auftreten würden, was in eindeutigem Widerspruch mit dem Aquariumsdiebstahl im Zoo von Wuppertal und einigen Ladendiebstählen, bei denen nur eine Kundin zugegen war, steht. Wenig glaubhaft schienen auch die bei jeder Exploration mit unechtem Affekt vorgetragenen Wünsche, sie möchte unbedingt durch eine Kastrationsoperation von ihrem Leiden geheilt werden, zumal sich Frau Sch. bereits im Klimakterium befindet, was einer physiologischen, funktionellen Kastration gleichzusetzen ist. Auf ihre sich widersprechenden Angaben aufmerksam gemacht, versuchte Frau Sch. keineswegs mit Ausflüchten zu reagieren, sondern schwieg peinlich berührt dazu. Damit war die Grundregel psychoanalytischer Befragung, die auf *unbedingter Wahrhaftigkeit* beruht, nicht erfüllt. — Auch die früheren, dem Vorgutachter gemachten Angaben über ihre lesbischen Abenteuer, auf die das Gutachten im wesentlichen aufgebaut war, scheinen nicht der Wahrheit zu entsprechen, denn während der jetzigen Aufnahme konnte sich Frau Sch. noch nicht einmal an eine gleichgeschlechtliche Freundschaftsbeziehung erinnern.

„Kleptomanie", wie sie von seiten der Verteidigung und auch von Frau Sch. für ihre Straftaten verantwortlich gemacht und als ein „Stehlen um des Stehlens willen" definiert werden kann, ist eine an der Oberfläche erscheinende menschliche Verhaltensweise, die sowohl bei Geisteskranken, neurotischen Fehlentwicklungen, Reifungsstörungen der Kindheit, in der Pubertät sowie im Klimakterium und bei bestimmten Generationsphasen der Frau, wie Menstruation und Schwangerschaft, außerdem bei Symbolhandlungen und Triebirridationen vorkommen kann. Für das Vorliegen eines der angeführten Faktoren konnte bei Frau Sch. jedoch kein Anhalt gefunden werden.

Selbst bei der Annahme, die Angaben von Frau Sch. könnten teilweise zutreffen, was aber keineswegs erwiesen ist (Widersprüche, kein fetischistischer Kultus mit den Diebesobjekten, sexuelle Kulminationen zu verschiedenen Zeiten des Stehlaktes), besteht kein zwingender Grund zur Exkulpierung, da unseres Erachtens keine krankhaften Störungen der Geistestätigkeit im Sinne des § 51 Absatz I oder II StGB vorliegen, die geeignet wären, die Entwicklung der nötigen Hemmungsvorstellungen zu verhindern."

In der zweiten Verhandlung beantragte der Staatsanwalt eine Zuchthausstrafe von drei Jahren. Es wurde die *volle strafrechtliche Verantwortlichkeit* angenommen. Das Gericht verurteilte Frau Sch. zu einer Gefängnisstrafe von drei Jahren. In der Urteilbegründung heißt es u. a.:

„Die Angeklagte ist für ihr Verhalten in vollem Umfang verantwortlich. Die Sachverständigen haben angesichts der Beweisergebnisse im vorliegenden Verfahren ihre frühere gutachtliche Stellung nicht mehr aufrecht erhalten. Beide Gutachter schließen zwar nicht aus, daß bei den jetzigen Verfehlungen der Angeklagten in der Tat *auch* geschlechtliche Motive eine Rolle gespielt haben. Sie messen diesen Beweggründen mit Rücksicht auf die Intelligenz der Angeklagten und ihre überwiegend kriminelle Handlungsweise aber nicht mehr eine solche Bedeutung zu, daß die Anwendung des § 51 Absatz I oder II StGB angebracht wäre ... Nach Auffassung der beiden Sachverständigen war die Angeklagte also trotz einer gewissen sexuellen Abartigkeit durchaus in der Lage, das Unrecht ihres Verhaltens einzusehen und nach dieser Erkenntnis zu handeln. Mit diesen Ausführungen stimmen alle Sachverständigen überein. Nur ein Vorgutachter ist hingegen bei seiner früheren Auffassung geblieben. Nach seiner Auffassung kommt der Angeklagten auch heute noch der Schutz des § 51 Absatz II StGB zu. Seine Argumentation hat die Strafkammer aber nicht überzeugt. Sie beruht ersichtlich auf der Erwägung, daß bei der Angeklagten die Gedankenassoziation „Täschchen" = weiblicher Geschlechtsteil eine ausschlaggebende Rolle gespielt hat. Das Gericht vermag dem Sachverständigen hierin nicht zu folgen. Dieser mißt nämlich – entgegen den tatsächlichen Feststellungen in der Hauptverhandlung – den abartigen geschlechtlichen Motiven der Angeklagten eine Bedeutung bei, die ihnen nicht zukommt. Außerdem erscheint die aufgezeigte Gedankenassoziation auch zu gekünstelt, als daß ihr in Anbetracht der übrigen Gutachten ein, im Sinne des § 51 Absatz II StGB entscheidender Wert innewohnen könnte. Die Strafkammer ist vielmehr mit den anderen Gutachtern der Ansicht, daß die Angeklagte den Schutz des § 51 StGB in keiner Form beanspruchen kann, weil sie bei ihren Taten weder zurechnungsunfähig noch in ihrer Zurechnung erheblich beeinträchtigt war ..."

Epikritische Stellungnahme. Aus dem Wortlaut des § 51 de lege lata ist Schuldausschließung oder Schuldminderung aus biologischen Gründen tatsächlich nicht ableitbar, da die Täterin weder an Bewußtseinsstörungen, noch an krankhafter Störung der Geistestätigkeit oder an Geistesschwäche leidet. Diese Verneinung gilt prinzipiell auch für die Bestimmung des § 51 Absatz II StGB, da Abstriche an einer grundsätzlichen Verneinung unlogisch sind.

Schwieriger wird die Beurteilung des Falles in Verbindung mit dem Text des Reformvorschlages.

„Ohne Schuld handelt, wer wegen einer krankhaften oder einer auf schwerer, angeborener oder erworbener Abartigkeit beruhenden seelischen Störung oder wegen einer vorübergehenden Bewußtseinsstörung zur Zeit der Tat unfähig war, das Unrecht der Tat einzusehen oder nach dieser Einsicht zu handeln."

Wie die Ausführungen des zuerst tätigen Sachverständigen, der über besonders große Erfahrungen auf kriminologischem Gebiet verfügt, zeigen, ist es durchaus möglich, bei Frau Sch. eine „schwere erworbene Abartigkeit" festzustellen, die zu seelischen Störungen führt. Die Textfassung gibt dem Sachverständigen durchaus die Möglichkeit, dem Gericht sogar die völlige Exkulpierung zu empfehlen.

Bei der von uns vorgeschlagenen Formulierung:

„Ohne *Schuld* handelte, wer zur Zeit der Begehung einer Straftat geisteskrank oder geistesschwach war oder an einer körperlich begründbaren Bewußtseinsstörung litt"

ist eine Exkulpierungsempfehlung ausgeschlossen.

Wenn man eine Neigung empfindet, die möglicherweise vorhandenen sexuellen Motive besonders zu berücksichtigen und auch die unglückliche Entwicklung der Ehe zu bedenken, so gibt die von uns vorgeschlagene „Ergänzung" [1] dem Richter jede

[1] „Lagen besondere personale oder biographische Umstände vor, die die Schuld des Täters vermindert erscheinen lassen, so kann das Gericht die *Strafe* nach eigenem Ermessen mildern oder geeignete *Maßnahmen* anordnen."

Möglichkeit, den vorliegenden Fall so individuell wie möglich behandeln zu können. Dabei bleibt die Grundfeststellung der Schuldfähigkeit unangetastet.

Unsere zurückhaltende, eher skeptische Position bei der forensischen Würdigung eventueller erotischer bzw. sexueller Faktoren im Ursachenbündel der Entstehungsbedingungen „kleptoman" anmutender Eigentumsdelikte schließt es natürlich keineswegs aus, daß es so determinierte Delikte nicht hin und wieder doch einmal gibt. Das von allen kritischen Sachverständigen immer wieder angegebene Kriterium der Zweckhaftigkeit des Diebstahls für den Täter, ist eine wirkliche Hilfe für die Analyse des Ganzen. Es ist schon wichtig, zu wissen, was gestohlen wurde (Geld, Wertsachen oder eben wertloses Zeug) und es ist ebenso wichtig, zu erfahren, ob das Gestohlene später spontan wieder zurückgegeben wurde oder nicht. So wurden in einem von KAESS soeben mitgeteilten Fall tatsächlich vorwiegend „Bagatellwerte" gestohlen und später auch zurückerstattet. Der Symbolcharakter der Handlungen wurde hervorgehoben. Bei Kindern und Jugendlichen scheinen „symbolische Diebstähle" nach den Erfahrungen von ZULLIGER im ganzen häufiger zu sein. Generell meinen wir aber doch die Auffassung vertreten zu sollen, daß bei der Fortnahme fremden Eigentums in erster Linie zunächst immer an eine schlichte Aneignungsabsicht gedacht werden muß, während „kleptomane" Eigentumsdelikte extrem selten zu sein scheinen.

Fall VII

B. W. (DLs 3/56 Staatsanwaltschaft Düsseldorf)

Der bereits viermal wegen Diebstahls bestrafte 27jährige Bauhilfsarbeiter W. wurde 14 Tage nach der Entlassung aus der Strafhaft am 23. September 1955 bei einem Diebstahl in einem Strumpfgeschäft beobachtet. Er hatte ein Paar Herrensocken in seine Rocktasche gesteckt. Bei der polizeilichen Vernehmung erklärte er: „Mir selbst war es ein Rätsel, wie ich die Strümpfe überhaupt in meine Tasche stecken konnte."

Im Termin beantragte der Staatsanwalt 10 Monate Gefängnis. Der Angeklagte bat um eine psychiatrische Untersuchung, da er nach seiner Ansicht an „Kleptomanie" leide. Bei den Untersuchungen machte er folgende Angaben: „Ich muß an Komplexen leiden. Mit dem Herzen bin ich beim Stehlen nicht dabei; ich lege keinen Wert auf eine milde Strafe und schon gar nicht auf die Zubilligung des § 51 StGB. Ich möchte vielmehr die Ursachen für meinen Trieb zum Stehlen geklärt haben, damit ich davon befreit werden kann, denn sonst stehle ich immer wieder." Er gab an, auch dann stehlen zu müssen, wenn er genügend Geld in der Tasche habe, um sich die Dinge zu kaufen. Außerdem berichtete W., daß gegen ihn ein Verfahren wegen Verstoßes gegen den § 175 StGB laufe. (Die Analyse nach SZONDI ergab tatsächlich eine typisch homosexuelle Triebstruktur.)

Bei der Besprechung seiner Lebensgeschichte äußerte er eine große Unzufriedenheit mit seinem Leben. „Ich gebe mir immer große Mühe und komme doch nicht weiter wegen meiner Vorstrafen. Ich liebe Orgelkonzerte und kulturelle Veranstaltungen ... Grobe und schmutzige Arbeit mache ich nicht gern. Eine gut bezahlte Stellung in einem mir zusagenden Milieu kann ich nicht bekommen. Meine bisherige Stellung als Verkäufer in einer Musikalienhandlung habe ich verloren, aber nicht wegen meiner Neigung zu Diebstählen – hiervon habe ich meine Chefin in Kenntnis gesetzt –, sondern wegen meiner homosexuellen Neigung."

Nach der Haftentlassung fand eine Nachuntersuchung statt. Er berichtete: „Ich habe heute morgen einen Bummel durch die Stadt gemacht und bin in Warenhäuser gegangen, um meine Festigkeit zu prüfen. Ich mußte kämpfen, um standhaft zu bleiben. Wenn ich früher durch Geschäfte oder Warenhäuser ging, habe ich manchmal Sachen, die mir gefallen haben, in der Tasche gehabt. Ich mache es aus einem ‚Affekt' heraus, mein Herz ist nicht dabei. Als ich die Zigaretten weggenommen habe, habe ich jedes Denken ausgeschaltet. Es kommt nachher immer eine große Müdigkeit über mich." Über die Entwicklung seiner diebischen Neigungen machte W. folgende Angaben: „Ich war 12½ Jahre alt. Ich war damals der katholischen Kirche sehr verbunden. Ich wollte immer Priester werden und möchte es auch heute noch. Ich stehe der Religion heute zwar skeptischer gegenüber, was ich auch im Gespräch mit Vertretern der Religion wiederholt hervorgehoben habe." Der liturgische Gottesdienst stünde ihm näher als der sakramentale. Sein Wunsch, Priester zu werden, sei von dem Pflegevater nachhaltig bekämpft worden. „Ich hatte mir damals einen Altar gemacht. Als mein Stiefvater merkte, daß ich Priester werden wollte, hat er mir das alles verbrannt. Als ich dadurch in eine Art Zwangslage kam, mußte ich darauf sinnen, mir neue Utensilien zu beschaffen (Kerzen, Oblaten, Weihrauch etc.). Ich halte es für möglich, daß in diesen Erlebnissen die pychischen Wurzeln für meinen späteren Drang, Dinge wegzunehmen, liegen. Das wäre ein Weg zum Verständnis dieser Dinge ... ich finde sonst keinen.

Bis zum 14. Lebensjahr bekam ich kein Taschengeld und ich brauchte auch keines. Dann erwachte meine Neigung zum Geld. Meine Kameraden hatten schöne Gebrauchsgegenstände und ich wollte sie auch haben. Die Pflegeeltern taten im Rahmen ihrer Möglichkeiten alles für mich, verstanden mich aber nicht richtig. Wegen der ‚Kirchensachen' wurde ich damals auch in die pädagogische Beobachtungsstation in Bonn eingeliefert. Dort blieb ich zwei Jahre. An Einzelheiten kann ich mich nicht mehr erinnern. Mit knapp 17 Jahren wurde ich von Bonn entlassen. Ich konnte aber zu meinen Pflegeeltern nicht mehr zurück, da die Pflegemutter gestorben war und die Tochter mit ihrer ganzen Familie zu dem Pflegevater gezogen war. So war für mich kein Platz mehr. Ich bekam dort auch anläßlich meiner Besuche kein Essen mehr. Die Tochter war gegen mich eingestellt. Die nächsten Monate waren für mich sehr schlecht. Ich hatte kein Zuhause und trieb mich fast ¾ Jahre ohne Wohnung herum. Ich wurde dann wegen Herumtreibens zu zwei Jahren Arbeitshaus verurteilt. Ich habe dort nichts Gutes gelernt und bin in meiner Entwicklung nicht gefördert worden, eher im Gegenteil.

Drei Wochen nach meiner Entlassung habe ich eine Jacke gestohlen, weil ich keine hatte. Ich bekam dafür vier Wochen Gefängnis, die ich in B. abgesessen habe. Das war meine erste Strafe wegen eines Eigentumdeliktes."

Zur Ergänzung der eigenen Angaben stand uns ein Bericht einer Jugendpsychiatrischen Klinik aus dem Jahre 1944 zur Verfügung. In dem Bericht heißt es auszugsweise:

„Untersuchter ist unehelich geboren, besitzt die polnische Staatsangehörigkeit, wurde bereits im ersten Lebensjahr bei einer Pflegefamilie im Landkreis Köln untergebracht. War dort bis zur Einweisung in die hiesige Klinik. Im Bericht der NSV (der national-sozialistischen Fürsorge) vom 15. Mai 1943 heißt es: Er wird als Eigenbrötler bezeichnet. Namentlich in religiöser Hinsicht traten Eigenarten zutage, die den Jungen zu einem Sonderling stempeln. Er baut Altäre, zerschneidet Wäsche zu Meßgewändern und ergeht sich in gottesdienstlichen Übungen. Zu einer regelmäßigen Arbeit ist er nicht zu gebrauchen ... Er hat den Drang, sich vor anderen Kameraden herauszustellen, ist sehr hochmütig und prahlerisch. ... Im Alter von etwa 10 Jahren soll er an Angstzuständen gelitten haben. Am 1. April trat er eine Gärtnerlehrstelle an. Auch dort wurde er nach wenigen Wochen wegen Unzuverlässigkeit entlassen. ... Unter den jetzigen Verhältnissen droht der Junge zu verwahrlosen. Es empfiehlt sich, den Minderjährigen einem Psychiater zuzuführen, damit die geeignete Unterbringung eingeleitet werden kann.

W. sei aus dem 8. Schuljahr entlassen worden; mittelmäßiger Schüler. Sein Wunsch wäre gewesen, Pastor zu werden. Aber da seien die Pflegeeltern nicht mit einverstanden gewesen. Er sei früher als Meßdiener tätig gewesen und habe sich auch später noch gern mit religiösen Dingen beschäftigt. Auf Befragen gibt er an, es stimme, daß er zu Hause Bettwäsche und Hemden zerschnitten habe, um sich ‚Meßgewänder' daraus zu machen. Bei anderer Gelegenheit u. a. während seiner Landjahrtätigkeit im Krankenhaus habe er sich vor Tischen bzw. vor behelfsmäßig errichteten Altären als Priester aufgeführt, d. h. so getan, als lese er die Messe. Die Schuld an der bisher nur geringen Berufsleistung gibt er den äußeren Umständen. Zwar sei der Wunsch Priester resp. Missionar zu werden nach schweren Mühen innerlich überwunden, aber einen befriedigenden anderen Beruf habe er noch nicht gefunden. Er sei als Gärtner tätig gewesen, aber der Pflegevater habe ihn da weggenommen, weil es auf der Stelle zu schmutzig gewesen sei. Er würde jetzt sehr gerne als kaufmännischer Lehrling anfangen. Mit den zu Hause verübten Gelddiebstählen rückt er zunächst nicht heraus. Erst daraufhin befragt gibt er an, er habe von dem Geld nichts für sich gebraucht, sondern anderen davon etwas gekauft, so z. B. Geschenke zum Namenstag der Mutter. Auf die Bemerkung, daß es doch nicht der Sinn eines Geschenkes sei, sich die Mittel dazu bei dem, der hinterher mit der Gabe bedacht werden soll, durch Stehlen zu verschaffen, fragt er, was er denn schon anders hätte machen sollen, er sei doch nicht im Besitze von Geld gewesen. Er sehe das auch nicht als besonders schlimm an, auch der Kaplan habe gesagt, daß aus denen, die als Jungens Streiche machen, später doch noch ordentliche Menschen würden. Überhaupt versteht er sich, wenn er nicht weiter weiß, hinter dem zu verschanzen, was angeblich der Pflegevater oder der Kaplan gesagt haben sollen. Er ist innerlich unwahrhaftig, hinter seinen selbstgefälligen, salbungsvollen, zum Teil prahlerischen Redereien spürt man keinen inneren Gehalt. Zu einer tatsächlichen Korrektur bezüglich seiner Einstellung zu den bisher bei ihm zutage getretenen Unzulänglichkeiten und Verfehlungen kommt er nicht. Durch phraseologische Wendungen und reichen Gebrauch von Schlagwörtern sucht er ein Wissen vorzutäuschen, das er in Wirklichkeit nicht besitzt und eine gewisse formale Gewandtheit vermag über innere Leere nicht hinwegzutäuschen.

In der Gemeinschaft der anderen betätigte er sich hemmungslos als Angeber. Er schien kein Gefühl dafür zu haben, wie weit er es treiben könnte. Wurde er von den anderen ausgelacht, so ließ er sich nicht dadurch irritieren. Glaubte er sich unbeobachtet, so hielt er sich weder an Anordnung noch Ordnungsregeln. Wurde er dann zur Rechenschaft gezogen, so bestritt er alles entrüstet unter Hinweis auf seine „priesterliche" Korrektheit. Erst wenn er nicht mehr weiter kam, wurde die Fassade gezwungener Überlegenheit durchbrochen und er wurde dreist und frech, um nach Abklingen des Affektes in die alte Rolle zurückzufallen. Im Hinblick auf seine angeblichen geistigen Interessen suchte er auch an körperlichen Arbeiten vorbeizukommen. Gemessen an seinen Angebereien wirkte sein tatsächliches Verhalten ausgesprochen anspruchslos. Dabei war ein *gröberer geistiger Defekt* nicht einmal nachweisbar. Die Intelligenz, obgleich dürftig, lag noch innerhalb der Grenzen der Norm. Die bei dem Untersuchten bezeichneten Schwierigkeiten, die im wesentlichen als Ausdruck schwerer charakterlicher Abwegigkeiten aufgefaßt werden mußten, nahmen schließlich bedenkliche Ausmaße an. Durch seine Arbeitsunlust und Redereien wirkte er zersetzend auf die anderen. Als er schließlich auch noch durch sexuelle Verfehlungen auffiel, wurde er in eine Heil- und Pflegeanstalt verlegt. Eine dort eingeholte Erkundigung ergab, daß er sich bisher einfügt und im Rahmen der Anstalt auch arbeitsmäßig eingesetzt werden kann."

Aus unserer Beurteilung:

„Die biographische Analyse ergab, daß der Drang zur Fortnahme fremden Eigentums schon früh in W. geweckt wurde. Er kam dann später von diesem Drang nicht los, obwohl ihm — folgt man seinen Angaben — zeitweise die Mittel zur Verfügung standen, seine Bedürfnisse auf legalem Weg zu befriedigen. Es ist ein rein terminologisches Problem, ob man in solchen Fällen von ‚Kleptomanie' sprechen will oder nicht. Nach den Grundsätzen der forensischen Psychiatrie sind aber auch die Menschen, die diesen merkwürdigen Drang zum Fortnehmen fremden Eigentums haben, strafrechtlich verantwortlich, wenn sie *nicht* an einer psychischen Erkrankung im Sinne des § 51 StGB leiden.

Ferner ergab die Triebanalyse nach SZONDI mit Sicherheit das Vorliegen einer anlagebedingten Homosexualität. Auch hier verlangt der Gesetzgeber die Beherrschung dieser Triebansprüche, selbst wenn ein derartiges Ansinnen gewisse Bedenken wecken muß, da diese Triebansprüche von den Homosexuellen als ‚normal' empfunden werden.

Ob Zusammenhänge zwischen der Anomalie auf dem Gebiete der leiblichen Triebe und dem Drang zum Stehlen vorliegen, ist eine wissenschaftlich exakt vorerst nicht entscheidbare Frage."

Die Voraussetzungen zur Anwendung des § 51 Absatz I oder II StGB wurden von uns abgelehnt.

Im Termin wurde W. zu einer Gefängnisstrafe von zwei Monaten wegen Diebstahls im Rückfall verurteilt.

Aus der Urteilsbegründung:

„Dem Angeklagten konnten aber weitgehend mildernde Umstände zugebilligt werden. Der Wert der von ihm entwendeten Strümpfe ist gering. Auch hat der Angeklagte den Schaden wieder gut gemacht und seine Tat nicht beschönigt. Wenn das Gericht dennoch auf eine Gefängnisstrafe erkannt hat, die noch unter der vom Gesetzgeber vorgeschriebenen Mindeststrafe liegt, so war hierfür maßgebend, daß dem Angeklagten der Schutz des § 51 Absatz II StGB zugebilligt werden konnte. Zwar ist der Sachverständige zu dem Ergebnis gekommen, daß dem Angeklagten ein solcher Schutz nicht zugebilligt werden könne. Das Gericht ist indessen der Auffassung, insbesondere nach den Ausführungen des Sachverständigen, daß der Angeklagte zur Zeit der Tat doch vermindert zurechnungsfähig war. Der Angeklagte ist bereits zwei Jahre in einer Heil- und Pflegeanstalt wegen einer Geisteskrankheit (!) gewesen und der Sachverständige hat ausgeführt, daß er an einem starken Drang zur Fortnahme fremden Eigentums auch dann leide, wenn ihm Mittel zur Verfügung stehen, seine Bedürfnisse auf legalem Weg zu befriedigen. Der Angeklagte zeigt ein typisches Triebprofil einer homosexuellen Persönlichkeit verbunden mit stark depressiver Stimmungslage. Das Gericht hielt es unter diesen Umständen für erwiesen, daß der Angeklagte, als er die Strümpfe zu sich nahm, vermindert zurechnungsfähig war, denn es wäre andernfalls auch unerklärlich, daß er einen Gegenstand von so geringem Wert, noch dazu im Beisein vieler Menschen, die seinen Diebstahl sofort aufdeckten, entwendete, obwohl er noch im Besitz erheblicher Barmittel war. Ist dem Angeklagten aber eine verminderte Zurechnungsfähigkeit zuzubilligen, weil er zur Zeit der Tat nicht Herr seiner auf Kleptomanie beruhenden Triebansprüche war, so konnte auch eine Gefängnisstrafe von zwei Monaten als Sühne ausreichend sein."

W. hat dann das Gericht um Aufschub der Haft gebeten und ist später mit unbekanntem Ziel verschwunden.

Epikritische Stellungnahme. Geisteskrankheit, Geistesschwäche und Bewußtseinsstörung konnten mit hinreichender Sicherheit ausgeschlossen werden, wodurch die Empfehlung des § 51 Absatz I oder II StGB unmöglich wurde. Zweifelsfrei wird man bei W. eine anlagebedingte Abartigkeit annehmen dürfen, deren Ausmaß schwer zu objektivieren ist. Ein untergründiges Aggressionsbedürfnis muß hier besonders hervorgehoben werden. Die in dem Reformentwurf vorgesehene Fassung des § 51 gäbe jede Möglichkeit zur Exkulpierung, von der das Gericht in dem jetzigen Verfahren — entgegen dem Sachverständigengutachten — in gewissen Umfang (§ 51 Absatz II) auch Gebrauch gemacht hatte.

Es erschien uns unvermeidbar, die Schuldfähigkeit zu bejahen, da schuldausschließende biologische Persönlichkeitsmerkmale nicht vorlagen, andererseits aber anzuregen, die besonderen personalen und biographischen Umstände im Strafmaß zu berücksichtigen. Den bei W. vorhandenen Resozialisierungstendenzen wäre in geeigneter Form Rechnung zu tragen. Er hat nach seiner Verurteilung in geordneten Verhältnissen gelebt, sich dann aber unter dem Druck des drohenden Strafvollzuges, von dem er einen weiteren sozialen Abstieg befürchtet haben mag, mit unbekanntem Ziel entfernt. Die Wahl geeigneter „Erziehungsmaßnahmen" wäre gerade in diesem Fall von besonderer Bedeutung für die soziale „Rehabilitierung" eines sozial labilen Menschen gewesen.

Literaturhinweise zur Kleptomanie-Frage

GERCHOW, J.: Die kriminologische Bedeutung der Triebirradiationen am Beispiel des Stehlens aus sexuellen Gründen. Deutsch. Z. ger. Med. *45*, 477 (1956).

HADAMIK, W.: Die Wesenlosigkeit des Kleptomaniebegriffes. Mschr. Kriminalbiol. u. Strafrechtsreform *38*, 83 (1955).

HIRSCHMANN, J.: Die Kleptomanie. In: Die Vorträge der 6. Lindauer Psychotherapiewoche 1955. Stuttgart 1956.

KAESS, M.: Ein Fall von Eigentumsdelikt als sexuelle Symbolhandlung und seine strafrechtliche Behandlung. Mschr. Krim. *41*, 46 (1958).

KRETSCHMER, E.: Der triebhafte Verbrecher und seine Diagnostik. Arch. Psychiatr. u. Z. Neur. *191*, 1 (1953).

SCHMIDT, G.: Der Stehltrieb oder die Kleptomanie. Zbl. Neur. *92*, 1 (1939).

– Zur Kasuistik der Kleptomanie. Mschr. Kriminalbiol. u. Strafrechtsform *39*, 460 (1939).

ZULLIGER, H.: Über symbolische Diebstähle von Kindern und Jugendlichen. Biel (Schweiz) 1951.

Fall VIII

H. B. (KMs 16/51 Staatsanwaltschaft Köln)

Während die beiden letzten Fälle (VI und VII) mehr aus theoretischen Gründen die Frage nach „neurotischen" (kleptomanen) Triebimpulsen zur Motivierung sonst nicht überzeugend auflösbarer Delikte nahelegen, bietet der nun folgende Fall ein klassisches Beispiel für die in der Praxis extrem seltenen „neurotischen" Delikte, deren Bedeutung bei den Beratungen der Theoretiker so außerordentlich hoch eingeschätzt wird.

Im Oktober 1951 wurde von einer Oberpostdirektion Strafanzeige gegen den damals 42jährigen Postbeamten H. B. wegen Diebstahls, Verwahrungsbruch und Unterschlagung von Postsendungen erstattet.

Folgendes hatte sich ereignet:

Am 2. August 1951 meldete der Postschaffner K., daß ihm ein „gewöhnliches Päckchen" verschwunden sei. Alle Nachforschungen seien erfolglos geblieben, er habe nur gesehen, daß B. ein Päckchen mit an seinen Arbeitsplatz genommen habe und nach Postschluß das Amt mit einer außergewöhnlich dicken Aktentasche verlassen habe.

Der Postamtsvorsteher fuhr daraufhin dem B. nach und fand in seiner Aktentasche ein Päckchen. B. erklärte dazu, er habe dieses Päckchen unter einem Sack neben seinem Arbeitsplatz in der Zeitungsstelle „gefunden". Er habe dann das Päckchen an sich genommen, um es bei dem Zweigpostamt in F. wieder in den Dienstverkehr zu geben.

Bei der ersten Vernehmung erklärte B., daß ihm K. gegen 14.45 Uhr ein beschädigtes Päckchen übergeben habe, welches er zum Neuverpacken fortbrachte. Gegen 15 Uhr sei ein Postbetriebsassistent zu ihm gekommen und habe gesagt: „Dem K. fehlt ein Päckchen!" Dann sei gemeinsam nach diesem Päckchen gesucht worden. „Kurz vor Dienstschluß fand ich unter einem Beutel mit abgelegten Formblättern ein in braunes Packpapier eingewickeltes Päckchen, das an Frau M. L. in X. bei Köln gerichtet war ... Wie die Sendung nun unter den Beutel gekommen ist, vermag ich nicht zu sagen. Ebenfalls ist es mir unmöglich, einen Verdacht zu äußern. Um nun die Sendung nicht in meinem Kleiderschrank einzuschließen und damit einen *Verdacht* des *Diebstahls* auf *mich* zu *lenken,* habe ich es in meiner Aktentasche verstaut und um 16.10 Uhr das Postamt verlassen. Ich wollte es mit nach Hause nehmen, um am andern Morgen dem Dienststellenleiter unter Aushändigung das Päckchen zu übergeben."

Es folgen in den Strafakten die Bekundungen des Hauptbelastungszeugen K. Er gab u. a. an, warum er das Vorkommnis nicht sofort gemeldet hatte: „Weil ich zunächst einige Hemmungen hatte."

Bei einer zweiten Vernehmung erklärte B. zur Motivierung seines Verhaltens: „In der Zeitungsstelle sind bisher unter verdächtigen Umständen von mir mehrfach Päckchen gefunden worden. Vor etwa einem Jahr lag ein Päckchen oben auf dem Gestell, in dem die Zeitungen verteilt werden, versteckt unter Postwurfsendungen. Ich habe das damals dem Dienstvorsteher sofort gemeldet. Soviel ich weiß, ist aber nichts unternommen worden."

Zum zweiten Fall: „In einem Kasten mit Papierresten fand ich eine für M. bestimmte päckchenähnliche Sendung vor." Auch hier sei trotz seiner Meldung nichts unternommen worden.

„Als ich nun das hier in Frage kommende Päckchen unter einem Sack versteckt vorfand, habe ich nur deshalb nicht sofort Meldung erstattet, weil der eigentliche Dienststellenvorsteher, dem die früher geschilderten Fälle bekannt waren, nicht mehr im Dienst war. Ich hatte zwar die Absicht, seinen Stellvertreter zu benachrichtigen. Als ich ihn aber nicht auf seinem Platz vorfand, kam ich auf den Gedanken, dies zu unterlassen, weil er von den beiden andern Fällen nichts wußte und ich es deswegen für zweckmäßig hielt, den Stellenvorsteher selbst zu benachrichtigen. Es war mir darum zu tun, daß zur Aufdeckung der verdächtigen Funde endlich etwas geschehe, zumal ich der Ansicht bin, daß in den andern Fällen nicht mit der nötigen Tatkraft eingegriffen worden ist."

Es wurde B. dann vorgehalten, daß seine Angaben „völlig unglaubwürdig" seien. Er blieb aber bei dieser Darstellung.

Aus der Darstellung eines Zeugen geht hervor, daß der Hauptbelastungszeuge K. in eigenartiger Weise nach dem Vorfall hin- und hergelaufen sei: „K. war aufgeregt und zitterte, er hat in allen Ecken nachgesehen, um das Päckchen zu suchen."

Schließlich wurde Anklage erhoben, da die Einlassung des B. als „unglaubwürdig" abgetan wurde.

Im Termin vom 30. Januar 1952 wurde B. wegen Verletzung des Postgeheimnisses zu drei Monaten Gefängnis verurteilt.

Im Hinblick auf die von ihm angegebenen Kriegsverletzungen wurde er auch von einem Gerichtsarzt begutachtet. Der Gutachter nahm für den Augenblick der Fortnahme des Päckchens einen Zustand „vorübergehender Bewußtseinsstörung oder Gedankenlosigkeit" an. Das Gericht nahm dann für eine kurze Zeitspanne „Unzurechnungsfähigkeit" bei B. an. Später, d. h. um 16.15 Uhr beim Verlassen des Postamtes sei er jedoch „wieder voll verantwortlich" gewesen. Die Hauptverhandlung habe jedoch nicht ergeben, daß B. in gewinnsüchtiger Absicht gehandelt habe.

Nach den Zeugenaussagen soll B. als Postbeamter immer äußerst korrekt und zuverlässig gewesen sein. Sein Verhalten sei menschlich immerhin verständlich, „wenn er aus Angst vor dem Vorwurf des Diebstahls und den daraus für ihn als Postbeamten eventuell entstehenden Folgen den ‚Fund' des Päckchens in der von ihm vorgenommenen Art vertuschen wollte, zumal er als ‚Neurastheniker' nicht genug Mut und Selbstvertrauen gehabt haben wird, die Angelegenheit sofort mit seinem Stellenvorsteher zu bereinigen".

Das Urteil wurde später auf Bewährung ausgesetzt, allerdings mußte B. eine Geldbuße in Höhe von 300,– DM in Raten zahlen, obwohl sein Gehalt monatlich nur 205,– DM betrug und von der Behörde für die Dauer des dann noch abzuwickelnden Dienststrafverfahrens gekürzt wurde. Die Akte enthält weiterhin noch eine *Drohung* der Staatsanwaltschaft, die Bewährung aufzuheben, falls die Raten nicht pünktlich eingehen sollten.

In dem Disziplinarverfahren wurde 1955 vom Bundesdisziplinarhof ein Gutachten angefordert. Es sollte zu der Frage Stellung genommen werden, ob sich B. bei der Fortnahme des Päckchens im Zustand der Bewußtseinsstörung mit den Folgen des § 51 Absatz I StGB befunden habe.

B., der seit 1929 der Post angehört und als verläßlicher Beamter gilt, hat sich nach den Personalakten stets tadelsfrei geführt. Seine guten Charaktereigenschaften wurden in allen Beurteilungen hervorgehoben.

Zur „Tat" berichtete er uns: „Ich habe schon öfters unter meinem Arbeitsplatz Päckchen gefunden, die dort aus mir unbekannten Gründen lagerten. Das ist mir immer irgendwie verdächtig und nicht ganz geheuer vorgekommen; ich habe schon öfters vermutet, daß man mich auf die Probe stellen wollte, ob ich ein korrekter Beamter sei, oder daß man mir aus andern Gründen einen Streich spielen wollte. Am 2. August nachmittags habe ich wiederum ein Päckchen unter meinem Arbeitsplatz gefunden. Es lag an meinem Arbeitsplatz ... unter allen möglichen Akten versteckt ... es gehörte nicht dahin ... dies war mehrmals schon geschehen ... ich habe es meinem Stellenvorsteher gemeldet, aber es ist nichts geschehen ... nur bei dem bestimmten Päckchen ... da wollte ich es melden ... aber ich traf den Stellenvorsteher nicht an." (Wann ist es herausgekommen, daß das Päckchen fehlte, wie lange danach?) „Ich bin um vier Uhr nach Hause gegangen ... um $^{1}/_{2}$5 Uhr ist es aufgefallen ..." (Warum so schnell?) „Ein anderer Postschaffner hatte die Päckchen sortiert und da fehlte es ... Er gab an, ich hätte es mitgenommen." (Wie konnte es überhaupt geschehen?) „Das ganze Postamt war in einer Baracke untergebracht ... es herrschte deshalb etwas Unordnung ... alles war untereinander ... Nachnahmesendungen, Einschreiben etc. ... es wurde alles zusammen auf einen Haufen getan und dann sortiert." (Sind Sie Beamter?) „Ja, Postassistent ... das ist die vierte Stufe der mittleren Beamtenlaufbahn." (War Ihnen das Mitnehmen nicht eine „unmögliche" Tat?) „Heute muß ich selbst sagen ... wie konnte ich so etwas machen ... ich habe mir nie etwas zuschulden kommen lassen, wo ich mich bei der Post so groß gehungert habe ... mit meinem Gehalt konnte man in den schlechten Zeiten nicht einmal $^{1}/_{2}$ Pfund Butter kaufen ... wie konnte ich da so etwas tun!" (Seit wann sind Sie bei der Post?) „Seit 1929." (Wollten Sie das Päckchen öffnen?) „Nein ... ich hatte ja Gelegenheit gehabt auf meinem Weg von ungefähr 5 km ... aber nichts war an dem Päckchen verletzt ... es war alles noch dran, die Plombe unverletzt." (Halten Sie diese Handlung für strafbar?) „Ja, aber nicht so streng mit Entlassung aus dem Dienst ... ich gebe zu, daß es ein Fehler von mir war ... dieses Päckchen mit nach Hause zu nehmen und am andern Tag am andern Postamt wieder in den Verkehr zu bringen. Es war sehr hart für mich die erste Zeit danach. Ich war zu bange gewesen, auf die Straße zu gehen." (Ist es bekannt gewesen, daß Sie bestraft wurden?) „Sie wußten es zum Teil ... taten aber so, als ob sie es nicht wüßten. Es war mir, als ob jeder mit dem Finger auf mich zeigte."

Zur Persönlichkeit des Täters führten wir damals aus:

„Nach den von uns erhobenen psychischen Befunden und unter Verwertung der in den Personal- wie auch Gerichtsakten enthaltenen Stellungnahmen zur Persönlichkeit des B. handelt es sich um einen selbstunsicheren, etwas ängstlichen, schüchternen Menschen, der offenbar auch zu paranoid gefärbten Reaktionen neigt und das Vertrauen seiner Vorgesetzten und Mitarbeiter in besonders hohem Maße braucht, um im Rahmen seiner Möglichkeiten optimal arbeitsfähig zu sein. Man kann ihn auf Grund dieser Wesenszüge durchaus als eine psychopathische Persönlichkeit mit dem führenden Wesenszug der Selbstunsicherheit bezeichnen, eine Auffassung, die auch der Vorgutachter vertreten hat, wenngleich er sich eines andern Terminus bedient hatte. Der Gutachter hatte von einem ‚Neurastheniker' gesprochen."

In der Beurteilung vertraten wir folgende Auffassung:

„Bezüglich der speziellen Vorgeschichte des ‚Deliktes' können, recht summarisch, gewisse Ereignisse oder präziser ausgedrückt ‚atmosphärische Besonderheiten' genannt werden, die 1951 am Arbeitsplatz des B. eine Rolle gespielt haben. Eine genaue ‚Arbeitsklima-Analyse' ist jedoch nach der Lage der Dinge für uns heute nicht mehr durchführbar."

Man kann aber mit hinreichender Wahrscheinlichkeit sagen, daß sich B. — ob zu Recht oder zu Unrecht, mag dahingestellt bleiben — durch die merkwürdigen „Päckchenfunde" in irgendeiner Weise provoziert gefühlt hat. Als er dann am 2. August 1951 wiederum, aus für ihn undurchsichtigen Gründen ein Päckchen zwischen dem Altpapier unterhalb seines Arbeitsplatzes fand, geriet er in einen wohl recht akut einsetzenden Zustand schwerer psychischer Beunruhigung, die sich am ehesten den Begriffen „Angst, Ratlosigkeit, Kopflosigkeit usw." zuordnen läßt. In diesem Zustand hat er dann die Dinge getan, die den Gegenstand des Strafverfahrens und auch jetzt des Disziplinarverfahrens bilden.

Ob damals eine Bewußtseinsstörung oder krankhafte Störung der Geistestätigkeit im Sinne des § 51 Absatz I oder II StGB bestanden hat, ist retrospektiv auch bei genauester Analyse der Gesamtsituation — einschließlich von Zeugenvernehmungen durch den Sachverständigen — nicht mehr mit Sicherheit zu eruieren. Der Vorgutachter hat eine solche krankhafte Bewußtseinsstörung im Sinne des § 51 Absatz I StGB angenommen und das Gericht ist ihm auch hierin gefolgt, allerdings merkwürdigerweise nur in bezug auf die strafrechtliche Würdigung des Verstoßes gegen den § 242 StGB (Diebstahl), nicht aber bei der Ahndung des Vergehens gegen den § 354 (Verletzung des Postgeheimnisses).

Auf die logische Unkonsequenz dieses Verhaltens des Gerichtes hat schon der Verteidiger des B. in seinen Schriftsätzen an die Disziplinarkammer aufmerksam gemacht.

Die Voraussetzungen des § 51 StGB sind aber doch wohl, gleichgültig aus welchen Gründen sie ein ärztlicher Sachverständiger als gegeben annimmt oder angenommen hat — wenn sie überhaupt als „gegeben" vom Sachverständigen und vom Gericht betrachtet werden — für alle in der inkriminierten Handlung ruhenden Gesetzverstöße anzuwenden.

Nach unserer Auffassung liegt aber der Akzent bei der Beurteilung der strafrechtlichen Verantwortlichkeit für das hier zur Diskussion stehende Delikt nicht so sehr auf den durch die Schädelverletzung von 1945 hervorgegangenen — theoretisch durchaus möglichen — Beeinträchtigungen der Bewußtseinstätigkeit im Sinne organisch begründbarer Bewußtseinsveränderungen (Absencen, psychomotorische Anfälle, Dämmerzustände etc.).

Wir sind vielmehr der Ansicht, daß sich B. zur Zeit der Begehung der Tat in einer psychogenen Ausnahmesituation belangvollen Ausmaßes befunden hatte, für die sehr viele und ganz verschiedenartige Faktoren konstitutiv waren.

In diesen psychischen Ausnahmesituationen, die man auch als akute abnorme Erlebnisreaktion im Sinne von Kurt Schneider bezeichnen kann, hat er dann „abnorm" und gegen seine bisherige Lebens- und Persönlichkeitsstruktur gehandelt.

Derartige akute abnorme Erlebnisreaktionen (im Sinne nicht ohne weiteres somatisch begründbarer psychischer Ausnahmezustände) können in sehr seltenen Fällen so ausgeprägt sein, daß die Voraussetzungen zur Anwendung des § 51 Absatz I oder II StGB gegeben sind oder mindestens ernsthaft erwogen werden müssen.

Trotz allgemeiner Zurückhaltung gegenüber der Exkulpierung in Fällen abnormer Erlebnisreaktionen möchten wir bei der speziellen Persönlichkeitsartung des B.

und in Anbetracht der Persönlichkeitsfremdheit des Deliktes uns eher für die erste Annahme entscheiden und das Vorliegen der Voraussetzungen zur Anwendung des § 51 Absatz I StGB für die fragliche Zeit bejahen.

Die Vernehmungen vor dem Bundesdisziplinarhof waren dramatisch. B. machte einen sehr guten Eindruck, die Zeugen hingegen wirkten zum Teil so undurchsichtig, daß nach eingehender Beratung auf die Vereidigung des Hauptbelastungszeugen verzichtet wurde.

Der Bundesdisziplinaranwalt beantragte, das Urteil der ersten Instanz, das auf „Dienstentfernung" lautete, aufzuheben und B. freizusprechen.

Das Urteil des Senates lautete jedoch: Geringfügige Rückstufung im Dienstalter auf die Dauer von zwei Jahren. Der Senat hatte nur das Vorliegen der Voraussetzungen zur Anwendung des § 51 Absatz II StGB angenommen, da B. „nicht ganz kopflos" gehandelt habe, sondern zunächst noch überlegt habe, den „Fund" dem Dienststellenleiter zu melden.

Bei einer Nachuntersuchung im Sommer 1956 erklärte B., der zwei Tage nach dem Urteilsspruch des Bundesdisziplinarhofes seinen Dienst wieder aufgenommen hatte: „Ich bin sehr zufrieden mit dem Urteil ... am meisten hat mich gedrückt, daß ich unschuldig war und mußte so büßen und leiden, fast vier Jahre und drei Monate lang."

Epikritische Stellungnahme. I. Eine Exkulpierung wegen Geisteskrankheit, Geistesschwäche oder Bewußtseinsstörung war im Grunde — hält man sich streng an die klinischen Krankheitsbegriffe — nicht möglich, denn B. war weder geisteskrank noch geistesschwach, er litt auch nicht an einer mit Bewußtseinsstörungen verbundenen Gehirnkrankheit. So konnten auch wir nur mit großen Bedenken zur Empfehlung der Anwendung des § 51 Absatz I StGB kommen. (Mit der Diagnose: abnorme Erlebnisreaktion mit persönlichkeitsfremdem Verhalten.) Unsere Empfehlung wurde im Termin auf die Anwendung des Absatzes II des § 51 StGB reduziert. Dieses Verfahren war weder menschlich noch ärztlich noch juristisch voll befriedigend.

II. Die angeborene und erworbene — wenn man so will auch „schwere" — Abartigkeit des Täters steht außer Frage; es können mit gutem ärztlichem Gewissen „seelische Störungen" auf ihrem Boden angenommen werden. Ob diese seelischen Störungen jedoch forensische Konsequenzen im Sinne der psychologischen Methode (Einsichtsfähigkeit, Hemmungsvermögen) *haben*, haben *können* oder haben *sollen*, ist eine naturwissenschaftlich nicht entscheidbare Frage.

III. Adäquat konnte dieser besonders betrübliche Fall — es handelte sich immerhin um einen durch Jahrzehnte hindurch bewährten Beamten, dem höchstwahrscheinlich ein bösartiger Streich gespielt worden war, um ihn endlich los zu werden — nur mit Hilfe weitherziger, unorthodoxer Bestimmungen gelöst werden.

Die besonderen personalen und biographischen Faktoren hätten in Verbindung mit der Analyse der Tatsituation Sühnemaßnahmen zugelassen, die ein psychologisch begabter Richter auch ohne Gutachten hätte konzipieren können, um diesen bedauerlichen Fall so schnell wie nur irgend möglich abzuschließen. *So* mußte B. über vier Jahre das Odium der „Kriminalität" tragen, obwohl er seiner ganzen Persönlichkeit nach ein besonders gewissenhafter, übergenauer und vielleicht nur allzu pedantischer — und deswegen unbeliebter — Beamter war. Der Bundesdisziplinaranwalt hat mit seinen verständnisvollen, warmherzigen und echte Psychologie verratenden Ausführungen das einzige richtige Wort in diesem Prozeß gesprochen: den Freispruch-Antrag, dem — leider — nicht gefolgt wurde.

Über die forensische Begutachtung von Triebdelikten

Obwohl eine – wenn auch nur kurze – Stellungnahme zur Motivierung von Triebdelikten nicht ganz ohne Zwang in dieser Studie unterzubringen ist – denn das bis zum Bewußtsein dringende Motiv bei sexuellen Delikten ist wohl fast immer „klar", es heißt: „Lustgewinn" –, so kommen doch manche Triebdelikte mit ihren oft uneinfühlbaren Aktzielen und -Vollzügen in den Bereich dessen, was wir in dieser Studie „motivisch unklar" nennen. Gleichrangig mit den mehr oder minder auf sexuellen Lustgewinn gerichteten Strebungen des Täters spielen bei Triebdelikten aber noch zahlreiche andere, leibnahe Spannungs- und Drangzustände eine determinierende Rolle. Diese Faktoren können durchaus motivbildende Funktionen erfüllen; Motivcharakter in engerem Sinn kommt ihnen aber nicht zu. Denn sie gehören zu dem unerlebbaren „Untergrund" des Seelenlebens (im Sinne von Kurt Schneider) und bleiben somit weitgehend außerhalb der wissenschaftlichen Analysierbarkeit.

Die Begutachtung von Triebtätern und Triebdelikten gehört dann unzweifelhaft zu den schwierigsten Aufgaben der forensischen Psychiatrie, wenn man sich das Ziel setzt, triebgenetische Mechanismen aufzudecken und forensisch zu würdigen. Kritisch vergleichende Untersuchungen über Methoden und Resultate bei der Beurteilung von Triebtätern vermitteln besonders aufschlußreiche Einblicke in Brauchbarkeit und Leistungsfähigkeit der in der forensischen Psychiatrie verwendeten Methoden.

Bei fast allen Triebverbrechern – als Beispiel mögen die Sexualverbrecher dienen – sind die vitalen Ansprüche imperativ und fordern zwingend die Befriedigung der leibnah erlebten Bedürfnisse. Die psychologischen Kriterien „Einsichtsfähigkeit" und „Fähigkeit, gemäß dieser Einsicht zu handeln" werden gegenüber diesen massiv erlebten Abläufen zu schemenhaften Abstraktionen, die nur noch in einem konstruierbaren Zusammenhang mit den tatsächlichen Vorgängen im Menschen stehen, während von funktionierenden Wechselwirkungen zwischen vitalen und personalen Vollzügen im Triebakt (also zwischen „Trieb" und „Hemmung") nicht mehr die Rede sein kann. Nach Erreichung eines bestimmten Stadiums des Sexualaktes verlaufen die somatischen Vorgänge nahezu reflexhaft, psychische Eingriffe (Hemmung, Unterbrechung des Aktes) sind nicht mehr möglich.

Die Tatsache der leiblich verankerten und vom Leib her gesteuerten vitalen Bedürfnisse schränkt aber die in unserem Kulturkreis übliche *Forderung* nach der Beherrschung zumindest aller widerrechtlichen sexuellen Triebansprüche nicht ein. Ausnahmen von dieser Forderung sind – bisher – nur möglich, wenn der Täter an einer zur Kerngruppe des § 51 StGB gehörenden, *Krankheit leidet.*

Während Text und Sinn des § 51 de lege lata keine besonderen Schwierigkeiten bei der praktischen Handhabung der Strafrechtspflege auf diesem Gebiet schaffen, lassen sich in den Reformentwürfen, aber auch in manchen höchstrichterlichen Entscheidungen Tendenzen erkennen, die uns geeignet erscheinen, das empirisch einigermaßen gesicherte und praktikable Fundament zu unterminieren.

Wir wollen diese Bestrebungen an zwei Fällen von homosexuellen Delikten[1] demonstrieren, die überzeugend erkennen lassen, wie direktionslos die Gerichtsverfahren werden können, wenn der relativ sichere – empirisch-klinische – Boden verlassen wird und teils rationalistische, teils vitalistisch inspirierte Psychologismen die Wertungen des Juristen bestimmen.

---

[1] Die nachstehende Kasuistik wurde auf der gemeinsamen Tagung der deutschen und österreichischen Gesellschaft für Sexualforschung (Wien; Mai 1958) vorgetragen, ohne daß es gelang, die anwesenden Sachverständigen zu einer Diskussion der Thesen zu bewegen.

Fall IX

B. W. (AZ 24 KLs 5/55 Staatsanwaltschaft Essen)

Ein zur Zeit des Verfahrens 40jähriger Bühnenbildner sollte auf Antrag der Verteidigung zu der Frage begutachtet werden, ob bei dem Angeklagten eine „neurotisch bedingte Homosexualität" festzustellen sei. Außerdem sollte sich der Gutachter zu der Frage äußern, ob „Entwicklungsstörungen in der Vergangenheit und Erlebnisse in der Ehe den Angeklagten in einen Zustand gebracht haben, der die Anwendung wenigstens des § 51 Absatzes II StGB für Tat und Tatzeit rechtfertigen."

W. hatte in den Jahren 1952 bis 1955 mit jungen Leuten, die zum Teil beruflich mit ihm zu tun hatten, Handlungen begangen, deren sexueller Charakter für jeden nüchternen Betrachter der Dinge unverkennbar war, von ihm selbst aber bestritten wurde. Er interpretierte diese Handlungen (Küssen der Jungens, Betasten der Genitalien, Küssen des Penis, Friktionen des Penis bis zum Samenerguß u. a. m.) als „Liebesphänomene" ohne grob-sinnlichen Einschlag. Zu massiven homosexuellen Akten (Schenkelverkehr, coitus per anum) sei es nicht gekommen. Außerdem fertigte W. zahlreiche Nacktfotos der jungen Leute an. Durch eine Intrigue am Theater kam es zur Anzeige und zum Verfahren.

Zu seiner Sexualanamnese machte uns W. folgende Angaben:

Masturbatorische Handlungen seit dem 8./9. Lebensjahr. Strenge Verwarnung durch den von ihm als „prüde" bezeichneten, aber hoch verehrten Vater (Arzt). Besonders beeindruckend sei die Drohung des Vaters gewesen, jedem Mann stünde nur ein bestimmtes Potential von Samenentleerungen zur Verfügung. Sei dies erreicht, so sei es definitiv „aus" und Impotenz trete ein.

Nach der Pubertät fühlte sich W. zunächst zum anderen Geschlecht hingezogen. Es kam auch zu erotisch gefärbten Berührungen, jedoch vorerst nicht zum Verkehr. Erst 1938 — W. war damals 24 Jahre alt — fand der erste Geschlechtsverkehr mit einer Frau statt. „Vorher hatte ich immer Hemmungen vor dem Verkehr, auch bei meiner späteren Frau hatte ich diese Hemmungen, ich wurde von ihr einfach ‚genommen'." Mitbestimmend für seine „Hemmungen" seien besonders die Impotenz-Befürchtungen gewesen, die der Vater durch seine Masturbationsverurteilungen gesetzt hatte. In der 1940 geschlossenen Ehe häufig Erektionen, aber nur seltene Ejakulationen. Erst nach dem Orgasmus der Frau trat bei ihm eine „richtige Libido" ein. „Je müder sie war, desto potenter wurde ich." Häufig kam es dann zur Wiederholung des Sexualaktes und nunmehr zum Eintritt eines starken Orgasmus. 1946 Scheidung im gegenseitigen Einvernehmen. Im gleichen Jahr hatte W. ein homosexuelles Erlebnis mit stärkstem Orgasmus. Seit dieser Zeit wieder häufiges Reflektieren über die Frage, ob er nicht doch „homosexuell" sei. Gleichzeitig verschwand die Potenz bei Frauen. 1947 Bekanntschaft mit der späteren (zweiten) Ehefrau. Zunächst nur „seelische" Freundschaft. Seelisch habe er überhaupt immer eine Tendenz zur Bindung an Frauen, Eheschließung usw. gehabt. Rein homosexuelle Verhaltensweisen sollen ihm sogar stets ekelerregend gewesen sein.

In den folgenden Jahren häufige homosexuelle Kontakte ohne massive Triebentgleisungen. Keine Geschlechtsbeziehungen zu Frauen.

Die Persönlichkeit des Angeklagten ist kurz zu schildern: er ist ein überdurchschnittlich begabter, künstlerisch sehr talentierter, vielseitig interessierter und differenzierter Mensch; kontaktfähig, sensibel, anregend im Gespräch. Bemerkenswert ist auch eine unverhältnismäßig stark ethisch geprägte Einstellung zu geschlechtlichen Dingen mit dem Ziel, den homosexuellen Trieb nicht maßlos auszuleben, sondern ihn in Gestalt der beschriebenen „Liebesphänomene" zu sublimieren.

Aus unserem Gutachten: „Ohne auf die letzten Endes noch ungeklärten Entstehungsbedingungen der sogenannten Homosexualität hier eingehen zu können, sei gesagt, daß nur bei einem relativ kleinen Prozentsatz von Homosexuellen eindeutig eine derartige Anlage vorliegt, die den von ihr Betroffenen nur ‚so' — also gleichgeschlechtlich — empfinden läßt. Für diese, sicher ziemlich kleine Minderheit ist ein Geschlechtsakt mit einer Frau ebenso unvorstellbar und ekelerregend wie für den ‚normal' empfindenden Mann der Gedanke an einen homosexuellen Akt.

Dieser kleinen Gruppe der anlagebedingten und in ihrer Triebrichtung eindeutig und unausweichbar determinierten Homosexuellen steht die große und recht heterogen zusammengesetzte Gruppe von Männern gegenüber, die *auch* zu homosexueller Betätigung tendieren, sei es unter dem Druck einer gewissen ‚Anlage', sei es aus psychischer Neigung oder infolge frühzeitiger Verführung und ‚Bahnung' gewisser bedingter Reflexe auf dem Gebiet der leiblichen Triebe.

Im Fall des Angeklagten müssen wir auf Grund der eingehend erhobenen Sexualanamnese, die aus Gründen der ärztlichen Schweigepflicht nicht detailliert dargestellt werden konnte [1], annehmen, daß es sich bei ihm um einen Menschen handelt, der zu der zuerst genannten Gruppe von Homosexuellen gehört, d. h. um einen Mann, dessen Triebziele auf Grund seiner „Sexualkonstitution" vorzugsweise *gleichgeschlechtliche* Akte umfassen.

Eine derartige Anlage schließt einen, wenn auch mit psychischen Mängeln behafteten, ‚technisch' aber ungestörten Ablauf eines Sexualaktes mit Frauen nicht unbedingt aus. Das eigentliche Triebziel bleibt aber immer der gleichgeschlechtliche Partner.

Ehen solcher Männer müssen fast immer Spannungen auf sexuellem Gebiet aufweisen, besonders dann, wenn die Ehefrauen sexuelle Ansprüche stellen. Aber nicht diese Spannungen und Schwierigkeiten führen zu außerehelichen, gelegentlich ‚neurotisch' anmutenden, gleichgeschlechtlichen Triebhandlungen, sondern die Sexualkonstitution des homosexuellen Partners verursacht die mannigfaltige Unzuträglichkeiten im ehelichen Zusammenleben.

Entwicklungsstörungen besonderer Art ließen sich bei W. nicht ermitteln. Er zeigte vielmehr die typische Entwicklung des invertierten Mannes und auch sein späteres sexuelles Verhalten beweist uns zur Genüge, daß es sich um einen Träger einer homosexuellen ‚Veranlagung' handelt.

Wir nahmen daher auf Grund unserer Feststellungen an dem Angeklagten zu den Fragen des Gerichtes wie folgt Stellung:

1. Eine ‚neurotisch' bedingte Homosexualität liegt nicht vor; es handelt sich vielmehr um eine „anlagebedingte" Triebvariation.

2. Besondere Entwicklungsstörungen als Ursache für die Triebabweichung ließen sich nicht ermitteln.

3. Die abnormen sexuellen Erlebnisse in der Ehe sind nicht *Ursache,* sondern *Folge* der anlagebedingten Triebvariation.

4. Die Voraussetzungen zur Anwendung des § 51 Absatz I oder II StGB sind *nicht* gegeben, so belastend die bestehende Gesetzgebung auch für einen Menschen sein muß, der auf Grund seiner *Anlagen* zu gleichgeschlechtlichen Handlungen getrieben wird."

W. wurde 1956 zu einer Gefängnisstrafe von einem Jahr verurteilt. Gegen dieses Urteil wurde Revision eingelegt.

---

[1] Es waren nämlich noch eine ganze Reihe anderer homosexueller Delikte, die *nicht* zur Anzeige gekommen waren, geschehen.

Der Bundesgerichtshof hat dann in einer Entscheidung vom 5. 7. 1956 (4 StR 230/56) [1] das Urteil des Landgerichtes Essen aufgehoben. In der Begründung wurde u. a. auch zur Frage der strafrechtlichen Verantwortlichkeit folgendes ausgeführt:

„Der Angeklagte ist für seine Taten voll verantwortlich. Ihm kann nach dem sorgfältigen, überzeugend begründeten Sachverständigengutachten, dem sich die Kammer anschließt und das durch den, von dem Angeklagten in der Hauptverhandlung gewonnenen Eindruck bestätigt worden ist, nicht der Schutz des § 51 Absatz I oder II zugebilligt werden, mag er auch unter einer anlagebedingten Homosexualität leiden.

Diese Darlegungen müssen Bedenken erwecken.

Unter die krankhaften Störungen der Geistestätigkeit im Sinne des § 51 StGB fallen nicht nur die Geisteskrankheiten im eigentlichen medizinischen Sinne; vielmehr sind hierunter auch seelische Fehlanlagen und Fehlentwicklungen zu verstehen, die die gesamte Persönlichkeit und ihren Aufbau gestört haben (BGH MDR 1955, 368). Bei ihnen hängt die Anwendbarkeit des § 51 StGB von der Schwere und den Einwirkungen im einzelnen Fall ab. Das ist in der Rechtssprechung des Bundesgerichtshofes allgemein anerkannt.

Triebabweichungen, auch die Gleichgeschlechtlichkeit, sind nicht schon als solche Krankheiten im Sinne des § 51 StGB. Auch charakterliche Mängel oder sittliche Schwächen, die dazu führen, daß diese Triebentartung nicht gezügelt wird, können die Anwendung des § 51 StGB nicht rechtfertigen. Derartige Abartigkeiten des Geschlechtstriebes können aber im einzelnen Falle Krankheitswert haben, wenn die naturwidrige Richtung des Triebes ihren Träger in seiner gesamten inneren Grundhaltung und damit im Wesen seiner Persönlichkeit so verändert hat, daß er nicht die erforderlichen Hemmungen aufbringen kann, mag der Trieb auch nur von durchschnittlicher Stärke sein. (BGH 1 StR 546/55 vom 10. Januar 1956; 1 StR 529/55 vom 28. Februar 1956; 5 StR 57/56 vom 4. April 1956 und die dort angeführte weitere Rechtsprechung.) Zu einer abschließenden Beurteilung bedarf es im einzelnen Falle einer eingehenden psychologischen Analyse des Täters.

Der Angeklagte gehört zu dem verhältnismäßig kleinen Kreis der Menschen, die anlagebedingt Homosexuelle sind. Bei der angeborenen Homosexualität ist am häufigsten und ehesten eine Zwanghaftigkeit des Handelns zu vermuten, da in diesen Fällen der gesamte Persönlichkeitsaufbau in Unordnung geraten zu sein pflegt (Handwörterbuch der Kriminologie von Elster, Lingemann Bd. 1, S. 676, 681).

Die Ausführungen des Landgerichtes geben keine Gewähr, daß der Tatrichter den Begriff der krankhaften Störung der Geistestätigkeit im Sinne des § 51 StGB in Übereinstimmung mit der angeführten neueren Rechtsprechung des Bundesgerichtshofes angewendet hat. Die Bezugnahme auf das Gutachten des Sachverständigen kann diesen Mangel nicht ausgleichen; seine Ausführungen sind im Urteil nicht näher dargetan. Es läßt sich mithin nicht mit Sicherheit ausschließen, daß dem Ausschluß des § 51 StGB ein Rechtsirrtum zugrunde liegt, der zum Nachteil des Angeklagten ausschlägt.

Die Revision muß daher auf die allgemeine Sachrüge hin zur Aufhebung des Urteils führen.

Es wird sich für die neue Hauptverhandlung empfehlen, einen medizinischen Sachverständigen mit besonderen Kenntnissen auf dem Gebiet der Sexualwissenschaft heranzuziehen."

Im Januar 1958 wurde erneut verhandelt. W. wurde zu 8 Monaten Gefängnis – wegen Unzucht zwischen Männern – verurteilt, die Strafe auf Bewährung ausgesetzt. Die Voraussetzungen des § 51 Absatz II StGB wurden *nicht* angenommen.

In der Urteilsbegründung wurde u. a. ausgeführt:

---

[1] Nicht veröffentlicht.

„Der Angeklagte ist für seine Taten voll verantwortlich. Nach dem Gutachten des Sachverständigen Priv. Doz. Dr. DE BOOR handelt es sich bei dem Angeklagten um einen bisexuell angelegten Menschen, dessen zeitweise homosexuelle Einstellung weniger durch Erlebnisse als durch Anlage bedingt gewesen sei. Der Sachverständige verneint die Voraussetzungen des § 51 Absatz I oder II StGB, weil der Angeklagte genügend Hemmungsvermögen im Charakter begründet besitze, um diese Taten zu unterlassen. Auch der Sachverständige Prof. Dr. BÜRGER-PRINZ kommt zu dem Ergebnis, daß bei dem Angeklagten weder die Voraussetzungen des § 51 Absatz I oder die des § 51 Absatz II StGB vorliegen. Im Gegensatz zu dem Gutachten des Priv. Doz. Dr. DE BOOR vertritt er die Auffassung, daß es eine homosexuelle Anlage überhaupt nicht gibt. Insbesondere sei aber auch der Angeklagte nicht einseitig veranlagt, da er erst 1946 sein erstes homosexuelles Erlebnis gehabt und er jetzt wieder eine Bindung an eine Frau gefunden habe. Der Angeklagte sei ein unsicherer, labiler Mensch, der erst spät in einen festen Stil des Lebens (Ehe) hineingekommen sei. Die Strafkammer hat sich dem Gutachten von Prof. BÜRGER-PRINZ insoweit angeschlossen, als sie auch davon ausgeht, daß der Angeklagte nicht einseitig veranlagt sei. Insoweit tritt die Kammer den ausführlich begründeten Ausführungen des Sachverständigen bei. Es liegen also auf keinen Fall die Voraussetzungen des § 51 StGB vor."

Das Urteil schließt mit der Hoffnung, daß die harmonische Ehe den Angeklagten in Hinkunft vor neuen homosexuellen Entgleisungen bewahren würde.

Hervorzuheben ist bei diesem Fall besonders die Einstellung des Strafsenates beim Bundesgerichtshof zur Frage des „Krankheitswertes" von Triebabweichungen. Abartigkeiten des Geschlechtstriebes können nach der Meinung des höchsten deutschen Gerichtes dann Krankheitswert haben, wenn die naturwidrige Richtung des Triebes ihren Träger in seiner „gesamten inneren Grundhaltung" und damit im Wesen seiner Persönlichkeit so verändert hat, daß er nicht die erforderlichen Hemmungen aufbringen kann.

Zunächst ist es mißlich, von „naturwidrigen" Trieben zu sprechen. Es gehört zum fundamentalen Erfahrungsgut der Sexual-psychopathologie, daß die „Natur" eine Fülle von Triebvarianten geschaffen hat, die man nur sehr mit Zwang in „naturwidrige" und „nicht naturwidrige" gruppieren kann. Ob eine von der Natur selbst geschaffene Triebvariante (sei sie homosexueller, sei sie bisexueller Art) den sie tragenden Menschen *ver*ändert, ist eine unentscheidbare Frage; vieles spricht eher dafür, daß dieser Mensch von jeher *anders* gewesen ist und somit sowohl seine „gesamte Grundhaltung" als auch das „Wesen seiner Persönlichkeit" schon immer „anders", aber in sich harmonisch geschlossen gewesen ist, eine *Ver*änderung also überhaupt nicht stattgefunden hat.

Die Ausführungen des Strafsenates müssen aber auch von anderem Standpunkt aus Bedenken erwecken, weil sie die Zuerkennung von „Krankheitswert" und die damit mögliche Exkulpierung auf ganz bestimmte Triebdelikte begrenzt — eben die homosexuellen Delikte mit gleichgesinnten, nicht mehr jugendlichen Individuen —, während bei allen anderen, oft in der Triebabweichungen viel krasseren Fällen von Sexualdelikten (z. B. Lustmord, Notzucht etc.) ähnliche Überlegungen überhaupt nicht ausgesprochen werden, sondern allenfalls gedanklich erwogen werden, obwohl im Aktvollzug alle oben erwähnten, vorzugsweise psychologisch zu fassenden Kriterien erfüllt sind.

Wer wird bestreiten wollen, daß nicht auch in einem Lustmörder „seelische Fehlanlagen und Fehlentwicklungen" vorhanden sind, die die gesamte Persönlichkeit und ihren Aufbau gestört haben? Der Sexualmörder, der eine Frau zuerst vergewaltigt und dann tötet, ist doch mit Sicherheit einer „naturwidrigen" Richtung erlegen, die ihn in seiner „gesamten inneren Grundhaltung und damit im Wesen seiner Persönlichkeit so verändert hat, daß er nicht die erforderlichen Hemmungen aufbringen" konnte. Je monströser, je abscheulicher ein Triebverbrechen ist, um so mehr rückt der Täter in das Zentrum der in dieser Bundesgerichtshofentscheidung charakterisierten Triebverbrecher, deren unfaßbares, motivisch unaufklärbares Handeln das unmißverständlichste Zeugnis für ihre schwere Abartigkeit liefert.

Auch hat der Bundesgerichtshof in einer späteren Entscheidung (5 StR 80/58 vom 17. 4. 1958) [1] eine vom Landgericht in Berlin, allerdings in einem anderen strafrechtlichen Zusammenhang angenommene „Störung der Gesamtpersönlichkeit" mit Konsequenzen im Sinne des § 51 Absatz II *verneint* und hierzu folgendes ausgeführt: „Persönlichkeitsfehler dieser Art (sc. Charakterfehler)... finden sich vor allem bei einem großen Teil der Rechtsbrecher... Von ihnen verlangt die Strafrechtsordnung nicht weniger als von anderen Menschen, daß sie sich beherrschen..."

Diese Anforderung, sich auch auf dem Gebiet der leiblichen Triebe — besonders des Sexualtriebes — zu beherrschen, muß füglich — nach unserer Auffassung — auch von allen Menschen mit Tendenzen zu sexuellen Perversionen verlangt werden. Es ist wirklich nicht einzusehen, warum sich die kriminellen Hangtäter „beherrschen" müssen, während für die Träger gewisser perverser sexueller Ansprüche die Forderung der Selbstbeherrschung aufgegeben wird und die Anomalie des Geschlechtstriebes zur Exkulpierung führen soll.

Aufschlußreich für die innere Unsicherheit bei der Ahndung homosexueller Triebdelikte ist auch der folgende Fall:

Fall X

G. K. (AZ 4 KLs 58/57, Staatsanwaltschaft Mönchen-Gladbach)

Ein 34jähriger Monteur hatte im Mai 1957 in einer Gastwirtschaft unter Alkoholeinfluß an dem Glied eines neben ihm sitzenden 16jährigen Lehrlings bis zum Samenerguß gerieben. Er wurde dabei beobachtet und verhaftet. Die Tat gab er unumwunden zu und er erklärte, daß er nach einer mit 12 Jahren erlebten Verführung durch einen älteren Verwandten Gefallen an diesen Dingen gefunden habe: „Seit damals habe ich die Veranlagung, daß mich Männer mehr interessieren als Frauen." Während er sich in nüchternem Zustand stark genug fühle, den Trieb zu beherrschen, unterliege er unter Alkoholeinfluß immer wieder.

K. ist seit 1947 verheiratet, er hat zwei Kinder. Einige Jahre nach der Eheschließung ist er der Frau gegenüber wieder impotent geworden. In den letzten zwei Jahren haben sexuelle Kontakte mit der Frau nicht mehr stattgefunden. Die Befriedigung sexueller Ansprüche erfolgte durch häufige Masturbation.

In seinem Lebenslauf schrieb er:

„... Wenn ich eine Zeitschrift las und es war ein Junge abgebildet, der mir gefiel, dann habe ich mich manchmal drei- bis viermal onaniert. Ich habe oft dagegen angekämpft, aber länger als eine Woche habe ich nicht durchgestanden. Des öfteren bin ich im Zimmer auf und ab gegangen, bis ich doch auf die Straße gegangen bin, um wenigstens ein paar Jungens zu sehen und wenn ich welche sah, so war ich zufrieden und wenn ich sogar einem die Hand geben konnte und mit ihm sprechen durfte, so war ich glücklich und wenn ich dann mit dem glücklichen Gefühl wieder nach Hause ging, dann bin ich ins Bett gegangen und mit mir der schönste Junge, den ich den Tag sah, allerdings nur im Geiste, und ich habe ihn dann verführt, in meinen Träumen, und ich habe mich dabei onaniert. Wenn ich manchmal neben einem Jungen stand oder saß, so überfiel mich so ein Zittern, daß ich den Moment keine Tasse mehr hätte zum Mund führen können. Ich wollte es meist gar nicht, aber ich mußte einfach an seine Hose greifen, und wenn auf der anderen Seite alle Schätze der Erde gelegen hätten und mir einer gesagt hätte, da, greif zu, es gehört Dir, nur den Jungen laß in Frieden, ich hätte es nicht gekonnt. Ich habe mir, wenn ich im Bett lag und befriedigt war, oft heftige Vorwürfe gemacht und war verzweifelt. Ich habe dann auch sehr oft den

[1] Veröffentlicht in Neue Jur. Wschr. *1958*, 2123.

Entschluß gefaßt, zum Arzt zu gehen, aber den Entschluß ebenso oft wieder fallen lassen, ich war dazu zu feige, denn ich fürchtete, daß man mich in eine Anstalt stecken würde, außerdem war es auch das Geld, denn wir wohnen seit zehn Jahren auf zwei Zimmern und in diesen Jahren wollten wir uns um eine Neubauwohnung bemühen. Ich wollte dann wieder aufhören, auf Montage zu fahren, denn ich wußte, daß es einmal kein gutes Ende auf Montage haben würde. Allerdings sah ich meine Taten nicht als schweres Verbrechen an, es ist mir erst jetzt richtig zum Bewußtsein gekommen. Ich hatte über mich keine Gewalt mehr und es ist daher gut, daß es so kam. Ich habe keinem Jungen Gewalt angetan, ja, meist sah ich es ihm schon an, daß er es gerne bei sich machen ließe. Das hat man wohl im Gefühl, genau wie umgekehrt die Jungens es mir angesehen haben, was ich wollte. Von irgend solchen Sachen habe ich nie gesprochen, da schämte ich mich viel zu sehr und wenn die Jungens ordinäre Witze erzählten, bin ich weggegangen. Ich bin auch nie nackt unter eine Brause gegangen, sofern es nicht Pflicht war. Ich habe immer im Schatten des Lebens gestanden, sei es im Sport, auf der Arbeit oder im sonstigen Leben. Ich fühlte mich immer als fünftes Rad am Wagen und man ließ es mich auch fühlen. Wenn man häßlich ausschaut und obendrein nicht reden kann, dazu noch voller Hemmungen ist, dann muß man sich alles gefallen lassen und man kommt nie dahin, wo man gerne möchte. Ich habe dadurch viel herunterschlucken müssen im Leben und ich bin recht verbittert worden. Ich habe eines feststellen müssen in meinem Leben, nämlich, daß der Mensch nicht nach seinen Fähigkeiten beurteilt wird, sondern vor allen Dingen erstens nach seinem Aussehen und zweitens, ob der Mensch auch seine Ellenbogen gut gebrauchen kann und das geschieht ja auch mit der Zunge, desto lauter, desto besser. Ich habe in meinem Leben keine Freunde besessen, weil einfach kein Kontakt mit anderen zu bekommen war. Ob es meine Schuld ist? Ich glaube kaum. Ich war immer abseits und einsam und ich glaube, das wird auch mein Schicksal bleiben. Ich möchte jetzt gerne wissen und das ist vor allem der Zweck meines Schreibens, ob ich durch ärztliche Hilfe wieder ins normale Leben zurückkehren kann, denn mein Geist ist willig, doch mein Fleisch ist schwach und ich glaube, daß ich es nicht allein schaffe. Wenn es einen Weg gegeben hat, daß man ein Verbrecher geworden ist, so muß es doch auch einen wieder zurück geben und ich vertraue auf Gott, daß ich ihn wieder einschlagen werde."

Das Landgericht veranlaßte eine psychiatrische Untersuchung. K. berichtete dem Arzt freimütig: „Ich kann mich einfach nicht beherrschen, wenn ich einen Jungen sehe."

Aus dem fachärztlichen Gutachten entnehmen wir die nachstehende Beurteilung:

„Der körperliche und neurologische Befund bietet nicht die geringsten Abweichungen von der Norm. Auch aus seiner geistig-seelischen Struktur ergibt sich keine Veranlassung anzunehmen, daß merkbare Störungen vorliegen." Schon früh sei es jedoch zu einer Fixierung homosexueller Betätigung gekommen. Als Kriterium für die Stärke des homosexuellen Triebes wurde vom Gutachter angeführt, daß ihm bereits die Berührung der Genitalgegend eines Jungen sexuelle Befriedigung verschaffe.

Weiter führte der Gutachter aus:

„K. leidet unter einer so erheblichen Fehlentwicklung seiner Sexualität, daß durch die starke Persönlichkeitsveränderung seine ganzen Überlegungen beeinflußt sind im Sinne der Unfähigkeit, notwendige Hemmungen aufzubringen, seiner Triebentartung entgegenzutreten, um dadurch weitere strafbare Handlungen unterlassen zu können bzw. die zugegebenen strafbaren Handlungen unterlassen zu haben." Dieses Zustandsbild müsse die Anwendung des § 51 Absatz I StGB bedingen. Die Wiederholungsgefahr sei sehr groß, weswegen Maßnahmen gemäß § 42b StGB erforderlich erschienen.

K. wurde dann auch tatsächlich freigesprochen, aber gemäß § 42b StGB in einer Heil- und Pflegeanstalt untergebracht.

Der behandelnde Arzt, der ihn mehrere Monate eingehend untersuchen und beobachten konnte, schrieb schließlich der Staatsanwaltschaft folgenden Brief:

„Nach den hier durchgeführten Untersuchungen und Beobachtungen kann ich mich dem Sachverständigengutachten nur insofern anschließen, daß der körperlich-neurologische Befund nicht die geringsten Abweichungen von der Norm und auch die geistig-seelische Struktur keine Veranlassung gibt, anzunehmen, daß merkbare Störungen vorliegen." Die späteren Ausführungen des Gutachters seien unhaltbar. K. wurde als „etwas weicher, sexuell im Sinne der Homosexualität pervertierter Psychopath" bezeichnet, der für seine Handlungen als „voll verantwortlich" bezeichnet werden müsse. Um Aufhebung der gerichtlichen Unterbringung wurde gebeten.

Ein Wiederaufnahmeverfahren wurde eingeleitet. In diesem Verfahren wurde von uns ein Obergutachten zur Frage der strafrechtlichen Verantwortlichkeit und zur Frage der Notwendigkeit der Unterbringung erbeten.

In den Akten fanden wir folgenden Kommentar des Landgerichtes zur Frage der Aufhebung des Haftbefehls:

„Angesichts der außerordentlichen Stärke der homosexuellen Neigung des Angeklagten und der von ihm selbst behaupteten Hemmungslosigkeit jungen Männern gegenüber, erscheint es trotz der Äußerung der Landesheilanstalt nicht als fernliegend, daß die Voraussetzungen des § 51 Absatz II StGB vorliegen und daß auch § 42b StGB angewendet werden muß. Der Unterbringungsbefehl bleibt daher weiter in Kraft."

Bei unseren Untersuchungen legte K. besonderen Wert auf das psychologische Moment, also auf das Erlebnis der Enttäuschungen auf erotischem Gebiet, die er beim Umgang mit Mädchen gehabt haben will. (Abweisung wegen seines unvorteilhaften Äußeren etc.).

1944 – im Alter von 21 Jahren – habe er seine spätere Frau kennengelernt, mit der er auch in der Verlobungszeit nur gelegentlich Zärtlichkeiten ausgetauscht habe. Der erste Geschlechtsverkehr fand nach der Eheschließung statt. Auf die Frage, warum es denn vorher nie zu intimen Beziehungen gekommen sei, erwiderte K.: „Das ist wohl mein Wesen, ich kann nicht aus mir heraus..."

Auch unsere Frage nach der Möglichkeit, den Trieb zu unterdrücken, beantwortete K. verneinend: „Wenn ich eine *Berührung* mit den Jungen habe, dann ist die Entscheidung gefallen, dann kann ich nicht mehr frei entscheiden."

Aus der Beurteilung:

„Wir fanden bei unseren, im Februar 1958 vorgenommenen Untersuchungen auf körperlichem Gebiet keine pathologischen Befunde. Im Bereich des peripheren und zentralen Nervensystems lagen belangvolle Abweichungen von der Norm nicht vor.

In seelischer Hinsicht wirkte K. weich und etwas bedrückt. Ihm fehlte jegliche psychische Frische. Psycho*pathologische* Befunde konnten wir nicht feststellen. Eine Psychose konnte mit Sicherheit ausgeschlossen werden. Die intellektuelle Begabung liegt mit Sicherheit innerhalb der Norm.

Der einzige, von der Norm abweichende Befund ergibt sich aus der kritischen Analyse der Biographie. K. hatte, nach einer angeblich im zwölften Lebensjahr erlebten Verführung zur Masturbation durch einen erwachsenen Verwandten, sexuelle Kontakte fast nur noch zu Jugendlichen oder jungen Männern gesucht. Zur Aufnahme normaler, heterosexueller Beziehungen ist es erst nach der Eheschließung (1947) gekommen. Einen imperativen Trieb zum anderen Geschlecht hat K. nach seinen eigenen Angaben nie gespürt. Er psychologisiert heute diese Einstellung mit den ‚Abfuhren', die er wegen seines unvorteilhaften Äußeren (vor allem wegen seiner ‚Glotzaugen') von den Mädchen erfahren habe. Auch nach der Heirat ist es bald wieder – wenn auch nicht sehr häufig – zu homosexuellen Kontakten gekommen. Oft genügte es ihm, die Jungens zu berühren. Dadurch geriet er in geschlechtliche Erregung, die nach Masturbation abklang. Volle sexuelle Befriedigung empfand er manchmal bereits bei der Berührung der Genitalien seiner Partner. Zu massiveren Entgleisungen ist es, auch unter Alkoholeinfluß, der bei ihm sehr in dieser Richtung stimulierend wirkt, angeblich nicht gekommen. (Kein Afterverkehr, kein Schenkelverkehr etc.)

Die von Anfang an matten Beziehungen zur Ehefrau konnten bald nur mehr durch gewisse Praktiken (K. stellte sich während des Aktes Jungens als Partner vor) aufrecht erhalten werden. In den letzten Jahren fanden sexuelle Kontakte zwischen den Eheleuten nicht mehr statt. In Kenntnis dieser Vorgeschichte steht für uns zweifelsfrei fest, daß K. Träger gleichgeschlechtlicher Triebtendenzen ist. Es handelt sich also um eine Variation auf dem Gebiet der leiblichen Triebe. Der wissenschaftliche Streit, ob diese — unbestreitbar von der Norm abweichende — Verhaltensweise auf sexuellem Gebiet auf *Anlage*-faktoren oder *Umwelt*-einflüsse zurückzuführen ist, ist für die forensische Beurteilung nicht von entscheidender Bedeutung, wenn auch Tendenzen bestehen, die bei einer gewissen Gruppe Homosexueller (den Trägern einer homosexuellen ‚*Anlage*') Milderungsgründe psychologischer Art fordern. Auch der Bundesgerichtshof hat sich in mehreren Urteilen für diese Entwicklungstendenz ausgesprochen.

Zweifelsfrei ist es für einen Homosexuellen schwer, seine ihm ‚natürlich' vorkommenden Triebansprüche zu beherrschen. Die heutige Gesetzgebung verlangt aber auch vom Homosexuellen, daß er seine Triebe zügelt, es sei denn, es lägen die üblicherweise zur Exkulpierung gemäß § 51 Absatz I StGB führenden psychopathologischen Tatbestände (Geisteskrankheit, Geistesschwäche, Bewußtseinsstörungen) vor. Dieses ist bei K. nicht der Fall. Also ist er in strafrechtlicher Hinsicht nach unserer Auffassung als ‚voll verantwortlich' zu bezeichnen.

Es ist anzunehmen, daß es bei K. nach der Entlassung aus der Anstalt erneut zu homosexuellen Triebhandlungen kommen wird, da seine natürliche Triebrichtung nun einmal ‚so' geartet ist. Die Aussichten für die ärztliche Behandlung dieser Triebanomalien sind nicht sehr günstig. Andererseits ist es nicht ausgeschlossen, daß K. unter der Nachwirkung des Eindruckes der mehrmonatigen Anstaltsunterbringung Versuchungssituationen aus dem Wege gehen wird."

Die unterschiedliche Beurteilung der beiden Fälle zeigt, daß es keine verläßlichen, tragenden Kriterien für die forensische Begutachtung von Triebdelikten gibt, es sei denn, man greift auf die klinische Methodik zurück und fragt, ob somatische Befunde festzustellen sind, die — nach den allgemeinen Erfahrungen mit Trägern solcher Befunde — die somatische Sphäre der Sexualität modifizieren und somit auch den psychischen Überbau verändern. Nur in diesen Fällen wird man auf die generelle Forderung, seine — wie auch immer gearteten — Triebe zu zügeln, verzichten können.

Wir sehen nach unseren Erfahrungen *nur* in der Anwendung der biologischen Methode die Möglichkeit, das Phänomen der Triebdelikte, vor allem der Sexualverbrechen, einigermaßen aus dem Bereich psychologisierender Willkür zu lösen und in den Bezirk empirisch hinlänglich gesicherter Erfahrungen verlagern zu können. Alle anderen Methoden müssen unserer Auffassung nach versagen, da es beim psychisch und physisch sonst — also losgelöst vom speziellen Delikt — unauffälligen Täter kein *Wissen* über das verborgene Kräftespiel zwischen vitalen und personalen Strebungen gibt.

Literatur

Zur Einführung in das Gesamtproblem eignet sich vorzüglich:

Giese, H.: Der homosexuelle Mann in der Welt. Stuttgart 1958.

Zwang und Kriminalität

Die vor Gericht oft gestellte und selten beantwortete Frage nach dem „Warum" einer strafbaren Handlung – KURT SCHNEIDER hält es geradezu für „unsinnig" zu fragen: „Was haben Sie sich eigentlich dabei gedacht?" – wird, wenn überhaupt, oft nur mit dem vielsagenden Wort „nichts" oder einer entsprechenden Miene beantwortet. Allerdings hört man gerade bei normalpsychologisch weitgehend einfühlbaren Delikten vom Täter auch Äußerungen folgender Art: „Ich habe es unter einem *Zwang* getan" oder „ein unerklärlicher Zwang trieb mich, es zu tun; heute kann ich mich selbst nicht mehr verstehen; ich weiß auch nicht, warum ich es tat."

Das Phänomen des psychischen Zwanges und die mit ihm eng verbundene Monomanie-Lehre hatte in der Psychiatrie des vorigen Jahrhunderts eine große Rolle gespielt. Es sei an die umfangreiche Kleptomanie- und Pyromanie-Literatur erinnert.

Klinisch orientierte Diskussionen über den Kleptomanie- und Pyromanie-Begriff sind heute fast überall verstummt, da es sich gezeigt hat, daß diesen Syndromen keine scharf umrissenen Krankheitseinheiten zugrunde liegen, sondern ganz heterogene psychische Faktoren das Syndrom bilden. Zur Einführung in die wissenschaftliche Problematik können besonders die Literaturübersichten dienen, die in gewissen Abständen zusammenfassend und kritisch über alle Fragen informieren.

Heute wird fast nur noch die Frage diskutiert, ob es bei den anankastischen Psychopathen (d. h. den an „Zwängen" leidenden abnormen Persönlichkeiten) „crimina" gibt, die aus der Struktur des Zwanges motivierbar sind.

Eine kurze Einführung in die Lehre vom Zwang sei hier eingefügt, um das Verständnis der weiteren Ausführungen zu erleichtern. Man unterscheidet zwischen „subjektiven" und „objektiven" Zwängen. Die subjektiven Zwangsphänomene treten nur bei nicht psychotischen Menschen auf, sie sind nicht Krankheitssymptom, sondern Ausdruck einer besonderen Persönlichkeitsart, die vorzugsweise bei selbstunsicheren, etwas ängstlichen Naturen zu finden ist. Von objektiven Zwängen spricht man bei nosogenen Zwangsphänomenen, also bei Zwängen im Rahmen der Schizophrenie bzw. Cyclothymie oder bei anderen Krankheiten mit psychischen Veränderungen.

Den subjektiven Zwang definiert KURT SCHNEIDER in folgender Weise: „Man spricht von Zwang, wenn jemand Bewußtseinsinhalte nicht los werden kann, obwohl er sie als unsinnig oder als ohne Grund beherrschend und beharrend beurteilt."

Recht weit verbreitet, jedoch nicht unbedingt als „krankhaft" zu bewerten sind gewisse Zahlen-, Melodien und Orakelzwänge sowie Kontrollzwänge. Sie spielen bei Kindern eine besondere Rolle und verlieren sich allmählich. Im Zustand der Ermüdung, aber auch bei leichten Intoxikationen können zwanghafte Denkabläufe wieder auftreten. Neben den Zwangs-*gedanken* unterscheidet man Zwangs-*antriebe,* die sich an diese Gedanken anschließen können (sekundäre Zwangsantriebe) oder auch primär – ohne gedanklichen Vordergrund – ins Bewußtsein treten können. Besonders beeindruckend und quälend sind primäre homicide Zwangsantriebe, etwa der zwanghaft erlebte Gedanke einer Mutter, ihr Kind mit einem Messer verletzen zu müssen. Primäre Zwangsantriebe in harmloserer Form erleben viele Menschen bei Turmbesteigungen (etwa den Zwang, herunterspringen zu müssen), beim Passieren eines Brückengeländers, aber auch beim Einfahren eines Zuges (Zwangsgedanke, sich vor die Lokomotive werfen zu müssen, obwohl man genau weiß, daß man es *nicht* tut).

Häufig sind die praktisch bedeutungslosen Orakelzwänge: Eine beliebige, meist ganz neutrale, nach außen unverständliche Handlung *muß* vollzogen werden, um das Gefühl zu haben, ein bestimmter Plan wird gelingen. Im Zusammenhang mit solchen, dem magisch-animistischen Denken verwandten psychischen Akten können sekundäre Zwangshandlungen vollzogen werden, die jedoch die Sphäre des Intim-Persönlichen selten verlassen und sozial belanglos sind.

Es darf zusammenfassend festgestellt werden, daß die Zwangsphänomene bei anankastischen [1] Psychopathen, aber auch bei den anankotropen [2] Persönlichkeiten, – d. h. bei Menschen mit gelegentlichen Tendenzen zu zwanghaftem Erleben – forensisch *ohne* Bedeutung sind. Es bleibt meist ein mehr oder minder stark emotional gefärbtes intellektuelles *Spiel*. So ist es nicht verwunderlich, wenn alle namhaften Autoren die Seltenheit von Delikten bei Anankasten hervorheben. GRUHLE sah nur einmal in den vielen Jahrzehnten seiner psychiatrischen Praxis einen zwangsneurotischen Soldaten, der beim Bedienen der Telephonkabel ständig darüber grübeln mußte, wie die Kabel *innen* aussehen und was passieren würde, wenn er die Kabel durchtrennte. Schließlich tat er es. KURT SCHNEIDER führt aus: „Strafbar werden sie (sc. die schweren Anankasten), abgesehen von Disziplinarstrafen wegen der Unfähigkeit, dienstliche Arbeiten abzuschließen, *kaum*, so sehr sie dies auch fürchten." SCHNEIDER bezeichnet die meisten Zwangshandlungen als „harmlose Erleichterungen". Er betont aber den Mißbrauch, der vor Gericht mit dem Wort „Zwang" getrieben wird. Schwierigkeiten entstünden vor Gericht vor allem bei der Differenzierung von *Zwangs*-handlung und *Trieb*-handlung. Das einzig haltbare Kennzeichen einer Zwangshandlung, nämlich „der Abwehr einer zwanghaften Angst zu dienen" fehle bei der Triebhandlung. Selbst wenn ein Stehltrieb als „zwangsmäßig" aufgefaßt würde, so entbände das nicht von der Pflicht, ihm zu widerstehen.

Die von STUTTE veröffentlichte Studie über „Brandstiftungsdrang als Zwangsphänomen" wird von KURT SCHNEIDER kritisch kommentiert: Eine zur Zeit der Begutachtung 50jährige Frau hatte sich nach einer gynäkologischen Radikaloperation in ihrem Wesen verändert: sie wurde scheu, interessenlos, depressiv. Bei der bis zum 39. Lebensjahr psychisch unauffälligen Frau traten auch Zwangsphänomene auf: sie befürchtete, den Gruß von Bekannten überhört zu haben, und sie glaubte, sich dafür entschuldigen zu müssen. Weiter trat der Zwangsantrieb auf, obszöne Schimpfworte auszustoßen und andere zu verleumden. Im 43. Lebensjahr kam der „Drang" hinzu, Feuer zu legen. Gleichzeitig entstand das imperative Bedürfnis, sich Männern aufzudrängen und zu koitieren. Infolge der Triebenthemmung kam es öfters zur Fellation bei 13- und 14jährigen Knaben. Die Brandstiftungen erfolgten nur, wenn vorher ein Sexualakt stattgefunden hatte. Auch in der Haft erlebte die Patientin sexuelle Drangzustände mit dem Zwang, sich anbieten zu müssen und obszöne Ausdrücke zu benutzen. Die ärztliche Untersuchung ergab einen weit vorgeschrittenen hirnorganischen Prozeß, auf dessen Boden sich die Zwangszustände entwickelt haben sollen. KURT SCHNEIDER negiert die Annahme echter Zwangsphänomene und beurteilte die Frau als „stimmungslabilen Triebmenschen".

Kriminelle Handlungen bei anankastischen Persönlichkeiten beschrieb BINDER. Er fand bei der Durchsicht von 200 Krankengeschichten die Beschreibung von 60 Patienten, in deren Anamnese Zwangserscheinungen und -delikte verzeichnet waren. Die nähere Analyse ergab jedoch, daß unter „Zwang" sehr verschiedenartige Phänomene verstanden worden waren. BINDER faßte seine Studien schließlich folgendermaßen zusammen: „Aus der Durcharbeitung unseres Materials ergibt sich also, daß bei den Fällen von Zwangsneurose das neurotische Geschehen wohl kriminelle Phantasien und Impulse erzeugen kann, dagegen niemals die Begehung wirk-

---

[1] ananke (griechisch): Zwang, Notwendigkeit.

[2] anankotrop: zu Zwängen neigend.

licher Straftaten veranlaßt; die Durchführung äußerer krimineller Handlungen hängt stets von außerneurotischen Faktoren ab."

Der erste, von ihm selbst beobachtete Fall A. G. hat manche Ähnlichkeit mit dem von uns gesehenen Fall; es handelt sich um homicide Zwangsantriebe einer jungen Mutter gegen ihr neugeborenes Kind:

„A. G. war von jeher etwas gemütsweich und empfindsam, litt aber selbst nicht nennenswert darunter und benahm sich als Schülerin und spätere Bürolistin völlig unauffällig: Zwiespältige Einstellung zum Vater, einem despotischen Fabrikherrn, in dessen Büro sie nach der Schulentlassung jahrelang arbeitete: einerseits Furcht vor seiner Strenge, andererseits vergebliche Sehnsucht nach seiner väterlichen Liebe. Sie war noch nicht einmal 20jährig, als sie sich aus häuslichen Unstimmigkeiten in eine Ehe mit einem fast doppelt so alten Kaufmann flüchtete, der für sie offensichtlicher Vaterersatz war. Demgemäß hatte A. G. vor dem Ehemann eine versteckte Furcht und auch gewisse sexuelle Hemmungen, die sie aber durch einen eifersüchtigen Zärtlichkeitshunger überkompensierte: Sie wollte von ihrem Mann, der einzig für sie da sein sollte, alle die Liebe haben, die sie bei ihrem wirklichen Vater so sehr entbehrt hatte. Als A. G. bald nach der Heirat gravid wurde, übertrug sie die zwiespältige Haltung auch auf das Kind ihres Mannes: Während im Zentrum ihres Bewußtseins die mütterliche Liebe zum werdenden Kind stand, lebte abgespalten eine starke Abneigung gegen das Kind in ihr, weil es Konkurrent in der Liebe des Mannes war, die sie in übertriebener Eifersucht nur für sich allein haben wollte, und weil sie in einer noch mehr verborgenen Motivierung auch allerlei negative Gefühle gegen den Erzeuger dieses Kindes und den Akt seiner Erzeugung hatte, die nun auf das Kind selbst übergriffen. Nach der Geburt des Kindes erfuhr ihre konflikthafte Haltung ihm gegenüber eine so elementare Verschärfung, daß es nun bei A. G. zu einem typisch angstneurotischen Bilde kam: diffuse Angststimmungen mit Konzentrationsunfähigkeit und Schlaflosigkeit und ferner eine ausgesprochen phobische Angst vor der Pflege des Kindes. Sie rationalisierte diese Furcht dahin, daß sie einer solchen Aufgabe gegenüber gänzlich unerfahren sei, weshalb die Größe der Verantwortung sie schrecke. Der wahre Grund, warum sie das Kind nicht pflegen konnte und bei jedem Alleinsein mit ihm heftige Angstgefühle bekam, waren jedoch ihre abgespaltenen *Tötungswünsche* gegen das Neugeborene, die aber noch während einiger Wochen anscheinend nie in ihr Bewußtsein durchdrangen. Die ebenfalls abgesperrten Selbstvorwürfe wegen dieser Tötungstendenzen fanden dagegen in ihrem Bewußtsein einen indirekten Ausdruck, nämlich in lebhaften Suicidimpulsen, die schon bald nach der Geburt auftraten und den verborgenen Sinn einer Selbstbestrafung hatten, aber dem Bewußtsein von A. G., welche in einer rein äußerlich sehr günstigen Situation lebte, unsinnig vorkamen, so daß sie sich von ihnen möglichst distanzierte und sie vergeblich zu unterdrücken suchte, sie also deutlich zwanghaft erlebte, ebenso gewisse, sich daran anschließende, vage Grübeleien darüber, wo und wann sie sich versündigt habe. Als A. G. etwa vier Wochen nach der Geburt eines Tages ihr Kindchen unter Überwindung ihrer ängstlichen Unruhe gebadet und wieder angekleidet hatte, hielt sie es plötzlich ins Badewasser hinein, um es zu ertränken. Sie gab nachher stets an, sie habe eine entsetzliche Angst bekommen, als sie gemerkt habe, daß sie etwas ganz Verrücktes tue; sie habe ihre Arme aber nicht mehr zurückziehen können, so sehr sie sich auch dazu angestrengt habe, da ihr ganzer Körper steif gewesen sei. Sie rief deshalb ihre im Nebenzimmer anwesende Schwester zu Hilfe, die sofort herbeieilte, das Kind aber dem Griff von A. G., die es unter das Wasser drückte, nicht entwinden konnte, bis sie sie schließlich ins Handgelenk biß. Erst dadurch gelang es der Schwester, das Kind aus dem Wasser zu heben, worauf A. G. dem Kind noch heftige Schläge in Gesicht versetzte, so daß sich blutunterlaufene Stellen bildeten. Nun erst brach sie in einem verzweifelten Weinausbruch zusammen. Es muß als sicher angenommen werden, daß bei A. G. eine wirkliche Zwangshandlung vorlag, da der plötzlich in ihr Bewußtsein einbrechende Tötungsantrieb aus ihrer ganzen bewußten Innenwelt herausfiel, ihr unsinnig und verrückt vorkam, so daß sie gegen ihn stärkstes ‚Fremdkörpergefühl' empfand und sich mit aller Kraft, wenn auch vergeblich, gegen den Vollzug der Handlung wehrte. Die Tatsache, daß A. G. verzweifelt ihre Schwester zu Hilfe gerufen hat, und diese dann doch das Kind dem mörderischen Griff seiner Mutter zuerst gar nicht entreißen konnte, beweist eindrucksvoll den zum Äußersten getriebenen Zwiespalt, in welchem sich A. G. bei der Begehung der deliktischen Handlung befand. Der maximale innere Kampf gegen sie, sowie die Tatsache, daß A. G. sich für den Tötungsversuch durchaus verantwortlich fühlte, schließt aus, daß eine automatische Handlung vorlag. Der Fall zeigt, daß infolge Durchbruchs eines vorher unbewußten Antriebs ins bewußte Handeln eine typische Zwangshandlung entstehen kann, ohne daß andere Zwangserscheinungen unmittelbar vorausgegangen waren. Durch einen mehrmonatigen Aufenthalt in einer Klinik, eingehende analytische Psychotherapie und langsame Angewöhnung von A. G. an die Pflege ihres Kindes innerhalb der Klinik konnte die Neurose der Mutter schließlich überwunden werden, so daß später die Aufzucht des Kindes daheim sich ohne wesentliche Schwierigkeiten gestaltete. Trotz eingehendem Suchen wurden bei A. G. nie Anhaltspunkte für Schizophrenie gefunden; es lag zweifellos eine Angstneurose mit einzelnen Zwangssymptomen (die zwanghaften Suicidtendenzen und Grübeleien, die kriminelle Zwangshandlung) vor. Daß es bei A. G. aber nicht bloß zu neurotischen *Phantasien* kriminellen Inhaltes, sondern zu einer verbrecherischen *Handlung* kam, dafür ist ein außerneurotisches Moment verantwortlich zu machen: Die körperlich von jeher zarte Frau befand sich nach ihrer schweren Geburt, die noch einen größeren operativen Eingriff erfordert hatte, für einige Wochen in einem ausgesprochenen körperlichen und psychischen Erschöpfungszustand, der eine allgemeine Widerstandslosigkeit und Enthemmung zur Folge hatte. Daher besaß sie trotz ihrer an sich recht gut entwickelten Moral nicht mehr die Kraft, die kriminellen Impulse genügend einzudämmen; deshalb gelang aber auch deren Überwindung so vollständig, nachdem sich der Erschöpfungszustand einige Zeit später wieder behoben hatte."

Bevor wir unseren Fall darstellen, wollen wir noch auf eine Mitteilung von POLSTORFF und KATSCHER hinweisen. Sie betrifft einen 20jährigen Mechaniker, der zeit zwei Jahren die unabweisbare Vorstellung hatte, einmal in einen Menschen hereinsehen zu wollen. In Verbindung hiermit entwickelte sich die zwanghafte Befürchtung, er könne einem anderen Menschen *Schnitte* zufügen. Diese Befürchtung versuchte er durch Nadelstiche und Schnitte in den eigenen Körper zu unterdrücken. (Sekundäre Zwangshandlungen im Sinne von KURT SCHNEIDER.) Auch an der Front verspürte er öfters Wünsche dieser Art. Während eines Lazarettaufenthaltes in der Heimat fügte er einem 11jährigen Jungen erhebliche Schnittverletzungen am Hals zu. Bei der Begutachtung konnte eine Psychose sowie eine organische Hirnerkrankung ausgeschlossen werden. Es wurde eine „Psychopathie" angenommen und zur Anstaltsunterbringung geraten. In der Anstalt ist der Patient 1945 verstorben, so daß eine Katamnese nicht möglich war.

Wir haben kriminelle Handlungen bei stilreinen Anankasten nie gesehen. In einem Verfahren gegen eine 26jährige Frau, die ihr 3½jähriges Kind von einer Brücke in einen Kanal geworfen hatte, wurden wir lediglich einmal zur Frage der Notwendigkeit der weiteren Anstaltsunterbringung gehört. Da die Tat ein klassisches Beispiel eines „motivisch unklaren Deliktes" ist, bringen wird den Fall ausführlich, zumal hiermit ein Beitrag zur spärlichen Kasuistik der kriminellen Zwangsantriebe gegeben werden kann.

Fall XI

E. Sch. (K.G. Nr. 86/58 Univ.-Nervenklinik Köln)

Die Mutter gab bei ihrer ersten polizeilichen Vernehmung folgende Darstellung: „Am Morgen des Tattages ging ich zum Kindergarten und bat die Schwester, mir den Jungen mitzugeben. Das mag gegen 11 Uhr gewesen sein. Als ich den Jungen sah, mußte ich weinen und bekam Mitleid mit meinem Kind, weil er ohne Mutter aufwachsen mußte. Ich war mir darüber im klaren, daß ich für längere Zeit in einer Anstalt verbleiben müßte, und da faßte ich den festen Entschluß, zusammen mit meinem Kind zu sterben. Ich wollte mich durch einen Zug oder ein Auto überfahren lassen. Das war für mich, aber auch für das *Kind* zu grausam. So wollte ich mein Kind in den Kanal werfen, weil ich dies ‚milde' fand. Ich kann schwimmen und aus diesem Grund schon wollte ich nicht ins Wasser gehen. Mit dem Kind ging ich vom X-Platz aus zunächst zur Post nach Gelsenkirchen. Von dort aus rief ich fernmündlich meinen Mann bei der Zeche an und teilte ihm meinen Entschluß mit. Mein Mann glaubte wohl meinen Ausführungen nicht und sagte mir wörtlich: ‚Mach kein Theater, das kennen wir schon, Du tust es doch nicht.' Ich glaube schon, daß mein Mann wirklich davon überzeugt war, daß dieses nur dummes Gerede von mir war. Ich äußerte ihm gegenüber schon öfters, daß ich Selbstmord begehen wollte und hatte es dann doch nicht getan. Daß ich mit meinem Kind einmal aus dem Leben scheiden wollte, hatte ich bisher noch nicht zu meinem Mann oder einer anderen Person geäußert. Von der Post aus fuhr ich mit meinem Kind mit der Straßenbahn zum Forsthaus in Gelsenkirchen. Bis zum Kanal mußte ich wieder etwas zurückgehen. Wir gingen bis zur Brücke. An der rechten Seite der Brücke, wenn man von Gelsenkirchen-Buer kommt, befindet sich ein Rad- und Fußgängerweg. Links daneben befinden sich Straßenbahnschienen. Ich ging mit meinem Kind bis zur Mitte der Brücke. Den Jungen lenkte ich etwas ab, indem ich erwähnte, daß er ins Wasser spucken dürfte. Das Kind bekam Angst und wollte gar nicht auf meine Worte eingehen. Ich nahm dann meinen Jungen auf meinen Arm und spielte erst noch mit ihm. Ich war etwas vom Brückengeländer zurückgetreten. Dieses tat ich, damit der Junge seine Angst verlieren sollte. Der Junge klammerte sich aber immer wieder an mich und hatte doch Angst. Dann lief ich plötzlich bis zum Brückengeländer und warf ihn ins Wasser. Ins Wasser schauen konnte ich nicht mehr. Ich lief auf die Straße. Kurz darauf hielt auch ein Auto und der Fahrer stieg aus. Diesem sagte ich, daß er mich zur Polizei bringen sollte, ohne den Grund anzugeben. Was sich weiter zugetragen hat, vermag ich nicht zu sagen." Wichtig ist noch folgende Erklärung: „Ich glaube kaum, daß ich noch einmal den Versuch unternehmen werde, mein Kind zu töten. Ich selbst werde aber jede Gelegenheit wahrnehmen, meinem Leben gewaltsam ein Ende zu bereiten." Ferner wies Frau Sch. darauf hin, daß sie selbst in ihrer Kindheit und Jugend immer Angst vor ihrer Mutter gehabt habe und daß sie befürchtet habe, ihr Sohn könnte durch die ständigen Ermahnungen der Großmutter in Angst leben und eine ähnliche Krankheit wie sie bekommen. Zu der Zeit unmittelbar vor der Tat erklärte Frau Sch. folgendes: „Ich hatte nur den dunklen *Drang*, ich muß den Kanal sehen. Ich habe schon immer das Wasser sehr geliebt. Es hat mich beruhigt, wenn ich die Wellen plätschern sah. Mein Junge ist recht ängstlich, er hat sich auch sehr an meine Mutter gewöhnt. Wenn meine Mutter mal wegging, fragte er sie ängstlich: ‚Kommst Du auch wieder?' Das fragte er mehrere Male. Ich fürchtete deshalb schon einige Zeit vor meiner Tat, er könne meine Krankheit (sc. die Zwangskrankheit) geerbt haben. Auf der Kanalbrücke setzte ich den Jungen auf das Brückengeländer, ich selbst wollte mich über das Wasser beugen, da umklammerte mich mein Junge und er zitterte am ganzen Körper. Bemerken möchte ich noch, daß ich vorher mehrere Male auf der Brücke hin und her gegangen bin. Als mein Junge so zitterte, hielt ich ihn ganz fest. Er fragte noch: ‚Mutter, läßt Du mich auch nicht fallen?' Ich erwiderte: ‚Nein.' Er sagte aber: ‚Hältst Du mich auch fest!' Er fragte wiederholt: ‚Hältst Du mich auch ganz fest?' Da durchschoß mich so ein Angstgedanke, das Kind ist doch krank. Ich sagte mir weiter, das Kind ist krank, und du mußt wieder in die Anstalt und kannst dein Kind nicht richtig erziehen. Ich dachte wieder daran, was ich die letzten drei Jahre durchgemacht hatte, und ich sagte mir, wenn es dem Jungen mal ebenso ergehen würde, dann wäre es besser, er lebte nicht mehr. Ich war völlig konfus. Ich hatte das Kind so unendlich lieb. Da hatte ich nur den verrückten Gedanken: Wenn du dein Kind wirklich lieb hast, dann mußt du es vor dieser Krankheit bewahren! Da dachte ich, aber ‚wie'? Da kam mir der Gedanke, das Kind loszulassen. Vorher sagte ich mir noch, der kurze, schnelle Tod durch Ertrinken wäre besser als ein ganzes Leben mit dieser Krankheit. Auf welcher Seite der Brücke ich stand, weiß ich nicht mehr. Erst wollte ich es loslassen, brachte es aber doch nicht fertig. Dann ging ich mit dem Jungen von der Brücke weg, ging aber wieder auf die Brücke hin. Das geschah einige Male. Vorher bin ich nicht hin und her gegangen, wie ich zuerst gesagt habe, da habe ich mich getäuscht. Schließlich sah ich keinen anderen Ausweg und lief zur Brücke und habe den Jungen ins Wasser geworfen."

Frau Sch. wurde dann von einem erfahrenen Psychiater begutachtet, der die Voraussetzungen zur Anwendung des § 51 Absatz I StGB bejahte: „Bei Frau Sch. sind diese Voraussetzungen deutlich erkennbar: Aus dem ängstlichen, ganz von der Mutter abhängigen Einzelkind ist eine lebensunsichere Frau geworden, die sich stärkeren Belastungen nicht gewachsen fühlt, gewisse infantile Verhaltensweisen beibehalten hat und in kritischen Situationen mit psychogenen Störungen reagiert. Während des Wochenbettes sind bei ihr erstmals solche Störungen aufgetreten und anschließend hat sich das Bild einer schweren Zwangskrankheit entwickelt. ... Die Zwangserscheinungen sind dabei so intensiv und hartnäckig aufgetreten und die Patientin war dabei oft so eigenartig, daß *ernstlich* an eine *echte* Psychose als Grundlage der Zwangserscheinungen gedacht werden mußte. Die lange und gründliche Beobachtung hat aber bisher keine Bestätigung hierfür erbracht. ... Es erübrigt sich, hier auf die vermutbaren tiefenpsychologischen Zusammenhänge, auf die die Inhalte der Zwangsvorstellungen bei Frau Sch. hindeuten, einzugehen. In jedem Fall wurden die Zwangsgedanken, Zwangsgrübeleien und Zwangsantriebe von der Patientin, wie das bei dieser Krankheit der Fall zu sein pflegt, als fremdartig, unbegründet und hier in besonderem Maße als quälend und bedrückend empfunden. Sie machten sie mutlos, ungeduldig und verzweifelt. ... Immer aber ist ihr Handeln ... kurzschlüssig und aus jäher Panik erwachsen, nicht aber zielbewußt, überlegt und bis zum Ende durchdacht. Daß diese Kurzschlüssigkeit ihrer Persönlichkeit entspricht und daß sie nicht nur im Zustand der Verzweiflung so handelt, beweist ihre völlig unnötige „Flucht" aus der Anstalt, zwei Tage vor der vorbereiteten und mit ihr besprochenen Entlassung. ... Am 12. Oktober befiel sie plötzlich wieder die Angst und die unabweisbare Gewißheit, daß sie nie wieder gesund werden würde. ... So hat auch die Patientin früher den grausigen Antrieb, sie könne oder müsse *die Mutter mit der Axt umbringen,* nicht wirklich ausgeführt, sondern sozusagen eine Kompromißlösung gefunden: indem sie die Axt versteckte, hatte sie den Antrieb zu handeln befolgt, aber zugleich die verbrecherische Tat unterlassen. ... Es ist anzunehmen, daß die Patientin auch am 13. Oktober 1956 einen solchen inneren Kampf und Widerstreit der Strebungen erlebt hat. ... Ihre Schilderung sie sei dort (sc. auf der Brücke) unentschlossen mehrere Male hin und her gegangen, ist, wenn man sich die Situation vergegenwärtigt, glaubhaft. ... Ein Motorradfahrer ratterte vorbei, das Kind schrie wieder angstvoll auf und klammerte sich an, wiederholte seine eintönigen ängstlichen Fragen, und in ihrer Verfassung war das für sie ein neuer Beweis, daß ihr Kind ebenso sei wie sie selber und dem gleichen traurigen Schicksal entgegengehe und sie warf es ins Wasser. ... Nach alledem muß angenommen werden, daß in den Stunden vor und während der Tat bei Frau Sch. eine krankhafte Störung der Geistestätigkeit vorlag, in der sie, beherrscht von objektiv falschen, aber für sie zwingenden Vorstellungen, glaubte so handeln zu müssen und daß die normalerweise bestehenden Einsichten und Hemmungen im Augenblick der Tat aufgehoben waren. Ich komme daher zu dem Schluß, daß bei Frau Sch. für die am 13. Oktober 1956 begangene strafbare Tat die Voraussetzungen des § 51 Absatz I StGB gegeben sind. Mit der Bejahung dieser Voraussetzung ergibt sich von selbst die Frage, ob die Anwendung des § 42 b ärztlich für notwendig angesehen wird. Wie aus dem vorliegenden Gutachten hervorgeht, besteht der krankhafte Zustand, an dem Frau Sch. seit Jahren gelitten hat, auch heute noch; infolge dessen muß auch jetzt noch mit der Gefahr nicht vorherzusehender Handlungen gerechnet werden."

Gegen die Unterbringung richteten sich später mehrere Eingaben der Patientin. So wurde ein Obergutachten zur Frage notwendig, ob weitere Anstaltsunterbringung erforderlich sei.

Wir erfuhren von der recht intelligenten, aber etwas gefühlskalt wirkenden Patientin, daß sie schon als Kind ängstlich gefärbte Zwangsvorstellungen gehabt habe. (Kontrollzwänge, Geldzählzwänge, aber auch Sicherungszwänge der verschiedensten Art.)

Aus dem disharmonischen Elternhaus strebte sie vor allem nach dem Tode des von ihr besonders verehrten Vater heraus. Eine außereheliche Schwangerschaft gab die, von ihr ambivalent empfundene, Möglichkeit einer frühen Eheschließung. Fünf Wochen nach der Entbindung traten eigenartige Angst- und Unruhezustände auf, die in den folgenden Jahren nicht mehr völlig abklangen. Sie machte mehrfach Selbstmordversuche. Wiederholt wurde sie stationär behandelt, unter anderem wurden auch Elektroschockkuren vorgenommen. Kurz vor der Entlassung aus einer Nervenklinik kam es am 13. Oktober 1956 zu der Tat, die von der Staatsanwaltschaft als *Mordversuch* angesehen wurde.

Die Patientin berichtete uns über die Vorgänge am Tattag folgendes: „Ja . . . das mit dem Kind, was ich da tat, das war einmalig. Meine Vernunft muß ‚weg' gewesen sein. Ich hatte schon oft in der Zeitung gelesen, daß Frauen Selbstmordversuche mit einem Kind gemacht haben. Ich dachte immer, so weit würde es nie kommen. Ich habe Selbstmordversuche gemacht, hatte aber nie gedacht: Nimm dein Kind mit!" (Erinnern Sie sich an die Vorkommnisse bei der Visite?) „Der Chefarzt kam mit den Stationsärzten zur Visite. Ich lag in einem Einzelzimmer. Es war eigentlich ein Aufenthaltsraum für Besucher. Weil ich schlecht schlafen konnte, lag ich dort. Ich war vorher so stimmungsmäßig wie immer . . . mittelmäßig. Sie standen an der Tür, da hörte ich, wie der Arzt sagte ‚Das ist Frau Sch. mit einer schweren Zwangsneurose.' Ich wußte, daß meine Krankheit so heißt. Die Ärzte hatten mir das erklärt. Die beiden sprachen miteinander und ich hörte nur die Worte: ‚Prüfen Sie, ob sie schon unter einem Zwangsantrieb gelitten hat.' Da kam in mir der Gedanke an die unnützen Rennereien hoch und das hat mich umgeworfen. Sie sprachen auch davon, daß ich schon Zwangshandlungen begangen hätte. Ich hörte nur *dieses* Wort und das hat mich umgeworfen." (Ist „Zwangsantrieb" so ein unheimliches Wort für Sie gewesen?) „Ich hatte das Wort noch nie gehört, es war unheimlich, ich dachte mir, ‚Antrieb' ist etwas Unheilbares." (Haben Sie schon früher über Ihre Krankheit nachgedacht?) „Ich hatte vorher schon öfters gegrübelt, ob ich noch gesund würde . . . Bald danach bin ich aufgestanden, ich hatte Ausgang, ich hatte kein bestimmtes Ziel. . . . Es ist viel Zeit vergangen, ich weiß vieles nicht mehr, ich bin fünfzehnmal geschockt worden, ich habe so vieles vergessen. . . . Ich bin nach Gelsenkirchen in die Wohnung gefahren. Ich holte das Kind aus dem Kindergarten. Ich hatte gar nichts vor. . . . Ich weiß nur, der Junge hatte mich sieben oder acht Wochen nicht gesehen. Ich stand zwischen den anderen Frauen, das Kind hat mich gleich erkannt. Wir gingen in die Stadt, ich weiß nur, ich hatte etwas Geld bei mir und habe ihm Leckereien gekauft." (Kam der Gedanke plötzlich?) „Nein, das war noch ein Kampf in mir. Ich weiß nur, daß ich mich von der Brücke losriß und mit dem Kind weglaufen wollte. Da kam mir der Gedanke: ‚das Leben ist sinnlos', ich hatte den Gedanken: ‚wenn deine Mutter das mit dir gemacht hätte, wäre dir alles erspart geblieben'. Ich hatte an dem Kind die gleichen Dinge gemerkt wie an mir. Das Kind sagte immer: ‚Mutter, läßt du mich auch nicht fallen? Sag nein, sag nein, sag nein.' . . . So hatte ich zu meiner Mutter auch immer gesagt. Ich dachte oft, auch nach seinen Bewegungen: Das Kind hat deine Art." (Waren Sie damals sehr nervös?) „Damals ja, jetzt nicht mehr. . . . Mein letzter Gedanke war nur noch: Wenn deine Mutter . . . ich hatte nur an die letzten 3½ Jahre (sc. die Jahre der Krankheit) gedacht . . . als du noch klein warst, dir etwas getan hätte, du hättest nichts gemerkt und alles wäre vorbei." (Waren die Gedanken an die Krankheit des Kindes schon früher da?) „Ja, sie kamen manchmal, aber es war nie ein Gedanke an eine Beseitigung da." (Wollten Sie sich nachher selbst umbringen?) „Das weiß ich nicht. Vor den Autobus hätte ich mich nicht geworfen. Als ich die Tat vollbracht hatte, war alles in mir wie tot. Wie ich da stand, kam in mir der Gedanke hoch, was mir jetzt bevorstände . . . da warf ich mich vor den Autobus." (Hatten Sie nicht schon am Morgen die Absicht, das Kind und sich selbst zu töten?) „Nein, überhaupt nicht. ... Ich hatte schon oft den Gedanken gehabt, ins Wasser zu gehen, das ist aber Quatsch, ich kann doch schwimmen." (Hatten Sie am Vormittag auch die Absicht, selbst aus dem Leben zu scheiden?) „Ein klares Ja oder Nein kann ich nicht sagen, ich hatte damals aber täglich Selbstmordgedanken. Ich habe auch mit meinem Mann darüber gesprochen." (Hatten Sie schon früher einmal den Gedanken gehabt: „Ich tue meinem Kind etwas an"?) „Den Gedanken habe ich nie gehabt."

Unserer zusammenfassenden Beurteilung entnehmen wir: Frau Sch. hatte am 13. Oktober 1956 gegen 12 Uhr ihr damals etwa 3½jähriges Kind von einer Brücke über den Rhein-Herne-Kanal in Gelsenkirchen in das Wasser geworfen. Als Motiv für diese, normalpsychologisch zunächst unfaßbare Tat hatte sie angegeben, sie habe an ihrem Kind die Anzeichen der Krankheit erkannt, an der sie selbst seit Jahren leide und wegen der sie in Anstalten untergebracht sei. Sie habe das Kind vor *diesem* Schicksal bewahren wollen. Das Kind wurde gerettet; die Mutter wurde sofort in einer Anstalt untergebracht. In dem späteren Strafverfahren wurde ihr vom Gutachter der Schutz des § 51 Absatz I StGB zugebilligt. Dieser Beurteilung lag die Diagnose einer ‚Zwangskrankheit' bei der Täterin zugrunde. Diese Erkrankung ließe zwar generell nicht zwingend den Schluß auf das Vorliegen der Voraussetzungen zur Anwendung des § 51 Absatz I oder II StGB zu, in der konkreten Situation vom 13. Oktober 1956 habe jedoch eine krankhafte Störung der Geistestätigkeit im Sinne dieses Paragraphen vorgelegen. In dem Gutachten vom 10. April 1957 wurde eine eingehende psychologische Analyse dieses Zustandes gegeben. Die Notwendigkeit einer Unterbringung der Täterin gemäß § 42b StGB wurde bejaht. Auf Grund dieses Gutachtens würde Frau Sch. nicht bestraft, aber gemäß § 42b StGB in der Anstalt W. und später in der Anstalt E. untergebracht. Gegen die Unterbringung richteten sich in der Folgezeit mehrere Eingaben der Verurteilten. Zur Entscheidung dieser Frage, die in dem mündlichen Termin vom 10. Oktober 1957 nicht definitiv geklärt werden konnte, wurde die Erstattung eines Obergutachtens beschlossen. Der Frau Sch. jetzt behandelnde Arzt hatte sich gegen die Entlassung ausgesprochen. Die Stellungnahme zu den Fragen des Gerichtes ist von den Feststellungen zu folgenden Faktoren abhängig: 1. Der Persönlichkeit der Täterin. 2. Der wissenschaftlichen Diagnose. 3. Dem jetzigen Zustand der Frau Sch. und der kriminologischen Prognose.

1. Bezüglich der Würdigung der Persönlichkeit von Frau Sch. decken sich unsere Auffassungen in allen wesentlichen Punkten mit den Feststellungen, die der frühere Gutachter getroffen hatte. Zusammenfassend handelt es sich im Grunde um eine selbstunsichere, aber von starkem Ehrgeiz getragene Persönlichkeit, die in mancher Hinsicht jugendlicher wirkt, als es ihrem Lebensalter entspricht. Aus dieser Diskrepanz zwischen ‚Pflichten' und ‚Vermögen' entspringen unserer Auffassung nach auch manche ihrer Handlungsweisen, die während der Anstaltsbeobachtung den Eindruck der ‚Infantilität' hervorriefen. Außerdem liegt sicher eine überdurchschnittliche Stimmungslabilität vor sowie ein großes ‚Sicherungsbedürfnis' gegenüber allen tatsächlichen oder befürchteten Belastungen des Lebens. Charakteristisch für die Entwicklung der Täterin ist auch der immer wieder neu erlebte Riß zwischen dem ursprünglich recht hoch gesteckten Berufsziel (Pharmaziestudium) und dem tatsächlich erreichten Ziel (Behördenangestellte). Auf die spezielle Situation im Elternhaus brauchen wir nicht nochmals einzugehen. Es hat sicher eine starke Bindung an den Vater vorgelegen, während das Verhältnis zur Mutter nicht immer ungetrübt war. Außer Zweifel steht, daß es sich bei Frau Sch. um eine intellektuell überdurchschnittlich begabte Frau handelt, die auch eine Tendenz zur kritischen Verarbeitung der sich ihr anbietenden Probleme aufweist.

2. Die Analyse der Biographie und der Persönlichkeit der Täterin nach wissen-

schaftlich-diagnostischen Gesichtspunkten ergibt, daß Frau Sch., die schon als Kind sehr gewissenhaft gewesen sein soll, in den späteren Jahren von mannigfachen Zwangsmechanismen befallen wurde. Es bestanden Zwangsbefürchtungen, Zwangsgrübeln, Kontrollzwänge, Zahlenzwänge, Fragezwänge und später kamen Zwangsantriebe hinzu. Diese Zwangsphänomene hielten sich jedoch zunächst im Rahmen des Erträglichen. Auch während der Schwangerschaft kam es nicht zur Steigerung dieser an sich schon abnormen Abläufe. Etwa fünf bis sechs Wochen nach der Entbindung trat nachts ein für die Patientin sehr quälender, angsterfüllter Zustand ein, der zusammenfassend am ehesten als ‚tetanischer Anfall' bezeichnet werden kann. Der Anfall selbst ist durch die verstärkte Atmung in ihrem Angst- und Erregungszustand erklärlich und somit als Folge der motivisch unklaren Angst zu deuten. Seit dieser Nacht sind die Zwangsphänomene in verstärktem Maß aufgetreten und es kam mehrfach zu Selbstmordversuchen, die zum Teil ernsthaft gemeint waren. Wegen der Selbstmorddrohungen und im Hinblick auf die quälenden Zwänge erfolgte wiederholt eine stationäre Behandlung. Eine wissenschaftlich verbindliche Diagnose (Psychose oder psychopathische Reaktion) wurde damals nicht gestellt. Am 13. Oktober 1956 erfolgte die Tat, die dann erneut Veranlassung zur längeren Beobachtung in der Anstalt bot. Es wurde damals auch eine aktive Behandlung in Form von Elektroschocks vorgenommen. Allmählich trat eine Beruhigung ein und während der Beobachtung in der hiesigen Klinik im Januar und Februar 1958 war Frau Sch. frei von belangvollen psychischen Störungen. Bei kritischer Würdigung der abnormen seelischen Erscheinungen in den letzten Jahren bietet sich nun eine andersartige diagnostische Möglichkeit an, die allerdings vom Vorgutachter ausdrücklich verneint wurde. Bedenkt man, daß die psychopathologischen Erscheinungen etwa fünf Wochen nach der Entbindung ziemlich akut eingesetzt hatten, dann über Jahre hindurch in nahezu unverminderter Intensität anhielten und nach einer aktiven Behandlung allmählich abklangen, so ist der Schluß erlaubt, daß es sich um eine *phasisch verlaufende Erkrankung* handelte, die in der wissenschaftlichen Psychiatrie als *cyclothyme Depression* bezeichnet wird. Es ist bekannt, daß in derartigen Phasen anankotrope Persönlichkeitszüge in verstärktem und oft grotesk übersteigertem Ausmaß auftreten, während diese Charakterzüge in der phasenfreien Zeit ganz zurücktreten oder zumindest nicht als so störend erlebt werden. Wir kamen daher zu der Auffassung, daß es sich bei Frau Sch. in erster Linie wohl um eine anankastische Psychopathin, d. h. um eine in ihren seelischen Anlagen von der Norm abweichende Persönlichkeit handelt. Außerdem liegen aber phasisch abgrenzbare endogen-depressive Verstimmungszustände vor, in denen die auch sonst vorhandenen Zwänge an Intensität außerordentlich zunehmen. Die forensisch-psychiatrische Würdigung der strafrechtlichen Verantwortlichkeit für die Tat deckt sich mit der Auffassung des Vorgutachters; abweichend ist jedoch die im folgenden Abschnitt dargestellte prognostische Beurteilung des Falles.

3. Faßbare psychopathologische Befunde ergaben sich *jetzt* nicht. Die depressive Phase hat offenbar ihren natürlichen Abschluß gefunden. Daher besteht keine Veranlassung, Frau Sch. auch weiterhin in psychiatrischem Gewahrsam zu halten, da die medizinischen Voraussetzungen hierfür entfallen sind.

Wir nehmen nun abschließend zu den Fragen des Beweisbeschlusses wie folgt Stellung: 1. Mit hinreichender Wahrscheinlichkeit sind von Frau Sch. ähnliche Taten *nicht* zu erwarten. 2. Eine Gefährdung der öffentlichen Sicherheit liegt zur Zeit *nicht* vor, da die Grundkrankheit abgeklungen ist. 3. Wir empfehlen gelegentliche fachpsychiatrische Überprüfungen des Gesundheitszustandes von Frau Sch., da es – nach der Natur der Krankheit – zu neuen depressiven Phasen kommen *kann.*"

In der Verhandlung wurde die Anordnung auf gerichtliche Unterbringung aufgehoben. Die Patientin erklärte allerdings dem behandelnden Arzt einige Tage später, sie wolle *freiwillig* noch länger in der Anstalt bleiben, da die Zwangsgedanken immer noch nicht gänzlich verschwunden seien. Diese Mitteilung ist auch für die diagnostisch Beurteilung des Falles besonders wichtig, da für eine phasische Verstimmung jetzt mit Sicherheit Anhaltspunkte nicht mehr vorliegen und somit die Interpretation der Zwänge als „neurotische Fehlhaltung" wieder wahrscheinlicher wird. Wesentlich an dem beschriebenen Fall ist die Tatsache, daß eine psychopathische Mutter in engem psychologischen Zusammenhang mit der von ihr nachhaltig erlebten Zwangskrankheit versucht hat, ihr Kind zu töten; ein unverständliches Delikt, dessen motivische Hintergründe nie ganz geklärt werden können.

Für die forensische Begutachtung von Delikten, die von den Delinquenten später mit „inneren Zwängen" erklärt werden, gilt nach wie vor die Erfahrungstatsache, daß kriminelle Entgleisungen bei anankastischen Psychopathen nahezu nie vorkommen. Motivisch unklare, mit Zwangsmechanismen „erklärte" Delikte können zudem auch durch die Annahme solcher Mechanismen in ihrer motivischen Struktur restlos *nicht* aufgeklärt werden.

Literatur

BINDER, H.: Zwang und Kriminalität. Schweiz. Arch. Neur. 54 u. 55 (1945).
DE BOOR, W.: Die Lehre vom Zwang. Fortschr. Neur. *17*, 49 (1949).
POLSTORFF, F. u. H. J. KATSCHER: Über kriminelle Zwangshandlungen. Fortschr. Neur. *20*, 340 (1952).
SCHNEIDER, KURT: Die psychopathischen Persönlichkeiten. 9. Aufl. Wien 1950.
STUTTE, H.: Brandstiftungsdrang als Zwangsphänomen. Z. Neur. *177*, 667 (1944).

Forensische Psychologie und § 51 StGB

Der unverkennbare Einbruch der Psychologie in die bis heute noch fast ausschließlich dem *medizinischen* Sachverständigen obliegenden Aufgaben bei der Feststellung der Voraussetzungen zur Anwendung des § 51 StGB, hat sich in den anderthalb Jahrzehnten seit Ende des zweiten Weltkrieges mit bemerkenswerter Schnelligkeit und Zielstrebigkeit vollzogen. Die diesem Prozeß mutmaßlich zugrundeliegenden geistigen Kräfte sind in den Umrissen bereits erkennbar: man will die individuell-persönlichen, einmaligen und unvertauschbaren Züge im Wesen eines Täters wieder stärker berücksichtigen, nachdem in den Jahren der mehr und mehr willkürlichen Handhabung des Rechtes (1933 bis 1945) die *Tat* und die mit ihr verbundene Schädigung des „Ganzen" (der „Volksgemeinschaft") sehr hoch und oft wohl zu hoch bewertet wurde. Darüberhinaus glaubte man, nunmehr nachholen zu sollen, was vor allem in der westlichen Welt, wohin sich viele der in Deutschland nach 1933 geächteten Wissenchaftler gewendet hatten, an forensisch orientierter, psychologischer und analytischer Forschung geleistet worden war. Die Anwendung dieser Forschungsergebnisse auf die kriminalpolitische Praxis soll nun auch in Deutschland stärker berücksichtigt werden. Da die vorwiegend von SIGMUND FREUD und seinen Schülern erarbeiteten Einsichten in die Hintergründe abnormen menschlichen Verhaltens aus unsachlichen Gründen in unserem Lande jahrzehntelang nahezu verpönt waren, meint man jetzt, nach Fortfall dieser Hemmungen, Psychologie und Tiefenpsychologie sogar auf dem Gebiet der Schuldausschließung bemühen zu müssen, Bereiche, die unserer Auffassung nach nicht legitimes Forschungsfeld dieser Wissenschaften sein sollten, so unbestreitbar der Einfluß unbewußter Triebansprüche auf menschliches Handeln schlechthin und somit auch auf kriminelles Verhalten sein mag.

Die psychologie-freundliche Einstellung mancher Strafrechtstheoretiker — wie sie sich etwa aus den Protokollen der Großen Strafrechtskommission erkennen läßt — ist zeitgeschichtlich auch ohne die Annahme individueller, „tiefenpsychologischer“ Mechanismen verständlich und für die Weiterentwicklung des Strafrechtes bedeutsam. Dennoch muß diesen Tendenzen widersprochen werden, sobald mit ihrer Hilfe der folgende Anspruch erhoben wird: Die forensische Psychologie kann ebenso wie die Psychiatrie Beurteilungskriterien für die Schuld*un*fähigkeit eines Täters liefern.

Wir meinen, nicht nur „Motive“, sondern auch „Gründe“ für die Ablehnung des Anspruches zu haben, die Ergebnisse psychologischer und analytischer Forschung auf Fragestellungen anzuwenden, die ihrer Natur nach fast nichts mehr mit den ursprünglichen Zielen der psychologisch orientierten Therapie gemeinsam haben. Diese Ausgangsposition lautete: Man wollte damals — über die seinerzeit geübten, etwas simplen somatischen Methoden hinaus — vor allem psychisch kranken Menschen helfen, nicht aber „Kriminelle“ oder auch nur schuldhaft handelnde Nicht-Kriminelle der Strafe entziehen. Im Gegensatz zu dem heutigen Expansionsstreben mancher Analytiker war FREUD bei der Formulierung der Voraussetzungen für eine sinnvolle Psychotherapie sehr anspruchsvoll und schloß so einen großen Kreis von Menschen von allen psychologisch-analytischen Bemühungen aus: „Der Kranke — so schrieb er 1904 — muß einen gewissen Bildungsgrad und einen einigermaßen verläßlichen Charakter besitzen“, Vorbedingungen, die gerade beim Kriminellen nicht gegeben zu sein pflegen.

Neben den prinzipiellen Bedenken, die an psychisch Kranken gewonnenen und damit ausschließlich für psychisch Kranke reservierten Methoden auf die „Objekte“ des Strafprozesses zu übertragen, spricht auch eine schlichte, aber unbestreitbare Tatsache gegen die Übernahme von „Zuviel-Psychologie“ in den Strafprozeß: In den Ländern mit einer intensiven psychologischen oder tiefenpsychologischen „Durchdringung“ des gesamten öffentlichen Lebens ist es keineswegs zu einer *Abnahme* der Kriminalität gekommen. Die Rechtsbrecher gehen vielmehr unbehindert und unbeeindruckt von allen „höheren Ortes“ vorhandenen trieb-dynamischen Einsichten in das Wesen ihrer „Störungen“ ihren schicksalhaften Weg weiter. Ein unumstrittenes Ziel jeder Strafrechtspflege ist es aber, nicht nur die Tat zu sühnen, sondern den Täter zu „bessern“, um so künftiger Kriminalität vorzubeugen. Gerade unter dem Gesichtspunkt der Besserung oder der Verhütung künftiger Vergehen hat sich die „Psychologisierung“ offenbar aber nicht bewährt. Eher könnte man zu der Auffassung kommen: Je strenger die Strafe, desto geringer die Kriminalität; je mehr Autoritätsabbau, desto mehr Zügellosigkeit. Die straffe Ordnung eines Polizeistaates hält sicher manchen „Unschlüssigen“ von einer Tat ab, die er in Kenntnis eines allgemein milden psychologischen Klimas vielleicht doch begehen würde. Die „geborenen Verbrecher“ werden sich ohnedies durch keine, wie auch immer gearteten Maßnahmen der Gesellschaft in ihrem Handeln beeindrucken lassen. Der Vergleich der Kriminalstatistiken von 1938 (Polizeistaat) und 1956 (eher Tendenz zur Milde) ist hier recht aufschlußreich [1].

---

[1] Aus den Häufigkeitsziffern ergibt sich, daß 1956 die Tötungsdelikte um 31%, die Körperverletzungen mit tödlichem Ausgang um 12%, die unzüchtigen Handlungen mit Kindern um 43%, Raub und räuberische Erpressung um 256%, schwerer Diebstahl um 145%, einfacher Diebstahl um 70%, Unterschlagung um 30%, Betrug um 73% und Brandstiftung um 66% *über* den 1938 ausgewiesenen Zahlen liegen. Die Häufigkeitsziffer der Gesamtzahl der in obiger Tabelle erfaßten Straftaten ist 1956 um 76% höher als im Jahre 1938.

Auch die Strafregisterauszüge älterer Krimineller zeigen oft eine bemerkenswerte „Verdünnung“ der Eintragungen in den Jahren 1933 bis 1945, wo die Angst vor der brutalen Vergeltung des Polizeistaats allgemein war.

Die Gründe für unsere Warnung vor einer zu weit gehenden Psychologisierung von Tat und Täter sind letztlich aber auch prinzipieller Art. Denn die Übernahme psychologischer Kriterien in *diesen* Abschnitt des Strafprozesses unterminiert durch den ihnen innewohnenden Exkulpierungs-Anspruch die Grundfesten unserer rechtsstaatlichen Ordnung. Die forensische Psychologie beansprucht — heute bereits mit Erfolg, wie einschlägige Entscheidungen höchster Gerichte zeigen — ein Mitspracherecht bei der Beantwortung dieser zentralen Frage des Strafrechtes, der Frage nach der strafrechtlichen Verantwortung, nach der Schuldfähigkeit.

Während nach den bis zur Stunde noch weitgehend anerkannten Regeln im Strafprozeß durchwegs nur psycho*patho*logische Tatbestände Veranlassung zur Prüfung der Frage geben, ob die Bestimmungen des § 51 StGB angenommen werden können oder müssen, sollen in Hinkunft auch psychologische Kriterien allein genügen, um in bestimmten Fällen die Voraussetzungen zur Anwendung des § 51 StGB als „gegeben" ansehen zu können. Man rekurriert damit wieder auf die sonst allgemein verlassene „psychologische" Methode.

UNDEUTSCH hat in seinem Beitrag „Zurechnungsfähigkeit bei Bewußtseinsstörungen" vieles über die Kriterien der Unzurechnungsfähigkeit mitgeteilt, wie sie sich für den forensisch tätigen Psychologen darstellen: Grundsätzlich muß als Voraussetzung zur Exkulpierung aus psychologischen Gründen eine „Mehrheit gleichsinnig wirkender und einander steigernder Erlebnisreize" gegeben sein. Eine „lange Vorgeschichte" soll fast immer vorausgehen; während dieser Zeit kommt es zur Ansammlung von Konfliktstoff. Bei der Bewertung „zusätzlicher Faktoren" wird dann aber auf mehr medizinisch anmutende Umstände zurückgegriffen: auf etwaigen Alkoholgenuß, mangelnden Schlaf, Störungen in der Ernährung usw. Der „Reiz" trifft dadurch auf eine „geschwächte, zermürbte körperliche Gesamtverfassung". UNDEUTSCH räumt ein, daß es für die Beantwortung der Frage, „wann eine Tat als nicht zurechenbarer Ausbruch der Primitivschichten zu gelten hat", keine ausnahmslos gültigen Kriterien gibt. Als Hilfen für die psychologische Analyse führt er folgende Punkte an:

I. Die „Persönlichkeitsfremdheit" einer Tat.
II. Die Analyse des Tatgeschehens (besonders: Selbstbeschädigung des Täters, mangelnde Voraussicht, fehlendes Hemmungsvermögen).
III. Ausdrucksverhalten des Täters (besonders vegetative Reizerscheinungen).
IV. Handlungen vor der Straftat (z. B. Suicidversuche).
V. Verhalten nach der Tat (z. B. völlige Erschöpfung).
VI. Partielle Amnesie für den Tathergang.

Zweifelsfrei geben die mitgeteilten Gesichtspunkte wichtige Hilfen für die Gesamtwürdigung einer Tat, des Täters und seiner Motive. Die angeführten Kriterien können aber nichts Verbindliches darüber sagen, ob die beim Täter zur Zeit der Tat vorhandenen oder vermuteten psychologischen Merkmale den psycho*patho*logischen Tatbeständen des § 51 StGB *gleichrangig* sind. Diese Frage kann unserer Auffassung nach nur durch eine medizinisch-psychopathologische Untersuchung oder durch eine retrospektive Würdigung der ermittelten psychischen Merkmale unter Anlegung klinisch-psychopathologischer Kriterien mit der für den Juristen erforderlichen *Sicherheit* vom Sachverständigen beantwortet werden. Wohl kann man zahlreiche „Vermutungen" über psychische Verfassung des Täters zur Tatzeit an die Kenntnis der von UNDEUTSCH angegebenen Kriterien anschließen. Sichere Schlüsse sind jedoch nicht zu ziehen.

Ergeben sich jedoch bei der Untersuchung des Täters Hinweise auf eine psychische Krankheit zur Zeit der Tat, so muß der Sachverständige die Exkulpierung empfehlen. Liegen die medizinischen Voraussetzungen *nicht* vor, so bleibt dem Gericht, wenn man exkulpieren möchte, obwohl der medizinische Sachverständige nichts forensisch belangvolles findet, immer noch die Möglichkeit, die ermittelten psychologischen Fakten in rechtsdogmatisch vertretbarer Weise zu würdigen. An der These von der grundsätzlichen Schuldfähigkeit des psychisch gesunden Menschen können unserer Meinung nach die von UNDEUTSCH genannten Punkte I bis VI nichts ändern. Die psychologische Analyse, die positives Material im Sinne dieser Faktoren ermittelt, vermag wohl für die Gesamtwürdigung der Tat bedeutsame Gesichtspunkte zu vermitteln, die unter Umständen das Strafmaß zugunsten des Täters erheblich modifizieren können. Schuldunfähigkeit in Analogie zum Schuldausschluß aus biologischen Gründen sollte jedoch nie das Resultat einer *psychologischen* Analyse sein.

Es seien noch einige kritische Bemerkungen zu den angeführten Punkten angeschlossen.

I. Die „Persönlichkeitsfremdheit" einer Tat

Der äußerst handliche Begriff, mit dem man im Gerichtssaal glänzend argumentieren kann, enthält ein gerütteltes Maß an Problematik. Wird der „äußere Schein" einer bisher intakt anmutenden Biographie durch eine Straftat verdunkelt, so wird man diesen Begriff zunächst gelten lassen können. Aber gerade die Erkenntnisse der Tiefenpsychologie haben uns die Augen geöffnet – sofern man es nicht auch schon vorher wußte –, welche *negativen* Möglichkeiten – potentiell – in jedem Menschen vorhanden sind. Mit aus diesem Grund wirkte die psychologische Forschung von SIGMUND FREUD und seinen Schülern geradezu „schockartig" und demaskierend, weil solche Entlarvungen nie sehr angenehm sind und Widerspruch, ja moralische Entrüstung hervorrufen müssen.

Man kann also nur zwischen Menschen unterscheiden, die ihre negativen Strebungen nicht verwirklichen und solchen, die die verbotenen Triebansprüche realisieren und dabei gefaßt werden. „Persönlichkeitsfremd" *wirkt* ein Verhalten nur dann, wenn es der betreffenden Persönlichkeit sonst gelungen ist, die der aktuellen Tat zugrunde liegenden Triebregungen zu unterdrücken. Ob eine Tat persönlichkeitsfremd *ist*, kann *nie* entschieden werden, da wir über derartig weitgehende Einblicke in die Persönlichkeit eines Menschen nicht verfügen. Persönlichkeitsfremde Züge wird man am ehesten in der Tat eines psychotischen Menschen vermuten dürfen, wenn etwa eine endogen depressive Mutter ihr geliebtes Kind tötet, weil sie ihm, als Folge des Verlustes des Selbstwertgefühls, eine „schlechte" Erziehung ersparen möchte. Aber selbst in diesen, klinisch sehr klaren Fällen, in denen Exkulpierung gesetzlich vorgeschrieben ist, kommen, wie wiederum die trieb-dynamische Forschung gezeigt hat, in der Psychose auch aggressive Triebansprüche zur Manifestierung, die sonst unterdrückt wurden, also selbst hier nicht als „persönlichkeitsfremd" bezeichnet werden können. Trotz dieser Bedenken wird der besonders von MEZGER vertiefte Begriff bei der wertenden Einfühlung in die Relation „Persönlichkeit–Straftat" helfen können. Man möge sich aber immer vor Augen halten, daß eine meisterhaft vollendete psychologische Analyse erst dann vorliegt, wenn alles, bei einer Straftat „persönlichkeitsfremd" wirkende eliminiert worden ist. Ein sich bei der forensischen Begutachtung allzu schnell auf das Kriterium der „Persönlichkeitsfremdheit" stützender Psychologe setzt sich zum mindesten dem Verdacht einer nicht zureichenden Tat- bzw. Täteranalyse aus.

II. Die Analyse des Tatgeschehens

Das äußere Verhalten eines Täters während und nach der Tat wird, so weit das überhaupt möglich ist – denn „dabei" ist fast nie ein Sachkundiger, man ist somit auf mehr oder minder verwertbare Zeugenaussagen angewiesen – nunmehr untersucht. Das zunächst angeführte Kriterium der Selbstbeschädigung, der fehlenden

Schonung der eigenen Person während einer Tat ist allerdings ein wertvolles Argument für die Annahme einer affektiven, alle Dämme überrennenden Sturmwelle. Brutale Aggressionen gegen den eigenen Körper sahen wir jedoch fast nur bei Psychosen. Die Selbstbeschädigungen nicht psychotischer Menschen zeigen fast immer ein bemerkenswertes Maßhalten. Eine folgenschwere Mißachtung des eigenen Leibes ist also ein wichtiges Indiz für die Annahme eines psychischen Ausnahmezustandes [1].

Weniger überzeugend als Argument für Unzurechnungsfähigkeit ist „der Mangel an Voraussicht", der nach UNDEUTSCH „unter allen Umständen Beachtung verdient". Ein solcher Mangel als Kriterium für die „fehlende Beteiligung der denkenden und willentlich steuernden Funktionen" liegt seiner Meinung nach vor, „wenn die Tat ausgeführt wird, obwohl mit Sicherheit damit gerechnet werden kann, daß noch während der Tat, spätestens aber unmittelbar danach die Entdeckung derselben und die Ergreifung des Täters erfolgen wird". Nach den Hinweisen von FR. BAUER rechnet allerdings während der Tat – und nur auf diesen Zeitabschnitt kommt es forensisch an – fast nie ein Täter mit Entdeckung und Bestrafung.

Der forensisch-diagnostische Wert von Ausdruckbewegungen wird von UNDEUTSCH selbst nur mit Zurückhaltung beurteilt, wie er auch einräumt, daß trotz „bemerkenswerter Planlosigkeit, Unzweckmäßigkeit, Kurzsichtigkeit und Unvorsichtigkeit" bei der Vorbereitung und Ausführung einer Tat „Zurechnungsfähigkeit" gegeben sein kann. Bedenklich können jedoch seine Ausführungen zur Frage des „Hemmungsvermögens" stimmen. Hier stützt sich UNDEUTSCH allerdings auf eine Vielzahl höchstrichterlicher Entscheidungen, die sich seinen Standpunkt zu eigen gemacht haben [2]. Bei den in diesen Entscheidungen zitierten Fällen soll bei sonst psychisch eher unauffälligen Tätern zur Zeit der Tat das „Hemmungsvermögen" gefehlt haben. Mit Hilfe dieses kautschukartigen Begriffes kann nun aber wirklich nahezu jeder Rechtsbrecher verurteilt oder exkulpiert werden, je nachdem, ob das unobjektivierbare Hemmungsvermögen für die Tatzeit bejaht oder verneint wird und das Gericht der psychologischen Expertise folgt.

Das „Hemmungsvermögen" ist ein, ganz heterogene Elemente in sich vereinender, abstrakter Begriff für eine lediglich vermutbare psychische Funktion, die als isolierbare und dadurch untersuchbare psychische Partialfunktion überhaupt nicht besteht und somit zur wissenschaftlichen Beweisführung nicht benutzt werden kann. Selbst in einer psychiatrischen Klinik, wo man doch recht oft Menschen beobachten kann, die sich „ungehemmt" oder gar „hemmungslos" benehmen, gewinnt man keine verläßlichen Beurteilungskriterien für die konkrete Relation zwischen hemmenden und enthemmenden psychischen Kräften. Man kann lediglich öfters als sonst im Alltagsleben „enthemmtes Verhalten" feststellen und, wenn man will, daraus – rational schwer widerlegbar – schließen, daß das hypothetische Hemmungsvermögen offenbar nicht die erforderliche Stärke besessen hat. Auch bei der unverständlichen, kaum einfühlbaren Tat eines sonst sanften und friedliebenden Menschen wird man unversehens Gefahr laufen, diesen Zirkelschluß zu vollziehen, wenn die nur normativ, nie aber tatsächlich zu beantwortende Frage gestellt wird: war das Hemmungsvermögen vorhanden oder aufgehoben?

UNDEUTSCH betont: „Die Frage nach der Zurechnungsfähigkeit ist immer in strengster Ausrichtung auf die konkrete seelische Lage des konkreten Täters zu stellen. Es ist gleichgültig, ob ‚man' oder ein anderer an Stelle des Täters in der Lage

---

[1] Literaturhinweise in „Neuere Arbeiten über Psychologie und Psychopathologie des Selbstmordes und der Selbstbeschädigung" sowie in der Studie „Das Opfermotiv in der Psychose".

[2] RG, JW 1938, 3031, Nr. 7; RGSt. 1930, 63, 64; 1934, 67, 149; HRR 1939, Nr. 1435; BGHSt. 1951, 1, 384 f.; BGH, MDR 1953, 596; BGH 4 StR 216/53 vom 2. 7. 1953; BGH, VRS 8, 49; BGH 2 StR 365/54 vom 18. 1. 1955 (zit. nach UNDEUTSCH).

gewesen wäre, ein hinreichendes Maß an Einsicht oder Bremsung aufzubringen. Es geht vielmehr allein um die Frage, ob *dieser* Mensch mit *seiner* Lebensgeschichte in *dieser* konkreten Situation es konnte!"

UNDEUTSCH ist dabei überzeugt, daß diese Frage mit Hilfe psychologisch-diagnostischer Methoden beantwortbar ist. Von der wissenschaftlichen Psychiatrie muß eine solche Art der Fragestellung als „grundsätzlich unbeantwortbar" abgelehnt werden. Kein Naturwissenschaftler verfügt über Erkenntnisquellen, die ihm verraten, ob ein bestimmter Mensch mit seiner Lebensgeschichte in einer konkreten Situation „Einsicht" und „Bremsung" aufbringen konnte oder nicht. Die Psychiatrie begnügt sich in selbstkritischer Weise mit der schlichten Feststellung, daß bei psychotischen oder bewußtseinsgetrübten Menschen im allgemeinen der Ablauf der psychischen Funktionen Einflüssen und Kräften ausgeliefert ist, die im normalen Seelenleben nahezu unbekannt sind. Nur aus diesem Grunde darf man *vermuten*, daß auch das, was man konventionellerweise „Einsicht" und „Hemmungsvermögen" nennen kann, wahrscheinlich in einer, allerdings schwer durchschaubaren Weise verändert ist. Die allgemeine Erfahrung mit psychisch kranken Menschen zwingt zu der Annahme, daß auch in einem gegebenen konkreten Fall – nach der positiven Feststellung von psychischer Krankheit – die vom Gesetzgeber geforderten psychischen Voraussetzungen zur Schuldfähigkeit *nicht* bestanden haben. Aus dieser Annahme wird die Exkulpierungsempfehlung hergeleitet. Die spezielle psychische Verfassung zur Tatzeit, die für UNDEUTSCH der Angelpunkt seiner forensischen Erwägungen ist, wird von uns – da ununtersuchbar – weitgehend unberücksichtigt gelassen; unsere Untersuchungen zielen auf den Nachweis oder Ausschluß *allgemeiner Symptome* einer *psychischen Erkrankung*, nicht aber auf die etwas wirklichkeitsfremd („rationalistisch") anmutende Intention zur Rekonstruktion einer einmaligen, unvertauschbaren und letzten Endes auch unvergleichbaren seelischen Situation.

III. Das Ausdrucksverhalten beim Täter

Hinweise auf vegetative Reizerscheinungen während oder nach der Tat können nur wenig zur Klärung der Frage der Zurechnungsfähigkeit beitragen. Vegetative Reizerscheinungen (Schwitzen, Blässe, Dermographismus, Zittern u. a. m.) sind sehr häufig. Die Mehrzahl der von uns untersuchten jugendlichen oder heranwachsenden Rechtsbrecher bot – fernab von jeder Affektsituation – vegetative Regulationsstörungen. Bei Taten im Affekt sind diese Störungen wahrscheinlich fast immer gegeben, da zum Begriff des Affektzustandes, der zutiefst im „Somatischen" verankert ist, immer eine Beteiligung der somatischen Sphäre gehört. Untersuchungen über die vegetative Regulation bei Affekttätern zur Zeit der Straftat gibt es aus begreiflichen Gründen nicht. Aber aus der vielfältigen eigenen Erfahrung weiß jeder kritische, mit der Selbstbeobachtung vertraute Mensch, daß bei affektiver Spannung auch die vegetativen Regulationen anders ablaufen als im Ruhezustand. Nach den ärztlichen Erfahrungen zum Problem „Vegetative Störungen und Affekt" scheiden Modifikationen der vegetativen Sphäre als Erkenntnisquelle für die Beantwortung der Schuldfähigkeit aus.

IV. Handlungen und Äußerungen des Täters vor der Tat

Panikartige Handlungen wie Flucht ins Ausland oder zur Fremdenlegion, Veräußerung von Hab und Gut, Brandlegung und Suicidtendenzen sollen Hinweise dafür bringen, daß der Täter einem Zustand „auswegloser Verzweiflung" entgegentrieb. Handlungen der von UNDEUTSCH angeführten Art sind sicher oft recht unbesonnen. Eine Flucht ins Ausland *vor* einer Straftat wäre allerdings dann recht vernünftig, wenn der Betreffende dabei die Absicht gehabt hätte, dort eine Zeitlang zu bleiben. Dann wäre die Stauung der Affekte möglicherweise verebbt. Die alsbaldige Rückkehr des unter anhaltendem affektivem Druck stehenden Täters an den Ort der Tat spricht aber eher dafür, daß die gewaltsame Entladung der angestauten Affekte – schicksalhaft – *gesucht* wurde. Auch die Veräußerung von Hab und Gut sowie Brandlegung [1] deuten unserer Auffassung nach mehr darauf hin, daß der Täter eher überlegt handelte, denn nach der Tat dürfte er für lange Zeit nicht mehr mit dem Genuß des Eigentums rechnen können. Derartige Hinweise sind also zumindest sehr vieldeutig. Die Teilung der Aggressionsbedürfnisse in Aggressionen gegen den Besitz und später gegen das Leben spricht auch eher gegen *eine* elementare, ungesteuerte Entladung.

V. Verhalten unmittelbar nach der Tat

Eine „völlige Erschöpfung" unmittelbar nach der Tat soll Hinweise auf eine während der Tat vorhandene „Gelähmtheit der kontrollierenden und dirigierenden Funktionen" geben können. Das Sinken der psychischen Spannung nach einem erregenden Erlebnis gehört in der Tat zu den auch aus der eigenen Erfahrung jedem wohlbekannten seelischen Befindensweisen. Man wird ferner annehmen dürfen, daß *vor* dieser „völligen Erschöpfung" ein Zustand starker psychischer Aktivität bestanden haben kann. Ob daraus oder auch aus den nach einer Tat beobachteten psychologischen Phänomenen wie „Reue", „Erschütterung", „Selbstvorwürfe", „ehrliches Sühnebedürfnis" etc. Beweise für die Unzurechnungsfähigkeit zur Zeit der Tat abgeleitet werden können, erscheint *uns* bei der Vieldeutigkeit menschlichen Verhaltens recht zweifelhaft zu sein.

Das „Für" und „Wider" der Argumentation mit psychologischen Kriterien für die Annahme von Schuldfähigkeit kann eindrucksvoll an der Urteilsbegründung im „Dortmunder Schwurgerichtsfall" (BGH-Urteil 4 StR 21/57 vom 10. 10. 1957) [2] erörtert werden. Ein 33jähriger Bergmann hatte nach jahrelangen Zwistigkeiten in der Ehe im Verlauf einer tätlichen Auseinandersetzung seiner Frau Messerstiche am Hals beigebracht, die durch eine Luftembolie zum alsbaldigen Tod der Frau führten. Der Täter soll durch das Martyrium seiner Ehe, in der es allerdings auch zu lustbetonten Erlebnissen gekommen ist (u. a. Mundverkehr) „zermürbt" worden sein. Er habe längere Zeit viel Alkohol getrunken und nur noch wenig gegessen. Auch am Tattag stand er unter Alkoholeinwirkung (1,36 pro mille); er hatte sich eigentlich wegen der ihm mitgeteilten definitiven Scheidungsabsicht der Frau ertränken wollen. Abends kam es aber wiederum zum Geschlechtsverkehr. Danach soll die Frau wieder von der Scheidung gesprochen haben. In einem wütenden Handgemenge entriß der Mann dann der Frau den Schlüsselbund. Die weiteren Ausführungen des BGH-Urteils erscheinen sehr bedeutsam, da zumindest die Formulierung den Eindruck erwecken muß, als wußte der Mann doch recht genau, was er *wollte* und was er *nicht* wollte. Denn es heißt dort (Seite 4 der Begründung): „... Er war nun entschlossen, sich erstmals gegen sie durchzusetzen und Klarheit über seine Lage und ihre Absichten zu gewinnen. Als sie (sc. die Ehefrau) seine bei ihm ungewohnte Energie merkte, lief sie zum Küchenfenster, um es zu öffnen. Er, der unter allen Umständen vermeiden wollte, daß sein ehelicher Zwist bekannt werde, riß sie zurück. Dabei griff sie ihm mit aller Kraft in die Haare. Er versuchte, sich zu befreien und sah zufällig ein Kartoffelschälmesser auf dem Küchentisch liegen. Er ergriff es und stach drei- bis viermal seiner Frau in den Hals ..."

Soweit die Schilderung der psychischen Akte, die im Täter kurz vor der Tat abgelaufen sein sollen. Der nach Ansicht des Schwurgerichtes, das sich auf die Gut-

[1] Siehe Referat: „Zur Psychologie und Psychopathologie der Brandstiftung."
[2] Nicht veröffentlicht.

achten von zwei namhaften Psychologen stützte, während die gehörten prominenten Psychiater geteilter Meinung waren und sich *nicht* durchsetzen konnten, *unzurechnungsfähige* Täter war also *entschlossen*, sich Klarheit über die Gesamtsituation zu verschaffen. Es bleibt für den unvoreingenommenen Leser des Urteils unerfindlich, wie man in diesem *Entschluß*, den der Täter endlich faßte, ein Kriterium der Unzurechnungsfähigkeit erblicken kann. Auch der Wille, das Bekanntwerden seiner Zwiste unbedingt zu vermeiden, läßt doch eher den — psychologisch begründbaren — Schluß zu, daß der Täter wohlüberlegt handelte; denn wenn man „außer sich" ist oder „sich wahnsinnig gemacht" fühlt, dann sollte es einem doch ganz gleichgültig sein, ob die Umgebung etwas vom eigenen Tun merkt oder nicht. Man sieht, wie weit man kommt, wenn man „more psychologico" vorgeht. Die gleichen psychischen Tatbestände — unterstellt, sie sind wirklich so gewesen, wie sie Gericht und Sachverständige *vermutet* haben — können sowohl den Schluß „Unzurechnungsfähigkeit" zulassen als auch das Gegenteil „beweisen", nämlich, daß der Täter mit Überlegung handelte. Alles, was in dem Revisionsantrag der Staatsanwaltschaft angeführt wurde, deckt sich völlig mit der Beurteilung der Problemlage vom Standpunkt des forensisch tätigen Psychiaters.

Besonders bedenklich stimmen auch die Ausführungen über die Erinnerungslosigkeit. Man kann es einem Täter glauben oder eben nicht glauben, wenn er angibt, er habe *keine* Erinnerung mehr an das Geschehene. Wissenschaftlich verläßliche Methoden zur Klärung, ob es sich in einem konkreten Fall um eine simulierte, psychogene oder somatogene Amnesie bzw. Hypomnesie handelt, gibt es — leider — nicht. Eine gewisse Hilfe ist auch hier wieder die allgemeine klinische Erfahrung. Man kennt zahlreiche pathologische Zustände resp. Krankheiten, die mit mnestischen Störungen verbunden sind. Leidet ein Täter an einer dieser Krankheiten, so ist es eher wahrscheinlich, wenn er von Erinnerungsverlust spricht. Zudem ist es gerade wiederum ein Ergebnis der vertieften psychologischen Bemühung um das Verständnis des Menschen, daß wir heute mehr über die Kräfte wissen, die Bewußtseinsinhalte in das Unbewußte verdrängen oder sie zumindest „unreproduzierbar" machen. Daß biographisch negative Fakten leichter diesem Eliminierungsprozeß anheimfallen, ist allerdings eine schon seit altersher bekannte Tatsache, wenn auch die diesen Prozeß steuernden Selektionsprinzipien von S. FREUD besonders klar und überzeugend erfaßt und formuliert worden sind.

Es ist verständlich, daß der so vieldeutige Begriff der „Bewußtlosigkeit" oder der „Bewußtseinsstörung", wie der gemeinte biologisch-psychologische Tatbestand in der Fassung des Gesetzes von 1934 vorsichtig formuliert wurde, Anlaß zu einer unübersehbaren Publizistik wurde. Das hängt mit der Vielzahl der Vorstellungen zusammen, die mit dem Begriff „Bewußtsein" verknüpft sind. Eine überzeugende Einengung des Begriffes und seine saubere Scheidung von vielem, was auch „irgendwie" dazugehört, aber begrifflich kaum subsumierbar ist, wird dann möglich, wenn man sich an dem *medizinischen Bewußtseinsbegriff* orientiert. Selbst dann ist eine befriedigende Definition des Begriffes schwer zu geben. Ein amerikanischer Lehrer hat auf eine entsprechende Frage seiner Studenten einmal eine kurze, prägnante und an Evidenzgehalt schlagende Formulierung gegeben: „Bewußtsein ist das, was man durch Einatmen von Äther *verliert.*" Auf die Bitte, den Begriff nicht nur negativ zu umreißen, meinte er nur: „Bewußtsein ist das, was man nach Absetzen der Äthermaske wieder *bekommt.*"

Orientiert man sich an *diesem* — somatischen — Bewußtseinsbegriff, so bleibt für psychologische Spekulationen nur wenig Raum. Der medizinische Sachverständige kann dem Gericht mit hinreichender Exaktheit erläutern, ob eine Störung *dieser* Bewußtseinstätigkeit vorgelegen hat, denn die Symptome einer körperlich begründbaren Bewußtseinsstörung sind aus der allgemeinen klinischen Erfahrung zur Genüge bekannt. Über alle anderen Arten von „Bewußtseinsstörung“ kann man dagegen nur mehr oder minder empirisch begründbare *Vermutungen* hegen.

Wir schließen aus der Fülle der Literatur über die forensische Problematik dieser Fragen nur einige Hinweise an.

Benedict Carpzow (1595–1666), Professor in Leipzig und Mitbegründer der vorklassischen deutschen Strafrechtslehre, sah im Affekt einen ganz entscheidenden, strafmildernden Umstand. Er schrieb: „difficilius est iram continere quam miracula facere.“ – Allerdings müßte der Täter unverschuldet in den Affekt geraten sein. Leider ist die Frage, ob ein Mensch „verschuldet“ oder „unverschuldet“ in einen Affektzustand gerät, nach allgemeiner Auffassung tatsächlich unbeantwortbar. Diesem Umstand wird auch bei den entsprechenden höchstrichterlichen Entscheidungen Rechnung getragen [1].

Logisch überzeugend führt Carpzow auch alle anderen starken Affekte als Entschuldigungsgründe an, so die „heftige Liebe“ oder „sinnliche Leidenschaft“. Warum heute nur noch Zorn, Wut, Angst und allenfalls Eifersucht zu einer forensisch relevanten Bewußtseinsstörung führen können, bleibt um so unerfindlicher, als sich die empirischen Grundlagen als Beurteilungskriterien für *diese* psychischen Verfassungen (Liebe, sinnliche Leidenschaft) seit Carpzow kaum geändert haben dürften. Die „Affektkunde“ ist jedenfalls, soweit sie die normalpsychologischen Extremvarianten – und nur sie sind forensisch bedeutungsvoll – betrifft, keine empirische Wissenschaft wie die klinische Psychopathologie, die ihre Aussagen über abnorme psychische Zustände an der täglichen, breitstreuenden klinischen Erfahrung unentwegt überprüfen kann. Affekttäter „in statu nascendi“ oder bei der Ausführung einer Tat zu sehen und nach wissenschaftlichen Gesichtspunkten zu beobachten, ist wohl nur extrem selten möglich.

Allerdings hat die dynamische Psychologie gerade für diese Gebiete menschlicher Strebungen gezeigt, wie imperativ Triebansprüche auftreten können. Die Leibnähe etwa der sexuellen Triebe setzt ihrer psychischen Überformung und Beherrschung Grenzen, die man bei der strafrechtlichen Bewertung von Triebdelikten in der täglichen Praxis besser nicht zu ausführlich erwähnt. Der „Vorwerfbarkeit“ würden sonst äußerst enge Grenzen gesetzt, was besonders anschaulich am Beispiel der homosexuellen Triebansprüche gezeigt werden kann.

Virchow hatte sich kritisch zur Mitarbeit von Sachverständigen bei der Klärung strittiger Bewußtseinszustände geäußert: „Wir waren nicht der Meinung [(sc. bei den Vorschlägen für die Neufassung des StGB (1869/70)], daß die Frage der Bewußtlosigkeit jedesmal in die Kompetenz der ärztlichen Beurteilung gestellt werden müsse; wir haben im Gegenteil ausgeführt, daß es eine Reihe von Zuständen gebe, welche so notorisch seien, so sehr in die Beurteilung eines jeden Menschen fallen, daß es durchaus nicht nötig sei, darüber ein besonderes sachverständiges Gutachten einzuholen ...“

Sehr weit wird die Bewußtlosigkeit im Sinne des früheren § 51 StGB von Mezger als Zustand und als Begriff gefaßt, wenn er schreibt: „Versuchen wir, die gewonnenen Gesichtspunkte auf eine einheitliche Formel zu bringen, so werden wir die Bewußtlosigkeit ... dahin charakterisieren, daß bei ihr eine Unterbrechung der normalen Beziehungen der Gesamtpersönlichkeit des Handelnden zu seiner konkreten Tat stattfindet.“ Diese Formulierung setzt allerdings zwingend voraus, daß man die

---

[1] E. Mezger: Kurzlehrbuch, Allgemeiner Teil, § 59; ders.: Leipziger Kommentar zum StGB 1957. 8. Aufl., § 51, Anm. 5 cc, S. 370; H. Welzel: Strafrecht, 6. Aufl., S. 132; R. Maurach: 2. Aufl. 1958, S. 352 ff. W. Hülle: Anm. zu BGHSt. 6, 329 in Lindenmaier-Möhring: Nachschlagewerk des Bundesgerichtshofes § 51, II Nr. 5; D. Oehler: Goldt Arch. 1956, S. 5 BGHSt. 1954, 6, 329; BGH 4 StR 552/54 vom 21. 4. 1955 (NJW 1955, 1077). Zit. nach Undeutsch.

„normalen Beziehungen" des Täters zu seinen Handlungen kennt, um eine „Unterbrechung" ermitteln zu können.

Zuletzt soll noch die jüngst publizierte Warnung eines Sachverständigen angeführt werden, der als Psychologe und Psychiater tätig ist. BRESSER sieht die Domäne der Mitwirkung des psychologischen Sachverständigen im Strafprozeß im Aufdecken von Beweggründen (Motiven) und anderen psychologischen Fakten, die dem Richter ein angemessenes „Verständnis" einer motivisch schwer durchschaubaren Tat vermitteln sollen. Es dürfte dagegen nie das Ziel des Psychologen sein, nachdem der psychiatrische Sachverständige die Zurechnungsfähigkeit bejaht hat, „nun doch noch ein Türchen zu finden, durch das der § 51 StGB ins Gespräch eingeschmuggelt wird". Ähnlich hat sich GÖPPINGER ausgedrückt, als er schrieb: „Methodisch wird dabei (sc. bei der Anwendung des § 51 StGB) vielfach unter Außerachtlassung des eindeutigen Gesetzwortlautes gewissermaßen von hinten nach vorne vorgegangen: Man will den Betreffenden exkulpieren ‚weil so etwas ja gar nicht normal sein kann' und bejaht deshalb die psychopathologischen Voraussetzungen zum § 51 StGB, statt zuerst zu prüfen, ob der Täter krank ist, ehe man zur Zurechnungsfähigkeit Stellung nimmt."

BRESSER meint, man könne keinesfalls „alle normalpsychologischen Ausnahmebedingungen menschlichen Handelns als Störungen und noch weniger einfach als Bewußtseinsstörungen bezeichnen". Er charakterisiert beispielsweise die „Einengung der Kritikfähigkeit" oder die „Lockerung bzw. Aufhebung von Hemmungen" als Feststellung im Rahmen normalpsychologischer Kategorien, die zum „Verständnis" menschlichen Handelns resp. einer Täterpersönlichkeit durchaus nützlich, ja unersetzlich sein können. Aufgabe der wissenschaftlichen forensischen Psychologie sei es, für derartige Zustände, an deren Existenz kein vernünftiger Mensch zweifelt, einen eigenen Begriff zu finden, der dann vom Gesetzgeber in geeigneter Weise als Grundlage für strafrechtliche Entscheidungen benutzt werden könnte. BRESSER berührt weiter einen wesentlichen Punkt, wenn er von der Mitverantwortung des Gesetzgebers bei der Formulierung der Fragen spricht, die dem Gutachter vorgelegt werden sollen. Die Tatsache, daß dem psychiatrischen wie dem psychologischen Sachverständigen die gleiche Frage vorgelegt wird, hat seiner Auffassung nach viel zur Beunruhigung und Verwirrung beigetragen. Hier liegt ein großer Nachteil der sogenannten „gemischten", biologisch-psychologischen Methode, die in methodisch unhaltbarer Weise Fakten „mischt", die vom Standpunkt des wissenschaftlich orientierten Gutachters aus besser getrennt zu lassen wären, wenn auch an einer Stelle des Prozesses eine „Synopsis" stattfinden muß: im Urteilsspruch. Die Fragen an den medizinischen Sachverständigen sollten sich auf das von ihm Beantwortbare beschränken; die „biologische" Methode, wie sie der Code pénal von 1810 im Artikel 64 benutzte, oder wie sie die Entwürfe zum Schweizer Strafrecht enthalten, haben unschätzbare Vorzüge methodischer Art [1]. Wir meinen, daß der „Fortschritt" gegenüber diesem Verfahren zweifelhaft ist, wenn auch die „gemischte" Methode heute weitgehend Anerkennung gefunden hat. Auch im „Entwurf" zur Strafrechtsreform hat man sich für die Anwendung der gemischten Methode entschieden.

Wir wollen dieses Kapitel, das vielleicht manchen Autoren zu viel an unangemessen empfundener Kritik enthält, ein Kapitel, dessen Grundpositionen mit treffenden Argumenten angegriffen werden können, mit einem konstruktiven Vorschlag abschließen, der die Diskussion um die Mitwirkung der Psychologie im Strafprozeß anregen möge.

---

[1] Code pénal Artikel 64: „Il n'y a ni crime ni délit, lorsque le prévenu était en état de démence au temps de l'action."

Frühere Schweizer Entwürfe: „Wer zur Zeit der Tat geisteskrank oder blödsinnig oder bewußtlos war, ist nicht strafbar."

Es wird von uns nicht bestritten, daß es *nicht* krankheitsbedingte psychische Verfassungen gibt, in denen es einem Menschen schwer, kaum oder überhaupt nicht „zumutbar" ist, einem Handlungsanspruch contra legem zu widerstehen. Im deutschen Strafgesetzbuch sind Paragraphen enthalten (§§ 52, 53, 54), die es dem Richter ermöglichen oder sogar vorschreiben, bei bestimmten Konstellationen von Strafe abzusehen. Hier läge die Möglichkeit einer Ausdehnung dieser Bestimmungen auch auf die Fälle eines *inneren* (psychischen) *Notstandes*. Aufgabe der forensischen Psychologie könnte es sein, zwingende Kriterien für die „Diagnose" eines psychischen Notstandes zu erarbeiten, die der Kritik des Strafrichters standhalten und die der forensischen Psychiatrie reservierten Bezirke unangetastet lassen. Der Tatbetand eines „inneren Notstandes" müßte in einem eigenen Artikel codifiziert werden, um die prinzipielle Verschiedenheit zu den biologischen Gegebenheiten des § 51 StGB unmißverständlich zum Ausdruck zu bringen.

Wenn UNDEUTSCH, vielleicht zu Recht, in Übereinstimmung mit den von SKOTT aufgestellten Leitsätzen [„... Die Vorschriften (sc. des § 51 StGB) müssen so gefaßt werden, daß sie zur Exkulpierung jedes nur denkbaren Falles der Unzurechnungsfähigkeit ausreichen, sonst können sie ihren Zweck nicht erfüllen ..."] der Ansicht ist, daß der Gesetzgeber jeden nur erdenklichen Zustand von Zurechnungsfähigkeit berücksichtigt wissen will, so glauben wir doch die Frage an den Gesetzgeber richten zu *müssen*, ob er in Erfüllung dieser Forderung eine gewisse Rechtsunsicherheit mit in Kauf nehmen will. Denn viele schuldfähige Täter im Sinne der bisher üblichen Handhabung der Bestimmungen des § 51 StGB würden dann – bei der Wahl einer sehr weitgehenden psychologischen Interpretationen zugänglichen Formulierung – freigesprochen werden müssen, um so *einen* wirklich Schuld*un*fähigen, dessen Schuld*un*fähigkeit mit den Mitteln der klinischen Psychopathologie jedoch nicht bewiesen werden kann, exkulpieren zu können. Sollte der Gesetzgeber dieses Risiko eingehen wollen, so bleibt nur die Hoffnung, daß die Verantwortungen klar und unmißverständlich, d. h. am besten in verschiedenen Paragraphen abgegrenzt werden. Forensische Psychiatrie und forensische Psychologie haben einen unverzichtbaren Anspruch auf klare Umreißung ihres Aufgabenbereiches.

Literatur

BAUER, Fr.: Das Verbrechen und die Gesellschaft. München-Basel 1957 (S. 181 ff.).

DE BOOR, W.: Neuere Arbeiten über Psychologie und Psychopathologie des Selbstmordes und der Selbstbeschädigungen. Fortschr. Neur. *17*, 483 (1949).

– Das Opfermotiv in der Psychose. Der Nervenarzt *20*, 385 (1949).

– Zur Psychologie und Psychopathologie der Brandstiftung (1917–1955). Fortschr. Neur. **23**, 367 (1955).

BRESSER, P. P.: Der Psychologe und § 51 StGB. Neue Jur. Wschr. *1958*, S. 248.

CARPZOW, B.: Practica nova Imperialis Saxonica rerum criminalium. 1635. Zit. nach A. BREHM in Psychiatr. neur. Wschr. *1941*, S. 251.

FREUD, S.: Über Psychotherapie. Ges. Werke, V. Band, London 1949.

GÖPPINGER, H.: Die geistige Störung im Sinne des § 44 Ehegesetz. Neue Jur. Wschr. *1957*, S. 44.

MEZGER, E.: Persönlichkeit und strafrechtliche Zurechnung. In: Grenzfragen des Nerven- und Seelenlebens. Band 124. München 1926.

UNDEUTSCH, U.: Zurechnungsfähigkeit bei Bewußtseinsstörung. In: Lehrbuch der Gerichtlichen Medizin. 2. Aufl. Stuttgart 1957.

VIRCHOW, R.: Diskussionsbemerkung zum Vortrag LIMAN. Berl. Klin. Wschr. *1884*, S. 122.

Es folgen nun die für die Erörterung dieser Problematik geeigneten Fälle.

Fall XII

I. J. (AZ 11 Js 1334/52 Staatsanwaltschaft Köln)

Am 14. Dezember 1952 begab sich die damals 43jährige Studienassessorin nach dem Mittagessen mit mehreren Bekannten auf den Friedhof, um das Grab ihres am 2. September 1952 verstorbenen Ehemannes zu besuchen. Während des Mittagessens wurde Wermut getrunken, später Nes-Kaffee und Kognak. Nach dem Besuch des Grabes ging Frau J. mit ihren Bekannten in die Stadt, wo sie zunächst für ihre Tochter eine wertvolle Uhr kaufte, auf die sie eine Anzahlung leistete. Geldmittel standen ihr damals reichlicher als sonst zur Verfügung, da es gerade eine Weihnachtsgratifikation gegeben hatte.

Nach dem Uhreneinkauf besuchte sie mit ihrer Freundin ein Kaufhaus. Das in der Vorweihnachtszeit übliche Gedränge veranlaßte die Frauen beinahe, wieder umzukehren. Wegen des Einbruches der Kälte sollten aber doch Wollhandschuhe für die Kinder gekauft werden.

Beim „Wühlen" in dem großen Handschuhhaufen hörte Frau J. plötzlich die Stimme ihrer Freundin: „Heute können wir mal ganz billig einkaufen, Du hast ja schon ein Paar in der Tasche!" Und kurz danach: „Steck sie weg, es sieht ja keiner!"

„Durch diese Zuflüsterungen geriet ich in einen völlig verwirrten Zustand, ich ging einfach – ohne zu handeln – weiter. In diesem Moment hörte ich eine Dame (die Detektivin des Warenhauses) sagen: ‚Legen Sie die Handschuhe wieder hin.' – Mit einem Gefühl der Erleichterung gab ich die Handschuhe wieder zurück, aber plötzlich dachte ich: ‚Mein Gott, du hast ja noch ein Paar in der Tasche.' Sie sei dann zum Büro geführt worden. ‚Mir war, als würde man mich zum Schafott führen.' Im Büro habe man in ihrer Handtasche noch andere Gegenstände gefunden, die von ihrer Freundin ohne ihr Wissen hereingeworfen worden seien. Bei der Vernehmung habe sie eine ‚irrsinnige Angst' gehabt, ihren richtigen Namen anzugeben. ‚Ich nannte einen beliebigen Namen. Erst bei einer Kontrolle durch den Polizeibeamten wurde mir die Katastrophe bewußt und ich gab den richtigen Namen an.'"

Von einer Festnahme wurde abgesehen. Ihren vor dem Kaufhaus wartenden Kindern erzählte Frau J. nichts. Der Wert der Gegenstände betrug 9,35 DM.

Im Schlußbericht der Polizei wurde betont: „Frau J. scheint ganz besonders unter dem Vorfall seelisch zu leiden." Sie meldete sich am nächsten Tag krank, um nicht unterrichten („Vorbild sein") zu müssen.

Der Anwalt beantragte wegen der „Unerklärlichkeit" des Vorfalles eine psychiatrische Untersuchung. Er regte an, ohne Anklageerhebung die Tat durch eine Buße zu sühnen. Die Leiterin der Schule hielt die Tat nicht für ein Zeichen einer kriminellen Gesinnung. Sie könne sich das Verhalten der sehr beliebten und im Beruf sehr tüchtigen Kollegin nur durch „Überarbeitung und Nervenüberreizung" erklären.

Die Beschuldigte, eine gut aussehende, etwas verstört wirkende Frau von besten Umgangsformen und guter Allgemeinbildung machte bei den von uns vorgenommenen Untersuchungen folgende Angaben: Sie stamme aus dem Osten, wo ihr Vater Postbeamter gewesen sei. Nach dem Abitur Studium an deutschen und ausländischen Universitäten. 1936 Staatsexamen mit Auszeichnung. Danach Referendar- und Assessorjahre. 1939 Heirat. 1945 Flucht nach Westberlin. Seit 1949 Wohnsitz im Rheinland. Ihr Mann sei plötzlich im September verstorben. „Im November 1952 trat ich wieder in den Schuldienst ein, die kleine Pension reichte nicht für mich und meine zwei Kinder. Anfangs hatte ich große Mühe mit dem Unterricht, ich bekam Angstzustände. Zu den 24 Wochenstunden kam der Haushalt und die Kindererziehung (2 Mädchen im Alter von 10 und 11 Jahren). Im November und Dezember 1952 konnte ich vor Aufregung kaum schlafen; um 6 Uhr begann der Tag, abends mußte ich mich lange auf den Unterricht vorbereiten oder Klassenarbeiten korrigieren. Ich konnte vor innerer Unruhe kaum einschlafen. Ich nahm dann Schlafmittel (Evipan, Phanodorm) und schlief dann wie ein Stein. Morgens trank ich starken Kaffee, um leistungsfähig zu sein. Nachmittags trank ich Nes-Kaffee, nur so konnte ich den toten Punkt überwinden. Die Wirkung ließ aber bald nach, und ich brauchte immer größere Kaffeemengen. Um mich anzuregen trank ich oft Alkohol. Geraucht habe ich nicht."

Nach dem Tode des Ehemannes sollen außergewöhnlich langanhaltende genitale Blutungen aufgetreten sein. Der Frauenarzt habe Hormon-Tabletten verordnet. Sie litt damals auch an einem oft unerträglichen Hautjucken.

Es ergab sich bei der ersten Untersuchung im Januar 1953, daß Frau J. frei von faßbaren psychopathologischen Funktionsstörungen war. Sie wirkte ruhig, gefaßt, wohl beschämt wegen ihres Versagens, aber doch entschlossen, das Unvermeidliche durchzustehen, um weiter für ihre Kinder sorgen zu können. Zur Tat selbst machte Frau J. noch folgende Angaben: „Ich kann mir nicht erklären, wie ich dazu gekommen bin... Der Anstoß ging wohl von meiner Bekannten aus, ich will mich aber nicht entschuldigen." Einen Abscheu vor ihrem unrechtmäßigen Verhalten habe sie in den kritischen Augenblicken *nicht* empfunden. „Die Worte von Frau X. lösten in mir etwa das Gefühl aus: Nun mußt du den Jux mitmachen. Ich dachte, Frau X. wollte Spaß machen. Eine genaue Erinnerung an die Situation habe ich allerdings nicht mehr."

Der „Reiz des Verbotenen" oder die Gefahr schlechthin habe sie noch nie gelockt: „Nein, ich bin eher ein ängstlicher Mensch." Ähnliche Versuchungen habe sie früher noch nie erlebt und auch nicht in ihren Vorstellungen empfunden. Von den „kleinen Täuschungsmanövern" im täglichen Leben wisse sie nichts; sie habe nie an etwas derartiges gedacht. Auch einen Drang, fremde Gegenstände zu berühren oder an sich nehmen zu müssen, habe sie nie empfunden. Die Atmosphäre eines Warenhauses habe nichts Erregendes für sie. Beim Grenzübertritt empfinde sie keine Freude am Schmuggeln. „Nur einmal bei einer Fahrt in die Ostzone habe ich hier im Westen eingetauschtes Ostgeld verstecken müssen, da Ostgeld nicht eingeführt werden darf... Das Gefühl im Warenhaus hat dem Gefühl beim Überschreiten der Zonengrenze nahegestanden, jetzt war allerdings mehr Angst dabei."

In allen Eigentumsfragen sei sie eher gewissenhaft als nachlässig. Im Haushalt habe sie früher etwas zur Nachlässigkeit geneigt. „Auch in der Schule lasse ich den Kindern manches durchgehen, was in den offiziellen Lehrerkonferenzen getadelt wird."

Der Hausarzt attestierte in einem Zeugnis für das Gericht vegetative Störungen, die nach dem Tode des Mannes verstärkt aufgetreten sein sollen. Ein Gynäkologe bestätigte in einem Zeugnis die Blutungen und einen genitalen Ausfluß.

Bei der körperlichen Untersuchung wurden belangvolle Abweichungen von der Norm von uns nicht festgestellt. – Die psychiatrische Untersuchung ergab: Mit Sicherheit konnte eine der endogenen Psychosen und eine intellektuelle Unterbegabung ausgeschlossen werden. Aus der Anamnese ließen sich keine Hinweise auf somatogene Störungen der Bewußtseinstätigkeit gewinnen. Die Stimmung von Frau J. war bedrückt. Es bestand ein stark ausgeprägtes Schuldgefühl, das mit der Vorstellung verbunden war, für den Lehrerberuf „unwürdig" zu sein.

Unsere Beurteilung lautete folgendermaßen:

Die Beantwortung der Frage nach der strafrechtlichen Verantwortlichkeit für den Warenhausdiebstahl, den die jetzt 43jährige Studienassessorin I. J. am 14. Dezember 1952 in Köln begangen hatte, ist einfach, wenn man lediglich die Kriterien der klinischen Psychiatrie zur Grundlage der Beurteilung macht: ein psychische Erkrankung hat bei der Beschuldigten mit Sicherheit nicht vorgelegen. Auch andere Zustände, die üblicherweise zur Anwendung des § 51 StGB führen (Schwachsinn, Bewußtseinsstörungen etc.) lagen und liegen bei ihr mit Sicherheit nicht vor.

Im Ermittlungsverfahren ergaben sich ebenfalls keine Hinweise auf gröbere psychische Auffälligkeiten. Wenn trotzdem eine psychiatrische Begutachtung angeordnet wurde, so geschah dies offenbar im Hinblick auf die Diskrepanz zwischen *Persönlichkeit* und *Delikt.*

Bei dem Versuch, Faktoren zu ermitteln, deren Kenntnis Einblicke in etwa vorhandene, kausale oder psychologische Zusammenhänge zwischen der persönlichkeitsfremd wirkenden Tat und der speziellen Vorgeschichte der Tat gewähren, ergaben sich folgende Punkte:

I. Medizinische Feststellungen

1. Im Zusammenhang mit dem plötzlichen Tod des Ehemannes Ende September 1952 geriet Frau J. in einen Zustand anhaltender Erregung, der sich auf körperlichem Gebiet u. a. in Schlaflosigkeit, Appetitmangel, Schwindelanfällen, Hautjucken und Schwächezuständen äußerte. Zur gleichen Zeit setzten starke, lang anhaltende Blutungen ein, die ihrerseits zu einer Schwächung des Organismus beitrugen (siehe gynäkologisches Attest).

2. Die ab November 1952 einsetzende zusätzliche Belastung durch den Schuldienst und die hierfür erforderlichen Vorbereitungen führten offenbar zu einer weiteren Überforderung.

3. Die in dieser Zeit auftretenden Schlafstörungen wurden durch Schlafmittel (u. a. Phanodorm) bekämpft. Diese Mittel enthalten Substanzen, die nachhaltig auf das Ganze der seelischen Funktionen einzuwirken vermögen.

4. Neben den Schlafmitteln benutzte Frau J. in sich steigerndem Umfang Coffein und Alkohol als Stimulantien, um den zunehmenden Belastungen gewachsen zu sein.

5. Nach dem Lebensalter ist anzunehmen, daß auch klimakterische Veränderungen im Organismus unmittelbar bevorstehen, wenn man die genitalen Blutungen nicht bereits als Symptom des Klimakteriums ansehen will.

II. Psychologische Faktoren

1. Neben der mit dem Tod des Ehemannes verbundenen seelischen Erregung bestand nach der Wiederaufnahme des Schuldienstes eine ständige innere Unruhe mit negativ gefärbten Erwartungsspannungen, nämlich der Befürchtung eines möglichen Versagens. Das unvermittelt auftretende Übermaß an Pflichten muß hier ebenfalls erwähnt werden (Haushalt, Schuldienst, Kindererziehung, Unterhaltverdienst).

2. Die besonderen Umstände der Tat lassen erkennen, daß Frau J. offenbar zunächst nicht die Absicht gehabt hat, im Warenhaus einen Diebstahl zu begehen. Sie wurde vielmehr durch das Verhalten ihrer Begleiterin überraschend mit einer Situation konfrontiert, zu deren rationaler Bewältigung ihre, durch die genannten Faktoren erschöpften psychischen Kräfte für kurze Augenblicke nicht ausreichten.

Somit ist zusammenfassend zu sagen: Geisteskrankheit, Geistesschwäche und krankhafte Bewußtseinsstörungen liegen mit Sicherheit bei der Beschuldigten nicht vor. Trotzdem können eine größere Anzahl von körperlichen und psychischen Faktoren angeführt werden, die es zum mindesten als *fraglich* erscheinen lassen, ob sich Frau J. in der Konfliktsituation am 14. Dezember 1952 ebenso verhalten hätte, wenn die unter I. und II. genannten Faktoren *nicht* wirksam gewesen wären.

Das Verfahren wurde eingestellt. Frau J. mußte eine Geldbuße an eine Wohlfahrtsorganisation zahlen.

Wenden wir auf die geschilderte Gesamtsituation – ein Eigentumsdelikt einer unbescholtenen, berufstätigen Akademikerin, die in den Wochen vor dem Delikt besonderen physischen und psychischen Belastungen ausgesetzt war – die Texte der zur Diskussion gestellten Bestimmungen des § 51 StGB an, so ergibt sich Folgendes:

I. § 51 in der gegenwärtigen Fassung

1. Eine strafbare Handlung ist nicht vorhanden, wenn der Täter zur Zeit der Tat wegen Bewußtseinsstörung, wegen krankhafter Störung der Geistestätigkeit oder wegen Geistesschwäche unfähig ist, das Unerlaubte der Tat einzusehen oder nach dieser Einsicht zu handeln.
2. War die Fähigkeit, das Unerlaubte der Tat einzusehen oder nach dieser Einsicht zu handeln, zur Zeit der Tat aus einem dieser Gründe erheblich vermindert, so kann die Strafe nach den Vorschriften über die Bestrafung des Versuches gemildert werden.

Eine Bewußtseinsstörung medizinisch begründbarer Art hat bei Frau J. nicht vorgelegen. Auch eine krankhafte Störung der Geistestätigkeit und Geistesschwäche konnten mit Sicherheit ausgeschlossen werden. Sie war und ist somit wie jeder geistig gesunde Mensch in der Lage, das Unerlaubte der Tat einzusehen und nach dieser Einsicht auch zu handeln. Sie hat in den Wochen vor der Tat tagtäglich Unterricht gegeben, nie war es zu Entgleisungen gekommen und schon im Januar 1953 hat sie nach Einstellung des Verfahrens ihre Tätigkeit wieder aufgenommen. Wie will man begründen, daß die intellektuelle Einsichtsfähigkeit und die Möglichkeit, das eigene Handeln danach zu bestimmen, lediglich am Tattag während einer knappen halben Stunde „aufgehoben" gewesen sind? Mit welchen Argumenten will und kann man das beweisen? Oder auch nur glaubhaft machen? Die einzige Möglichkeit ist eine psychologische Argumentation. Man argumentiert nach dem Modus des „ex post" und schließt aus der Tat und den besonderen Umständen, daß der Täter unzurechnungsfähig gewesen sein muß.

Für die Anwendung des § 51 Absatz II StGB gilt die gleiche Einschränkung, da keine der psychopathologischen Tatbestände des § 51 Absatz I vorlagen und für die Feststellung einer „erheblichen Verminderung" alle wissenschaftlich verbindlichen Kriterien fehlten.

II. Neufassung des § 51 StGB (nach dem Vorschlag der Strafrechtskommission)

„Ohne Schuld handelt, wer wegen einer krankhaften oder einer auf schwerer, angeborener oder erworbener Abartigkeit beruhenden seelischen Störung oder wegen einer vorübergehenden Bewußtseinsstörung zur Zeit der Tat unfähig war, das Unrecht der Tat einzusehen oder nach dieser Einsicht zu handeln."

Eine schwere angeborene oder erworbene Abartigkeit mit seelischen Störungen lag bei der Täterin mit Sicherheit nicht vor. Auch eine „krankhafte seelische Störung" konnte medizinisch nicht gefaßt werden. Eine vorübergehende Bewußtseinsstörung war nach Lage des Falles ganz unwahrscheinlich, da Frau J. nicht an einer mit Bewußtseinsschwankungen verbundenen Krankheit litt. Sie konnte sich letzten Endes auch noch sehr gut an äußere wie innere Einzelheiten der Situation erinnern und ihre psychische Verfassung zur Zeit der Straftat sehr subtil mit einem früher erfahrenen seelischen Zustand vergleichen. Eine Bewußtseinsstörung kann also nicht vorgelegen haben. Damit sind aber auch die aus Bewußtseinsstörungen resultierenden psychologischen Konsequenzen (bezüglich Einsichtsfähigkeit und Hemmungsvermögen) nicht gegeben.

III. Eigener Vorschlag zur Neufassung des § 51 StGB

„Ohne *Schuld* handelte, wer zur Zeit der Begehung einer Straftat geisteskrank oder geistesschwach war oder an einer körperlich begründbaren (somatogenen) Bewußtseinsstörung litt."

Die medizinischen Tatbestände des § 51 StGB in dieser Form lagen mit Sicherheit *nicht* vor. Die Schuldfähigkeit muß generell bejaht werden.

IV. Vorschlag zur strafrechtlichen Behandlung der „Grenzfälle"

„Lagen besondere (personale oder biographische) Umstände vor, die die Schuld des Täters vermindert erscheinen lassen, so kann das Gericht die *Strafe* nach eigenem Ermessen mildern oder geeignete *Maßnahmen* anordnen."

Die besonderen personalen oder biographischen Umstände ergeben sich zwingend aus dem Text unseres Gutachtens. Ohne begriffliche Haarspalterei und theoretisierende Erwägungen ergäbe sich so die Möglichkeit, sinnvolle Maßnahmen anzuwenden, wie es in diesem Falle auch tatsächlich durch die Aufbürdung einer Geldbuße geschehen ist. Der Konflikt hat dadurch eine menschlich wie juridisch vertretbare Lösung gefunden.

Die Richtigkeit des damals eingeschlagenen Weges ergab sich bei der Würdigung des weiteren Lebenslaufes. Im April 1958 erfolgte eine Nachuntersuchung. Frau J. erklärte: „Ich verstehe mein Handeln immer noch nicht, ich war willenlos und schwach, ich ließ mich von jeder Seite schieben ... Durch dieses Erlebnis bin ich demütig geworden und ich habe ein größeres Verständnis für die Schwächen und Schwierigkeiten meiner Mitmenschen. In meinem Beruf als Pädagogin habe ich eine nachhaltige Belehrung erfahren."

Fall XIII

K. H. (5 Ds 271/57, Staatsanwaltschaft Köln)

Ein zur Tatzeit 44jähriger Ingenieur wurde am 14. August 1957 von den Mietern, die in seinem Haus zwangsweise einquartiert waren, wegen gefährlicher Körperverletzung angezeigt. Er hatte in den frühen Morgenstunden nach einem Streit eine Mieterin und ihre Tochter durch Hiebe mit einem Beil nicht unerheblich verletzt.

Die Erhebung der Vorgeschichte ergab Hinweise auf nicht unbeträchtliche Spannungen in dem Haus, das ursprünglich als großes Einfamilien-Haus gebaut worden war. Die Mieter sollen viel gelärmt haben, besonders auch nachts, wogegen sich H., der besonders geräuschempfindlich ist, auf verschiedene Weise gewehrt haben soll. Das „Klima" in dem Haus verschlechterte sich mehr und mehr, die Miete wurde nur noch per Post überwiesen und man grüßte sich nicht mehr. Gegen die nächtlichen Besuche des Hausfreundes der Mieterin hatte H. mehrfach vergeblich protestiert. Es waren ihm mannigfache Unannehmlichkeiten entstanden, weil man vielfach geglaubt hatte, er billige dieses Verhältnis und dulde die Besuche. So waren die Brüder der betrogenen Ehefrau bei ihm vorstellig geworden, um die Unterbindung der nächtlichen Besuche zu erreichen. Der Rechtsanwalt soll ihm aber versichert haben, daß man dagegen nichts machen könne. Mehrfach war in dem Hausgarten, den H. mit besonderer Umsicht pflegte, grober Unfug getrieben worden, u. a. waren während seines Urlaubes die Hülsen für die Wäschepfähle mit Kiessplitt verstopft worden. Als er den Mietern Vorwürfe machte, bestritten sie, die Täter zu sein.

Am Morgen des 14. August 1957 bot der Garten ein Bild der Verwüstung: Die Erdbeerpflanzungen waren zertreten, junge Obstbäume waren abgebrochen, die Beerensträucher waren beschädigt und die Blumenbeete verunziert. In großer Empörung stellte H. einen Mieter, der gerade zum Dienst gehen wollte, zur Rede. Es kam zu einem Wortgefecht, der Mieter holte von oben Verstärkung heran und man wurde handgreiflich. Bei diesen tätlichen Auseinandersetzungen fühlte sich H. von der

Übermacht bedroht, er trat den Rückzug in seine Wohnung an und griff in seiner Bedrängnis zu einem auf dem Küchenschrank liegenden Beil, das er sich am Vorabend zum Anspitzen der Holzpfähle für die Dahlien zurechtgelegt hatte. H. hat dann mit dem Beil um sich geschlagen und der Mieterin Schnittverletzungen an den Fingern beigebracht. Die Tochter der Mieterin erhielt eine breite Wunde am Unterarm.

Im Termin wurde eingehend erörtert, ob sich die verletzte Frau die Schnittwunden an den Fingern nicht beim Eindrücken einer Fensterscheibe (mehr oder minder absichtlich) zugezogen haben könnte. Die Narben an den Fingern sahen nicht wie Narben aus, wie sie nach Verletzungen durch Beilhiebe zu entstehen pflegen. In dem Streit hatte H. einen Faustschlag unter das Kinn erhalten, von dem er ganz benommen gewesen sein will.

Bei seiner Vernehmung gab H. zu, die Mieterin am Tatmorgen möglicherweise als „Hure" bezeichnet zu haben. Ihr Lebenswandel sei auch so gewesen. Über den Ablauf der Geschehnisse nach dem Eindringen der Mieter in seine Wohnung könne er nichts mehr aussagen. Er sei außer sich vor Angst und Erregung gewesen, er habe, als er das Splittern des Glases hörte, in Kenntnis des aggressiven Wesens der sehr robusten Mieterin gefürchtet, sie würde seine ganze Wohnung zertrümmern. Das ängstliche Schreien seiner 13jährigen Tochter, die durch den Lärm alarmiert aus ihrer Mansarde herunterkam und auf den wütenden Vater einzuwirken versuchte, soll ihn vollends um seine Fassung gebracht haben. Später erst habe er erfahren, daß die Verwüstungen im Garten von den Kühen eines Nachbarn angerichtet worden seien, die bisher jahrzehntelang ohne zu stören auf den angrenzenden Wiesen geweidet haben. Beim Anblick der Verwüstungen habe er morgens sofort vermutet, daß es sich um einen Racheakt der Mieter gehandelt habe.

Alle Mieter stellten Strafantrag wegen Körperverletzung. H. wurde am gleichen Tag von einem Chirurgen wegen der Kinnverletzung behandelt. Der Arzt stellte auch einen „Nervenzusammenbruch" fest. H. soll „verwirrt und apathisch" gewesen sein. Erst nach einigen Tagen habe er sich wieder einigermaßen gefangen. In dem Attest wurde auch auf das seit Jahren bestehende Sprachleiden (Stottern), auf die Blasenstörungen mit ständigem Wundsein an den Beinen infolge der Retentionsstörungen und auf die Neigung zu inneren Erregungszuständen bei H. hingewiesen.

So ergab sich die Notwendigkeit einer psychiatrischen Begutachtung. Die Ehefrau schilderte ihren Mann als einen ruhigen, höflichen, friedfertigen Menschen, der jeden Streit mit seiner Umgebung vermeide. Um so schwerer sei er durch das offensive Verhalten der Mieter getroffen, die ihm das Haus zur Hölle gemacht hätten. Ihr Mann schlucke aber allen Ärger stets herunter und er habe sie selbst noch zur Ruhe und Besonnenheit ermahnt, obwohl ihr dies in Anbetracht des Verhaltens der Mieter sehr schwer gefallen sei. (Das Kind sei angespuckt worden, die Mieter hätten das Gerücht über ihren bald bevorstehenden Tod verbreitet und nachts absichtlich besonders gelärmt.) Nach der Tat habe ihr Mann kaum sprechen können. Er habe fassungslos dagesessen und nur unverständliche Dinge vor sich hingemurmelt.

H. gab uns an, daß er schon als Kind sehr nervös gewesen sei. In der Schule sei er wißbegierig und lerneifrig gewesen. Wegen seines Stotterns sei er von den Kindern viel gehänselt worden. Oft habe er vor innerer Erregung (Zittern) kaum eine Tasse zum Mund führen können. Alle Versuche, durch spezialärztliche Behandlung die Sprechstörung zu beheben, seien ohne Erfolg geblieben. Er habe unter merkwürdigen nächtlichen Angstzuständen gelitten: „Ich sah oft Gesichter mit Augen, die auf mich gerichtet waren. Diese Augen verfolgten mich auch tagsüber." Ernstliche Erkrankungen habe er nicht gehabt, auch im Krieg habe er nur eine leichte Verwundung erlitten. Infolge einer Mittelohrentzündung mit Radikaloperation sei er rechts fast ertaubt, auch links könne er nur schlecht hören. H. berichtete ferner über paranoid anmutende Erlebnisse an seiner Arbeitsstelle. Dort hätten die Kollegen

Liedchen gesungen, deren Texte auf seine angebliche Duldung des illegitimen Verhältnisses der Mieterin Bezug hatten.

Zum Tatgeschehnis meinte H.: „Ich fühlte mich verfolgt. Ich bin eine sehr ängstliche Natur, obwohl ich groß und stark bin. Ich bin ein weicher Mensch, der niemandem etwas tun kann ... Mir sind die Nerven durchgegangen an dem Morgen, es ist auch zu viel schon vorgekommen in diesem Haus." Eine Räumungsklage sei infolge der Zwangseinweisung der Mieter ohne Erfolg geblieben.

Die körperliche Untersuchung ergab eine ausgeprägte vegetative Labilität. Auf psychischem Gebiet konnte eine Psychose mit Sicherheit ausgeschlossen werden. Keine Hinweise auf hirnorganische Anfälle. Oberhalb der Norm liegende Intelligenz. H. erschien uns als ruhiger, höflicher und gebildeter Mensch, der schwer unter dem Druck des nun schon seit Monaten laufenden Verfahrens litt. Während der Explorationen verlor er öfters die Fassung und begann zu weinen. Besonders bedrückt war er durch die Schande, die infolge des Verfahrens auf seine Familie falle.

In der Beurteilung führten wir u. a. aus: „Da keine Geisteskrankheit und keine Geistesschwäche vorliegen, kann nur die Frage einer Bewußtseinsstörung erörtert werden. Eine somatogene Bewußtseinsstörung ließ sich im Hinblick auf das Fehlen einer entsprechenden, mit Bewußtseinsschwankungen verbundenen Grundkrankheit, nicht beweisen." Wir nahmen aber, um dem unbescholtenen und durchaus unkriminell wirkenden Menschen zu helfen, eine forensisch relevante Veränderung der Bewußtseinstätigkeit an und empfahlen dem Gericht die Anwendung des § 51 Absatz II StGB. Dieser Anregung folgte das Gericht und verurteilte H. zu einer Geldstrafe von 200 DM.

Legen wir auf den vorliegenden Fall den Text der verschiedenen Fassungen des § 51 an, so ergibt sich Folgendes:

I. § 51 in der gegenwärtigen Fassung:

1. „Eine strafbare Handlung ist nicht vorhanden, wenn der Täter zur Zeit der Tat wegen Bewußtseinsstörung, wegen krankhafter Störung der Geistestätigkeit oder wegen Geistesschwäche unfähig ist, das Unerlaubte der Tat einzusehen oder nach dieser Einsicht zu handeln."

2. „War die Fähigkeit, das Unerlaubte der Tat einzusehen oder nach dieser Einsicht zu handeln, zur Zeit der Tat aus einem dieser Gründe erheblich vermindert, so kann die Strafe nach den Vorschriften über die Bestrafung des Versuches gemildert werden."

Eine Bewußtseinsstörung somatogener Art zur Tatzeit konnte mit Sicherheit nicht eruiert werden, jedoch sprachen zahlreiche Indizien für einen Zustand sehr starker affektiver Erregung, so daß wir glaubten, den Übergriff auf die psychologische Argumentation verantworten zu können, um die Empfehlung des § 51 Absatz II begründen zu können. Im Falle des Fehlens der Bestimmungen des § 51 Absatz II hätten wir uns eher zur Annahme der vollen Unzurechnungsfähigkeit „durchgerungen", einer Auffassung, die allerdings in keiner Weise zwingend begründbar gewesen wäre.

II. Neufassung des § 51 StGB nach Vorschlag der Strafrechtskommission:

„Ohne Schuld handelt, wer wegen einer krankhaften oder einer auf schwerer, angeborener oder erworbener Abartigkeit beruhenden seelischen Störung oder wegen einer vorübergehenden Bewußtseinsstörung zur Zeit der Tat unfähig war, das Unrecht der Tat einzusehen oder nach dieser Einsicht zu handeln."

Hinweise auf „schwere angeborene oder erworbene Abartigkeiten" waren mit Sicherheit aus der Lebensgeschichte des Täters zu gewinnen. Neben dem Sprachfehler verdienen die Angstzustände, die mit eigenartigen optischen Phänomenen verbunden waren, besondere Beachtung. Auch das erst 1950 erworbene Blasenleiden ist dazu angetan, durch die ständige Reizung störend auf die Psyche zu wirken. Eine vorübergehende Bewußtseinsstörung ist mit Hilfe der in der forensischen Psychologie üblichen Kriterien ohne Schwierigkeit zu begründen.

Die Tat war persönlichkeitsfremd. Eine lange Vorgeschichte ging voraus. Ein auslösender Reiz in Gestalt der Verwüstung des Gartens war gegeben. Die Gesundheit des Täters war, wenn zwar nicht zermürbt, so doch angegriffen. Starke vegetative Reizerscheinungen nach der Tat wurden beobachtet. Für den forensisch tätigen Psychologen wäre somit der Beweis, daß H. auf Grund einer Bewußtseinsstörung nicht in der Lage war, das Unrecht der Tat einzusehen oder nach dieser Einsicht zu handeln mit Leichtigkeit zu führen gewesen.

III. Eigener Vorschlag zur Neufassung des § 51 StGB:

„Ohne *Schuld* handelte, wer zur Zeit der Begehung einer Straftat geisteskrank oder geistesschwach war oder an einer körperlich begründbaren Bewußtseinsstörung litt."

Die in diesem Vorschlag genannten drei biologischen Tatbestände können mit Sicherheit ausgeschlossen werden.

IV. Vorschlag zur Behandlung der Grenzfälle:

„Liegen besondere (personale oder biographische) Umstände vor, die die Schuld des Täters vermindert erscheinen lassen, so kann das Gericht die *Strafe* nach eigenem Ermessen mildern oder geeignete *Maßnahmen* anordnen."

Die besonderen personalen und biographischen Umstände des Falles ergaben sich zwingend aus der Kenntnis der Person und der Lebensgeschichte. Eine im Vergleich zum ursprünglichen Antrag des Staatsanwaltes sehr milde Strafe ist dann auch vom Gericht ausgesprochen worden, obwohl, wenn schon kein Freispruch erfolgen konnte, eine konstruktive Buße zur Sühne des Geschehenen dem Unrechtsgehalt angemessener gewesen wäre. So lastet auf dem empfindsamen und ohnedies schon zu paranoiden Reaktionen neigenden Menschen das Odium, wegen einer „gefährlichen Körperverletzung" bestraft worden zu sein. H. nahm trotzdem das Urteil an und wehrte sich gegen den von seinem Anwalt erwogenen Vorschlag, Berufung einzulegen, da er endlich seinen Frieden haben wolle.

Fall XIV

L. B. (AZ 2 Js 982/56 Staatsanwaltschaft Köln)

Am 23. Oktober 1956 versuchte der 26jährige Arbeiter L. B. seine 16 Jahre ältere Freundin durch einen Messerstich in die Brust zu töten. Nach der Tat benachrichtigte er die Polizei und den Unfallwagen. Man fand am Tatort zwei Briefe vor. Der eine Brief beginnt mit folgenden Worten: „Wenn Du zurückkommst, ist T. leider tot." Am Schluß heißt es: „Ich habe diese Frau heiß geliebt, aber ich weiß nicht, was ich tat." Die Briefe hatte B. nach der Tat geschrieben, die Empfänger waren der andere Freund der Verletzten und eine Bekannte, mit der den Täter ein über Jahre gehendes Freundschaftsverhältnis verband.

Der zuständige Gefängnisarzt erhielt von der Staatsanwaltschaft zunächst einen Begutachtungsauftrag, in dem zu der Frage Stellung genommen werden sollte, ob der Täter zur Zeit der Tat infolge seiner Eifersucht unzurechnungsfähig im Sinne des § 51 StGB gewesen sei. Diese Frage wurde nach einer informatorischen Untersuchung des Beschuldigten zunächst verneint, die Tat wurde als normal-psychologisch einfühlbar gewertet, Exkulpierungsmöglichkeiten bestünden nicht. Trotzdem sei eine eingehende Analyse des Falles im Hinblick auf gewisse Besonderheiten ratsam. Die Staatsanwaltschaft erhob dann Anklage wegen Mordversuches. Eine weitere psychiatrische Untersuchung fand vor der Schwurgerichtsverhandlung statt.

Die medizinische Anamnese ergab, daß B. nach seiner Geburt scheintot gewesen sein soll. Künstliche Atmung sei erforderlich gewesen, Arzt und Hebamme hätten das neugeborene Kind schon aufgegeben. Die frühkindliche Entwicklung vollzog sich, abgesehen von einem Sprachfehler (Stottern) nahezu ungestört. Keine ernstlicheren Erkrankungen, keine Unfälle. Der Besuch der Schule wurde durch den Sprachfehler erschwert, B. kam schließlich auf eine Spezialschule für sprachbehinderte Kinder. Seine schulischen Leistungen sollen sehr gut gewesen sein. Er hat alle Klassen mühelos durchlaufen. Der Kontakt mit den Kindern seiner Umgebung war nach den Angaben der Mutter durch seinen Sprachfehler beträchtlich behindert. Er wurde als scheues Kind bezeichnet. — Nach der Schulentlassung konnte aus wirtschaftlichen Gründen eine eigentliche Berufsausbildung nicht erfolgen; B., dessen Vater 1942 früh verstorben war, mußte verdienen helfen. Er hat in verschiedenen Betrieben gearbeitet und oft über längere Zeit hin gut bezahlte Positionen inne gehabt. Eine dieser Stellen gab er auf, da er eine unerwiderte Neigung zu einer Angestellten empfand, die dann einen anderen heiratete. Die psychosexuelle Entwicklung war durch den Sprachfehler und die damit verbundenen Hemmungen in der Aufnahme von Beziehungen stark behindert. B. hat manche Enttäuschung erlitten und sich allmählich einem vorwiegend aus jungen Männern bestehenden Kreis zugewandt, in dem allerdings gelegentlich auch gesellschaftlich nicht ganz einwandfreie Frauen verkehrten. Dort lernte er 1955 eine frühere Operettensängerin kennen, die nach dem Krieg sozial erheblich abgeglitten war. Sie lebte von ihrem Mann getrennt, ihre Vermögensverhältnisse waren undurchsichtig. Zu dieser Frau, die auf erotischem Gebiet sehr ansprechbar und bedürftig war, empfand B. eine heftige Neigung, die nicht unerwidert blieb. Die Harmonie wurde jedoch schon sehr bald durch zahlreiche Umstände getrübt, die ursprünglich weniger störend gewirkt hatten. So lebte diese Frau mit einem anderen Mann zusammen, der den jungen Nebenbuhler wohl duldete, obwohl er ihm keineswegs wohlgesinnt war. Auch die Neigung zum Alkoholmißbrauch wirkte belastend. Im Februar 1956 kam es erstmals zu einer tätlichen Auseinandersetzung, in der B. seine Freundin gewürgt haben soll. Sie soll sich damals geweigert haben, ihn zu heiraten. Die Mutter des B., die einen sehr schlichten und gutherzigen Eindruck machte, hatte am Verhandlungstag glaubhaft versichert, daß es ihrem Sohn mit der Heiratsabsicht „ernst" gewesen sei, wenn sie selbst das auch im Grunde nicht recht gebilligt habe. Das eifersüchtige Verhalten der Freundin machte B. manchen Kummer; so rief sie wiederholt in der Firma, in der B. beschäftigt war, an und denunzierte ihn. Trotzdem konnte er sich von dieser Frau nicht lösen, an die ihn eine triebhafte Neigung band.

Am Tattag war es nachmittags zu Differenzen gekommen, nachdem man gemeinsam in einer Gastwirtschaft Alkohol getrunken hatte. Auf dem Heimweg gesellte sich den beiden ein junger Mann zu, den die Frau kurzerhand mit in die eigene Wohnung nahm. „Als ich das sah, wurde ich wütend. Ich begab mich zunächst in eine Wirtschaft, um zu beobachten, ob sie den Mann tatsächlich mit nach oben nehmen würde. Als dies für mich sicher war, ging ich herauf und forderte Einlaß. Ich drückte dann die Tür ein und veranlaßte den Fremden, sofort die Wohnung zu verlassen. Dann machte ich ihr Vorwürfe und beschwor sie, sich für mich zu entscheiden. Sie ging aber gar nicht darauf ein, sondern beschimpfte mich und drohte, die Polizei zu rufen. Dadurch geriet ich immer mehr in Wut, ich war blind vor Eifersucht und griff in die offenstehende Schublade des Küchentisches. Was dann weiter geschah, weiß ich nicht mehr. Ich kam erst wieder zur Besinnung, als ich das Messer aus der Brust herauszog. Als ich sah, was ich angerichtet hatte, ging ich herunter und ließ die Polizei und den Unfallwagen benachrichtigen. Von den Beamten ließ ich mich festnehmen."

Bei unseren Untersuchungen konnten grobe psychopathologische Funktionsabweichungen nicht festgestellt werden. Die Persönlichkeitsanalyse ergab, daß es sich bei dem Täter um einen intellektuell gut begabten, aber stimmungslabilen und psychisch wenig belastbaren Menschen handelt. Seiner Neigung zu Jähzornausbrüchen, die ihm selbst sehr wohl bekannt ist, versuchte er durch das Meiden entsprechender Gelegenheiten entgegenzutreten. Im Betrieb galt er als ein Mensch, der einen Ärger lieber herunterschluckte als sich nach außen Luft zu machen. Es lag nahe, an ein nur mühsam gehaltenes labiles Gleichgewicht zwischen den aggressiven Strebungen und den sie dämpfenden Hemmungen zu denken. B. ist außerdem ein ehrgeiziger, strebsamer Mensch, der unter der situationsbedingten Einschränkung seiner beruflichen Möglichkeiten erheblich gelitten hat. Eine Tendenz zu Überkompensationen war, wie oft bei körperbehinderten Menschen, unverkennbar. So tat er sich gern am Stammtisch durch die Vertilgung beträchtlicher Alkoholmengen hervor. Sein Prestigebedürfnis konkretisierte sich auch in der für alle offenkundigen Beziehung zu der erfahrenen älteren Frau, die er gleich am ersten Abend in eine Bar einlud und später im Taxi nach Hause brachte.

Der gewaltsame Einbruch in die Wohnung am Tattag mußte auch in Verbindung mit seiner Vorstellung gesehen werden, daß er sich dort als „Hausherr" fühlte. Gereizt mag er auch durch die Erwiderung der Frau gewesen sein, die zu ihm, als er klingelte, gesagt haben soll: „Du wirst es nicht wagen!"

In der Verhandlung vor dem Schwurgericht wiesen wir auf die besonderen biographischen und personalen Faktoren hin, die am Tattag feststellbar waren. Der genossene Alkohol (Blut-Alkohol-Konzentration 0,55 pro mille) kann gerade bei psychisch labilen Menschen stärker enthemmend wirken als bei ausgeglichenen Persönlichkeiten. Die Voraussetzung zur Anwendung des § 51 Absatz II StGB wurde in Verbindung mit dem Alkoholgenuß bejaht. In dem mündlichen Gutachten führten wir ferner aus, daß wir — bei Fortfall der Bestimmungen des § 51 Absatz II — im vorliegenden Fall eher die Voraussetzungen zur Anwendung des § 51 Absatz I bejaht haben würden. Das Gericht folgte dem Gutachten. Der Staatsanwalt ließ die Anklage auf Mordversuch fallen. Das Urteil lautete: 18 Monate Gefängnis.

Epikritische Stellungnahme:

I. § 51 StGB in der gegenwärtigen Form:

1. „Eine strafbare Handlung ist nicht vorhanden, wenn der Täter zur Zeit der Tat wegen Bewußtseinsstörung, wegen krankhafter Störung der Geistestätigkeit oder wegen Geistesschwäche unfähig ist, das Unerlaubte der Tat einzusehen oder nach dieser Einsicht zu handeln."

2. „War die Fähigkeit, das Unerlaubte der Tat einzusehen oder nach dieser Einsicht zu handeln zur Zeit der Tat aus einem dieser Gründe erheblich vermindert, so kann die Strafe nach den Vorschriften über die Bestrafung des Versuches gemildet werden."

Eine „krankhafte Störung der Geistestätigkeit" (also eine exogene oder endogene Psychose) lag mit Sicherheit nicht vor. Zur Frage der „Bewußtseinsstörung" ist zu sagen, daß eine der in der Medizin bekannten, mit Bewußtseinsstörungen verbundenen Krankheiten beim Täter nicht nachgewiesen werden konnte. Eine naturwissenschaftlich begründbare Veränderung der Bewußtseinstätigkeit ist nur mit Hilfe der erwiesenen, — wenn auch objektiv nur geringfügigen — Alkoholaufnahme wahrscheinlich zu machen. Es muß dabei auch die sogenannte vegetative und psychische Ausgangslage berücksichtigt werden, denn nahezu alle pharmako-psychologischen Untersuchungen mit Alkohol haben gezeigt, daß psychisch labile und unter affektivem Druck stehende Versuchspersonen stärker auf Alkohol reagieren als psychisch ausgeglichene Menschen. So konnten wir zur Empfehlung des § 51 Absatz II kommen und darüber hinaus auch noch im Termin die Möglichkeit des Vorliegens des § 51 Absatz I diskutieren. Exakt bestimmbar ist die Alkoholwirkung auf die Psyche ohnedies nicht. Daher ist es im Grunde auch nicht möglich, zwischen § 51 Absatz I und II gleichsam messend abzugrenzen, wenn überhaupt eine forensisch relevante Intoxikation angenommen wird.

II. Neufassung des § 51 StGB nach dem Vorschlag der Strafrechtskommission:

„Ohne Schuld handelt, wer wegen einer krankhaften oder einer auf schwerer angeborener oder erworbener Abartigkeit beruhenden seelischen Störung oder wegen einer vorübergehenden Bewußtseinsstörung zur Zeit der Tat unfähig war, das Unrecht der Tat einzusehen oder nach dieser Einsicht zu handeln."

Eine „krankhafte seelische Störung" kann angenommen werden, wenn man die vorwiegend sexuelle Bindung des jungen und unerfahrenen Mannes an die wesentlich ältere Frau *nicht* als Ausdruck einer normalen Liebesbeziehung zwischen Mann und Frau auffaßt (Phänomen der sexuellen Hörigkeit). Seelische Störungen beim Täter können auch unabhängig von dieser Beziehung auf Grund seines Sprachfehlers angenommen werden, da Stottern wohl überall als hörbarer Ausdruck einer unbewältigten psychischen Konfliktsituation interpretiert wird. Ebenso kann das Stottern aber auch als Hinweis auf eine schwere, angeborene oder erworbene Abartigkeit bewertet werden. Die Hinweise auf einen abnormen psychischen Zustand beim Täter vor und während der Tat können außerdem durch die Tat selbst und die Analyse ihres Ablaufes vermehrt werden. Eine vorübergehende Bewußtseinsstörung kann dann je nach der Bewertung der psychologischen oder somatischen Fakten angenommen oder abgelehnt werden.

Legt man bei der Wertung der Gesamtsituation etwa den Tenor des Bundesgerichtshof-Urteils zum „Dortmunder Fall" (BGH 4 StR 21/57 vom 10. Oktober 1957) zugrunde, so wird man eine Reihe psychologischer Formulierungen finden, die sich hervorragend als psychologische Basis für die Exkulpierung des hier erörterten Falles eignen. Der in dem Urteil angeführte Rechtssatz lautet: „Eine Bewußtseinsstörung im Sinne des § 51 StGB kann bei einem in äußerster Erregung handelnden Täter auch dann gegeben sein, wenn er an keiner Krankheit leidet und sein Affektzustand auch nicht von sonstigen Ausfallserscheinungen (wie z. B. Schlaftrunkenheit, Hypnose, Fieber oder ähnlichen Mängeln) begleitet ist."

Auch in unserem Fall neigte der Angeklagte, der eher als „stiller, warm- und gutherziger Mensch von weicher und nachgiebiger Art" wirkte, zur Friedfertigkeit. Er hat ja das „Nebenher" mit dem älteren Liebhaber seiner Freundin ohne äußerlich erkennbare Aufwallungen von Eifersucht fast ein Jahr lang ertragen. Nur einmal war es im Februar 1956 zu Streitigkeiten gekommen. Allerdings kam es auch hier immer wieder zu Streitigkeiten, wenn er der Frau ihren Lebenswandel vorwarf und ihr die von ihr immer wieder abgelehnten Heiratsvorschläge machte. Immer schwerer mußte er sich auch durch das recht großzügige sexuelle Verhalten der Frau verletzt fühlen, an die er sich mit seiner ganzen Leidenschaft gebunden hatte. Häufig kam es zu Alkoholgenuß. Auch am Tatabend standen beide Partner unter Alkoholeinwirkung. Wie will man dem Angeklagten nachweisen, daß er *nicht* in einem Zustand höchster Erregung gehandelt hat, als er die Frau, die er über alles liebte oder zu lieben glaubte, so schwer verletzte? Auch bei B. liegt für die entscheidenden Zeitabschnitte des Tatgeschehens Erinnerungslosigkeit vor. Sein Vorbringen, er sei „nicht bei Sinnen" gewesen, ist ebenso unwiderlegbar wie die Einlassung des Dortmunder Täters: Er sei außer sich gewesen. Der Dortmunder Täter wußte allerdings noch, daß er „wüst drauf losgestochen" habe. B. wußte überhaupt nichts mehr von einem von ihm geführten Stich. „Ich weiß nicht, wie ich zu dem

Stich gekommen bin . . . ich wollte nicht zustechen. Ich hatte das Messer in der Hand und ehe ich mich versah, hatte die Frau das Messer in der Brust drin."

Der Senat des Bundesgerichtshofes führte zum Dortmunder Fall dann weiter aus:

„. . . Daß es immer wieder, wenn auch selten, Ausnahmefälle gibt, in denen ein Mensch ohne geistige oder seelische Dauerschäden ausschließlich durch den Höchstgrad seiner Erregung, d. h. ohne Hinzutreten der von der Staatsanwaltschaft geforderten zusätzlichen Begleiterscheinungen, in eine Lage gerät, in der er gänzlich die Selbstbestimmung und die Fassung verliert, läßt sich nach der Lebenserfahrung nicht leugnen. Auch viele Vertreter der psychologischen und medizinischen Wissenschaft stimmen darin überein. Nun kann der Verlust der Selbstbestimmung auf einem völligen Mangel des Selbstbewußtseins im Sinne des intellektuellen Wissens um das eigene Sein des Täters und über seine Beziehungen zur Umwelt beruhen. ... Auch im Bereich des Wollens kann es zu Erschütterungen kommen, die den völligen Verlust der Fähigkeit zu kritischer, abwägender Besinnung zur Folge haben und in denen ein Mensch zu Kurzschlußhandlungen gelangt. ... Die von GRUHLE und ihm folgend von der Staatsanwaltschaft vertretene Auffassung, bei einem Affekttäter komme eine Bewußtseinsstörung im Sinne des § 51 nur in Betracht, wenn sich seinem Erregungszustand sonstige Mangelerscheinungen im geistig-seelischen Bereich *beigesellen* (wie Schlaf, Schlaftrunkenheit, Hypnose, Hirnschaden, Fieber, Vergiftung usw.), vermag nicht zu überzeugen. In der Regel werden solche Umstände schon für sich so gewichtig sein, daß sie allein schon die Bedeutung einer Bewußtseinsstörung erreichen. Wer nur bei ihrem Hinzutreten eine die Zurechnungsfähigkeit ausschließende Bewußtseinsstörung anerkennen will, leugnet damit — erfahrungswidrig — daß die Höchstform des Erregungszustandes das Einsichts- und Hemmungsvermögen des Täters gänzlich beseitigen kann."

Zur Kritik dieser Auffassung muß vor allen kriminalpolitischen Erwägungen, wie sie die Staatsanwaltschaft und der Bundesanwalt vortrugen, ein grundsätzliches Bedenken angemeldet werden. Es mag wohl eine allgemeine Lebenserfahrung für Situationen mit höchstem Affekt geben. Sie sind aber, wie der Senat zutreffend ausführte, nur sehr selten. Sie können deshalb auch nicht zu unmittelbaren Studienobjekten für wissenschaftliche Untersuchungen werden. Die „allgemeine Lebenserfahrung" gründet sich also auf sehr vage und distanzierte „Eindrücke", die man gelegentlich vielleich einmal mit Menschen im Zustand höchsten Affektes gemacht hat. Wissenschaftliche Untersuchungen aus eigener, in der Situation erworbener Anschauung, in denen etwas Ponderables, Vergleichbares und der Kritik Standhaltendes über solche Zustände ausgesagt wird, gibt es nicht. Es wird sie auch nie geben können, da diese Zustände — glücklicherweise — sehr selten sind und die zufällige Anwesenheit des Psychologen geradezu ein Kuriosum wäre. So beruht die ganze psychologische Beweisführung des Strafsenates unserer Auffassung nach auf *bloßen Vermutungen* von der Psyche des im höchsten Affekt handelnden Menschen. Die psychologischen bzw. psychopathologischen Tatbestände, die den Psychiater zur Exkulpierungs*empfehlung* zwingen, sind dagegen aus der breiten klinischen Erfahrung bekannt und tagtäglich als Phänomene untersuch- und demonstrierbar. Das scheint uns ein folgenschwerer Einwand gegen die Argumentierung mit psychischen Zuständen zu sein, die die Mitglieder des erkennenden Senates aus eigener Anschauung höchstwahrscheinlich noch nie gesehen haben. Wo die „Erfahrungswidrigkeit" liegt, mag jeder Leser des Urteils und unseres kritischen Kommentars für sich selbst entscheiden.

Bei der Beurteilung solcher schwieriger Grenzfälle wird wahrscheinlich oft so verfahren, daß man zunächst alle Fakten kritisch gegeneinander abwägt, dann zu einer der eigenen Persönlichkeit entsprechenden Wertung kommt und zur Begründung dieser Wertung die sogenannten biologischen Voraussetzungen beim Täter im

Sinne der bereits vollzogenen Beurteilung auslegt. Mit anderen Worten ausgedrückt: Wollte man, aus welchen Motiven auch immer im vorliegenden Fall exkulpieren, so böte die geplante Neufassung des § 51 StGB jede Gewähr für das Gelingen des Exkulpierungswunsches, während umgekehrt nichts zur Bejahung des Textes zwingen könnte, wenn man — nach Gesamtwürdigung aller Umstände — eben nicht exkulpieren möchte.

III. Eigener Vorschlag zur Neufassung des § 51 StGB:

„Ohne *Schuld* handelte, wer zur Zeit der Begehung einer Straftat geisteskrank oder geistesschwach war oder an einer körperlich begründbaren Bewußtseinsstörung litt."

Ähnlich wie bei der Textfassung zu I käme hier nur die forensische Würdigung der Alkoholintoxikation unter Berücksichtigung der besonderen psychischen und somatischen Ausgangslage zum Zuge. Da der § 51 in der von uns vorgeschlagenen Fassung keine Milderung im Sinne des jetzt gültigen § 51 Absatz II kennt, würde die Entscheidung, ob Unzurechnungsfähigkeit vorgelegen hat, außerordentlich schwierig sein.

IV. Vorschlag zur Behandlung der „Grenzfälle":

„Lagen besondere (personale oder biographische) Umstände vor, die die Schuld des Täters vermindert erscheinen lassen, so kann das Gericht die *Strafe* nach eigenem Ermessen mildern oder geeignete *Maßnahmen* anordnen."

Auch mit den hier gegebenen Möglichkeiten der strafrechtlichen Behandlung des Täters würde eine angemessene Lösung gefunden werden können. Die personalen und biographischen Umstände beim Täter sind so außergewöhnlich, daß auch durch eine milde Strafe oder durch Maßnahmen das von der Strafrechtspflege intendierte Ziel erreicht werden könnte. In der Auferlegung von finanziellen Leistungen für die Verletzte, in einem befristeten Gebot, auf Alkohol zu verzichten und in der tätigen Mitarbeit in gemeinnützigen Institutionen würden wir Maßnahmen im Sinne des Prinzips der konstruktiven Buße sehen, die sowohl der Geschädigten nützen als auch dem Abbau der zweifelsfrei vorhandenen Aggressionstendenzen beim Täter dienen könnten. Die jetzt vom Schwurgericht ausgesprochene Freiheitsstrafe kann zum mindesten dem Besserungsgedanken nicht gerecht werden, denn B. war und ist nicht „schlecht", sondern in mannigfache, vorwiegend sexuelle Triebansprüche „verstrickt", die durch Freiheitsentzug kaum behoben werden können.

Somatische Grenzbefunde und forensische Begutachtung

Die uns allen sehr vertraut gewordene Auffassung von der Bindung des Seelenlebens an den Leib als funktionstragendes Gebilde und unabdingbare Voraussetzung für psychische Vorgänge ist wahrscheinlich schon sehr alt. Die wissenschaftliche Psychiatrie konnte dann, vor allem im 19. Jahrhundert, dem Jahrhundert der großen naturwissenschaftlichen Entdeckungen, zeigen, daß seelische Funktionen in fast gesetzmäßiger, zumindest aber regelmäßiger Weise vom Leib her *störbar* sind. Viele seelisch abnorme Zustände sind somatisch, d. h. durch Störungen des Leibes weitgehend erklärbar, wenn auch die Lehre von den leib-seelischen „Entsprechungen" (Kurt Schneider) keineswegs ein lückenloses, sondern vorerst nur ein approximatives System von typischen Entsprechungen kennt. Klassisches Beispiel für diese Auffassung ist die Paralyse, eine Krankheit, bei der die psychopathologischen Erscheinungen in der Regel von einem charakteristischen somatischen Befund begleitet sind.

In der psychiatrischen Systematik werden diese Zustände als „exogene Prädilektionstypen" (Bonhoeffer) oder auch als „körperlich begründbare Psychosen (Kurt

Schneider) bezeichnet. Manfred Bleuler spricht vom „organischen Psychosyndrom". Oft hört man auch den Terminus „symptomatische Psychose", wobei das Adjektiv „symptomatisch" auf den ätiologischen Zusammenhang zwischen leiblicher Störung und psychischer Anomalie hinweist: die seelische Störung ist „Symptom" für die Krankheit des Leibes. Alle Begriffe sollen zeigen, daß man bei dieser Gruppe seelischer Abnormitäten am leiblichen Substrat — methodisch mehr oder minder einwandfrei — *Befunde* erheben kann, die — bei bescheidenen Anforderungen an das Kausalitätsbedürfnis — zur „Erklärung" der psychopathologischen Phänomene genügen.

Außer den sich im Gehirn selbst abspielenden Prozessen kann die Psyche — via Gehirn — aber auch durch ganz andersartig lokalisierte Organprozesse verändert werden, etwa bei Drüsenstörungen, bei inneren Vergiftungen und bei Infektionskrankheiten.

Es entspricht der — zwar noch recht jungen — naturwissenschaftlichen Tradition der Psychiatrie, wenn wir bei jeder forensischen Begutachtung krimineller Menschen nach körperlichen Veränderungen fahnden. Besonders bei motivisch unklaren Delikten sonst eher unauffälliger Menschen mit medizinisch unergiebiger Vorgeschichte wird sorgsam nach Hinweisen auf beginnende körperliche Krankheitsprozesse gesucht. So ist es bekannt und allseits anerkannt, daß eine merkwürdige, der Umgebung unverständliche Tat eines bis dahin unauffälligen Menschen im Vorstadium einer klinisch noch latenten Paralyse begangen werden kann. Lediglich die serologischen Untersuchungen zeigen charakteristische Befunde des sonst noch unauffälligen Kranken.

Somatische Befunde (Blutdruckerhöhungen, Stoffwechselkrisen bei Zuckerkranken, Hirnsubstanzschädigungen u. a. m.) können wichtige Hinweise auf Intaktheit oder Nicht-Intaktsein des zum Funktionieren der Psyche erforderlichen leiblichen Substrates geben. Allerdings gibt es keine strengen, überall als verbindlich anerkannten Relationen zwischen somatischem Befund und psychiatrischer, zu Exkulpierung führender Diagnose.

Die apparative Medizin hat sehr empfindliche Methoden entwickelt, die pathologische Befunde auch dort anzeigen, wo man nach dem Gesamteindruck von der Persönlichkeit des Untersuchten keinen derartigen Befund zu erwarten brauchte. Wir denken besonders an die subtile Methode der Elektrencephalographie (EEG), der Röntgenologie (besonders der Encephalographie, d. h. der Darstellung der Hirnkammern mittels Luftfüllung) und mancher Untersuchungen der Körperflüssigkeiten (Blut, Gehirn-Rückenmarkflüssigkeit). Diese Methoden bieten im Bereich der sogenannten *Grenzbefunde* jedoch Fehlerquellen, die, wenn sie im Rahmen einer forensischen Begutachtung auftreten, für den zu begutachtenden Menschen schicksalhafte Bedeutung gewinnen können.

An zwei Beispielen soll die hier liegende Problematik erläutert werden.

Fall XV

E. P. (AZ 11 Ls 24/52, Staatsanwaltschaft Aachen)

Ein 57jähriger Landwirt und Hofbesitzer hatte nach dem Krieg mit Hilfe zweier, recht knapp begabter Verwandter 34 Stück Großvieh von den Weiden der engeren und weiteren Umgebung seines Dorfes mittels eines Lastkraftwagens abtransportieren lassen und verkauft. Da er als der eigentliche Organisator der Raubzüge angesehen wurde, erhielt er eine Zuchthausstrafe von zwei Jahren. Während der längeren Untersuchungshaft und auch in der Strafhaft fiel P. nicht besonders auf. Der Rest der Strafe wurde ihm wegen guter Führung im Gnadenweg erlassen. Während der Strafhaft stellte die Ehefrau einen Antrag auf Entmündigung. Der Antrag wurde mit einem ärztlichen Zeugnis begründet, dem zu Folge P. an Arteriosklerose mit „erheblichen psychischen Begleiterscheinungen“ leiden soll. Auch die in den Jahren 1950 bis 1952 begangenen Diebstähle – so führte der Arzt weiter aus – seien nur auf dem Boden der krankheitsbedingten seelischen Veränderungen zu verstehen. Eine wirtschaftliche Notlage habe bei P. keineswegs vorgelegen. Die finanzielle Lage sei lediglich wegen des Ankaufes eines an sich überflüssigen Lastkraftwagens etwas angespannt gewesen.

Von einem Nervenarzt wurde der Beginn der arteriosklerotischen seelischen Veränderungen in die Zeit gegen Ende des zweiten Weltkrieges zurückdatiert. Da P., der dem dortigen Gericht wohl bekannt war, bisher nie durch psychische Störungen aufgefallen war, wurde ein weiteres fachärztliches Gutachten eingeholt. Es war auch gerichtsbekannt, daß P. bei den ausführlichen und sachlich schwierigen Besprechungen im Zusammenhang mit dem Konkurs seines Betriebes durchaus vernünftig und situationsgerecht gewirkt haben soll. Jedenfalls hatte keiner der Prozeßbeteiligten (Richter, Gläubiger, Anwälte) Zweifel an seiner Geschäftsfähigkeit empfunden.

1954 wurde ein beamteter Arzt mit der Erstattung eines Gutachtens in der Entmündigungsangelegenheit beauftragt. Bei den leistungspsychologischen Untersuchungen zeigte P. ein grob demonstratives Verhalten, während er noch im Dezember 1953 bei einer Untersuchung durch einen Gerichtspsychiater keine belangvollen psychopathologischen Befunde geboten hatte. Der Arzt meinte nur, P. *könne* an einer Hirnarteriosklerose leiden, die aber keine Anzeichen einer Geisteskrankheit oder einer erheblichen Geistesschwäche erkennen ließe.

Der 1954 tätige Gutachter diagnostizierte außer einer knappen Intelligenz einen gewissen „organischen“, d. h. krankheitsbedingten Abbau der Psyche. Besonders beeindruckt war der Gutachter, wie uns später bekannt wurde, von einer geringen Vermehrung der *Eiweißwerte im Liquor* cerebro-spinalis, der Rückenmarkflüssigkeit.

Schließlich wurde P. im Februar 1956 wegen Geistesschwäche entmündigt, wobei das Gericht weniger die medizinischen Befunde und die auf ihnen basierende Diagnose bewertete als das von zahlreichen Zeugen bekundete grob auffällige Verhalten des P., das jedoch, wie ausgeführt, anderen Zeugen (z. B. im Konkursverfahren) nicht aufgefallen war. Als auffällig wurde bezeichnet: Verfüttern von Mehl an die Haustiere, Umeggen eines bereits bestellten Weizenfeldes, Umpflügen einer Böschung u. a. m.

Nach erfolgter Entmündigung wurde von der Verteidigung das Wiederaufnahmeverfahren in der Strafsache betrieben. In diesem Verfahren wurde P. von uns zu der Fragestellung begutachtet, ob er schon von 1950 bis 1952 – also zur Zeit der Straftaten – geisteskrank und somit unzurechnungsfähig gewesen sei.

Aus der Strafhaft war P. vorzeitig entlassen worden, da er sich sehr gut geführt hatte, Reue gezeigt hatte und den festen Willen erkennen ließ, sich in Hinkunft ordentlich zu verhalten. Bei uns bot er im August 1957 ein grob demonstratives Bild. Er konnte angeblich sein Alter, sein Geburtsdatum und das aktuelle Datum nicht nennen. Er behauptete, er sei nicht verheiratet und er habe keine Kinder. Seinen Sohn, der ihn während der Beobachtungszeit besuchte, begrüßte er aber ganz natürlich und herzlich. Die meisten der an ihn gerichteten Fragen beantwortete er folgendermaßen: „Das weiß ich nicht.“ Er zeigte die für Simulanten typischen Rechenfehler: $1 + 6 = 6$; $2 \times 4 = 6$; $3 \times 5 = 10$ usw.

Zu den Viehdiebstählen erklärte er: „Ich weiß von nichts.“ Bei ihm im Ort sei überhaupt kein Vieh gestohlen worden. (Herr P., schwindeln Sie auch nicht?) „Nee, nee, nee, das darf man nicht.“ (Warum denn nicht?) „Dann kommt man in die Hölle.“

Bei jeder erneuten Untersuchung bestand er hartnäckig darauf, den untersuchenden Arzt noch nie gesehen zu haben. Als ihm dazu gesagt wurde: „Sie wollen uns wohl auf die Schippe nehmen", meinte er: „Nee, ich habe ja gar keine Schippe hier."

Der modifizierte Aufzählversuch nach BUSEMANN (P. sollte die Arten der auf seinem Hof gehaltenen Tiere nennen) mißlang. Er zählte lediglich zwei Pferde auf. Befragt, wie die Pferde aussehen, sagte er: „grün". Auch den an diesem Tag freundlich blauen Himmel bezeichnete er als „grün". Die wirklichkeitsgetreue Abbildung eines Schweines (keine moderne Malerei!) bezeichnete er als „Elefant". Ein Telephon habe er noch nie gesehen. Sand wurde als „Salz" bezeichnet, Tinte als „Gift".

Dem erfahrenen Psychiater wird an diesen wenigen Stichproben aus den Explorationen klar, daß P. das Syndrom einer Pseudodemenz bot. Belangvolle körperliche Befunde wurden nicht erhoben. Es bestand jedoch eine konstante Blutdruckerhöhung. (1953 Werte um 170/120, 1954: 160/90, 1957: 200/100 mm Hg.) Der Ablauf seiner Bewegungen einschließlich der Mimik war matt und schwunglos. Spastische Zeichen fehlten. Der Augenhintergrund bot keine grob pathologischen Veränderungen. Das EEG war normal, die WASSERMANNsche Reaktion im Blut und Liquor negativ. Das Encephalogramm bot keinen sicher pathologischen Befund. Die Liquoruntersuchung brachte dann ein unerwartetes Ergebnis: wir fanden 948/3 Zellen und eine Gesamteiweißerhöhung auf 2,2 mg (Normalwerte 0,8–1,3). Die Globuline waren stark vermehrt: 1,1 (Normalwerte 0,1–0,3). Außerdem bestand ein tiefer Ausfall der Mastixkurve. Bei einer Kontrolluntersuchung vier Wochen später entsprachen alle Werte der Norm. Eine Verwechslung des Liquors im Labor war nahezu ausgeschlossen.

Die Beurteilung wurde durch die bei der ersten Liquoruntersuchung erhobenen pathologischen Befunde und durch das schwer durchschaubare, pseudodement wirkende Verhalten des P. außerordentlich schwierig. Wir vermuteten, daß sich P. nach der Haftentlassung immer mehr in die Rolle eines „Geistesgestörten" hineingelebt hat, um in dem kleinen Eifelort nicht als ein mit einer Zuchthausstrafe gebrandmarkter Verbrecher, sondern als „armer Kranker" zu gelten. Eine geringe organische Wesensänderung (eine „Zuspitzung" der Persönlichkeitszüge) haben wir aber auch angenommen. Das starre Festhalten an seinem unsinnigen Verhalten kann als eine Sonderform des organischen Perseverierens gedeutet werden. Wir haben das Vorliegen der Voraussetzungen zur Anwendung des § 51 Absatz I oder II StGB für die Zeit der Viehdiebstähle als „überwiegend unwahrscheinlich" beurteilt. Führend war für uns das Fehlen der Zerreißung der Sinngesetzlichkeit seines Lebens, denn auch die auf die Umwelt unsinnig wirkenden Handlungen nach der Haftentlassung ließen die Motive doch erkennen. Das Verfahren wurde nicht wieder aufgenommen. Es ist gut vorstellbar, daß ein anderer Gutachter die lebensgeschichtlichen Fakten weniger hoch veranschlagt haben würde und in Berücksichtigung der im Liquor gefundenen Zellen und Eiweißkörper einen chronischen, Jahre zurückliegenden hirnorganischen Prozeß angenommen hätte. Die Diskrepanz zwischen psychischem und körperlichem Befund machte uns skeptisch. Die Wiederholung der Liquoruntersuchung ergab dann innerhalb der Norm liegende Werte.

Fall XVI

M. H. (AZ 54 Ms 16/55, Staatsanwaltschaft Köln)

Am 24. September 1954 wurde der 39jährige kaufmännische Angestellte H. in einem Park mit entblößten Geschlechtsteilen beim Onanieren beobachtet. Eine Mädchenschulklasse befand sich in etwa 10 m Entfernung vom Tatort. Die Lehrerin veranlaßte die Festnahme des Täters, der angab, wegen eines Darmkatarrhs mit Durchfall im Gebüsch zu diesem Zweck verschwunden zu sein. Er bestritt, onaniert zu haben. Die Aussagen der jugendlichen Zeuginnen sprachen aber eindeutig gegen ihn.

H. war 1952 und 1955 – kurz vor dieser Straftat – wegen ähnlicher Vorkommnisse mit Gefängnis bestraft worden. In einem der früheren Verfahren war H. von einem Psychiater untersucht worden mit dem Ergebnis: Keine Anhaltspunkte für die Annahme der Voraussetzungen zur Anwendung des § 51 Absatz I oder II StGB. Der Gutachter stellte lediglich eine „sexuelle Psychopathie" fest.

Im Termin wurde H. zu sechs Monaten Gefängnis verurteilt, die Staatsanwaltschaft hatte ein Jahr Gefängnis beantragt. Verteidigung und Staatsanwalt legten gegen das Urteil Berufung ein. Der Anwalt begründete die Berufung vor allem mit der Tatsache, daß ein Nervenfacharzt bei H. eine *Encephalitis* (Gehirnentzündung) festgestellt habe, eine Erkrankung, die zwingend die Anwendung des § 51 Absatz I StGB nach sich ziehen müsse. Der Angeklagte hatte sich wegen der von ihm selbst als „krankhaft" empfundenen exhibitionistischen Neigungen in die Behandlung dieses Arztes begeben, der bei der Untersuchung eine Erhöhung der Eiweißwerte im Liquor auf 96 mg-% (Normalwert 24 mg-%) festgestellt hatte. Die Reaktion nach PANDY war negativ, Linkszacke der Normomastixkurve. Der im Termin anwesende Gerichtsarzt konnte sich von der Schlüssigkeit des privatärztlichen Gutachtens *nicht* überzeugen, da er H. in der fraglichen Zeit mehrfach untersucht hatte und nie die klinischen Symptome einer Encephalitis feststellen konnte. Die Diagnose des behandelnden Nervenarztes stütze sich in überprüfbarer Weise nur auf den erhöhten Eiweißwert im Liquor, da die klinischen Symptome nach dem Bericht des behandelnden Arztes durch die antibiotische Behandlung innerhalb von 14 Tagen abgeklungen und somit nicht mehr kontrollierbar gewesen sein sollen.

Im November 1956 wurde erneut, unter Hinzuziehung prominenter Sachverständiger, verhandelt. In der Sitzung beantragte die Verteidigung ein Obergutachten. Großer Wert wurde dabei – auch vom Gericht – auf die Luftfüllung der Hirnkammern gelegt. Der Angeklagte stimmte diesem Eingriff zu. H. wurde dann stationär in einer großen Rheinischen Nervenklinik begutachtet. Von den umfangreichen Ergebnissen der psychiatrischen Explorationen erwähnen wir nur, daß H. dort zugab, der Anblick junger Mädchen reize ihn zu solchen Handlungen. Beim Onanieren mit dem Blick auf die jungen Mädchen stelle er sich einen „normalen Geschlechtsverkehr" vor. Die Ehefrau – H. ist seit 1954 verheiratet – machte hinsichtlich des Sexuallebens keine Angaben über Perversionen. Die Ehefrau konnte auch nicht sagen, ob sich ihr Mann nach der „Encephalitis" in seelischer Hinsicht verändert habe. Der vom Gutachter befragte Vorgesetzte des H. berichtete, daß ihm an H. in psychischer Hinsicht nie etwas aufgefallen sei, weder vor noch nach der antibiotischen Behandlung. H. hatte sich seit 1946 vom Arbeiter zum Bankangestellten emporgearbeitet.

Die vom Obergutachter erhobenen somatischen Befunde lagen innerhalb der Norm oder sie stellten sogenannte Grenzbefunde dar. Das Gesamteiweiß im Liquor betrug 26,4%. Die Mastixkurve zeigte noch einen leichten Linkstyp. Die WASSERMANNsche Reaktion im Liquor war negativ. Das EEG war etwas unregelmäßig. Der Befund wurde als „möglicherweise konstitutionelle Anomalie" gedeutet. „Für sich allein" sei der EEG-Befund nicht im Sinne einer Hirnschädigung zu werten. Im Encephalogramm fand sich eine deutliche, rundliche Erweiterung des dritten Ventrikels und bucklige Eindellungen im Bereich des linken Vorderhornes und im Trigonumbereich. Hinweise auf eine Psychose wurden nicht gefunden. Die RORSCHACH-Analyse ergab keine Anhaltspunkte für ein hirnorganisches Syndrom. In der zusammenfassenden Beurteilung heißt es: „Mit großer Wahrscheinlichkeit liegt bei H. ein organisches Hirnleiden unklarer Genese vor. Das Vorliegen der Voraussetzungen zur Anwendung des § 51 Absatz II StGB kann nicht mit Sicherheit ausgeschlossen werden."

Auf die bekannten Anschauungen von Ernst Kretschmer über Triebenthemmung bei entzündlichen Prozessen in der Gegend des dritten Ventrikels wurde ausführlich Bezug genommen.

In der Berufungsinstanz wurde H. im Oktober 1957 zu einer Geldstrafe von 3000 DM verurteilt. Aus der Urteilsbegründung ist zu entnehmen, daß eine verstärkte Triebenthemmung durch einen entzündlichen Prozeß im Bereich des dritten Ventrikels angenommen wurde. Das Gericht schloß sich dem Obergutachter an, weil keine besondere Veranlassung bestünde, an der Richtigkeit dieses Gutachtens zu zweifeln. Bei wissenschaftlich nicht exakt klärbaren Fällen dieser Art müßte nach dem Grundsatz „in dubio pro reo" verfahren werden.

Fall XVII

W. W. (4 Js 3956/52 Staatsanwaltschaft Köln)

Am 31. Juli 1952 wurde die 16jährige Realschülerin W. W. in einem Woolworth-Laden beim Diebstahl von Waren überrascht. Sie gab zu, mehrere Gebrauchsgegenstände, darunter Ansteckblumen (Kirschen und Rosen) im Wert von etwa 15 DM fortgenommen zu haben.

Bei ihrer polizeilichen Vernehmung berichtete sie, daß sie sich seit fünf Wochen in einer Kölner Klinik wegen „Körperverfalles" aufhalte. Von dort aus hätte sie schon öfters Besorgungen für andere Patienten gemacht. Die Atmosphäre der Warenhäuser habe ihr gut gefallen, zumal sie in ihrem Heimatort etwas derartiges noch nicht kennengelernt habe.

Den Tatverlauf schilderte sie folgendermaßen:

„Auf einmal kam es über mich und ich entschloß mich, eine Diplomatentasche zu stehlen ... ich weiß nicht, aus welchem Grund ich sie gestohlen habe. Ich besitze selbst eine Aktentasche und hätte sie nicht nötig gehabt. Was ich dann getan habe, weiß ich nicht mehr. Ich verstehe mich selbst nicht und nehme an, daß ich in diesem Moment kopflos geworden bin ... Erst als der Geschäftsführer mich ansprach, habe ich gemerkt, daß ich etwas gestohlen hatte." Ein Motiv konnte nicht ermittelt werden. Der Vater erklärte der Polizei, daß ihm die Tochter in den letzten Monaten öfters durch abrupte Handlungen aufgefallen sei. Sie befinde sich wegen „Magersucht" in klinischer Behandlung. Er beantragte ein psychiatrisches Gutachten.

Während der Begutachtung berichtete uns die Stiefmutter des jungen Mädchens: „W. war früher ein lustiges, ausgelassenes Kind. Allerdings war sie stets sehr eifersüchtig. Es gab immer eine große Aufregung und Tränen, wenn die Eltern des damals 2—3jährigen Kindes dieses bei ihren Spaziergängen nicht ‚in die Mitte' nahmen. Als das Kind sechs Jahre alt war, starb die Mutter. Eine auffallende Reaktion konnten wir damals nicht feststellen."

1950 heiratete der Vater die Pflegemutter des Mädchens. Im Sommer 1951 zeigten sich gewisse pädagogische Schwierigkeiten und Heimlichkeiten bei den Eßgewohnheiten. W. kaufte im Übermaß Zitronen und Yoghurt. „Nach Zitronen war sie süchtig wie ein Alkoholiker oder Morphinist. Sie bevorzugte auch saure Heringe und grasgrüne Äpfel." Die Stiefmutter psychologisierte das Verhalten des Mädchens mit dem Besuch der Tanzstunde. Freundinnen hätten W. auf ihre zu mollige Figur aufmerksam gemacht. Seit dieser Zeit habe sie abends gefastet. Wollte man sie zum Essen zwingen, so gab es unerfreuliche Szenen. 1952 wurde erstmals ein Arzt konsultiert, nachdem W. vorher geradezu „Tobsuchtsanfälle" geboten hatte mit dem Motto: „Ich will nicht dick werden." Die Eltern beobachteten gleichzeitig eine verstärkte

Neigung zum Lügen, besonders in Verbindung mit den Einkäufen von Nahrungsmitteln, auf die sie Lust hatte.

Im Sommer 1952, in der Zeit kurz vor der Kliniksaufnahme hatte die Patientin fast nicht mehr gegessen. Trotzdem war sie körperlich und psychisch leistungsfähig, sie gehörte zu den Besten in ihrer Klasse. Die schon früher beobachtete Eifersucht sei immer deutlicher geworden.

Der Hausarzt verordnete zunächst eine Kur im Gebirge. Aber auch dort nahm sie Schlankheitspillen und kam in schlechtem Zustand, hastig und ruhelos zurück. Damals soll sie gelegentlich Selbstmordgedanken geäußert haben.

Wegen des jammervollen Zustandes entschlossen sich die Eltern, das Mädchen in die Klinik zu bringen. Hier kam es dann zu den kriminellen Entgleisungen. Nach den Diebstählen soll sie nach Hause geschrieben haben: „Alles ist jetzt anders, ich bin ein anderer Mensch." Nach der Rückkehr habe man jedoch zu Hause keine grundsätzliche Änderung in ihrem Verhalten feststellen können.

Bei unseren Untersuchungen berichtete uns W. zur Tat: „Es war etwas in mir wie ... ich war froh, als man mich geschnappt hatte, ich hatte mich vor mir selbst geekelt."

Die körperliche Untersuchung ergab einen extrem schlechten Allgemeinzustand. Das Gesicht war nahezu skelettiert, sie hatte einen greisinnenhaften Ausdruck. Nach dem Bericht der Medizinischen Klinik haben anfangs Hungerödeme vorgelegen. Faßbare Symptome einer endokrinen Drüsenstörung konnten jedoch nicht ermittelt werden.

In ihrem Auftreten wirkte W. noch kindlich, sie verabschiedete sich stets mit einem Knicks und sprach in einer Art Kindersprache. Die Intelligenz war normal, ihr Schul- und Allgemeinwissen gut.

Aus unserer Beurteilung:

„Die Frage, wie man die strafrechtliche Verantwortlichkeit der jetzt 17jährigen W., gegen die ein Ermittlungsverfahren wegen Diebstahls bei der Staatsanwaltschaft in Köln läuft, beurteilen soll, muß nach zwei Gesichtspunkten erfolgen.

I. Nach dem Gesichtspunkt der krankhaften Störung der Geistestätigkeit im Sinne des § 51 StGB.

II. Nach dem Gesichtspunkt der ‚Reife' im Sinne des § 3 JGG.

Ad I. Bei der Jugendlichen W. ist etwa im Sommer 1951 eine Störung verschiedener körperlicher und psychischer Funktionen aufgetreten, die man heute — fast allgemein — im Syndrom der *Pubertätsmagersucht* zusammenfaßt. Die hierbei auftretenden psychischen Funktionsstörungen (besonders Stimmungsschwankungen, absonderlich-verschrobenes Verhalten, Lügenhaftigkeit, triebhafte Handlungen und Triebentgleisungen) sind erheblich, sie können nicht nur als psychische Reaktion auf Schwierigkeiten, wie sie die Pubertät mit sich bringt, aufgefaßt werden, sie müssen vielmehr als seelische Symptome des körperlichen Prozesses gedeutet werden. Obwohl das Krankheitsbild der Pubertätsmagersucht in vielen Einzelheiten — besonders auch hinsichtlich der Ätiologie — noch weitgehend ungeklärt ist und seine nosologische Selbständigkeit von manchen Autoren bestritten wird, kann man diesem Syndrom in forensisch-psychiatrischer Hinsicht die Bedeutung einer *schwerwiegenden psychischen Erkrankung* nicht versagen. Die Voraussetzungen zur Anwendung des § 51 Absatz I StGB sind damit für die vorliegende Straftat gegeben.

Ad II. Die bei W. vorliegenden Störungen körperlicher und psychischer Art sind so ausgeprägt, daß die Annahme einer *mangelnden Reife* im Sinne des JGG unbedingt bejaht werden kann. Eine strafrechtliche Verantwortlichkeit für das begangene Delikt liegt unserer Auffassung nach nicht vor.

Ärztliche Maßnahmen zur Behebung der Erkrankung und zur Vermeidung weiterer Triebentgleisungen sind notwendig."

Das Verfahren wurde später eingestellt.

Im Mai 1958 berichtete uns der Vater der W.:

„... Ihrem Rate gemäß sorgten wir für einen völligen ‚Klimawechsel'. Im Herbst 1952 verbrachte W. einige Wochen im Allgäu, und zwar bei der einfachen Familie eines Kriegskameraden, anschließend war sie rund vier Wochen bei meiner Schwester in Münster ... Danach war sie durchaus noch nicht gesund, aber es zeigten sich doch positive Veränderungen. Auffallend war vor allem eine sehr einseitige Ernährung (grüne Äpfel, Käse und dergleichen). Auf der Schule hier erreichte sie trotz der langen Krankheit ihr Klassenziel (Obersekunda). Auch in schulischer Hinsicht wollten wir aber den empfohlenen Klimawechsel fortführen und waren dabei wirklich gut beraten. W. kam auf ein Staatliches Aufbaugymnasium. Der Direktor faßte sie hart an und ließ sie die Obersekunda wiederholen, damit sie in den deutschkundlichen Fächern und in Sprachen einen unbedingten Ausgleich zu der Minusnote in Mathematik erreichte. Nach einigen Monaten war W. bei den Lehrern und auch dem sehr gestrengen Direktor recht beliebt und zeigte gute Leistungen. Sie war im Internat bei katholischen Nonnen untergebracht, was ihr nicht paßte und auch hie und da zu Schwierigkeiten mit den Schwestern führte. Das Klima an dieser Anstalt war wohl sehr viel besser als das Klima hier und darauf führen wir Eltern die weitere günstige Entwicklung zurück. An der Schule herrschte eine ausgezeichnete Kameradschaft und auch ein gutes Verhältnis zu den Lehrern. Dabei wurde recht viel verlangt.

Mit den Eigenheiten im Essen wurde es langsam besser, und entsprechend kam W. auch wieder zu normalem Gewicht. Gewisse Eigenheiten hat sie noch länger behalten und hat sie zum Teil heute noch (sie ißt z. B. keine Kartoffeln, Suppen usw.).

Ostern 1957 legte W. eine gute Reifeprüfung ab und studiert jetzt im 3. Semester Philologie. Vor einigen Monaten erwarb sie den Führerschein und sie ist eine ruhige und sichere Fahrerin. Mit ihrem Studium nimmt sie es recht ernst. Sie hängt sehr an ihrer Familie, vor allem an ihren jüngeren Geschwistern.

Wir sind für ihre Entwicklung zum Guten dankbar und hoffen, daß es dabei verbleibt ..."

Epikrise: Die Empfehlung, den § 51 Absatz I StGB anzuwenden, war nur bei Anwendung der biologischen Methode möglich, denn Einsichtsfähigkeit und Hemmungsvermögen waren bei W. generell immer vorhanden und haben ihr auch nach den Diebstählen offenbar stets immer wieder zur Verfügung gestanden.

Nur die Diagnose des nosologisch ganz uneinheitlichen Syndroms der Pubertätsmagersucht veranlaßte uns, die Exkulpierung zu empfehlen, da bei dieser Krankheit Triebenthemmungen und besonders sinnarme Diebstähle vorkommen. Es gibt allerdings viele Beobachtungen, nach denen es bei dieser Krankheit nicht zu kriminellen Entgleisungen kam.

Der Verdacht einer Störung der personalen Schicht durch a-personale, bewußtseinsferne Vorgänge erschien uns jedoch so naheliegend zu sein, daß wir die Empfehlung zur Anwendung des § 51 Absatz I StGB aussprachen.

Es muß eingeräumt werden, daß die Subsumierung des hier gegebenen biologischen Tatbestandes unter die Oberbegriffe „Geisteskrankheit", „Geistesschwäche" und „Bewußtseinsstörung" schwieriger ist als bei der Anwendung des Textes des Reformentwurfes. In dem Begriff der „erworbenen seelischen Abartigkeit" geht das rechtswidrige Handeln der Jugendlichen tatsächlich zwangloser auf als in den Oberbegriffen des § 51 de lege lata.

Man kann natürlich fragen, ob es überhaupt vertretbar war, für diese Tat die Voraussetzungen des § 51 Absatz I StGB zu bejahen. Die Annahme von Schuldfähigkeit ist durchaus denkbar und medizinisch vertretbar. Geeignete pädagogische Maßnahmen hätten dem Sühnebedürfnis durchaus Genüge tragen können.

Zur Einführung in die Literatur:

ZUTT, J.: Das psychiatrische Krankheitsbild der Pubertätsmagersucht. Arch. Psychiatr. u. Z. Neur. *180*, 776 (1948).

Methodische Schwierigkeiten bei der forensischen Beurteilung endogener Psychosen

Der Grundsatz, Menschen mit endogenen Psychosen zu exkulpieren, gehört so unlösbar zum Fundament jeder forensischen und juridischen Tätigkeit, daß es hier nur weniger Ausführungen bedarf.

Man hat immer wieder versucht, einen zahlenmäßig sehr kleinen Kreis geordneter und sozial praktisch unauffälliger Wahnkranker aus der grundsätzlichen Schuldfreiheit herauszulassen (u. a. ASCHAFFENBURG, TH. ZIEHEN). Der Begriff der „partiellen Zurechnungsfähigkeit" wurde dann immer wieder diskutiert, wenn Menschen mit seelischen Partialstörungen Delikte begangen hatten. Soll der Träger eines isolierten, nur auf *ein* Thema konzentrierten Wahnes (etwa eines Eifersuchtswahnes) straffrei bleiben, wenn er ein Delikt begeht, das mit seiner Störung in keinem faßbaren Zusammenhang steht? Die Auffassung der „Unteilbarkeit eines seelischen Ganzen" hat sich aber doch durchgesetzt, und diese Einstellung scheint uns, in Anbetracht der Undurchschaubarkeit der Entstehungsbedingungen für rechtswidriges Verhalten bei Menschen mit isolierten Wahnphänomenen wissenschaftlich mit guten Argumenten vertretbar zu sein. Zum mindesten wird man dem Gericht schwerwiegende *Zweifel* an der Schuldfähigkeit vortragen müssen, da sich die seelische Grundstörung zwar nur am Wahnphänomen demonstrieren läßt, aber andere seelische Funktionen keineswegs von der Störung ausgeschlossen zu sein brauchen.

Neben den Schwierigkeiten bei der forensischen Begutachtung besonnener Wahnkranker — sie bilden in ihrer Gesamtheit das Thema der Paranoia-Forschung — erhebt sich weiterhin die Frage, wie man sich bei der Begutachtung in den ersten Anfängen einer beginnenden Psychose und in den letzten abklingenden Stadien einer psychischen Erkrankung verhalten soll. Diese Frage ist unserer Auffassung nach ebenso wie die Frage der Exkulpierung von Psychosen generell nur durch grundsätzliche Konventionen praktisch befriedigend zu klären. Steht man auf dem Standpunkt, daß Menschen mit Psychosen generell zu exkulpieren sind, so sollte man diese Haltung konsequent beibehalten, sobald auch nur die ersten Anzeichen der beginnenden Psychose erkennbar sind oder so lange noch Symptome der abklingenden Psychose nachweisbar bleiben.

Die methodischen Schwierigkeiten bei der Diagnose initialer oder postpsychotischer Symptome sind allgemein bekannt und Irrtümer sind nicht selten. Trotzdem verhilft der Grundsatz der mit dem Nachweis psychotischer Symptome zwingend verbundenen Exkulpierungsempfehlung zu einer klaren Standpunktgewinnung bei der Behandlung des Einzelfalles. Diese Einstellung wird zwar den Juristen bei der Konfrontierung mit „symptomarmen" Delinquenten gelegentlich befremden, aber hier scheint uns der von höchster juristischer Stelle bei den Beratungen der Strafrechtskommission vorgetragene Grundsatz von der Exkulpierung jedes nur *denkbaren* Zustandes von Unzurechnungsfähigkeit mit besonders überzeugenden Gründen anwendbar zu sein, da wir nicht wissen, welche Störungen des Ganzen schon der erste Einbruch der Krankheit in das Seelenleben bewirkt und wie schließlich die „Narben“ des Krankheitsprozesses den Ablauf des Seelenlebens verändern.

Während für die Cyclothymie (früher manisch-depressives Irresein genannt) diese Fragen nur mit der Schwierigkeit besetzt sind, die zeitlich meist nicht sehr schwer abgrenzbaren ersten Stadien der phasischen Verstimmung und das Abklingen dieses Zustandes zeitlich einigermaßen exakt zu erfassen, ist die Beurteilung der Psyche *nach* Ablauf akuter schizophrener Schübe außerordentlich schwierig. Das Problem des leichten und kaum noch wahrnehmbaren schizophrenen Defektzustandes – eine Diagnose, die oft nur aus Nuancen des andersartigen affektiven Reagierens gestellt werden kann – stellt sich hier und darüber hinaus ergibt sich die Frage, wie man Menschen beurteilen soll, die nach den Aktenunterlagen vor Jahren einen schizophrenen Schub überstanden haben, der jedoch symptomlos abgeheilt zu sein scheint. Auch hier kann es unserer Meinung nach keine vom Einzelfall ausgehende Lösung geben, da der einzelne Fall die Entscheidungskriterien nicht in sich trägt, sondern das Einhalten einer generellen Linie – die Exkulpierung – scheint uns das kleinere Übel zu sein. Bei gröberen Delikten, die massive aggressive Tendenzen erkennen lassen, wird zudem immer dem Freispruch gemäß § 51 Absatz I StGB die Unterbringung in einer Anstalt gemäß § 42b StGB folgen müssen.

Wir wollen diese Schwierigkeiten, die zu den nahezu unentscheidbaren Fragen der forensischen Psychiatrie gehören, an einigen Beispielen zeigen.

Fall XVIII

M. K. (AZ 12 24 Js 37/52 und 24 Js 43/57, Staatsanwaltschaft Köln)

Der 29jährige Polizeibeamte K. wurde im November 1951 von einer Prostituierten bei der Polizei mit der Beschuldigung angezeigt, er habe sie unter Ausnützung seiner Eigenschaft als Kriminalbeamter zur Duldung des Geschlechtsverkehrs ohne Bezahlung gezwungen. K. bestritt dies und räumte nur ein, daß er die Frau an dem fraglichen Abend ein Stück in seinem Kraftwagen mitgenommen habe. Der später am Tatort gefundene Präservativ (mit Samenresten und Schamhaaren) ließ nach Abschluß der chemischen Untersuchungen keine zwingenden Schlüsse auf die Täterschaft des K. zu.

Im Laufe des Verfahrens ergab sich, daß K. als 14jähriger Junge (1937) in einer Nervenheilanstalt unter der Diagnose „Schizophrenie“ (katatone Form) aufgenommen worden war. Nach dem Original-Krankenblatt bot er damals unmotivierte Angstzustände. Er befürchtete, seine Angehörigen würden nicht mehr lange leben. Er rief unmotiviert Sätze politischen und religiösen Inhaltes aus: „Hoch lebe Deutschland, hoch lebe Christus.“ Aus seinen teilweise recht verworrenen Reden konnte man erkennen, daß er selbst ein metaphysisches Todeserlebnis gehabt hatte. Auf der Station sah man ihn oft kniend oder in Kreuzesform ausgestreckt liegen. Die Psychose war nach der Teilnahme an Exerzitien aufgetreten. Der Junge soll in der Klinik meist nach Predigerart in nasalem Tonfall und mit eigenartigem Gesichtsausdruck über religiöse Dinge gesprochen haben. In die Anstalt verbracht, berichtete er über Stimmen, die ihm Befehle erteilten. Er klagte auch über haptische Halluzinationen, sein Körper stünde unter Strom. Bei der Entlassung soll er ziemlich unauffällig gewirkt haben. Ein Sterilisationsantrag wurde nicht gestellt. Man deutete die Psychose als symptomatische Psychose, als Folge eines fieberhaften Infektes. 1943 wurde erneut Anstaltsbehandlung erforderlich. Er bot damals einen Erregungszustand, in dem er eine drohende Haltung einnahm. Der aus dieser Zeit erhaltene, in der Anstalt geschriebene Lebenslauf enthält merkwürdig verschrobene Formulierungen und paranoide Gedanken. K. wurde danach aus Krankheitsgründen vom Militärdienst entlassen. Zu dieser Erkrankung gab er jetzt an, er habe die Krankheit nur vorgetäuscht, um vom Wehrdienst entlassen zu werden. Von 1945 bis 1951 war er aktiv im Polizeidienst. Bei der Begutachtung im Jahre 1952 fanden wir außer einer verständlichen Verbitterung über die mit dem Ermittlungsverfahren verbundenen Dienstsuspendierung keine psychopathologischen Befunde. Die dienstliche Beurteilung des K. war sehr gut. Besonders wurde sein Geschick im Umgang mit dem Publikum gelobt. In unserem ersten Gutachten haben wir das Vorliegen der Voraussetzungen zur Anwendung des § 51 Absatz I oder II StGB im Hinblick auf das Fehlen jedweder psychischen Veränderung im Sinne eines schizophrenen Defektzustandes verneint. Im Termin wurde er mangels Beweise freigesprochen. Aus dem Polizeidienst wurde er jedoch in Anbetracht der früher gestellten Diagnose entlassen.

K. nahm dann eine Stellung an, in der er für einen privaten Auftraggeber Fahndungen durchzuführen hatte. Im Zusammenhang mit einer solchen Fahndungsaktion soll er dann 1957 eine Frau mit einer Pistole bedroht und sich als Polizeibeamter ausgegeben haben. Ein neues Ermittlungsverfahren wurde eingeleitet. K. bezeichnete die Anschuldigung als „absurd und völlig aus der Luft gegriffen". Eine erneute Begutachtung war erforderlich. Wir konnten bei mehreren Untersuchungen wiederum keine Symptome im Sinne eines schizophrenen Defektzustandes feststellen und haben im zweiten Gutachten die Frage der Schuldfähigkeit bejaht.

Bei der epikritischen Betrachtung des Falles können wir heute Bedenken hinsichtlich unserer beiden Gutachten nicht unterdrücken. Bei den psychischen Erkrankungen von 1937 und 1943 handelte es sich mit hinreichender Sicherheit um schizophrene Psychosen. Die anderslautende diagnostische Etikettierung wurde höchstwahrscheinlich im Hinblick auf die Erbgesundheits-Gesetzgebung gewählt. Wenn auch der Lebensweg des K. nach 1945 jahrelang unauffällig verlaufen war und er sich beruflich durchaus bewährt hatte, so sind die Delikte doch sehr eigenartig; vor allem muß auch die Tatsache der Wiederholung auffallen. Auch nach der Empfehlung, dem Angeklagten den Schutz des § 51 Absatz I zu gewähren, hätte K. aus dem Polizeidienst ausscheiden müssen. Eine Anstaltsunterbringung wäre höchstwahrscheinlich nicht erfolgt und dem Grundsatz „in dubio pro reo" wäre Rechnung getragen worden, da auch schon bei der Abfassung der Gutachten schwerwiegende Zweifel hinsichtlich der Schuldunfähigkeit des K. bestanden haben, wenn uns auch der fehlende psychopathologische Befund diese grundsätzliche Entscheidung damals nicht treffen ließ.

Fall XIX

J. S. (22 Js 1159/55 Staatsanwaltschaft Köln)

Ein 61jähriger Pfarrer fuhr am 23. November 1955 mit einer gefälschten Fahrkarte, die er außerdem auf Grund eines ungültigen Antrages erworben hatte, mit der Bundesbahn von D. nach Köln. Er wurde von uns begutachtet, da in dem Verfahren von der Kirchenbehörde auf einen merkwürdigen „Lebensknick" hingewiesen wurde, den S. vor etwa 20 Jahren geboten hatte. Aus einem fleißigen, strebsamen, vielseitig begabten und hoffnungsvollen Studenten wurde innerhalb kurzer Zeit ein unfroher, unproduktiver Sonderling, der zu nichts rechtem zu gebrauchen war. S. verlor immer mehr den Kontakt zu den Mitmenschen und lebte – nach den Schilderungen seiner Angehörigen – untätig dahin. Es fiel eine zunehmende Neigung zu kleineren Diebereien und lügenhaftem Verhalten auf. Mit Leidenschaft habe er nur noch die Reparatur von Uhren betrieben. Nach langjähriger Untätigkeit erhielt er schließlich einen sehr bescheidenen Aufgabenkreis bei der seelsorgerischen Betreuung eines Altersheimes.

Bei der Begutachtung erklärte er zur Motivierung seines gerade für einen Geistlichen schwer motivierbaren Verhaltens: „Ich war sehr verbittert mit aller Welt; ich mußte es tun wie aus einem inneren Zwang heraus... ich laufe sowieso verfolgt und ungeachtet umher.“ Weil er immer wieder mit leeren Versprechungen in die Nachbarstadt D. bestellt worden sei, habe er schließlich geglaubt, den ungültigen Fahrtausweis benutzen zu dürfen.

Die Untersuchungen ergaben einen milden schizophrenen Defektzustand. Das formale Denkvermögen war erhalten, die affektiven Äußerungen jedoch matt. Seine Einstellung zeigte Interesselosigkeit und Initiativemangel. S. wirkte „versandet“. Wir nahmen eine schleichend verlaufende schizophrene Prozeß-Psychose an, die allmählich aus dem hochbegabten Akademiker einen innerlich ausgebrannten, ziellosen Menschen gemacht hatte, der lediglich gewisse äußere Erscheinungsformen, die Fassade, zu wahren wußte. Das Gericht folgte der Empfehlung, den § 51 Absatz I StGB anzuwenden. Eine Unterbringung gemäß § 42b StGB war nicht notwendig.

Epikrise. Die forensische Beurteilung dieses Falles ist nur dann einfach, wenn man sich an die eingangs erwähnte Generalkonvention hält. Der Täter hatte in den Jahren nach dem Krieg jahraus-jahrein, wenn auch nur in bescheidenem Umfang, eine mit Verantwortung beladene Tätigkeit ausgeübt. Er war sehr oft auf Reisen und hatte sich bislang korrekt verhalten. Auch sonst war er nicht durch Regelwidrigkeiten aufgefallen. Bei der Eigenart seines Berufes sollte man durchaus annehmen dürfen, daß ihm die Einsicht in Erlaubtes und Unerlaubtes möglich war. Eine *psychologische* Analyse der Tatsituation dürfte kaum etwas zutage fördern, womit man Schuldunfähigkeit im Sinne des § 51 StGB begründen könnte. Nur die Anwendung des generellen Grundsatzes der Schuldunfähigkeit beim Nachweis einer endogenen Psychose ermöglichte in diesem Falle eine menschlich und wissenschaftlich vertretbare Lösung des Problems.

Fall XX

Fall F. Krankenblattnummer 143/58 Universitäts-Nervenklinik Köln
A. Z. 29 Ds 57/58 Jug. Staatsanwaltschaft Köln

Die 18jährige, bisher unauffällige, strebsame Tochter eines Kunstmalers zeigte – ohne faßbare Motive – nach bisher unauffälliger Entwicklung im Dezember 1955 innerhalb weniger Tage eine eigenartige Wesensänderung. Sie wurde mißtrauisch gegenüber den Eltern, kramte nachts in ihrem Zimmer herum, sang und redete schwer verständliche Dinge.

Bei der Aufnahme in die Klinik zeigte sie eine unverkennbare Zerfahrenheit des Denkens bei manirierten Affekten. Sie berichtete über eine eigentümliche Veränderung der Welt; die Gesichter wurden anders gesehen, Geräusche anders wahrgenommen. Später hatte sie auch wahnhafte Personenverkennungen. Auf der Station benahm sie sich distanzlos, gelegentlich wurde sie laut und machte so medikamentöse Ruhigstellung notwendig. Unter Elektroschockbehandlung bildete sich die als Schizophrenie diagnostizierte Erkrankung in ausreichendem Maße zurück. Es blieben allerdings faßbare Persönlichkeitsveränderungen im Sinne eines läppisch-unernsten Wesens.

Nach der Entlassung ging es zwei Jahre einigermaßen. Die Patientin arbeitete an verschiedenen Stellen, meist als Verkäuferin. Im Oktober 1957 machte sie eine Schlankheitskur mit. Es kam zu starkem Gewichtsverlust. Im Dezember 1957 kam in dem Geschäft, in dem sie als Verkäuferin eingestellt war, eine Handtasche mit Geld fort. Der Verdacht fiel aus nicht näher ersichtlichen Gründen auf Frl. F., sie war schon in den Wochen vorher durch ihr eigenartiges Verhalten den übrigen Angestellten aufgefallen. Die über den Vorfall erzürnten Eltern sperrten die Tochter, die den Diebstahl hartnäckig leugnete, mehrere Wochen in ihrem Zimmer ein. Anfang Januar 1958 entfernte sie sich nach dem vergeblichen Versuch, in der Stadt einen Nervenarzt zu konsultieren, und ging mit einem ihr bis dahin fremden Mann in ein Hotel. Dort stahl sie einer ihr ebenfalls fremden Dame eine Handtasche. Danach fuhr sie in eine benachbarte Großstadt, wo sie unsinnige Einkäufe machte, in einem teuren Hotel übernachtete, das sie dann nicht bezahlen konnte. Nach dem Frühstück bot sie ihre eigene Handtasche an Stelle einer Barzahlung an. Ihre Armbanduhr versuchte sie im Pfandhaus zu beleihen. Dort nahm sie auch ein Portemonnaie an sich. Sie wurde festgenommen und durch die Polizei nach Köln gebracht. Unmittelbar danach erneute Aufnahme in die Klinik. Hier bot sie das Bild einer etwas albern wirkenden, leicht zerfahrenen und distanzlosen Schizophrenen. Nach dreiwöchiger Beobachtung Entlassung in unverändertem Zustand. Eine Woche später rief die weibliche Kriminalpolizei an, die Eltern hätten Vermißtenanzeige aufgegeben, seit Anfang Februar 1958 sei Frl. F. verschwunden.

Die verschiedenen Diebstähle wurden im Mai 1958 vor dem Jugendgericht verhandelt. Im Hinblick auf die sicher diagnostizierte schizophrene Erkrankung hatten wir die Anwendung des § 51 StGB empfohlen. Die Psychose hatte aus dem ursprünglich strebsamen, begabten Mädchen einen ziellosen, oberflächlichen, haltschwachen Menschen gemacht. Ihr Auftreten vor Gericht war jedoch für den Laien so unauffällig („kokett-beschämt"), daß es sehr schwer wurde, Richter und Staatsanwalt von der Schuldunfähigkeit im Sinne der gesetzlichen Bestimmungen des § 51 StGB zu überzeugen. Erst nach längeren Ausführungen über die — besonders auch durch die Kenntnis des Verlaufes mit der charakteristischen Persönlichkeitsveränderung sicher nachweisbare — Geisteskrankheit, die kein Laie bei dem hübsch aussehenden, gefällig wirkenden Mädchen vermutet haben würde, schloß sich das Gericht unseren Ausführungen an. Es erfolgte Freispruch. Eine Einweisung gemäß § 42b StGB wurde im Hinblick auf die relative Geringfügigkeit des angerichteten Schadens nicht ausgesprochen.

Epikritische Stellungnahme. Die Eigentumsdelikte der 18jährigen Verkäuferin F. scheinen sich fast in nichts von gleichartigen Delikten junger, unbesonnener und vergnügungssüchtiger Menschen zu unterscheiden. Die Tatanalyse ergab keine Hinweise auf Besonderheiten im Handlungsverlauf. Auch die „Tatentschlußbildung" läßt zunächst normal-psychologisch anmutende Motive erkennen: Die Patientin war von den Eltern unter Druck gesetzt worden, sie hatte ihr Elternhaus verlassen („Protestaktion"), sich mit fremden Männern abgegeben und in der bedrängten geldlichen Situation mehrfach Diebstähle begangen. Das so erworbene Geld hatte sie für wenig sinnvolle Dinge ausgegeben, die auch nach den Erfahrungen mit jugendlichen Dieben häufig Ziel entsprechender Handlungen junger Menschen sind. (Wohnen in teuren Hotels, Besuch luxuriöser Restaurants etc.)[1]. Bei Gesprächen mit der Delinquentin konnte man von ihr erfahren, „daß man so etwas nicht tun darf!" Das potentielle Einsichtsvermögen in das Unerlaubte derartiger Handlungen hätte durchaus — ohne Kenntnis der Grundkrankheit — bejaht werden können. Zwei Jahre lang hatte sie zudem ihre Tätigkeit als Verkäuferin zur Zufriedenheit ausüben können. Die „Hemmung", kriminellen Impulsen zu widerstehen, war somit in diesen zwei Jahren genügend kräftig ausgebildet, um Verstöße gegen Sitte und Gesetz zu verhüten.

Im Dezember 1957 und Januar 1958 kam es dann zu einer kleinen Serie von Eigentumsdelikten. Ein neuer „Schub" der Psychose war nicht mit Sicherheit nach-

---

[1] Siehe die Untersuchungen von G. Gercken, Dissertation der Medizinischen Fakultät der Universität Köln 1956 „Jugendliche Diebe und Räuber; ihre Stellung zur Eigentumsordnung".

weisbar. Es bestand also kein zwingender Grund, um aus dem konkret am Täter psychisch Faßbaren, Einsichtsvermögen und Hemmungsfähigkeit zu verneinen. Auch in der Gerichtsverhandlung gab Frl. F. auf entsprechende Fragen richtige Antworten und sie beteuerte tränenreich ihren Vorsatz, in Hinkunft nicht mehr zu straucheln. Eine Verurteilung wäre mit Sicherheit erfolgt, wenn aus irgendeinem Grund eine psychiatrische Begutachtung nicht erfolgt wäre. Die psychologische Methode mußte bei dieser Art von Persönlichkeitsveränderung versagen. Nur die Anwendung des Grundsatzes „Psychische Krankheit bedingt Schuldunfähigkeit" hat hier verhütet, daß ein Mensch, der nach dem heutigen Stand unseres Wissens von der Schizophrenie und ihrer Auswirkung auf die Motivationszusammenhänge *schuldunfähig* ist, auch tatsächlich nicht bestraft wurde. Der psychologische Nachweis der Schuldunfähigkeit bei schizophrenen Tätern, die nur geringe Persönlichkeitsveränderungen aufweisen, ist fast nie möglich. Die Anwendung der generalisierenden biologischen Methode allein gewährleistet, daß dem Prinzip, schuldunfähige Menschen unter allen Umständen vor Strafe zu bewahren, Rechnung getragen wird.

Im Hinblick auf die bisher verhältnismäßig geringfügigen Aggressionen wurde von der Unterbringung gemäß § 42 b StGB abgesehen.

Bereits Ende Juli 1958 erkrankte Frl. F. erneut an einem schweren schizophrenen Schub (Katatonie). Sie wurde in einem heftigen Erregungszustand in die Klinik eingeliefert. Massive medikamentöse Ruhigstellung und Schockbehandlungen mußten erfolgen. Tagelang konnte sie nur auf einem Bodenbett gelagert werden. Die Anstaltsverlegung ließ sich nicht umgehen, da mit einer langen Behandlungsdauer gerechnet werden mußte.

Fall XXI

J. Cl. (34 Js 21/57 Staatsanwaltschaft Köln)

Die psychologischen Schwierigkeiten, die sich für den medizinischen Sachverständigen ergeben können, wenn der Richter der biologischen Methode nicht oder nur ungern folgen will, ergeben sich aus folgendem Fall:

Ein 51jähriger Rechtsanwalt hatte mehrere Jahre lang Mandantengelder in Höhe von etwa 33 000 DM veruntreut. 1953 hatte er — wie sich später herausstellte — in einer manischen Phase ein Grundstück im Wert von etwa 80 000 DM gekauft, ohne über nennenswerte Barmittel zu verfügen. Allein die Pflege des großen Gartens kostete monatlich rund 2000 DM. Cl. geriet so in eine außerordentlich kritische finanzielle Situation und vergriff sich schließlich an den Geldern seiner Mandanten.

Cl. hatte seit 1925 in unregelmäßigen Abständen depressive Phasen überstanden. Gelegentlich hatte er leichte manische Verstimmungen, in denen er sich übertrieben aktiv, unternehmungslustig, initiativereich und bester Stimmung fühlte. Auf dem Höhepunkt einer manischen Phase kaufte er gegen Ende des Jahres 1953 das Haus. 1954/55 klang die manische Verstimmung allmählich ab und es bildete sich ein depressiver Zustand aus. Noch während des Abklingens der manischen Phase hatte er weitere unsinnige Käufe getätigt, u. a. Möbel, zwei Tonbandgeräte, eine Musiktruhe, Gegenstände, deren Kauf seine Frau nur mit Mühe rückgängig machen konnte.

Schon während der Voruntersuchung fiel dem Sachbearbeiter der Staatsanwaltschaft das „wenig planvoll motivierte Handeln" des Beschuldigten auf. So kam es zu einer psychiatrischen Untersuchung. Im Sommer 1957 bot Cl. das Bild einer reaktiven Depression. Endogen-depressive Züge waren allerdings nicht mit Sicherheit auszuschließen.

Wir empfahlen in der Hauptverhandlung die Anwendung des § 51 Absatz I StGB und legten dar, daß der Kaufvertrag gemäß § 104 BGB nichtig sei.

Der Vorsitzende der Strafkammer hatte zunächst starke Bedenken, dem Gutachten zu folgen, zumal Cl. im Termin einen „durchaus vernünftigen" Eindruck machte, worauf der Vorsitzende wiederholt hinwies.

Es war allerdings für die Position des Sachverständigen nicht ungünstig, daß der recht temperamentvolle Vorsitzende dem Angeklagten während der Vernehmung mehrfach fassungslos zurief: „Wie kamen Sie nur zu dieser Wahnsinnstat!" (Gemeint war der Hauskauf.) So wurde es schließlich leichter, die Handlungen des Angeklagten als Ausdruck einer manischen Verstimmung zu interpretieren. Da die Veruntreuungen der Mandantengelder in der Zeit der depressiven Phase geschehen waren, konnte und mußte Exkulpierung empfohlen werden.

Cl. wurde freigesprochen. Die biologische Methode hatte sich praktisch durchgesetzt; theoretisch wäre es unmöglich gewesen, vor Gericht den Nachweis zu führen, daß im Zustand der manischen Verstimmung, aber auch in der Phase der Depression sein Einsichts- und Hemmungsvermögen aufgehoben war. Der Angeklagte hat auch in der Zeit, in der er an der Psychose litt, seine Tätigkeit als Rechtsanwalt ohne ganz grobe Auffälligkeiten versehen können. Nur den Angehörigen und seiner Sekretärin war die seelische Veränderung aufgefallen, deren Kenntnis Grundlage für die Exkulpierung wurde.

Der Fall ist auch insoweit bemerkenswert, als die Delikte zum Teil im Zustand der depressiven Verstimmung begangen wurden. Nach allgemeiner forensischer Auffassung ereignen sich fast nur in manischen Phasen kriminelle Entgleisungen.

Schulte hat 1954 über kriminelle Handlungen in Verbindung mit depressiven Verstimmungen berichtet. Auch unser Fall kann als Hinweis dafür dienen, daß es gelegentlich auch im Zustand der Depression zu kriminellen Entgleisungen kommen kann. Das „Darniederliegen der Selbstwertgefühle und das Erlebnis der absoluten Leistungs- und Seinsinsuffizienz" (Schulte) sollen bahnend für die in der Depression begangenen Delikte wirken.

Epikritische Betrachtung. Jede der in dieser Schrift diskutierten Fassungen des § 51 ermöglicht dem Sachverständigen die Empfehlung der Exkulpierung. Fraglich ist es lediglich, ob der Jurist sich dem Primat der biologischen Methode in jedem Fall beugen würde.

Fall XXII

W. W. (50 PLs 2217/55 Staatsanwaltschaft Köln)

Am 18. August 1955 wurde aus einem Tannenwald im Bergischen Land mit Hilfe eines Lastkraftwagens eine größere Anzahl von Tannenstangen auf unbefugte Weise abtransportiert. Es soll sich um „bestes Nutzholz" gehandelt haben.

In den Verdacht der Täterschaft geriet sehr bald der sonst als rechtschaffen und zuverlässig bekannte Holzarbeiter W. Bei seiner polizeilichen Vernehmung bestritt er mit Nachdruck den ihm vorgehaltenen Diebstahl. Seine Arbeitskollegen legten aber schließlich ein Geständnis ab. Unter dem Eindruck des Geständnisses seiner Komplizen bequemte sich auch W. dazu, die Tat zuzugeben. Bei der Vernehmung war es wiederholt zu unerfreulichen Auftritten gekommen und W. hatte stets die Unterschrift unter das Protokoll ohne Angabe von Gründen verweigert. Er wurde schließlich unter dringendem Tatverdacht inhaftiert und legte im Gefängnis ein Geständnis ab, wobei er erklärte: „Nachdem ich den beiden Mitbeschuldigten gegenübergestellt worden bin und von diesen gehört habe, daß sie die Wahrheit gesagt haben, will nun auch ich ein Geständnis ablegen. Was ich bisher über die Herkunft des Holzes gesagt habe, war gelogen. Richtig ist, daß das von mir verkaufte Holz vom Bestand meines Arbeitgebers stammte. Wenn es überhaupt so weit gekommen ist, daß wir widerrechtlich Holz veräußert haben, so dürfte der Grund mehr oder weniger darin zu suchen sein, daß die Abrechnungen für unsere Arbeiten immer sehr lange auf sich warten ließen, andererseits wir unser Geld auch nötig hatten. *Ich sehe allerdings ein,* daß wir trotz aller Mißstände nicht hätten dazu übergehen dürfen, uns durch widerrechtlichen Holzverkauf einen Ausgleich zu verschaffen, weil unsere diesbezügliche Machenschaft in strafrechtlicher Hinsicht einwandfreier Diebstahl ist. Das war uns wohl auch von vorneherein klar und wir haben uns deshalb auch abgesprochen, bei einer polizeilichen Befragung zu behaupten, ich hätte das Holz von einem Unbekannten gekauft. Wie aber gesagt, sehe ich nun auch ein, daß ein weiteres Lügen keinen Zweck hat."

Bei seiner Vernehmung hatte W. angegeben, daß er in den Jahren 1940 bis 1945 in Heil- und Pflegeanstalten untergebracht war. 1945 sei er durch die amerikanischen Besatzungstruppen freigelassen worden. Bei einer ärztlichen Überprüfung seiner Unterbringung sei festgestellt worden, daß er ungerechtfertigterweise in die Anstalt eingewiesen worden sei. Nach der Entlassung aus der Anstalt sei er aber sehr bald von der deutschen Polizei wieder festgenommen und in die Anstalt zurückgebracht worden. Von der Anstaltsleitung sei bald ein Entmündigungsverfahren eingeleitet worden. Gegen die im August 1946 ausgesprochene Entmündigung habe er seit Jahren vergeblich gekämpft.

In dem Wiederaufnahmeverfahren bezüglich der Entmündigung wurde W. im Spätherbst 1955 stationär begutachtet. Bei der Erhebung der Vorgeschichte gab uns W. damals an: Er sei in Waldshut geboren und in der nahegelegenen Kreisstadt zur Schule gegangen. Schon während der Volksschulausbildung und auch anschließend habe er beim Fürsten in Landwirtschaft und Waldungen gearbeitet. 1920 sei er zur Reichswehr gegangen und dort sechs Jahre, zuletzt als Ausbilder, eingesetzt worden. Befördert worden sei er nicht. Infolge organisatorischer Umbildungen sei er ausgeschieden und bei seinem ehemaligen Vorgesetzten drei Jahre lang als Gutsverwalter tätig gewesen. Als dessen Sohn das Gut übernahm, sei er als Schweizer in großen Ställen in Westfalen tätig gewesen. Dort habe er auch 1931 geheiratet und er sei schließlich wegen Arbeitsmangels nach K. übersiedelt. Hier habe er anfangs als Holzvermittler und landwirtschaftlicher Gehilfe gearbeitet und er habe 1938/39 selbst eine kleine Landwirtschaft gepachtet. Es sei dann zu Schwierigkeiten mit der SA gekommen, da sein Anwesen zu einem Schießplatz umgebaut werden sollte. Nachdem er im Gerichtsverfahren wegen Enteignungsbemühungen obsiegt hatte, seien mehrere Provokationen durch Parteimitglieder erfolgt. Man habe ihm den Schornstein eingeworfen, obwohl er selbst versucht habe, jeder Reibung aus dem Wege zu gehen. Am 26. August 1939 sei er zur Wehrmacht eingezogen worden und nach verschiedenen Schwierigkeiten, insbesondere mit dem ihm vorgesetzten Leutnant, nach einem Kriegsgerichtsverfahren entlassen worden. Er habe dann erneut als Arbeiter sein Brot verdient und sei ohne besonderen Anlaß drei Monate später in die Heil- und Pflegeanstalt eingewiesen worden. Nach anfänglicher Beobachtungszeit im Wachsaal sei er nach W. verlegt worden und habe dort als Schweizer einem großen Kuhstall vorgestanden. Mit Einmarsch der amerikanischen Truppen sei er als nicht anstaltsbedürftig entlassen worden. Seine Ehe sei inzwischen auf Druck der Parteiorgane geschieden worden. Er sei daher unmittelbar nach seiner Anstaltsentlassung auf das inzwischen gepfändete Anwesen seiner Tante in der französischen Zone gegangen und habe bereits einen Arbeitsvertrag beim Fürsten dort abgeschlossen. Er habe lediglich seine Habseligkeiten aus K. holen wollen und sei dabei von seiner ängstlich gemachten Frau erneut der Polizei gemeldet worden. Bereits eine Stunde nach seiner

Ankunft sei er erneut in die Anstalt gebracht worden und dort 1947 nach Abschluß des Entmündigungsverfahrens entlassen worden. Sein Vormund habe von sich aus diese Entlassung betrieben, er selbst habe Invalidenrente bezogen. Um Schwierigkeiten mit der Amtsverwaltung in K. zu entgehen, habe er in L. als Holzarbeiter und Händler begonnen und seither diesen Beruf mit Erfolg ausgeübt. Er habe mit seiner damaligen Braut zusammen eine Pension aufgebaut und sich damit eine Altersversicherung geschaffen. Seine Heiratspläne habe er zurückgestellt, da zwischen ihnen doch größere soziale Unterschiede bestünden. Sein Wunsch, die Entmündigung aufzuheben, sei vor allem dadurch hervorgerufen, daß in einer so kleinen Gemeinde die Tatsache der Vormundschaft für ihn geschäftliche Nachteile bringen könne. Wesentliche Differenzen mit Geschäftspartnern, Nachbarn und Behörden seien in den letzten Jahren nicht aufgetreten. Die Beziehungen zu seinem Vormund seien lose, aber sehr gut. Er plane dann, wenn sich die derzeitige nicht sehr günstige Konjunktur im Holzgewerbe nicht ändere, eventuell in die Schweiz zu gehen, da er dort seinen Lebensstandard mit weniger Mühe halten könne. Mit seiner ehemaligen Frau herrsche ein gutes Einvernehmen. Sie habe ihm auch für das jetzige Verfahren eine ausführliche Erklärung zur Verfügung gestellt.

Aus unserer Beurteilung:

„Bei dem jetzt 53jährigen Waldarbeiter W. finden sich zweifellos eindeutige Hinweise auf eine schizophrene Prozeßpsychose. Berücksichtigt man die verschiedenen, sehr ausführlich mitgeteilten psychischen Befunde seit 1946, so fällt auf, daß W. diese Defektsymptome zunehmend besser zu verdecken vermag. Eine Bestätigung hierfür läßt sich auch aus den verschiedenen Zeugenaussagen gewinnen. Offenbar ist W. in seinem alltäglichen Lebensbereich nahezu unauffällig, während lediglich dort, wo Gelegenheit zu politischen und weltanschaulichen Gesprächen vorhanden war, auch von den Zeugen ein als kleiner geistiger Defekt oder als Verworrenheit bezeichneter Charakterzug beschrieben wird. Besondere Schwierigkeiten sind offenbar hierdurch weder für die unmittelbare Umgebung noch für Behörden und Dienststellen entstanden. Dies hat insofern für die zu treffende Entscheidung besonderes Gewicht, als W. offensichtlich durch seinen jetzigen Vormund kaum wesentliche Einschränkungen seiner Aktivität erfahren hat. Die von ihm in der Entmündigungsangelegenheit ausgearbeiteten Schriftsätze sind praktisch von seinem Vormund nur bestätigt bzw. gebilligt worden. Bei der Beantwortung der Frage, ob W. in der Lage ist, seine eigenen Angelegenheiten zu besorgen, wird man zwar hervorheben müssen, daß der medizinische Tatbestand gegenüber früheren Beurteilungen der gleiche geblieben ist. W. leidet zweifelsohne an einer schizophrenen Prozeßpsychose, die auch jetzt noch, selbst ohne Kenntnis der früheren Vorgänge, diagnostizierbar ist. Im Hinblick auf die Bewährung im täglichen Leben, die sowohl aus den Zeugenaussagen entnommen werden kann als sich auch während der hiesigen Beobachtung dadurch äußerte, daß W. seine psychotischen Symptome recht gut zu verdecken vermag, möchten wir jedoch annehmen, daß er in der Lage ist, seine Angelegenheiten selber zu besorgen, zumal – wie dies auch schon der Vorgutachter ausgeführt hat – der Umkreis dieser eigenen Angelegenheiten recht beschränkt ist. Wir halten daher die Aufrechterhaltung der Entmündigung nicht mehr für unbedingt erforderlich. Es wäre wünschenswert, diese sich in erheblichem Maße auf die in den Akten enthaltenen Zeugenaussagen stützende Auffassung noch dadurch zu erhärten, daß man zur Hauptverhandlung die wichtigsten Zeugen aus dem unmittelbaren Lebenskreis des W. persönlich hört."

Kurze Zeit später erreichte uns die Aufforderung, auch zur Frage der strafrechtlichen Verantwortlichkeit des W. ein Gutachten abzugeben, da inzwischen das Verfahren wegen des Holzdiebstahles lief. Aus dem Strafregisterauszug ergab sich, daß W. mehrfach vorbestraft war: 1928 wegen Bedrohung, 1936 wegen Beleidigung,

1938 wegen Einbruchdiebstahls, 1939 wegen Beleidigung und versuchter Nötigung, 1948 wegen Diebstahls. Psychiatrische Untersuchungen hatten früher nicht stattgefunden.

Bei der Begutachtung für das Entmündungsverfahren hatte W. uns von einem Strafverfahren keine Mitteilung gemacht. Jetzt berichtete er, daß er infolge des Nichteinhaltens gegebener finanzieller Zusicherungen von Seiten seines Arbeitgebers in Schwierigkeiten geraten sei. Er habe die von ihm beschäftigten Mitarbeiter nicht entlohnen können. Daraufhin habe er telephonisch dem Besitzer des geschlagenen Holzes gedroht, er werde sich gegebenenfalls an diesem Holz schadlos halten. Auf den Einwurf, warum W. diesen Sachverhalt nicht unmittelbar bei der Vernehmung dargelegt habe, kann der Beschuldigte eine plausible Erklärung nicht geben. Seine weitschweifigen Erläuterungen zu diesem Punkt können lediglich dahingehend zusammengefaßt werden, daß er die mühevollen Ermittlungen der Täter *seinen* Bemühungen um eine gerechte Entlohnung für äquivalent hielt. Im weiteren Verlauf der sehr ausführlichen Exploration gab W. deutlich zu verstehen, daß er in seiner eigenmächtigen Handlungsweise kein echtes Verschulden erblicken könne und diese Tat im Grunde genommen als Notwehr gegen die Machenschaften der Obrigkeit betrachte. Diese Instanzen, gleichgültig ob in Form der Provisionsvertreter, der Forstverwalter oder der Justizbehörden, seien schließlich bestrebt, den Arbeiter um die Früchte seiner harten Arbeit zu betrügen und ihn, wenn er sich nicht wehre, auszunutzen. Die Argumentation des W. entbehre jedoch der Logik innerhalb eines geschlossenen Systems, wie dies etwa bei Vertretern marxistischer Gedankengänge zu finden ist und wies deutliche Zeichen einer psychotischen Denkstörung auf." Es darf daher geschlossen werden, daß das zur Zeit dem W. zur Last gelegte Delikt, entgegen dem äußeren Anschein, nicht in normaler Weise durch normale Motive bestimmt worden ist. Darüberhinaus ist W. auch jetzt nicht in der Lage, das Schuldhafte seines Verhaltens einzusehen. Im Hinblick auf die bei ihm außer Zweifel stehende Geisteskrankheit wird man daher, in Übereinstimmung mit den allgemeinen Erfahrungen, auch für die spezielle Straftat die Anwendung des § 51 Absatz I StGB empfehlen müssen."

Von der Staatsanwaltschaft wurde nunmehr ein Obergutachten angefordert. Der Obergutachter wies zunächst auf ein in der Entmündigungssache 1952 erstattetes Gutachten hin. W. soll damals besonnen, geordnet und entgegenkommend gewirkt haben. Weiter heißt es in dem Obergutachten: „W. war allseitig orientiert, die intellektuellen Leistungen waren entsprechend, sein Ausbildungsstand durchschnittlich. Der Untersucher hatte nicht gleich den Eindruck, es bei W. mit einem geistig Abnormen zu tun zu haben. Erst bei längeren Gesprächen stieß er auf einige Wahnideen, die den Charakter von Beeinträchtigungs-, Verfolgungs- und teilweise Größenideen hatten und sich vorwiegend auf politischem Gebiet bewegten. Außerdem glaubte der Gutachter, eine eigentümliche Affektverarmung, eine mangelnde affektive Rapportfähigkeit, eine gewisse Kontaktschwäche, Leere und Abgestumpftheit des Gesichtsausdruckes, mannigfache Widersprüche in seinem Denken, Stereotypien und ähnliche Symptome beobachtet zu haben.

„Bei der von mir vorgenommenen Untersuchung" — so führte der Obergutachter aus — „habe ich keine der — wenn vorhanden — zweifellos als krankhaft anzusehenden Symptome finden können. W. zeigte nicht die geringste Affektstörung; er war lebhaft, intelligent, aufgeschlossen und erzählte nicht ohne innere Logik sein Lebensschicksal, von seiner Rebellion gegen die Partei, seinem Schicksal in den Anstalten und seiner Beschäftigung nach seiner Entlassung. Alles, was er vorbrachte, war durchaus sachlich und vernünftig. Man hatte lediglich den Eindruck, daß er vielleicht ein übertriebenes Rechtsgefühl besaß. Ich habe es absichtlich vermieden, mich auf politische Diskussionen einzulassen, da die Politik wie die Religion und die

Philosophie von Autismen, d. h. von Wunschdenken beherrscht wird und es kaum möglich ist, das Absurde von dem noch Zumutbaren zu unterscheiden. Jedenfalls habe ich bei ihm keine eigentliche Wahnbildung mehr gefunden und auch nicht feststellen können, daß er diese, wenn sie noch vorhanden sein sollte, zu verbergen versuchte. Zur Frage der Wahnbildung überhaupt möchte ich noch bemerken, daß ich in meinem Leben sehr kluge und auch kritische Akademiker kennen gelernt habe, die sich mit Astrologie befaßten und an deren Prophezeiungen glaubten und die die Ideen Hitlers als der Weisheit letzten Schluß ansahen. Ein Blick nach Osten sollte einen ganz besonders skeptisch hinsichtlich der Beurteilung von Wahnideen machen. Soll man die östlichen Machthaber, die überall Spionage, Verrat und Sabotage wittern, insgesamt als vom Verfolgungswahn besessene Geisteskranke bezeichnen? Ich glaube, daß man von diesen fruchtlosen Erörterungen über Wahnideen absehen und nur das Verhalten des Angeklagten in seinem Milieu betrachten muß, um sich ein Bild über seine Persönlichkeit zu machen. Dabei fällt nun auf, daß alle Leute, die mit ihm zu tun haben und ihn näher kennen wie sein Vormund, seine Frau, seine Arbeitgeber und auch die Polizei sich durchaus günstig über seinen Charakter äußern. Ich glaube nicht, daß dieselben, immerhin recht erfahrenen Leute über einen wirklich Geisteskranken ein so übereinstimmend positives Urteil abgeben würden. Auch die hiesige Nervenklinik hat in ihrem ausführlichen Gutachten vom 5. Dezember 1955 — wenn man von der Vorgeschichte absieht — nichts bemerkt, was auf eine noch bestehende Geisteskrankheit hätte hindeuten können. Der körperliche, besonders der neurologische Befund war völlig normal. Psychisch erschien W. als eine gut komponierte, biedere, durchaus rechtschaffene Persönlichkeit. Es wird in dem Gutachten hervorgehoben, daß im Bereich des täglichen Lebens sein Gedankengang keine formalen Störungen aufwies und daß sich lediglich bei der Diskussion politischer Fragen recht beachtliche Diskrepanzen zwischen der Beurteilung seiner eigenen Möglichkeiten und den realen Begrenzungen ergaben. Der Gutachter glaubt nun, daß die staunenswerte objektive Besserung, die der Kranke seit 1940 erkennen läßt, darauf zurückzuführen ist, daß er seine Wahnideen besser zu verdecken vermag. Er falle im alltäglichen Leben nicht mehr auf, zeige aber bei politischen und weltanschaulichen Gesprächen kleine geistige Defekte oder eine gewisse Verworrenheit. Die Frage, ob der Patient nicht inzwischen von seinem Wahn geheilt ist, wird nicht diskutiert. Jedenfalls war auch die Klinik der Ansicht, daß die Entmündigung aufgehoben werden könne, zumal sein Vormund sich seit vielen Jahren kaum um sein Mündel kümmere und die Entmündigung sich lediglich zum Nachteil und nicht, wie vom Gesetzgeber beabsichtigt, zum Vorteil des Mündels auswirke.

In einem gewissen Gegensatz zu diesem Gutachten steht nun ein zweites Gutachten derselben Klinik, das über die Zurechnungsfähigkeit des W. erstattet wurde.

Nach dem Gutachten begründete W. den Holzdiebstahl bei seinem Arbeitgeber damit, daß die Firma ihm nicht den vollen Lohn von 3,50–4 DM pro cbm, sondern nur 3 DM bezahlt habe. Der Angeklagte habe deutlich zu verstehen gegeben, daß er in seiner eigenmächtigen Handlungsweise kein echtes Verschulden erblicken könne, sondern nur eine Notwehrhandlung gegen die Machenschaften der Obrigkeit. Hierin erblickte der Gutachter eine psychotische Denkstörung. Das Delikt sei seiner Ansicht nach nicht in normaler Weise durch normale Motive begründet, so daß man dem Angeklagten den § 51 Absatz I StGB zubilligen müsse. Dieser Schluß scheint mir schon deshalb nicht logisch zu sein, weil der Angeklagte zunächst den Diebstahl leugnete; hätte er sich infolge seiner geistigen Störung für berechtigt gehalten, das Holz zu nehmen, um damit einen Lohnausgleich zu schaffen, so ist es unverständlich, weshalb er das nicht der Polizei gesagt hat. Daß er den Diebstahl verschwieg, spricht schon dafür, daß er den Unrechtsgehalt seiner Straftat kannte.

Ich habe mich ebenfalls lange mit W. über den Diebstahl unterhalten und hatte dabei durchaus nicht den Eindruck, als wenn er einen politischen Kampf führen wollte. Übrigens gab er mir auch ohne weiteres zu, daß er seine früheren Diebstähle aus Not und nicht aus politischen Motiven begangen habe. So schilderte er mir, daß er durch die zu geringe Bezahlung der Firma in eine gewisse Not geraten sei, da er, zumal die Witterungsverhältnisse ungünstig gewesen seien, seinen Leuten nicht den versprochenen Lohn habe zahlen können. Das einzig Interessante an dem Diebstahl war für mich der Umstand, daß er durch den Diebstahl nur den ihm angeblich zu wenig bezahlten Lohn zu erlangen versuchte. Da er 250 cbm eingeschnitten und pro cbm seiner Rechnung nach 0,50 DM zu wenig erhalten hatte, betrug die noch ausstehende Summe 125 DM. Für die 1,5 cbm Holz hatte er 134 DM erhalten, von denen er noch den Fuhrlohn bezahlen mußte. Im übrigen habe ich aber noch keinen Dieb kennen gelernt, der nicht eine moralische Rechtfertigung für seine Diebstähle gefunden hätte, es sei denn ein notorischer Verbrecher, den die Moral nicht mehr interessiert. Wie weit bei ihm seine moralische Begründung berechtigt war, vermag ich nicht zu beurteilen, doch habe ich die größten Bedenken aus dieser Begründung, wenn auch auf Umwegen auf einen zweiten Michael Kohlhaas mit schizophrenem Untergrund zu schließen. Selbst wenn man ihm als Residuum seiner früheren Erkrankung eine abwegige Rechtsauffassung bzw. ein gestörtes Rechtsempfinden zubilligen wollte, wozu aber m. E. keine Berechtigung vorhanden ist, so könnte man ihn höchstens als etwas vermindert zurechnungsfähig bezeichnen, besonders wenn man berücksichtigt, daß die Gesamtpersönlichkeit keine Zerfallserscheinungen aufweist.

Ich bin mir bei meiner Beurteilung durchaus bewußt, daß die Auffassung der einzelnen Psychiater über die Zurechnungsfähigkeit der geheilten Schizophrenien auseinander geht. Es gibt Psychiater, die jeden Menschen, der jemals eine Schizophrenie durchgemacht hat, selbst wenn er keine Symptome der Erkrankung mehr aufweist, als unzurechnungsfähig erklären. Andere, zu denen auch ich gehöre, machen die Beurteilung von dem zur Zeit der Tat bestehenden Bilde abhängig. Sind keine oder nur minimale Defekte nachweisbar, so stehe ich nicht an, den betreffenden Angeklagten voll oder höchsten vermindert zurechnungsfähig zu erklären."

Im Termin gab W. an: „Ich bin mir nicht bewußt, einen Diebstahl begangen zu haben." Das Verfahren gegen ihn wurde abgetrennt, um eine ergänzende Stellungnahme der Klinik zu den bisher erfolgten Begutachtungen einholen zu können.

In dieser Ergänzung wurde von uns später ausgeführt:

„Wenn der Vorgutachter im Rahmen seiner Nachuntersuchung verbindliche Symptome einer schizophrenen Defektpsychose bei W. nicht auffinden konnte, so steht dies im Widerspruch zu den von uns erhobenen psychischen Befunden. Unseres Erachtens sind bei W. so deutliche Defektsymptome nachweisbar, daß man ihn nicht zu der Gruppe der sogenannten geheilten Schizophrenien zählen kann. Lediglich in dieser Gruppe wäre unseres Erachtens eine ernsthafte Diskussion über den Wiedereintritt der vollen strafrechtlichen Verantwortlichkeit möglich. Im vorliegenden Fall hingegen können wir die Empfehlung der Anwendung des § 51 Absatz I StGB nur wiederholen."

Außerdem wurde Herr Prof. Scheid später noch einmal zur Frage der strafrechtlichen Verantwortlichkeit des W. mündlich gehört. Er erklärte damals: „Mit namhaften Psychiatern vertrete ich die Anschauung, daß die Schizophrenie, wie auch andere Geisteskrankheiten, sich nicht nur auf bestimmte Bezirke des Seelenlebens beschränkt, sondern sich auf die Gesamtpersönlichkeit, auf ihr Fühlen, Streben, Wollen, Werten etc. auswirkt. Unter diesen Umständen wird man dann, wenn auch nur leichteste Defektzeichen einer Geisteskrankheit, so wie im vorliegenden Fall gegeben sind, den Schutz des § 51 Absatz I StGB zubilligen müssen."

Im Termin vom 7. Januar 1957 wurde W. wegen Unzurechnungsfähigkeit auf Kosten der Staatskasse freigesprochen. Gericht, Staatsanwalt und Verteidigung hatten sich dem Gutachten der Klinik angeschlossen, obwohl W. in der Tat kaum wahrnehmbare Defektsymptome bot und ohne die klinische Beobachtung im Rahmen des Entmündigungsverfahrens wahrscheinlich niemand auf den Gedanken gekommen wäre, eine psychiatrische Begutachtung im Strafverfahren vornehmen zu lassen. Die Akzeptierung der biologischen Methode hat in diesem Falle alle durchaus vertretbaren juristischen Bedenken zurücktreten lassen.

Literatur

Schulte, W.: Depressive Verstimmungen mit Erschütterung des Selbstwerterlebens an der Schwelle ethischer Entgleisungen und krimineller Handlungen. Z. Psychotherapie u. med. Psychol. *4*, 122 (1954).

Wanner, O.: Schizophrenie und Kriminalität. Mschr. Kriminol. u. Strafrechtsreform *37*, 1 (1954).

Ziehen, Th.: Neuere Arbeiten über pathologische Unzurechnungsfähigkeit. Mschr. Psychiatr. *5*, 52 u. 459 (1899).

Eigene Erwägungen zur Strafrechtsreform

In den Kolloquien, die wir seit 1950 mit dem 1957 verstorbenem Strafrechtslehrer Gotthold Bohne und später mit Richard Lange unter Teilnahme von Richtern, Staatsanwälten und Rechtsanwälten veranstalten konnten, wurden uns instruktive Belehrungen über die Ziele der Strafrechtsreform zuteil.

Eine vielseitige forensische Tätigkeit gab uns gleichzeitig die Möglichkeit, die theoretischen Grundsätze mit den Bedürfnissen der Praxis zu konfrontieren und die Frage der Bewährung zu stellen. Die bei der Handhabung des Einzelfalles auftretenden Schwierigkeiten boten die Veranlassung, in dieser Schrift auch Erwägungen zur Strafrechtsreform vom Standpunkt des forensisch tätigen Psychiaters zu bringen.

In der Auseinandersetzung mit den zeitlosen, restlos befriedigend wohl nie zu lösenden, forensisch-psychiatrischen Problemen ergaben sich für uns drei leitende Gesichtspunkte, die wesensmäßig eine Beziehung zur aktuellen oder zukünftigen Strafrechtsreform zu haben scheinen:

I. Die Unteilbarkeit der Schuldfähigkeit.

II. Die Abschaffung des Strafmaßes.

III. Der Einbau der Psychologie in Strafprozeß und Strafvollzug.

I. Die Unteilbarkeit der Schuldfähigkeit

In einer von kritischen Menschen oft als unübersichtlich und ungeordnet empfundenen Zeit scheint die Orientierung an zeitunabhängigen Werten und Normen ein verläßlicheres Mittel zu sein, um „innen“ wie „außen“ eine relative Ordnung zu schaffen und zu bewahren, als sich dem Fascinans angeblich wertneutraler, zur Zeit vorwiegend soziologisch orientierter, natürlich „streng wissenschaftlicher“ Methoden hinzugeben, deren Kriterien erwiesenermaßen dem raschen Wandel der Zeiten unterworfen sind.

Der Gedanke, die Rechtspflege ausschließlich nach den Bedürfnissen der Gesellschaft (von 1933–1945 „Volksgemeinschaft“ genannt) ausrichten zu wollen, scheint uns nicht ungefährlich zu sein; wissen wir doch, wie wandelbar die Bedürfnisse dieser großen Kollektive sein können. Ob der Weg vom metaphysisch fundierten

Schuldstrafrecht zum vorwiegend soziologisch orientierten „Schutzstrafrecht" (zu Dohna) gangbar ist und einen *guten* Weg darstellt, wird erst die Zukunft lehren können.

Wir empfinden die Fundierung des Strafrechtes auf den für unser historisches Bewußtsein doch schon nahezu zeitlosen metaphysischen Fundamenten *beruhigender* als den Bau des Rechtes auf dem Flugsand rasch vergänglicher soziologischer Strukturen mit ihren ephemeren „Bedürfnissen".

Zu einem unabdingbaren Bestandteil dieses Fundamentes gehört die Annahme von *Schuld* und *Schuldfähigkeit.* Die empirisch nicht zu verifizierende, aber gedanklich makellose Konzeption dieses Begriffes sollte ein „Unteilbares Ganzes" bleiben und nicht durch phänomeninadäquate, „berechnende" Manipulationen geschmälert werden. Ein positives Wissen über diese Fragen gibt es nicht. Hierin stimmen alle kritischen Sachkenner überein. Um so bemerkenswerter ist eine gelegentlich gefundene Einstellung, bei der so getan wird, als hätte man echte Einsichten in die Phänomene und könnte mit Hilfe besonderer wissenschaftlicher Methoden weitere Grenzen errichten, die das Unumgrenzbare allmählich in den Griff des Menschen zwingen sollen. Ob der Mensch schuldfähig *ist* oder *nicht,* darüber fehlt jedes positive *Wissen.* Wie rätselhaft erscheint daher das — vom Gesetzgeber heute noch verlangte — Ansinnen, ein generelles Nicht-Wissen durch partielles Schein-Wissen verbrämen zu wollen.

Wir meinen, daß es allenfalls dem Stande unseres Wissens entspricht, psychisch Kranke aus der Kategorie der „Schuldfähigen" herauszunehmen. Diesen Entschluß sollte man, wenn man sich dazu durchgerungen hat, aber auch konsequent zu Ende führen und *alle psychisch Kranken* exkulpieren. Der Kompromiß des § 51 Absatz II wird dann überflüssig.

Ein Strafgesetzbuch, das keine fixen Relationen zwischen Tat und Strafmaß kennt, wird ohnedies auf eine Graduierung der Schuldfähigkeit verzichten können, da — nach Klärung der Grundfrage „schuldfähig oder nicht" — die vom Gericht getroffenen Maßnahmen der individuellen Tat-Tätersituation in zwangloser Weise gerecht werden können.

Sollte sich die künftige Entwicklung des Strafrechtes — etwa nach dem Vorbild des jüngsten Strafgesetzbuches der Welt, des dänischen Kriminalgesetzbuches für Grönland (1954) — in der Richtung immer stärker individualisierender, spezialpräventiver Maßnahmen vollziehen, so würden der § 51 Absatz II StGB und ähnliche Bestimmungen im Laufe der Zeit von der Entwicklung selbst überholt werden.

II. Die Abschaffung des Strafmaßes

Die von Kraepelin 1880 geforderte „Abschaffung des Strafmaßes" als Kernstück einer künftigen Strafrechtsreform mußte und muß auch heute noch vielen Juristen als „abwegige Idee" eines Psychiaters vorkommen. Und doch ist der Gedanke Kraepelins in dem neuen dänischen Kriminalgesetzbuch für Grönland 1954 *Realität* geworden. Dieses Gesetzbuch kennt keine fixierten Relationen zwischen Tat und Strafmaß mehr, es kennt nur noch Maßregeln, die je nach Lage des Falles zu variieren sind.

Wir möchten die geniale Idee von Kraepelin nachdrücklich in das Bewußtsein unserer Zeit zurückrufen. Die Studie enthält aber auch zahlreiche andere Vorschläge zur Reform des Strafrechtes, die realistischer und wirklichkeitsnaher anmuten, als manche Manipulationen am Begriff der Zurechnungsfähigkeit, wo immer wieder — ohne Erfolg natürlich — versucht wird, die Quadratur des Kreises zu erzwingen, d. h. die unendliche Empirie in das Prokrustesbett normativ-begrifflicher Abstraktionen zu zwingen.

Kraepelin führte den heute in vielen Bereichen der Medizin so beliebten Ausdruck der „sozialen Rehabilitierung" für den Rechtsbrecher ein und öffnete damit – wenigstens im geistigen Entwurf – ein großes Feld für eine wirklich humane Strafrechtspflege: der einmal Gestrauchelte dürfe nicht durch den Makel der Strafe sozial auf die Dauer deklassiert bleiben. Solche Intentionen verraten mehr Psychologie und philanthropische Gesinnung als die viel geistige Akrobatik enthüllenden Denkmühen, um jeden Preis die formal-begrifflichen Voraussetzungen zur Exkulpierung jedes nur denkbaren Falles von Schuldunfähigkeit zu schaffen.

Kraepelin weist auf den Widersinn hin, der in der Verurteilung zu einer fixen Haftstrafe liegt. Der Freiheitsentzug sollte vielmehr so lange dauern, bis der „Erziehungszweck" erreicht ist. Das Prinzip des Freiheitsentzuges auf unbestimmte Zeit wird empfohlen, ein psychologisch und pädagogisch höchst wirksames Prinzip, das außerdem in recht überzeugender Weise dem Schutzbedürfnis der Allgemeinheit dient. Der Richter – so schrieb Kraepelin – sollte zunächst nur über „schuldig" oder „nicht-schuldig" entscheiden. Erst im Strafvollzug könne sich das für den Strafzweck Richtige und Notwendige langsam entwickeln. Die von Fr. Bauer als aktuellster Diskussionsgegenstand der Kriminalpolitiker herausgestellte Frage des „Etappen- oder Zäsurensystems", ist in dieser sinnvollen, profunde Menschenkunde verratenden Forderung Kraepelins bereits im Kern enthalten.

Bedeutende Strafrechtslehrer, wie zu Dohna, haben sich für die „zeitlich unbestimmte Strafe" ausgesprochen, die einen Erziehungsfaktor erster Ordnung darstellt, sei es auch nur im Sinne eines „Behaviour-Wandels" beim Delinquenten. *Mehr* kann man wohl vom Menschen kaum erwarten. Ein Gesinnungswandel, eine echte Metanoia, gehört zu den Ausnahmeerscheinungen menschlicher Existenz.

Der Verzicht auf vorgeschriebene, fixe Relationen zwischen Straftat und Strafrahmen fordert allerdings vom Richter höhere geistige Leistungen. Der Appell an das „Schöpferische" im Richter, den W. Wagner mit eindrucksvollen Worten aussprach, wird verstärkt erschallen, denn dem Richter wird Souveränität in noch stärkerem Maße zufallen, wenn er in einem solchen – schöpferischen – Akt das für die gegebene Situation Richtige und Gerechte „bilden" muß.

Der auch von uns nur mit Unbehagen beobachtete Vorgang vom Übergewicht der Sachverständigen wird immer mehr zurücktreten, wenn der medizinische Sachverständige nur noch die Aufgabe hat, dem Richter zu sagen, ob ein Täter „psychisch krank" ist oder nicht.

Der „Entwurf des Ganzen" wird dann vom Richter vollzogen, der mit eigenem Instrumentarium arbeitet und auf sachfremde Erwägungen noch mehr als bisher verzichten kann.

Eine Sicherung gegen Auswüchse und Willkür bei der Urteilsfindung stellt die Anwesenheit der übrigen Prozeßbeteiligten dar; Anhaltspunkte für ein „vernünftiges Strafmaß" ergeben sich bereits aus dem Antrag der Staatsanwaltschaft und aus den Wünschen der Verteidigung.

Der Fortfall des Strafmaßes erweitert auch das Feld der Präventionen. Denn die „Spezialprävention" kann zur Genüge angewendet werden, während die General-Prävention durch den „Unsicherheitsfaktor" einen starken psychologischen Auftrieb erhielte. Wir meinen, man sollte in einem künftigen Strafrecht mehr auf den nüchternen Wirklichkeitssinn und das psychologische Urteilsvermögen der Richter vertrauen als auf das nur allzu akademisch anmutende Bemühen, am Schreibtisch eine „Perfektion der Normen" auszuklügeln. Die sinnvolle Bewältigung der Empirie kann nicht durch Dekrete erfolgen, die den Anspruch erheben, jeden möglichen Fall „regeln" zu wollen; die Begegnung mit der Wirklichkeit kann nur in einem ständig neu vollzogenen schöpferischen Akt gelingen.

Literatur

Bauer, Fr.: Das Verbrechen und die Gesellschaft. München-Basel 1957.
zu Dohna, A.: Ein unausrottbares Mißverständnis. Z. ges. Strafrechtswissenschaft *66*, S. 505 (1954).
Kraepelin, E.: Die Abschaffung des Strafmaßes. Stuttgart 1880.
Marcus, Fr.: Das Dänische Kriminalgesetzbuch für Grönland vom 5. März 1954. Berlin 1955.
Wagner, W.: Psychopathologie und Gerechtigkeit. Nervenarzt *26*, 313 (1955).

III. Der Einbau der Psychologie in Strafprozeß und Strafvollzug

Diese Schrift kann stellenweise den Eindruck erwecken, als seien wir gegen „Psychologie" im Strafprozeß. Das ist nicht der Fall; wir empfehlen vielmehr so viel Psychologie (im Sinne von Menschenkunde und Menschenverständnis) wie nur eben möglich. Psychologie sollte vor allem gleich zu Beginn eines Kriminalverfahrens angewendet werden, etwa bei den polizeilichen Vernehmungen, wo oft entscheidende Dinge durch eine unpsychologische Einstellung der vernehmenden Beamten verdeckt oder nur in entstellter Form berücksichtigt werden. Manches kommt überhaupt erst in der Hauptverhandlung zur Sprache; eine psychologisch geschickte Führung der Voruntersuchungen kann die Durchführung der Termine entscheidend erleichtern oder, wenn sie fehlt, erschweren.

Die Notwendigkeit einer noch stärker psychologischen Fundierung der Urteile wurde immer wieder betont. Unabdingbar ist eine intensivere – psychologische – Durchdringung des Strafvollzuges, um hier ein pädagogisches Optimum für den Täter und damit auch für die Gesellschaft zu erreichen. „Antagonismen" jeder Genese können durch psychologisch richtige Behandlung der Delinquenten vermieden oder wenigstens auf ein erträgliches Maß reduziert werden.

Bei der Feststellung der „Schuldfähigkeit" wünschten wir uns dagegen, wenn hier überhaupt Wünsche ausgesprochen werden dürfen, so wenig „Psychologisieren" wie möglich; auch sähen wir an dieser Stelle des Strafprozesses am liebsten die Psychologen *nicht* am Werke, da sie hier – unserer Auffassung nach – nicht ihren legitimen Platz haben. Der Grundsatz von der generellen Schuldfähigkeit aller erwachsenen Menschen, die *nur* durch psychische Krankheit aufgehoben werden kann, sollte als ein ehernes Fundament der Strafrechtspflege im Wechsel der Strömungen psychologisierender Lehrmeinungen stehen.

Mehr Psychologie schließlich bei der Ausarbeitung der „Maßnahmen", vor allem bei den Gedanken über die „konstruktive Buße", mit dem Ziel, so nicht nur den angerichteten Schaden zu beheben, sondern auch die stets vorhandenen, wenn auch latenten konstruktiven Kräfte anzuregen. Die schöpferische Phantasie mancher Jugendrichter sollte hier beispielgebend wirken. Latente Aggressionsbedürfnisse sind durch Maßnahmen im Sinne einer konstruktiven Buße – vielleicht – am ehesten abzubauen. Psychologische Erwägungen sind aber auch bei der Einstellung von Verfahren am Platze, da „sozialpsychologische Alarmsymptome" beim Täter unter Umständen bei einer schlichten Einstellung nicht genügend gewürdigt werden und es zu einer Zunahme von Aggressionsbedürfnissen infolge eines „Frustrations"-Mechanismus kommen kann.

Unsere ganz auf Psychologie oder auch auf „Anthropologie" im ursprünglichen Sinne abgestimmte Studie soll mit einem Ausblick auf die drei großen Motivkreise schließen, in denen letzten Endes *alle* Delikte – auch die motivisch unklaren – aufgehen. Die motivischen Grundströmungen des Menschen heißen:

I. Das Streben nach Besitz (mit der sozial-ethischen Minusvariante des „Eigentumsdeliktes" und der ethischen Plusvariante der gewollten „Armut").

II. Das Aggressionsbedürfnis (mit der sozial-ethischen Minusvariante der „Gewalt" und der Plusvariante: „Gehorsam").

III. Das Lustbedürfnis (mit der sozial-ethischen Minusvariante der sexuellen Triebdelikte und der Plusvariante des Triebverzichtes: der Keuschheit).

In diesen motivischen Grundströmungen gehen alle in dieser Studie beschriebenen Delikte auf, da jedes menschliche Handeln hier seinen kreatürlichen Ausgangspunkt nimmt.

Letztes Ziel einer nicht soziologisch, sondern metaphysisch, also nach einer „höheren Ordnung" orientierten Strafrechtspflege sollte es sein, die selbst in den negativen Grundströmungen krimineller Menschen noch vorhandenen geistigen Gegenkräfte zu beleben und den Rechtsbrechern wenigstens eine *Ahnung* von der Existenz solcher Grundtugenden wie „Armut", „Gehorsam" und „Keuschheit" zu geben, denen wir die Blüte unserer abendländisch-christlichen Kultur verdanken.

Schlußthesen

Im Vorwort zur ersten Auflage des „Handbuches der gerichtlichen Psychiatrie" schrieb HOCHE am 15. Mai 1901: „Wenn es sich de lege lata handelt, hat der psychiatrische Sachverständige gebundene Marschroute auf einem durch die geltenden Gesetze genau umschriebenen Gebiet und in der Beschränkung auf dieses Gebiet liegt seine *Stärke*; bei jeder Erörterung de lege ferenda hat er die Pflicht und die Freiheit, diejenigen Forderungen, zu denen der Stand seines Wissens ihn führt, aufzustellen, unbekümmert darum, ob diese die zur Zeit gültigen Formen stützen oder verneinen."

Wir formulieren daher nochmals zusammenfassend Prämissen, Methoden und Ziele unserer forensisch-psychiatrischen Arbeit und legen sie zur Kritik vor.

I. Generalprämisse: Der psychisch gesunde erwachsene Mensch ist *schuldfähig*. Das bedeutet: Dem Täter wird der persönliche Vorwurf gemacht: Du hast eine rechtswidrige Handlung *nicht* unterlassen, obwohl Du sie unterlassen *konntest*.

II. Die Schuldfähigkeit eines Täters wird nach dem gültigen Recht durch bestimmte Paragraphen (§§ 52, 53, 54) und durch *medizinische (psychopathologische)* Tatbestände aufgehoben (§ 51/I) oder gemindert (§ 51/II).

III. Die Feststellung der psychopathologischen Tatbestände ist Aufgabe des *medizinischen* Sachverständigen, der allein über die hierzu erforderliche Erfahrungsgrundlage verfügt.

IV. Nach Feststellung bestimmter psychopathologischer Tatbestände (Geisteskrankheit, Geistesschwäche, körperlich bedingte Bewußtseinsstörung) sollte folgende *General-Konvention* zum Zuge kommen: „Der psychisch Kranke handelt ohne Schuld."

V. Die bei der Entscheidung des Einzelfalles heute noch geforderte „normative" Wertung, ob die ermittelten psychopathologischen Tatbestände bestimmte *psychologische* Konsequenzen haben (Aufhebung der Einsichtsfähigkeit, Aufhebung der Fähigkeit, entsprechend dieser Einsicht zu handeln) sollte fortfallen, da diese Forderung unerfüllbar ist (mangels geeigneter exakter, präziser, allgemein verbindlicher Kriterien).

VI. Die psychopathologischen Tatbestände (die Feststellung des Seelisch-Abnormen) sollten *streng* an den medizinischen Krankheitsbegriff gebunden bleiben.

Das heißt: Nur die psychische *Krankheit* kann als Ursache für forensisch relevante, psycho*patho*logische Zustände angesehen werden. *Nur* die *Krankheit* (mit psychischen Folgen) kann wissenschaftlich-empirisch hinreichend *sicher* (auf Grund der Kenntnis der menschlichen Pathologie) festgestellt werden.

Die Anzahl der zur *Kerngruppe* des § 51 gehörenden Täter ist zahlenmäßig so gering, daß die Kompetenzen des medizinischen Sachverständigen bei diesen Gedankengängen eher eingeschränkt werden und ein „Prestige-Verlust" für den Juristen nicht zu befürchten ist, auch wenn dann über die Kerngruppe des § 51 nicht mehr individuell diskutiert und individuell entschieden würde, der „Spruch" des medizinischen Sachverständigen für diese — seltenen — Fälle also bindende juristische Konsequenzen hätte oder haben müßte.

Zweifel und Bedenken des Juristen müßten dann bei der *Diagnose* und dem ihr zugrunde liegenden psychopathologischen *Material* ansetzen. Wenn *dort* dem Juristen ein Gutachten nicht genügend fundiert erscheint, muß er seine Zweifel durch weitere Gutachten (Obergutachten) ausräumen lassen.

Die oft so merkwürdigen Divergenzen in den Gutachten medizinischer Sachverständiger würden erheblich abnehmen, wenn der Sachverständige nur *Befund* und *Diagnose* mitzuteilen hat, ohne nach den — wie wir meinen — vom Naturwissenschaftler für den konkreten Einzelfall kaum beantwortbaren psychologischen Konsequenzen befragt zu werden.

Die Feststellung medizinischer bzw. psychiatrischer Befunde (inklusive der Diagnose) ist methodisch natürlich viel leichter und „zumutbarer" als die normative Wertung der Befunde.

VII. Alle anderen *Vermutungen* über die Möglichkeit nicht krankheitsbedingter psychischer Funktionsstörungen bzw. Behinderungen der Psyche mit forensischen Folgen führen in uferlose und substanzlose Erörterungen.

VIII. Die Bewußtseinsstörungen sollten auf *körperlich begründbare* Störungen der Bewußtseinstätigkeit beschränkt bleiben, da die Einbeziehung psychologischer Kriterien für die Annahme einer Bewußtseinsstörung im Sinne des § 51 einer empirisch nicht fundierten Spekulation Tür und Tor öffnet. Jede mit Affekt begangene Handlung entsteht im Zustand einer Bewußtseins*veränderung*; zumindest kann man es einem Täter nicht widerlegen, wenn er sich mit derartigen Einlassungen (besonders bei sexuellen Triebdelikten) verteidigt.

IX. Wenn über die strafrechtliche Würdigung der vom Psychiater festgestellten psychopathologischen Zustände hinaus das Bedürfnis besteht, weitere — *nicht* medizinisch faßbare — seelische Zustände, die dem medizinischen Laien „abnorm" oder „krankhaft" vorkommen, in den Kreis der Exkulpierungsmöglichkeiten einzubeziehen, so wäre hierfür ein *besonderer Artikel* im Strafgesetzbuch zu erwägen. Der medizinische Sachverständige kann und soll nicht die Verantwortung mittragen, daß die *Substanz des § 51* durch, dem ursprünglichen Sinn dieses Gesetzes *wesensfremde Tatbestände entwertet* wird.

Die Tat eines Geisteskranken ist wesensmäßig etwas völlig anderes als die immer noch den Sinn-Gesetzen folgende Tat eines Affekt-Täters oder eines Neurotikers.

X. Ein zwingendes Bedürfnis für die Bestimmung des *§ 51/II* besteht für *die* medizinischen Sachverständigen *nicht,* die — wie wir — die Schuldfähigkeit oder Nicht-Schuldfähigkeit jeweils als ein unteilbares Ganzes ansehen. Psychische Krankheit sollte in jedem Fall die Schuldfähigkeit aufheben. Alle anderen personalen oder biographischen Umstände können die Schuldfähigkeit *nicht* aufheben; sie können das Maß der konkreten Schuld jedoch *mindern.*

XI. Die psychiatrische Wissenschaft ist so weit fortgeschritten, daß die Feststellung „psychische Krankheit oder psychische Gesundheit“ in der überwiegenden Mehrzahl aller Fälle mit hinreichender Sicherheit möglich ist.

XII. Psychisch abnorme, aber schuldfähige – weil nicht an einer psychischen Krankheit leidende – Täter müssen im *Strafmaß* besonders behandelt werden. (Im Sinne von Maßnahmen, als „konstruktive Buße“.)

XIII. Künftige Bemühungen um eine Reform des Strafrechtes – soweit sie *medizinische* Belange betrifft – sollten sich mehr der Frage zuwenden, was mit den psychisch abnormen Tätern sinnvollerweise *nach* der Verurteilung geschehen sollte, als den begrifflichen Bemühungen, die unendliche Vielheit der psychischen Grenzzustände *einer* Verfahrensnorm (dem § 51/II) unterzuordnen.

XIV. Vielleicht könnte man mit folgender Formulierung des § 51 *praktisch* gut arbeiten: (Natürlich bleiben auch hier eine große Zahl theoretischer Bedenken, da fast jedes Wort eine Reihe von Problemen beinhaltet.)

„Ohne Schuld handelte, wer zur Zeit der Begehung einer Straftat *geisteskrank* oder *geistesschwach* war oder an einer *körperlich bedingten Bewußtseinsstörung* litt.“

Um den „Grenzfällen“, den zum Teil durchaus berechtigten Forderungen der Neuroseforschung, der Problematik des psychisch nicht ganz der Norm entsprechenden Menschen, den biographischen Verstrickungen ohne eigentliche „Lebensführungsschuld“ (MEZGER) etc. gerecht zu werden und Richter wie Sachverständige nicht zu überfordern (besonders gefährlich ist der Begriff „erheblich vermindert“ in der Fassung des § 51/II StGB, da es keine Maßstäbe zur „Messung“ des hier Geforderten gibt!), wird folgende Ergänzung zum § 51 oder auch ein neuer Paragraph (was besser wäre, um das *wesensmäßig* Verschiedene schärfer zum Ausdruck zu bringen) als Diskussionsgrundlage gegeben:

„Lagen besondere, personale oder biographische Umstände vor, die die Schuld des Täters vermindert erscheinen lassen, so *kann* das Gericht die Strafe nach eigenem Ermessen mildern oder geeignete *Maßnahmen* anordnen.“

Zur Erläuterung des eigenen Vorschlages für die Formulierung des § 51:

1. „geisteskrank“: In diesem Begriff sind *alle Psychosen* (d. h. die durch körperlich faßbare Krankheitsprozesse hervorgerufenen = exogenen Psychosen wie auch die sogenannten *endogenen* Psychosen) zusammengefaßt.

Damit sind im Prinzip *alle denkbaren* Formen *krankheits*bedingter psychischer Störungen erfaßt.

2. „geistesschwach“: Unter diesem Begriff sollten alle Formen anlagebedingten *intellektuellen Tiefstandes* subsumiert werden. Also alle *schweren Verstandes*mängel, nicht jedoch die sogenannten Psychopathien, die *ganz* aus dem § 51 herauszunehmen wären.

3. „körperlich bedingte Bewußtseinsstörungen“: Jede *Beeinträchtigung* des Bewußtseins durch körperliche Funktionsstörungen, die nicht durch „Krankheiten“ (im Sinne der psychiatrischen Systematik) hervorgerufen werden. (Also nur flüchtige exogene Vergiftungen, Störungen der Schlaf-Wach-Funktion etc., Dämmerzustände, Übermüdung etc.)

XV. Eine von der naturwissenschaftlich orientierten Psychologie (aber auch der sogenannten „Tiefenpsychologie“) und von der Kriminologie mancherorts propagierte weitere Lösung vom Schuldbegriff im Strafrecht zugunsten eines pragmatischen Maßnahmerechtes (ohne Schuldvorwurf) birgt die Gefahr einer weiteren Aushöhlung der tradierten *Werte*, auf denen die Ordnung unseres Gemeinwesens – aller *wertneutralen* wissenschaftlichen Wahrheitssuche zum Trotz – bis in unsere Tage immer noch ruht.

Stellungnahme vom Standpunkt der praktischen Strafrechtspflege

Von

Oberstaatsanwalt Dr. jur. P. Klein, Köln

I. Die Bemühungen der Rechtslehre und der höchstrichterlichen Rechtsprechung um eine Vertiefung und Differenzierung des modernen normativen Schuldbegriffes, wie er dem Kommissionsentwurf — einem Bekenntnis gleich — zugrunde liegt, bedeuten einen Fortschritt. Immer wieder wird im Entwurf der Versuch sichtbar, mit dem Schuldprinzip Ernst zu machen, es nicht nur ein *formelhaftes* Bekenntnis sein zu lassen. Die vorgesehenen Exkulpationsmöglichkeiten nicht nur für die geistig Kranken, sondern auch für die, durch Anlage oder Umwelteinflüsse schwer Abartigen kommt gewissen rechtsstaatlichen Empfindungen entgegen. Welcher Praktiker wüßte nicht von den Zweifeln zu berichten, die ihm bei der Begegnung mit dem im *klinischen* Sinne zwar geistig gesunden, aber psychopathischen und neurotischen Tätern kommen, deren schwere Abartigkeit oder abnorme Reaktionsweise im Hintergrund die Frage offen läßt, ob und inwieweit solche Menschen noch einsichts- und direktionsfähig sind, ihre Tat ihnen also noch vorgeworfen werden kann. Es befriedigt weiter unser Rechtsgewissen, daß auch der geistig gesunde und nicht abartige Affekttäter, dessen Entladung in einer Tat uns mitunter wie ein geheimnisvoller und unheimlicher Mechanismus vorgekommen sein mag, entschuldigt werden kann, wenn ihm sein Zustand die Einsicht in das Unrecht seiner Tat oder das Handeln dieser Erkenntnis gemäß verstellt hat. Gewiß, die Praxis war bemüht, diesen Grenzfällen auch bisher gerecht zu werden, indem sie die schwere Abartigkeit als krankhaft, den Affekttäter als bewußtseinseingeengt ansah und entweder entschuldigte oder als erheblich minder schuldfähig betrachtete. Jetzt aber soll diese durch die Rechtsprechung geleistete Vorarbeit Gesetz und damit zentraler Bestandteil unserer strafrechtlichen Ordnung werden.

In einem solchen Augenblick erscheint es geboten, uns aus den praktischen Erfahrungen im alltäglichen Umgang mit dem Strafrecht Rechenschaft zu legen und uns die Frage zu stellen, ob der eingeschlagene Weg weiter gegangen werden sollte, ob die Zeit schon gekommen ist, unsere Anliegen und die darauf verwendeten Mühen schon gesetzliches Bekenntnis werden zu lassen und ob die Methoden, die der Entwurf einschlägt, praktikabel sind.

Die von de Boor vorgelegte Arbeit erscheint dem Strafrechtspraktiker als ein bedeutender Beitrag zu diesen Fragen von medizinischer Seite und nachhaltiger Anlaß, die Dinge im eigenen Bereich zu überdenken. Man möchte wünschen, daß sie auch das wissenschaftliche Gespräch rund um den Entwurf anrege und weiterführe. Wir halten dies für um so wichtiger, als diese Darlegungen nicht nur Bedenken mit Bezug auf die vorgesehenen Neuerungen vorbringen, sondern auch gegen bisherige, praktisch einheitlich geübte Methoden im Bereich des § 51 StGB vorstoßen.

Als Kernstück der Studie sehen wir dabei die Fragen an, ob sich die Übernahme der bisher praktizierten sogenannten „gemischten“ Methode innerhalb des § 51 in den Entwurf empfiehlt, insbesondere, ob sie auch bei einer Ausdehnung der Exkulpationsmöglichkeiten auf psychopathische, neurotische Affekttäter erfolgversprechend ist.

Wir wollen dabei die Funktionsfähigkeit der „gemischten“ Methode zunächst bei dem voluntativen Merkmal der Direktionsfähigkeit und sodann bei dem intellektuellen Bestandteil der Einsichtsfähigkeit einer praktischen Betrachtung unterwerfen.

II. 1. Die Ansicht de Boors, daß es im medizinischen Bereich keine exakten Erkenntnisse für oder gegen die menschliche Bestimmungsfähigkeit gebe, möchten wir als Strafrechtspraktiker auch für unser Fach bejahen. Soweit wir sehen, ist auch die

Rechtswissenschaft zu einer präzisen Antwort auf diese Frage außerstande. Im Rahmen dieser Anmerkung ist es nicht möglich, alle Stimmen, die sich hierzu geäußert haben, auch nur auszugsweise wiederzugeben und zu würdigen. Wir dürfen uns daher auf die Mitteilung einiger weniger Ansichten beschränken, die uns als auch für andere typisch vorkommen.

Das oft bemühte Zitat aus dem Vortrag Kurt Schneiders über die Zurechnungsfähigkeit finden wir auch im Leipziger Kommentar (Mezger) wieder. Dort steht auch das Eingeständnis, „daß der Streit allgemein darüber, ob der Mensch im Einzelfall anders hätte handeln können, als er gehandelt hat (Determinismus oder Indeterminismus) noch immer in vielem unentschieden ist, daß aber jedenfalls, auch wenn wir dieses Andershandelnkönnen grundsätzlich bejahen, ein sicheres Kriterium dafür fehlt, ob diese Fähigkeit im einzelnen Fall gegeben war oder nicht und wie weit sie gegebenenfalls gereicht hat". Zwar meint Mezger, die Beurteilung der Steuerungsfähigkeit heische nur scheinbar eine Tatsachenfeststellung, in Wirklichkeit gehe es um die Gewinnung eines Werturteils, um die Frage nämlich, „ob unter den gegebenen (mit allen Hilfsmitteln der Erfahrungswissenschaft erforschten) Umständen an den Täter billigerweise die Forderung erhoben werden kann, sich anders zu verhalten, und ob er demgemäß für sein Handeln verantwortlich gemacht werden kann".

Seelig scheint die Steuerungsfähigkeit als die dispositionelle menschliche Fähigkeit bestimmen zu wollen, „nach sozialethischen Werthaltungen zu handeln, sich also von solchen Werthaltungen sinnvoll motivieren zu lassen, gleichgültig zu welchem Ergebnis diese Motivierung im Einzelfall führt".

Ähnlich verstehen wir Welzel, wenn er menschliche Freiheit nicht als die Freiheit, *anders* handeln zu können, sondern als die Fähigkeit *zu* sinngemäßem Tun begreift. Auch er aber räumt ein, daß die konkrete Entscheidungsfreiheit des Menschen überhaupt nicht Gegenstand theoretischer Erkenntnis sein kann.

Gerade dieses ist es, was der Praktiker aus seinem alltäglichen Umgang mit menschlichen Irrungen und Fehlhaltungen immer wieder erfährt und zu wissen vermeint: Daß die Entscheidungsfreiheit des Menschen im gegebenen Falle nicht Gegenstand einer erkenntniskritischen Feststellung, sondern nur Inhalt eines unserer weitreichenden *Bekenntnisse* sein kann. Es führt auch nicht zu einer greifbaren Feststellung, wenn man die Forderung des Gesetzes, sich ein Bild davon zu machen, ob der Täter zur Zeit der Tat fähig gewesen sei, nach der Einsicht in Recht und Unrecht zu handeln, nicht als die Ermittlung eines psychischen Sachvervaltes, sondern als ein Werturteil, als Maß der Täterpotenz in der realen Tatsituation deutet, wie Mezger es zu tun scheint. Ob Feststellung, ob Werturteil, es bleibt sich gleich: Noch besitzen wir in der Praxis die Kriterien nicht, um das eine oder andere tun zu können. Wir sind vielmehr verwundert, daß wir in praxi etwas tun sollen, vor dem die Wissenschaft resigniert.

Nach diesem flüchtigen, uns aber doch kennzeichnend vorkommenden Blick auf die Lehre will es uns immerhin bemerkenswert erscheinen, daß die Theorie die Ansicht, bei der Ermittlung der Direktionsfähigkeit handele es sich um die Feststellung eines psychischen Zustandes, aufgegeben zu haben scheint zugunsten der Ansicht, es gehe darum, eine zur menschlichen Wesensverfassung gehörende, *dispositionelle Fähigkeit* in den Griff zu bekommen. Die Beschränkung hierauf würde es uns doch wohl gestatten, sie je nach dem Vorhandensein oder Fehlen der in § 51 umschriebenen psychopathologischen Sachverhalte für den jeweiligen Täter anzunehmen oder zu verneinen, ohne daß es dann noch auf die weitere, nach wissenschaftlichem Urteil uns ohnehin verschlossene Feststellung ankäme, wie es *tatsächlich* gewesen ist. Die Fähigkeit zu vernunftgemäßem Handeln wäre bei geistig gesunden Tätern ohne weiteres zu bejahen, beim Geisteskranken im klinischen Sinn schlechthin zu verneinen.

Wir wären dann nicht mehr genötigt, das metaphysische Bekenntnis menschlicher Entscheidungsfreiheit in der Wirklichkeit des Gerichtssaales zu suchen.

2. Wir sind bereit, dem geistig gesunden Menschen seine widerrechtliche Tat als schuldhaft vorzuwerfen, ohne daß wir angerufen und verpflichtet wären, im einzelnen Fall nachzuprüfen, ob er auch wirklich in Wahlfreiheit gehandelt hat. Sollte es uns dann so schwer sein, den geistig Kranken von Schuldvorwurf schlechthin auszunehmen? Auch hier sind wir keineswegs immer in der Lage, „die speziellen Determinanten zwischen psychischer Störung und Tatentschluß“ zu ermitteln. Im Gegenteil, wir begegnen immer wieder solchen Kranken, deren Tat wir in keinerlei Zusammenhang etwa mit einem von ihnen entwickelten Wahnsystem zu bringen vermögen. Hier ist es die „methodisch einwandfrei faßbare allgemeine Persönlichkeitsveränderung“, die uns den Zusammenhang zwischen Krankheit und Tatdetermination mit guten Gründen vermuten läßt. Medizin und Jurisprudenz finden sich solchenfalls vor dem Richtertisch einmütig in der Ansicht zusammen, daß die Zurechnungsfähigkeit als ausgeschlossen zu gelten habe. Das ist nicht greifbare Einsicht, sondern übereinstimmende Annahme, Konvention. Es ist aber auch — und das erscheint uns besonders bemerkenswert — das genaue Gegenteil einer „gemischten Methode“, es ist die Beurteilung menschlicher Bestimmungsfähigkeit ausschließlich nach der biologischen Seite hin. Darin ist ein Widerspruch zum geltenden Recht und ebenso zum Entwurf sichtbar, die beide den biologischen Aspekt für sich allein als unzureichend ansehen und nach der „gemischten Methode“ gerichtet wissen wollen.

Es erscheint uns weiterhin bedeutungsvoll, daß der Praxis bei der Ermittlung der menschlichen *Bestimmungsfähigkeit* die Feststellung einer im Augenblick der Tat beim Täter aktuellen Wahlfreiheit abverlangt wird, während das Gesetz (jedenfalls im Bereich des § 51 StGB) bei der Beurteilung der menschlichen *Einsichtsfähigkeit* nach Lehre und Rechtsprechung mit einem potentiellen, in unserer Anlage begründeten Urteilsvermögen sich zufrieden gibt.

Es bietet sich sonach der eigenartige Zustand dar, daß innerhalb ein und desselben § 51 StGB bei der Beurteilung der Einsichtsfähigkeit ein dispositionelles Unterscheidungsvermögen, bei der Bestimmungsfähigkeit aber eine aktuelle Einsicht gefordert und für beides die „gemischte“ Methode zwar postuliert, praktisch aber das biologische System exklusiv angewendet wird. Für den Bereich der Geisteskrankheiten kann man jedenfalls sagen, daß die Entscheidung über die Zurechnungsfähigkeit dort schon mit der Diagnose, also ohne den von der gemischten Methode geforderten Rekurs auf den psychologischen Part fällt.

3. Wie ist es nun bei den weitaus häufigeren Tätergruppen der Psychopathen, der Neurotiker und der Affekttäter?

Wie die Praxis lehrt und die von de Boor in seiner Studie gewählten Beispiele bestätigen, erhält die psychologische Methode hier mangels greifbarer biologischer Gegebenheiten ein eindeutiges Übergewicht in Gestalt einer mehr oder weniger umfassenden Tat — und Täteranalyse. Ganz besonders deutlich wird dies bei der Beurteilung der verminderten Zurechnungsfähigkeit, bei der mit den biologischen Sachverhalten eine „erhebliche“ Beeinträchtigung der Direktionsfähigkeit einhergehen muß, bis von einer verminderten Schuldfähigkeit die Rede sein kann. Mit der Einführung der Grundmarke „erheblich“ und „schwer“ (bei den Psychopathen und Neurotikern) wird, genau umgekehrt wie bei den Geisteskranken, der Schwerpunkt der Entscheidung vom Biologischen in das Psychologische, in ein Werturteil über die Täterpotenz verlagert. Das Urteil über die Zurechnungsfähigkeit ist dann nicht mehr an einer vom Gesetz gezogenen Grenze orientiert, sondern wird durch die recht persönlichen Ansichten bestimmt, die der Sachverständige und das Gericht über die psychische Leistungsfähigkeit eines Täters haben. Damit ist die biologische Prämisse der Zurechnungsfähigkeit bereits weitgehend verlassen. Der Richter gerät in die vom Gesetz gerade nicht gewollte Abhängigkeit vom Sachverständigen. Es kann geschehen, daß solchenfalls die Frage der Zurechnungsfähigkeit schon mit der Auswahl des Sachverständigen entschieden wird.

Sieht man von den körperlich begründbaren Bewußtseinseinengungen (epileptische Dämmerzustände, Übermüdung) einmal ab, so ergibt sich auch bei den Bewußtseinsstörungen ein durchaus ähnliches Bild. So ist es etwa beim Affekttäter, worauf DE BOOR zutreffend hinweist, geradezu ein Kuriosum, aus sachkundigen Beobachtungen über die psychische Verfassung des Täters im Augenblick der Tat etwas wirklich verläßliches zu erfahren. Damit tritt die den Abartigkeiten beim Psychopathen entsprechende Bewußtseinsverfassung des Affekttäters in ihrer Bedeutung hinter die reine Wertungsfrage zurück, welche Anforderungen im Hinblick auf seine psychische Verfassung bei der Tat billigerweise noch gestellt werden können.

Daraus folgt, daß in der praktischen Entscheidung des Einzelfalles bei den Psychosen die biologische, bei den andern anfälligen Tätervarianten aber die psychologische Methode jeweils dominiert. Damit tritt ein schroffer Gegensatz zu der vom geltenden Recht verordneten und im Entwurf geforderten kombinierten Methode jedenfalls in praxi zutage. Angesichts dieser Sachlage kann sich der Praktiker nur wünschen, daß der Gesetzgeber das Maß der menschlichen Bestimmungsfähigkeit nach der kombinierten Methode aufgebe und sich für eine ihrer beiden Komponenten entscheide. Der Praktiker würde es weiter begrüßen, wenn der Gesetzgeber eine generelle Umschreibung derjenigen Sachverhalte gäbe, bei denen er bereit ist, einen Schuldvorwurf nicht zu erheben und darauf verzichtete, der Praxis eine ihr nicht mögliche Prüfung der im Täter aktualisierten Verhältnisse aufzubürden. Es macht sich gewiß gut, wenn ein differenziertes Strafrecht, wie das unsere, sich nicht bei der dispositionellen Bestimmungsfähigkeit aufhält, sondern weiter nach den im Täter aktualisierten Verhältnissen fragt. Wir müssen aber mit DE BOOR bekennen, daß wir jedenfalls zur Zeit diese tieferdringende Frage noch nicht bewältigen können.

4. Soll nun der Gesetzgeber der biologischen oder psychologischen Methode den Vorzug geben?

Was zunächst den Wert einer exklusiven psychologischen Betrachtungsweise angeht, so besteht wohl in der medizinischen —, und in der Rechtswissenschaft darüber Einigkeit, daß sie nicht empfohlen werden kann. Den von den Wissenschaften gegen sie erhobenen Bedenken möchten wir einige in der Praxis gemachte Beobachtungen anfügen.

Die Mühen, die man sich im Gerichtssaal darum macht, über einen zur Zeit der Tat beim Täter aktuell vorhandenen Zustand der Bestimmungsfähigkeit etwas wirklich Gültiges auszusagen, sind utopisch, unergiebig und wirken bestenfalls wie ein schönes Bekenntnis; sie hinterlassen zu viele Fragezeichen, die jeder sieht, niemand aber offen und furchtlos zu bezeichnen sich traut. Die uns zur Aufhellung der psychologischen Methode empfohlene „umfassende Persönlichkeitsanalyse“ ist in dem herkömmlichen Gefüge einer Hauptverhandlung kaum möglich. Ihre relativ kurze Dauer, die Fremdheit der Beteiligten, die Anwesenheit der Presse und der Zuhörer, die räumliche Trennung der Hauptakteure, zwischen denen der Richtertisch wie eine Art Barriere verläuft und die mitunter etwas formelhafte Handhabung gewisser Verfahrensvorschriften lassen zumeist nicht die Atmosphäre aufkommen, in der eine umfassende Persönlichkeitsanalyse wirklich gedeihen kann. Soweit sie im Vorverfahren im Gespräch zu zweit versucht wird, behindert die Einmaligkeit der Tatsituation die Auffindung vergleichbarer Verhaltensweisen in der Täterbiographie, die Einmaligkeit der Täterindividualität das Nachvollziehen des Tatgeschehens. Auch mit

Verzerrung und Verzeichnungen seelischer Abläufe — bewußt oder unbewußt — durch die Verhörsperson muß gerechnet und bedacht werden, daß schon die etwa notwendige Korrektur nur von Nuancen auch dem Fachmann Schwierigkeiten bereiten kann. Persönlichkeitsanalysen werden mit dem Grade, in dem die Eignung der in Rede stehenden Tat zunimmt, den Täter zu kompromittieren, immer schwieriger, es sei denn, man könnte auf den Beitrag aus der Exploration überhaupt verzichten. Vor allem aber haben solche Analysen im Vorverfahren, die der „erkennende" Richter durchwegs mangels entsprechender Vorbildung selbst nicht vorzunehmen vermag, den entscheidenden Nachteil, daß ihre Einführung in die Hauptverhandlung durch Reproduktion erfolgt, wodurch die Unmittelbarkeit des Vorganges verlorengeht, die Wirkung des Täters in einem besonders wichtigen Punkt durch das Vorverfahren praktisch antizipiert, in das Urteil lediglich übernommen und dadurch der vom Gesetz doch gewollten selbstverantwortlichen Entscheidung des Gerichtes entzogen wird.

Nicht selten sind die Erwägungen dazu, ob der Täter fähig, unfähig oder vermindert fähig gewesen ist, nach der Einsicht in Recht und Unrecht zu handeln, nur formelhafte Wendungen oder Wiederholungen „überzeugender" Darlegungen eines Sachverständigen. Mitunter entsteht eine spürbare Unsicherheit, wenn die Frage der Direktionsfähigkeit von mehreren Sachverständigen begutachtet worden ist und dabei gegensätzliche Auffassungen vertreten worden sind. Der Kundige kennt auch das spannungsreiche Fluidum, das aufkommt, wenn die uneinigen Sachverständigen aus verschiedenen wissenschaftlichen Lagern, etwa der Psychiatrie einerseits, der Psychologie andrerseits, kommen. Am guten Willen unserer Richter, hier zu einem überzeugenden Ergebnis zu kommen, kann nicht gezweifelt werden; aber durchweg mangelt doch die erforderliche Sachkunde, um den entstandenen Knäuel zu entwirren, eine „mit an Sicherheit grenzender Wahrscheinlichkeit" fundierte Feststellung zu treffen. Der Boden, auf dem die richterliche Überzeugungsbildung stattfinden soll, gibt überall nach. Es sind keine Vorgänge mehr, von denen sich der Richter eine handfeste Überzeugung zu bilden vermöchte, ob sie geschehen oder nicht geschehen sind, sondern ihm werden Bekenntnisse, Wertungen abverlangt, die man — seien wir doch ehrlich — in sehr unterschiedlicher Weise vornehmen kann. Gewiß, ohne Wertungen geht es in der Strafrechtspflege nicht. Ob jemand „aus niedrigen Beweggründen" getötet habe, ist ebenso wie die hier zu entscheidende Frage weitgehend Wertung, die man dem um Tatsachenfeststellungen bemühten Richter nicht ersparen kann; die Mordqualifikation aber ist Wertung einer Einzelfrage, deren gleichmäßige Beantwortung die höchstrichterliche Rechtsprechung sichern kann. In der Frage der Direktionsfähigkeit geht es jedoch um einen zentralen Punkt der strafrechtlichen Ordnung, um die Verantwortlichkeit des Menschen. Ihre Grenzen sollte der Gesetzgeber allgemeinverbindlich ziehen und nicht dadurch wieder unscharf werden lassen, daß er im Einzelfall ein Abweichen von dieser Linie zuläßt. Wohin es führt, wenn das Gesetz die Abgabe allgemeiner Werturteile dem Richter überläßt, zeigt BGH St *11*, 139/143. Dort heißt es zur Frage eines heimtückischen Mordes, der nicht jedem Auge als besonders verwerflich erscheinen muß: „Ein allgemeines Werturteil, das selbst innerhalb eines Gerichtes so verschieden ausfallen kann, ist für die Rechtsprechung kein brauchbares Kennzeichen."

5. Wenn die psychologische Methode hiernach abzulehnen, ihre Kombination mit dem biologischen System nicht praktikabel ist, dann kann es nur richtig sein, für die Beurteilung der menschlichen Bestimmungsfähigkeit die ausschließliche Anwendung der *biologischen* Methode zu fordern. Sie macht, wie wir gezeigt zu haben glauben, bei der Anwendung auf die Geisteskranken keine Schwierigkeiten. Hier kann das Gesetz die durch die Psychiatrie als geistige Krankheiten erkannten Normabweichungen unter dem Begriff der (körperlich begründbaren) Erkrankung übernehmen und einfach dekretieren, daß bei ihrem Vorliegen die Bestimmungsfähigkeit als ausge-

schlossen zu gelten habe. Es bleibt dann die Frage zu entscheiden, ob der Gesetzgeber die Psychopathen, die Neurotiker und gewisse Affekttäter, die nicht krank, sondern im klinisch-psychiatrischem Sinne gesund sind, den geistig Kranken gleichstellen sollte. Das ist nach unserer Auffassung eine justizpolitische Frage, eine Frage des weltanschaulichen Standortes und des Bekenntnisses im weitesten Sinne des Wortes, zu dem der Praktiker auch nur seine persönliche Meinung beitragen kann, die er sich aus seinen alltäglichen Erfahrungen in der Strafrechtspflege gebildet hat.

Wir halten es für richtig, die Linie, jenseits der eine Direktionsfähigkeit nicht mehr angenommen werden sollte, entlang dem klaren und gesicherten medizinischen Krankheitsbegriff verlaufen zu lassen, die Bestimmungsfähigkeit für Psychopathen, Neurotiker und Affekttäter von gesetzeswegen also grundsätzlich zu bejahen. Das entspricht unserem gegenwärtigen Menschenbild und der in unserem Dasein begründeten Forderung, den Menschen für sein Tun im Guten wie im Schlechten verantwortlich sein zu lassen. Damit wäre den Psychopathen und Neurotikern eine Möglichkeit der Exkulpierung grundsätzlich versagt. Beim Affekttäter wäre die Grenze der strafrechtlichen Verantwortlichkeit mit der Feststellung körperlich begründbarer Bewußtseinseinengungen abgesteckt. Solche Regelung mag starr, im Einzelfall unangepaßt und daher sogar ungerecht erscheinen; sie ist aber klar, ein gleiches Maß für alle und sichert gegen willkürliche Wertungen. Der Streit um die menschliche Wahlfreiheit in der akuten Tatsituation wäre ausgeklammert, vorab entschieden. Wir hätten nur nach einem allgemeinen gesetzlichen Bekenntnis zu richten und wären nicht mehr genötigt, eine metaphysische Erwartung mit den Mitteln der Empirie zu bewähren. Die Arbeit in der Strafrechtspflege ist mit allerlei Problemen und Fragwürdigkeiten belastet; sie wäre um ein besonders drückendes Gewicht leichter.

Hiergegen läßt sich einwenden, daß man die Schuldfähigkeit des Psychopathen, des Neurotikers und des Affekttäters zwar allgemein bejahen und auch eine verminderte Zurechnungsfähigkeit bei ihnen verneinen, aber dennoch nicht widerlegen könne, daß es diesen Tätergruppen schwerer als den normalen Menschengruppen falle, sich nach der Einsicht in Recht und Unrecht zu richten. Die Berechtigung solchen Einwandes möchten wir nicht bestreiten, aber doch glauben, daß man ihm durch die Bemessung der Strafe nach Art und Höhe und vor allem durch „gezielte“ Maßnahmen gerecht werden kann, ohne eine verminderte Zurechnungsfähigkeit oder gar die Unfähigkeit zur Selbstbestimmung für diese Tätergruppe anzuerkennen. Insbesondere eröffnet § 93 des Entwurfes, der es gestattet, die Strafe als Sühne zugunsten einer für den Täter spezifisch angezeigten Maßnahme zurücktreten zu lassen, die Möglichkeit, den Einzelfall zweckmäßig zu entscheiden.

III. Wir haben bisher nur die Methoden zur Feststellung der menschlichen Fähigkeit behandelt, sich nach der Einsicht in Recht und Unrecht zu verhalten. Eigentlich ist diesem Thema die Frage der Einsichtsfähigkeit selbst logisch vorgeordnet. Wir haben sie gleichwohl bisher beiseite gelassen, weil uns das Problem der Beurteilung menschlicher Bestimmungsfähigkeit besonders vielschichtig erschien. Jetzt aber ist es an der Zeit, die Methoden zur Feststellung der Einsichtsfähigkeit eines Menschen in Recht und Unrecht einer Betrachtung zu unterziehen.

Ebenso wie § 51 StGB betrachtet auch § 23 des Entwurfes die Frage nach der Fähigkeit, das „Unerlaubte“ oder das „Unrecht“ einer Tat zu begreifen, als ein in der Anlage des Menschen vorhandenes oder fehlendes dispositionelles Unterscheidungsvermögen. Darüber, daß es beim Geisteskranken oder Schwachsinnigen regelmäßig fehlt, braucht man nicht viele Worte zu machen. Auch die Feststellung, daß der Psychopath, der Neurotiker und der Affekttäter diese generelle Fähigkeit trotz ihrer abnormen Kriterien regelmäßig sehr wohl besitzen, bereitet keinerlei Schwierigkeiten. Es bewährt sich hier jene konventionelle Methode, die wir bei der Exkulpierung wegen mangelnder Bestimmungsfähigkeit empfohlen haben: Der Geisteskranke und der Schwachsinnige werden schlechthin als nicht einsichtsfähig angesehen; bei allen andern wird dieses Einsichtsvermögen trotz vorhandener Normabweichungen generell unterstellt! Dabei wird immer nur nach der potentiellen Möglichkeit der Einsicht, nach dem dispositionellen Unterscheidungsvermögen, nicht aber nach einer vom Täter aktualisierten Vorstellung über Recht und Unrecht gefragt.

Schwierigkeiten entstehen erst, wenn man mit der von der Strafrechtslehre entwickelten und von der höchstrichterlichen Rechtsprechung übernommenen Auffassung den Grundsatz aufstellt, daß eine rechtswidrige Tat dem Täter nur dann zur Schuld angerechnet und vorgeworfen werden könne, wenn er nicht nur die Fähigkeit gehabt habe, Recht von Unrecht zu unterscheiden, sondern auch bei der Tat und mit Bezug auf sie auch tatsächlich unterschieden habe. Wiewohl diese Auffassung auch denjenigen Täter noch als schuldig betrachtet, der nicht unterschieden hat, bei gehöriger Bemühung aber hätte unterscheiden können, so sieht sie doch in einer vom Täter aktualisierten Vorstellung über die rechtlichen Qualitäten seines Handelns den Modell- und Idealfall strafrechtlicher Schuld. Hier stellt sich aber doch die Frage, ob man zu solchen Vorstellungen im Augenblick der Tat bei nachträglicher Beurteilung überhaupt Zugang finden kann. Das mag in manchen Fällen leichter sein als die Feststellung, ob der Täter befähigt gewesen ist, nach seiner Einsicht in Recht und Unrecht zu handeln. So werden wir ohne Bedenken bereit sein, jenem Oberleutnant Hofrichter vom österreichischen k. u. k. Generalstab, der seinem ihn in der eigenen Karriere hinderlichen Kameraden Zyankali-Pillen als Aphrodisiacum angepriesen hatte (Beispiel nach Seelig), zu bescheinigen, daß er nicht nur die Fähigkeit, sondern auch die tatsächliche Einsicht in die perfide Gemeinheit seiner Tat besessen hat. Aber nicht jeder Mörder bietet solchen Modellfall aktualisierter Unrechteinsicht. Der von blinder Gier besessene Sexualmörder oder auch „nur" der Totschläger, der im Zorn tötet, haben solche Einsicht im Augenblick der Tat sicher nicht. Und auch ohne die Bemühung solch extremistischer Beispiele läßt sich für die Alltagskriminalität sagen, daß ein aktuelles Vorstellungsbild über Recht und Unrecht des Tatverhaltens im Augenblick seines Geschehens zu den ganz großen Seltenheiten gehört. Der Einbrecher muß alles daransetzen, leise zu sein, der Betrüger — keineswegs immer nur leichtes Spiel habend — muß vielfach sein ganzes Geschick einsetzen, um Vertrauen zu erzeugen und zu erhalten und der Erpresser ist zumeist vollauf damit beschäftigt, seine Drohungen möglichst wirksam zu staffieren. Wir meinen, es sei unpsychologisch und unwirklich, ein aktuelles Unrechtsbewußtsein im Augenblick der Tat zum Modellfall strafrechtlicher Vorwerfbarkeit zu erheben und die dispositionelle Einsichtsfähigkeit, das Unterscheidungsvermögen, ein wenig stiefmütterlich zu einer Schuld geringen Grades zu machen. Die Erfahrung der Praxis lehrt vielmehr, daß nicht das Bewußtsein, Unrecht zu tun, sondern die Möglichkeit, es zu erkennen, den Regelfall bildet. Es mag sein, daß aktuelle Einsichten über Recht und Unrecht vor oder nach der Tat bestehen; das liefert aber keine Indizien dafür, daß sie auch *bei* der Tat bestanden haben. Der Praktiker wird daher dem harten, aber zutreffenden Urteil de Boors, es handle sich bei dem Postulat einer aktualisierten Unrechtseinsicht im Augenblick der Tat um „schemenhafte Abstraktionen, die nur noch in einem konstruierbaren Zusammenhang mit den tatsächlichen Vorstellungen im Menschen stehen", beipflichten. Er wird es begrüßen, daß der Entwurf auf die Bezeichnung eines aktuellen Unrechtsbewußtsein überhaupt verzichtet und bei der Regelung des Verbotsirrtums in § 20 die Exkulpierung nur zuläßt, wenn sich die Fehlvorstellungen des Täters zu der Annahme steigern, Recht zu tun.

Wenn hiernach aber nicht entscheidend ist, ob der Täter das Unrecht seiner Tat eingesehen *hat*, es vielmehr nur darauf ankommen kann, ob er fähig war es zu erkennen, dann fragt man sich doch wohl mit Recht, warum es bei der Beurteilung der Fähigkeit, nach dieser Einsicht zu handeln, anders sein soll, warum man sich dort nicht mit der *Disposition* begnügt, sondern so beharrlich die *Aktualität* fordert. Wir meinen, was dem Einsichtsvermögen recht sei, wäre der Bestimmungsfähigkeit billig.

Wir wären gründlich mißverstanden, wenn diesen Bemerkungen der Versuch unterlegt würde, das Schuldprinzip zu verlassen. Ihnen liegt nur die Auffassung zugrunde, daß man die Voraussetzungen allgemein bestimmen kann und sollte, unter denen der Mensch für fähig angesehen wird, Recht von Unrecht zu unterscheiden und nach dieser Einsicht zu handeln, daß uns aber der Einblick darin, ob und wie der Mensch diese Fähigkeiten im Einzelfall in seinen Handlungen umsetzt, zur Zeit noch nicht möglich ist; im Gerichtssaal jedenfalls nicht. Daraus ergibt sich der Wunsch, daß das Gesetz uns nicht mehr zutraue, als wir leisten können.

Namenverzeichnis

Die *kursiv* gedruckten Zahlen bezeichnen die Seiten mit der ausführlichen Literaturzitierung

Sachverzeichnis

Batch number: 10844827

Printed by Printforce, the Netherlands